사라진 실패

기업의 성공 신화에 가려진 진실

사라진 실패

초판 1쇄 2013년 4월 1일 펴냄
초판 2쇄 2015년 1월 21일 펴냄

지은이 | 신기주
펴낸이 | 강준우
기획 · 편집 | 박상문, 안재영, 박지석, 김환표
디자인 | 이은혜, 최진영
마케팅 | 박상철, 이태준
인쇄 · 제본 | 제일 프린테크

펴낸곳 | 인물과사상사
출판등록 | 제17-204호 1998년 3월 11일

주소 | (121-839) 서울시 마포구 서교동 392-4 삼양E&R빌딩 2층
전화 | 02-325-6364
팩스 | 02-474-1413
www.inmul.co.kr | insaedit@gmail.com

ISBN 978-89-5906-233-1 03320
값 13,000원

기업의 성공 신화에 가려진 진실

사라진 실패

신기주 지음

프롤로그

한국 기업은 무수히 실패해왔다. 단지 우리가 한국 기업의 성공 사례만을 기억하고 있을 뿐이다. 한국 경제의 성공 신화는 곧 한국 기업의 성공 신화다. 조금만 살펴봐도 성공 신화는 곧 실패 신화라는 것을 알 수 있다. 우리가 잘 아는 한국 재계의 창업자들도 숱한 실패에서 많은 걸 배웠고 끝내 실패를 극복했다. 창업기의 실패는 부끄러워할 일도 아니었다. 실패는 역부족 탓이었을 순 있어도 자기 과신이나 도덕적 해이나 탐욕이나 혁신 부족 때문이 아니었다. 사회는 기업의 실패를 기꺼이 용인했다. 모두가 실패했고 어쩌면 실패하는 게 당연했다. 실패해도 재기할 수도 있었다.

　지금 우리는 더 이상 실패를 이야기하지 않는다. 부끄러워서가 아니다. 너무 크게 성공했기 때문이다. 역설적으로 기업이 성공을 거듭할수록 아무도 감히 실패를 이야기하지 않게 됐다. 한국 기업들은 스스로를 성공 신화로 치장하기 시작했다. 참담한 실패 사례를 애써 지우고 성공하고 승리한 기록만 남기려고 애써왔다. 한국이 기업 사회로 진입하면서 언론 역시 실패를 기록하는 것을 등한시하기 시작했다. 이제 기업은 언론과 사회에 미치는 전반적인 영향력을 바탕으로 자신의 모습을 미화한다. 급기야 한국 기업은 실패하지 않는다는 잘못된 신화가 만들어지는 지경에 이르렀다.

한국 기업도 실패한다. 지금 이 순간에도 끊임없이 실패하고 있다. 이 책에선 지난 5년 동안 한국의 주요 기업들이 어떻게 실패해왔고 왜 실패해왔으며 무엇에 실패해왔는지를 정리했다. 흔히 우리는 기업의 실패를 기업 파산이나 매출 감소와 같은 말로 여긴다. 현대 기업의 실패는 그보다 더 복합적이다. 기술 혁신에 실패할 수도 있다. 경영권 승계에 실패할 수도 있다. 사회적 책임을 마다할 수도 있다. 예전엔 기업이 실패하면 해당 기업만 망하면 그만이었다. 현대 기업 사회에선 기업의 실패가 곧 사회의 실패이며 국가 경제의 실패다. 매출이 증대되고 영업이익이 증가했다고 마냥 기업이 성공했다고 단정 지어선 안 된다. 기업의 사회적 역할이 커졌기 때문이다. 시장점유율이 높아졌다고 해도 기술 진화 속도를 억지로 늦췄다거나 독점적 지위를 이용해서 사회 전체에는 악영향을 끼쳤다면 성공이 아니라 실패다. 기업의 실패를 단지 재무재표상으로만이 아니라 사회경제학적인 분석틀 안에서 바라봐야 하는 이유다. 한국 기업의 성공이 한국 경제의 성공이었듯이 한국 기업의 실패엔 한국 사회의 실패와 한계가 함축돼 있기 때문이다.

이 책에선 모두 13개 기업의 실패 사례를 분석했다. 13개 기업만 실패한 건 아니다. 13개 기업도 한국 기업 실패의 대명사일 뿐이다. 실패의 원인이 한 가지인 경우는 없었다. 성공과 실패를 오가는 경우도 많았다. 우연찮게도 해당 기업에 대한 분석 기간은 이명박 정부 5년과 겹쳤다. 이명박 정부는 어느 정부보다 더 기업 프렌들리 정책을 내세웠다. 기업의 성패는 정부의 기업 정책과 불가분이다. 이들 기업의 실패 사례는 앞으로 5년을 책임질 박근혜 정부의 기업 정책과도 연관돼 있다.

이 책은 대선 과정에서 화두가 된 경제민주화 논의와는 무관하다. 대기업에 대한 경제력 집중 현상과 기업의 실패 과정은 연관돼 있는 듯 보이지만 구분돼야 하는 별개의 문제다. 기업이 이렇게 실패했으니까 기업의 소유 구조를 바꿔야 한다는 결론은, 당장은 쉽지만 또 다른 시행착오를 낳는 일일 뿐이다. 대주주 오너가 있는 기업도 실패할 수 있고 대주주 오너가 없는 기업도 실패할 수 있다. 삼성전자의 매출이 사상 최고치를 경신했으니까 삼성의 지배 체제가 최고라는 등식은 성립하지 않으며 그 반대도 마찬가지란 얘기다.

이 책은 여러 실패 사례를 분석해서 한국 기업의 억지 성공 신화를 해체한다. 기업에 대한 사회적 인식에 의문을 제기한다. 기업 경영 전략에도 시사점을 던진다. 이제 국가 간 경쟁은 정부와 정부의 정면 대결이 아니다. 기업을 통한 대리전이다. 더 진화된 기업 생태계를 조성하는 데 성공한 국가와 정부와 사회가 승리한다. 실패를 소화해내지 못하는 사회는 진화하지 못한다.

2013년 4월

신기주

차 례

프롤로그 4

LG전자 11
지주회사 전환과 맞바꾼 혁신의 속도

르노삼성 34
자동차 회사에서 자동차 공장으로

한화 56
황제가 군림하는 의리의 조직

웅진 79
한국 기업 생태계가 빚어낸 실패

오리온 101
왕과 왕비가 다스리는 왕국

농심 123
소비자가 끌어올리고 끌어내린다

신한금융지주 147
외환위기를 돌파한 주주 금융의 한계

현대그룹 171
적통성을 증명하기 위해 과거 가치에 몰입하다

금호아시아나 196
형제는 경쟁자였다

NHN 220
삼성의 길을 쫓아가다

신세계 245
윤리로 무너지는 윤리 기업

하이트 268
영원한 1등은 없다

삼성 290
자신을 넘지 못하는 거인

소유의 실패 318

경영의 실패 352

한국 기업도 실패한다.

누구도 실패를 말하지 않을 뿐이다.

LG전자

지주회사 전환과 맞바꾼 혁신의 속도

구자홍 LG전자 회장은 남고 싶었다. 가문의 뜻은 달랐다. 구 회장은 2003년 9월 30일 LG전자 회장 자리에서 물러났다. 갑작스러웠다. 연말연시 인사철도 아니었다. LG전자는 사상 최대 실적을 눈앞에 두고 있었다. 휴대전화를 생산하는 정보통신 부문이 견인차가 되어 북미와 유럽, 인도에서 4년 연속 45퍼센트가 넘는 초고속 성장세를 이어가고 있었다. 한마디로 2003년은 LG전자의 전성기였다. 구자홍 회장은 정상에 섰을 때 떠밀렸다. 그는 직원들한테 이메일로 보낸 퇴임사에서 이렇게 밝혔다. "오늘 저는 여러분에게 참으로 아쉽고 서운한 마음으로 석별의 인사를 드리려고 합니다."

한국전자산업진흥회를 방문한 자리에선 이렇게 속내를 내비쳤다. "7년만 더 LG전자에서 일하고 싶었는데."

퇴진이 최종 결정된 건 2003년 9월 추석 무렵이었다. 그해 가문의 화두는 LG그룹의 지주회사 전환이었다. 추석 가족회의에서 그 화두를 마무리 지었다. LG그룹은 2003년 3월 1일 지주회사 체제로 전환했다. LG전자와 LG화학과 LG텔레콤이 지주회사 (주)LG의 계열사로 편입됐다. LG그룹이 지주회사 체제로 전환한 건 표면적으론 순환출자 고리를 끊기 위해서였다. 한국 재벌 기업 집단의 고질적 병폐인 순환출자는 왜 필요할까? 총수 일가가 5퍼센트 남짓한 지분으로 수많은 계열사를 지배하는 일은 순환출자를 통해 가공자본을 만들지 않으면 불가능하다. 지주회사 체제로 전환하면 가공자본을 통한 침소봉대형 지배 구조 문제를 해소할 수 있었다. 참여정부가 출범한 2003년은 그 어느 해보다 재벌 기업 집단에 대한 압박이 강한 시기였다. LG그룹은 앞장서서 지주회사 체제로 전환했다.

명분이었다. 진짜 목적은 따로 있었다. LG그룹은 구 씨 가문과 허 씨 가문이 동업한 회사다. 동업이 삼 대째 내려오다 보니 지분 구조가 고차방정식 수준으로 난해해졌다. 어떤 식으로든 분가시킬 필요가 있었다. 크게 세 조각이었다. 구인회 LG그룹 창업주 직계 일가가 (주)LG를 중심으로 LG전자와 LG화학, LG텔레콤을 가져갔다. 구인회 창업주의 넷째, 다섯째, 여섯째 남동생인 구태회, 구평회, 구두회로 이어지는 창업 1세대 형제 가문이 LS그룹으로 분가했다. 동업자 허 씨 가문이 GS건설과 GS칼텍스를 중심으로 하는 GS그룹으로 분리됐다. LG가문은 뿌리 깊은 유교 집안이라서인지 장자 우선 원칙을 철두철미하게 지킨다. 본가 구인회 가문을 중심으로 LG그룹을 재편성한다는 게 지주회사 전환의 진짜 목적이었다. 그 마지막 단추가 구자홍 LG전자 회장의 퇴진이었다.

구자홍 회장은 구태회 LS전선 명예회장의 아들이기에 이제 LG가 아니라 LS 사람이었다. LG그룹의 주력 계열사인 LG전자의 CEO를 LS그룹의 대주주가 맡고 있는 형국이었다. 공정거래위원회는 구자홍 회장이 LG전자 회장으로 있는 한 LG와 LS의 계열 분리는 미완이라는 유권해석을 내렸다. 이것이 가문이 추석 가족회의에서 구자홍 회장의 강퇴를 결정하게 된 이유였다. 사실 구자홍 회장은 자신이 가진 LS그룹의 지분을 매각해서라도 LG전자 회장으로 더 일하고 싶어 했을 정도로 LG전자에 대한 애착이 컸다.

지주회사 전환은 LG그룹의 3세 경영 체제가 본격화된다는 걸 의미했다. 구자홍 회장의 사촌 맏형인 구자경 명예회장의 장남 구본무 LG그룹 회장이 전면에 나설 참이었다. 이미 자滋 자 항렬의 2세들은 3세 경영을 위해 일제히 경영 일선에서 퇴진한 상태였다. 구자홍 회장만 현장에 있었다. 삼촌이 조카를 위해 길을 터줘야 했다. 구자홍 회장은 그렇게 LG전자를 떠났다. 1987년 LG전자 해외사업본부 상무이사로 LG전자와 인연을 맺은 지 17년 만이었고 1995년 1월 LG전자 대표이사 사장을 맡으면서 LG전자를 이끌고부턴 9년 만이었다. 구자홍 회장이 물러나던 2003년 LG전자는 처음으로 매출 20조 원을 돌파했다. 영업이익도 1조 622억 원으로 사상 최대였다. 휴대전화를 만드는 정보통신 부문이 7조 4,636억 원의 매출을 기록하며 실적 향상을 이끌었다. 2002년에 비해 40퍼센트 가까이 성장했다. 그렇게 구자홍의 LG전자는 절정에서 끝이 났다.

경외의 대상에서 불신의 대상으로

2012년 4분기 삼성전자의 잠정 실적이 발표되자 증시는 환호성을 터뜨렸다. 또다시 어닝 서프라이즈였다. 삼성전자의 4분기 매출은 32조 원에 영업이익은 5조 7,000억 원이었다. 휴대전화를 제조하는 통신 부문이 실적 향상을 견인했다. 갤럭시 폰을 중심으로 한 스마트폰 판매량은 6,500만 대를 돌파했다. 증시에서 삼성전자의 승승장구는 갤럭시 효과 덕분이라고 입을 모을 만했다. 안드로이드 OS를 탑재한 삼성전자의 갤럭시 폰은 애플의 아이폰과 스마트폰 양강 구도를 이뤘다. 세계 시장점유율에선 오히려 삼성전자가 애플을 앞설 지경이었다. 마침내 노키아를 추월했다. 2012년 삼성전자의 전체 휴대폰 시장 점유율은 29퍼센트로 예상된다. 노키아는 24퍼센트다.

아이폰이 한국에 처음 출시된 2009년에 누가 이런 결론을 예측할 수 있었을까? 아이폰에 강타당했을 때 삼성전자는 그로기 상태나 마찬가지였다. 옴니아 같은 졸작이나 양산하면서 스마트폰 시장에서 좌충우돌했다. 언론도 삼성 때리기에 앞장서서 삼성은 스마트폰 같은 혁신적인 제품을 왜 만들어내지 못하느냐고 난리법석을 피웠다. 심지어 삼성과는 외사촌 지간이 되는 신세계 정용진 부회장까지 나서서 트위터에서 질타할 정도였다. 3년 만에 전세가 역전됐다. 삼성전자는 스마트폰 리더 애플마저 추월했다.

LG전자의 처지가 더 초라해졌다. 삼성전자와 LG전자 모두 스마트폰에 강타당하긴 마찬가지였다. 삼성전자는 스마트폰 시장에 완전히 적응한 반면, LG전자는 여전히 헤매고 있다. LG전자 모바일커뮤니케이션즈MC사업 부문은 2012년

2분기 567억 원 적자를 냈다. 2011년 4분기에 가까스로 흑자로 전환했다가 다시 적자로 돌아섰다. 옵티머스를 중심으로 한 스마트폰 판매량은 720만 대에 불과해 2012년 2분기 기준 삼성전자 갤럭시 판매량의 7분의 1이다. 2012년 4분기 잠정 실적도 기대만 못하다. 매출 2조 5,800억 원에 영업이익 360억 원 수준이다. 스마트폰 판매량은 830만 대 수준이다. 옵티머스G 같은 승부수를 던졌는데도 대박을 터트리지 못한 탓이다. 통신 부문 부진은 줄곧 LG전자 전체의 실적을 악화시켜왔다. 2011년 실적만 놓고 봐도 휴대전화를 생산하는 MC사업본부는 2,440억 원 적자를 냈다. 같은 해 삼성전자는 매출 165조 원에 영업이익은 16조 2,500억 원을 기록했으며, 이 가운데 통신 부문 매출은 55조 5,300억 원에 달하고 영업이익은 8조 2,700억 원에 이른다. 삼성전자는 펄펄 나는데 LG전자는 설설 기고 있단 얘기다.

10년 전인 2003년엔 LG전자도 펄펄 날고 있었다. 구자홍 회장의 시절이었다. 그 덕분에 구자홍 회장의 뒤를 이어 LG전자 경영을 책임지게 된 김쌍수 부회장은 원대한 목표를 내걸 수 있었다. 2010년엔 세계 전자 통신 시장에서 3위에 오르겠다고 선언했다. 과언이 아니었던 것이, 에어컨과 청소기 같은 가전 부문에선 이미 세계 1위에 오른 상태였다. PDP TV 시장에선 3위였고 LCD TV 부문에서도 필립스와의 기술 제휴를 통해 저만큼 앞질러 나가고 있었다. 여기에 날개가 되어줄 걸로 기대를 모은 부문이 휴대전화였다. 김쌍수 부회장 취임 첫해인 2004년, 휴대전화 부문에서 LG전자는 소니에릭슨을 제치고 지멘스까지 밀어내면서 세계 4위까지 일사천리로 달음박질쳤다. 3위 모토로라까지 맹추격하고 있었다. 2005년 1월 『비즈니스위크』는 커버스토리로 LG전자를 다루면서 이렇게 썼다. "한국의 LG는 제2의 삼성전자가 될 것인가."

2010년 9월, 2006년 말 경질됐던 김쌍수 부회장의 뒤를 이어 LG전자를 이끌던 남용 부회장마저 끝내 사퇴했다. LG전자가 스마트폰 충격으로 휘청거리기 시작하던 무렵이었다. 남용 부회장 경질은 위기가 표면화된 결과였다. 국내 휴대전화 시장점유율마저 15퍼센트로 떨어졌고 만년 3위였던 팬택 계열한테까지 덜미를 잡혀 2010년 3분기에만 무려 1,300억 원의 적자를 냈다. 결국 남용 부회장은 임기를 3개월 남짓 남겨놓은 9월 30일에 사퇴했다. 이날은 7년 전 구자홍 회장이 갑작스럽게 물러난 날이었다. 후임 CEO는 LG 가문 3세인 구본준 회장이었다. 영국 경제지 『이코노미스트』는 구본준 회장의 취임을 두고 이렇게 썼다. "창업주의 손자를 CEO에 앉히는 것이 LG전자를 구할 수 있을까?"

『이코노미스트』는 그 전 주인 9월 23일자 기사에서 구본준 신임 LG전자 부회장 인선에 대한 부정적인 의견을 쏟아냈다. "LG를 회복시키는 일은 북한을 회생시키는 것만큼 힘든 작업이 아니지만 양측은 모두 최고 권력 승계라는 까다로운 문제에 직면해 있다. 북한은 파산을 앞둔 소름 끼치는 독재국가인 반면 LG전자는 단지 어려운 시기에 봉착한 전자업체다. 그렇고 그런 옵티머스 시리즈를 내놨지만 전 세계 휴대전화 시장점유율이 지난해 말 10.7퍼센트에서 9퍼센트로 떨어졌으며 2분기 1,200억 달러의 손실을 기록했다. 노키아는 난관을 타개하기 위해 핀란드인 경영진을 몰아내고 그 자리에 마이크로소프트 출신의 스티븐 엘럽Stephen Elop을 사장으로 영입한 반면 LG는 결국 재벌 창업주 일가인 구본준 LG상사 부회장을 선택했다." 『이코노미스트』는 노키아가 외부 전문 경영인을 구조 대장으로 삼은 반면에 LG전자는 내부 인물 가운데에서도 가장 안쪽에 자리한 창업주 가문 인물을 새 CEO로 선임했다는 것부터가 회의적이라고 주장했다. LG전자는 경외의 대상에서 불신의 대상으로 전락했다. 2003년 추석 가족회의 이후 7년 만이었다.

LG전자의 운명을 가른 날

LG전자의 운명이 갈린 날은 2009년 2월 16일이었다. 남용 LG전자 부회장과 스티브 발머 마이크로소프트 CEO는 스페인 바르셀로나에서 만나 손을 꽉 잡았다. 세계 최대의 이동통신 전시회인 모바일월드콩그레스MWC가 열리고 있던 바르셀로나에서 LG전자와 마이크로소프트는 포괄적 사업 협력 계약을 맺은 것이다. LG전자는 마이크로소프트의 윈도우모바일 OS를 기반으로 2012년까지 50여 종의 스마트폰을 생산하기로 했다. 바르셀로나 카탈루냐 플라자 호텔에서 기자들과 만난 남용 부회장은 장담했다. "윈도우모바일 OS를 사용한 LG전자의 스마트폰은 급성장할 스마트폰 시장의 트렌드를 주도할 중심축이 될 겁니다." 스티브 발머도 맞장구를 쳤다. "마이크로소프트의 소프트웨어 기술과 LG전자의 휴대전화 하드웨어 기술력은 사용자들에게 놀라운 모바일 경험을 제공할 겁니다."

세계 3위 휴대전화 생산자인 LG전자가 스마트폰 운영체제로 윈도우모바일을 선택했단 소식은 MWC 2009의 가장 의아한 뉴스였다. 마이크로소프트로서야 감사한 일이었다. 운영체제 시장의 주도권은 이제 PC에서 휴대전화로 넘어가고 있었다. PC 운영체제 시장에 안주해온 마이크로소프트는 애플과 구글한테 이미 주도권을 빼앗긴 처지였다. 세계 휴대전화 시장에서 모토로라의 덜미를 잡고 3위로 올라선 LG전자가 마이크로소프트와 마주 앉았다. 당시 LG전자는 2008년 세계 시장점유율 8.6퍼센트를 기록하고 있어서 그 전략적 판단에 대해 많은 물음표가 달렸다. 윈도우모바일은 구글과 애플에 대항하느라 마이크로소프트가 급조하다시피 만든 운영체제였다. 윈도우모바일의 문제는 속도만이 아니었다. MWC 2009의 다른 한 켠에선 스티브 발머가 열심히 애플 앱스토어를 씹어댔다. 앱스토어의 상품성을 부정하려는 건 아니었고 애플이 앱스토어를 폐쇄적으로 운영하는 게 불만이었다. 발머는 주장했다. “앱스토어는 오픈이 중요하다. 그건 기본이기 때문이다.” 당장 윈도우모바일로는 애플 OS를 기반으로 조성된 앱스토어의 애플리케이션 생태계를 따라잡을 수 없었다. 애플이 기득권을 포기하지 않고서는 마이크로소프트가 애플을 쫓아가기는 힘들었다. 공허한 메아리였다. 스마트폰 열풍을 막 일으키면서 태풍의 핵으로 떠오르고 있던 애플은 정작 전 세계 1,000여 개 휴대전화 관련 기업이 참가하는 MWC에 참가하지도 않았다. 그때 전 세계 휴대전화 업계의 판도는 그랬다. 그런데도 떠오르던 실력자 LG전자는 지는 해 마이크로소프트를 선택했다.

그때 LG전자는 스마트폰 사업의 첫 단추부터 잘못 끼웠다. MWC 2009에서 마이크로소프트와 손을 잡으면서 애플은 고사하고 무서운 아이들인 구글과도 거리가 생겨버렸다. 2012년까지 윈도우모바일 기반 스마트폰을 무더기로 만들겠다고 약속했지만 정작 앱스토어도 없는 스마트폰의 태생적 한계에 대해선 해법이 없었다. LG전자의 전략 착오는 또 있었다. 역시 MWC 2009에 참가한 LG전자 안승권 모바일 커뮤니케이션 사업본부장은 "2009년 휴대폰의 핵심 트렌드는 사용자 환경"이라고 단언했다. 사용자 환경UI이란 무엇을 쓰느냐보다 어떻게 쓰느냐에 더 집중하게 되는 분야다. 같은 기능을 써도 사용자가 좀 더 편리하게 쓰도록 만드는 게 목표이기 때문이다. 이전에 내놓은 아레나폰이 대표적인 예였다. 터치스크린이 휴대전화 사용자 환경의 대세였는데, 아레나폰은 터치스크린을 활용해서 기능 단추들이 3D 입체로 흐르도록 고안됐다. LG전자는 한 발 더 나아간 셈이었다. LG전자의 2009년 사업 전략은 좀 더 편리한 사용자 환경을 만드는 데 집중됐다. 사용자에게 보다 편리한 쓰임새를 갖추는 방향으로 승부를 내겠다고 했으니 당연히 적극적인 마케팅 전술이 따라붙었고 상품기획 인원을 대폭 늘려 잡겠다는 계획까지 내놓았다.

당시는 이미 모토로라가 안드로이드폰 모토로이를 내놓은 상황이었다. 모토로라는 세계 시장에서 LG전자한테 덜미가 잡힌 상태라 사활을 걸고 구글과 함께 안드로이드폰을 개발했다. 국내 시장에선 팬택 계열이 절치부심하며 구글 운영체제를 적용한 신형 스마트폰 개발에 목숨을 걸다시피 하고 있었다. 이들 모두가 LG전자의 등을 노리는 적군이었다. 그들은 스마트폰 전환기야말로 전세를 역전할 호기라고 보고 모바일 운영체제 시장에서 마이크로소프트를 누른 구글의 탄력을 그대로 휴대전화 시장으로도 끌어들이고 싶어 했다. 정작 LG전자는 보다 친절한 사용자 환경과 좀 더 적극적인 마케팅을 강조하면서, 지는 해인 마이크로소프트와, 시장에서 실패작으로 검증이 끝난 윈도우모바일을 기반으로, 앱스토어도 없이, 스마트폰을 만들어보겠다고 얘기하고 있었다.

적어도 2009년 한 해 동안에는 LG전자의 전략은 유효했다. LG전자는 2009

년 판매 목표를 1억 대로 잡으면서 전 세계 시장점유율을 두 자릿수로 기록하겠다고 했다. 남용 부회장의 LG전자는 이 두 가지 목표를 모두 달성했다. 1억 대 이상 팔았으며 세계 시장점유율은 10.4퍼센트였다. LG전자는 어떻게 세계 3위의 휴대전화 제조사에 오를 수 있었을까? 바로 디자인의 힘이었다. 2005년 내놓은 초콜릿폰은 세계 휴대전화 시장에서 디자인 경쟁을 촉발시켰다. 명품 기업 프라다와 손을 잡고 프라다폰을 내놓자 경쟁 제조사들도 앞다퉈 패션 디자이너들과 합작을 모색했다. 삼성전자가 내놓은 아르마니폰도 LG전자의 프라다폰을 염두에 뒀다. 이때의 LG전자는 분명 먼저 생각하고 있었다.

원래 남용 부회장은 마케팅을 중시하는 전문 경영인이다. 일희일비하는 고객의 목소리를 그냥 흘려듣지 않는 마케팅의 특성상, 남용 부회장의 휴대전화 마케팅이 당장 소비자의 눈과 귀를 사로잡을 수 있는 디자인으로 흐른 건 자연스러운 일이었다. 당시 배원복 LG전자 디자인경영센터장이 MC사업본부의 디자인 전략을 이끌었다. 배원복 센터장은 MC사업본부에서 CDMA 기술 전환을 주도하면서 사내외에 널리 알려진 휴대전화 상품 기획 전문가로, LG전자 MC사업본부의 산증인으로 통한다. 그가 디자인경영센터장에 포진해 있다는 사실부터가 LG전자의 시장 전략을 보여주는 단면이었다. 2009년 하반기 LG전자는 소녀시대와 빅뱅 같은 화려한 아이돌 스타를 얼굴로 삼아 롤리팝이나 쿠키폰 같은 디자인 휴대전화로 삼성전자와 치열한 추격전을 펼쳤다.

스마트폰 태풍에 휘말려 흔들리다

2009년 하반기로 접어들면서 국내 시장도 스마트폰 태풍의 영향권에 들어서기 시작했다. 이미 해외 시장에선 애플의 공세 수위가 점점 높아지던 차였다. KT가 아이폰을 적극적으로 도입하면서 삽시간에 한국 모바일 시장은 사용자 환경 경쟁에서 스마트폰 경쟁으로 형세가 바뀌었다. 국내 시장에서 스마트폰 위기를 제대로 체감하기 시작한 건 그때가 돼서였다. 진짜 오판은 이때부터 시작됐다. LG전자는 여전히 변화의 속도를 간과했다. 보았으면서도 보지 않으려고 했다. 경영진이나 휴대전화 개발팀 모두 몰랐던 건 아니었지만 변화의 속도가 생각보다 빨랐다. 게다가 LG전자는 외형적으론 성장하고 있었다. 판매와 점유율에서 모두 MWC에서 공언했던 당해년도 목표를 달성했으니 환경이 변하고 있음에도 딱히 문제가 있다고 말하기도 어려운 상황이었다.

글로벌 금융위기가 눈을 가렸다. LG전자의 2009년도 매출은 56조 원에 달했다. 영업이익은 3조 원이었다. 사상 최고 실적이었으니 대견스러워할 만한 일이었다. 그 전 해였던 2008년도 하반기엔 매출이 추락하면서 내부적으로도 위기의식이 팽배했다. 남용 부회장과 경영진이 당장 성과와 직결되는 마케팅이나 디자인과 사용자 환경에 집중한 것도 금융위기로 줄어든 실적을 회복시켜야 했기 때문이었다. LG전자의 2009년 상반기 회복세는 눈부셨다. MC사업본부의 영업이익률은 2008년 말과 비교하면 두 배 넘게 향상됐다.

그러나 MC사업본부 안에서만큼은 또다시 이상 징후가 나타나고 있었다. 2009년 3분기부터 MC사업본부의 매출과 영업이익률이 모두 하향 곡선을 그리기 시작했다. 모바일 시장 판도를 분석하고 전망하는 시장조사 기업인 ROA그룹은 이미 LG전자의 대응 속도가 기대보다 너무 느리다는 점을 지적했다. 그런데도 LG전자는 2008년 말처럼 위기 선언을 하지 않았다. 금융위기를 무사히 넘기자마자 다시 위기 경영을 한다는 건 분명 부담이었다. 2009년 연말 종무식이 단적인 사례였다. 목표를 달성하긴 했지만 그렇게 시끌벅적하게 자축하는 분위기는 아니었다. 2010년에 대한 걱정이 앞선 상태였다. 눈앞의 적은 보지 못한 채 멀리 있는 깃발만 걱정하고 있었던 셈이다.

LG전자 입장에서 2010년 상반기는 좌절의 계절이었다. 스마트폰은 예상보다 더 빨리 시장을 재편해버렸다. 미리 준비한 스마트한 기업들만 쾌재를 불렀다. 스마트폰 열풍의 종가인 애플은 말할 것도 없고 대만 HTC가 구글과 손잡고 안드로이드폰을 내놓으면서 시장점유율을 늘려 잡은 건 뼈아픈 일이었다. 모토로라 역시 모토로이로 만만치 않은 저력을 보여줬다. 그나마 호재가 있다면 애플처럼 하드웨어까지 넘보려고 했던 구글이 넥서스원 스마트폰 기획을 접은 일이었다. 적어도 구글은 애플에 대항하는 모든 휴대전화 제조사의 우군이 될 수 있었다. 그러나 LG전자는 끝까지 구글과 손을 잡는 데 인색했다.

LG전자는 마이크로소프트에 집착했다. LG전자는 2009년 2월의 언약을 믿었다. 하지만 마이크로소프트 역시 제 코가 석 자인 상황이었다. 윈도우모바일을 대신할 신제품 출시 계획은 자꾸만 미뤄졌다. 마이크로소프트가 뾰족한 대안을 내놓지 못하자 당장 피를 보는 건 LG전자였다. 이렇다 할 스마트폰 대응책을 내놓을 수 없던 LG전자는 계속 피처폰에 기댈 수밖에 없었다. 스마트폰의 대항마라며 하드웨어 수준만 잔뜩 높인 맥스폰을 내놓았다. 역시 소프트웨어 없이 하드웨어로만 국면을 돌파해보려는 시도였다.

삼성전자와 비교됐다. LG전자와 마찬가지로 삼성전자 역시 처음엔 스마트폰 시장을 잘못 읽었다. 하지만 선수는 놓쳤어도 다음 수까지 놓치진 않았다. 2010년 상반기는 삼성전자의 1등 따라잡기 전략이 빛이 났던 시기였다. 삼성전자 역시 LG전자처럼 하드웨어에서 우위를 갖고 있었다. 애플이 아무리 앱스토어를 강조한다고 해도 하드웨어를 모조리 무시할 수는 없는 노릇이었다. 삼성전자는 하드웨어 선두 기업으로서의 유리한 조건을 유지하면서 모자란 부분을 조금씩 보완하기 시작했다. 일단 옴니아 시리즈를 내놓으면서 불완전하지만 계속해서 시장에 삼성전자의 스마트폰을 선보인 게 주효했다. 따라잡을 수 없을 만큼 선두와 격차가 벌어지지 않게 애쓰면서 자기 흐름을 가져가는 게 삼성전자의 전략이었다. 이건희 회장이 삼성전자 회장으로 재빨리 복귀하면서 리더십을 복원한 것도 주효했다. 스마트폰 열풍으로 삼성전자의 주도권이 상실돼 가는 시점에서 오너 리더십이 등장하면서 조직을 추스른 결과였다.

반면에 2010년 상반기는 LG전자의 약점이 모조리 노출된 기간이었다. 사실 상반기 안에 얼마든지 LG전자의 스마트폰을 시장에 출시할 수 있었다. 삼성전자의 갤럭시S에 절대로 뒤지지 않을 물건을 말이다. 그러나 실기했다. 경영진이 주저한 탓이었다. 사내에선 스마트폰 주도권을 놓치고 시장을 잘못 읽은 걸 자인하는 셈이기 때문에 경영진이 자존심만 내세운다는 뒷말까지 돌 정도였다. 왜 이런 뒷말이 돌았을까? LG그룹 안에서 MC사업본부의 위상은 매우 높았다. 그룹 정기 인사 때마다 휴대전화 사업을 주도하는 MC사업본부 출신이 승승장구했다. 그만큼 내부적으로 실패를 인정하기가 쉽지 않았다. 게다가 LG전자는 오너 리더십도 아니었다. 남용 부회장은 전형적인 관리형 전문 경영인이었다. 2009년 사업 전략을 성과와 마케팅 위주로 잡았던 것 역시 그의 색깔이 묻어난 결과였다. 남용 부회장의 사무실은 경비 절감을 위한 아이디어투성이였다. 낭비제거법, 고객 인사이트, 일 잘하는 일잘법 같은 내용이었다. 하지만 일잘법만 해도 전화 통화나 출퇴근 하는 시간을 아껴서 일에 집중하자는 것이어서 창의적인 경영과는 거리가 있었다.

LG전자는 부랴부랴 옵티머스Q를 내놓았지만 6개월이 넘게 걸렸다. 안드로이드 OS에 기반을 둔 제품이었다. 하지만 옵티머스Q는 삼성전자의 갤럭시S나 HTC의 인크레더블에 밀렸다. 같은 칩셋을 쓰는데도 경쟁사 제품은 안드로이드 OS 2.1버전이었는데 옵티머스Q만 1.6버전이었다. LG전자는 안드로이드 1.6버전만 해도 스마트폰으로선 충분한 기능을 갖추고 있으니 나중에 무료로 업그레이드해주겠다는 입장이었다. 그러나 기준은 이미 2.1버전으로 넘어간 뒤였다. 제품의 완성도가 아니라 제품의 혁신성이 뒤처지는 것처럼 각인된다면 스마트폰 시장에서 버텨내기 어려웠다. LG전자는 속도가 너무나 느렸다.

속도의 문제는 2010년 상반기 내내 LG전자의 발목을 잡았다. 디자인과 사용자 환경 같은 품질 경쟁을 벌일 때에는 LG전자의 의사결정 구조와 문화가 빛을 발했다. 그러나 시장이 속도전으로 접어들자 LG전자는 주춤거리기 시작했다. 삼성전자와 LG전자를 비교할 때 가장 큰 차이는 속도다. 삼성전자는 부족한 가운데에서도 바다 OS 같은 자체 운영체제를 개발하면서 추격할 수 있었던 반면에 LG전자는 빠른 추격을 하기에는 의사결정과 방향 전환이 느렸다. 게다가 LG전자는 새로운 패러다임으로 들어가기 위해서는 꼭 외부에서 역량을 끌어와야 하는 반면에 삼성전자는 내부적으로 부품을 다 갖고 있어서 조립만 하면 되는 것도 차이다. 삼성전자가 가장 영민한 추격자라고 불리는 반면에 LG전자는 같은 추격자 전략을 쓰는데도 늘 조금씩 늦는다. 그럴 만한 이유가 있다. 삼성전자는 선두에 나설 수 있는데도 보수적 조직 문화 때문에 선두에 나서기보단 반 보 뒤에서 달리는 걸 선호한다. 실제 역량으로는 앞장설 수 있는데 문화적 한계를 지닌 것이다. 반면에 LG전자는 실제로 추격자에 해당된다. 매번 흐름이 바뀌면 그때서야 대응한다.

LG전자의 느린 추격자 전략만 탓할 것도 아니다. 스마트폰 혁신은 기술적으로만 보면 하드웨어 중심의 휴대전화 시장이 소프트웨어 중심으로 변모하는 것이다. 그러나 정치적으로도 볼 수 있다. 휴대전화 제조사들과 소프트웨어 기업들이 자사의 이익에 따라 합종연횡하면서 전선을 형성해가는 외교전이다. 처음엔 PC 시장에서 그랬던 것처럼 애플과 마이크로소프트의 대결처럼 그려졌다. 애플이 지나치게 빨리 성장하자 위기를 느낀 삼성전자나 노키아 같은 하드웨어 기업들이 반애플 전선을 형성하면서 연대했다. 남용 LG전자 부회장과 스티브 발머 마이크로소프트 CEO가 악수를 나눈 것도 이 무렵이었다. 그러나 전선은 또 달라졌다. 변수는 구글이었다. 구글이 자체 개발하려던 휴대전화인 넥서스원을 포기하고 안드로이드 OS를 공개하겠다고 선언하면서 전선은 애플 대 구글의 모양새가 됐다. 기대를 모았던 마이크로소프트가 마땅한 대항마를 내놓지 못한 틈을 구글이 파고 든 셈이었다. 마이크로소프트가 부진한 것도 구글이 기꺼이 넥서스원을 포기하는 한 가지 이유가 됐다. 애플에 대항하는 다른 하드웨어 기업들은 모두 구글의 안드로이드 깃발 아래 뭉쳤다. 그러나 LG전자는 여전히 애플 대 마이크로소프트의 구도로 시장을 바라봤다.

사실 애플 대 구글의 구도로 휴대전화 시장이 전환되면 LG전자나 삼성전자처럼 하드웨어 품질이 뛰어난 기업은 오히려 유리하다. 소프트웨어가 구글로 통일된다면 다시 하드웨어 경쟁으로 흐를 것이니 말이다. LG전자는 그걸 늦게 읽었다. 팬택 계열은 빨리 읽었지만 재원이 부족해서 욕심껏 내달리지 못했다. 그런데도 LG전자를 위협할 만큼 전세를 역전시켰다. 삼성전자는 빨리 읽은 데다 온갖 자원을 갖춘 탓에 순식간에 갤럭시 시리즈로 구글 진영의 가장 중요한 휴대전화 제조사가 될 수 있었다.

외교전은 이것만이 아니었다. 애플은 여러 나라의 통신사 가운데 2위 기업들과 주로 손을 잡았다. 통신사와 휴대전화 제조사는 부부 사이다. 통신사에 필요한 제품을 제조사가 만들어주고 제조사에 필요한 환경을 통신사가 조성해준다. 애플이 한국에서 KT와 손을 잡은 것도 같은 이유다. SKT는 이미 삼성전자와 공고한 관계를 맺고 있어서 애플이 끼어들 틈이 없었다. 그 구도 안에서 LG전자의 위치가 애매했다. LG전자는 휴대전화 제조사지만 계열사인 LG유플러스는 3위 통신사다. 그래서 LG유플러스가 KT처럼 과감하게 아이폰을 들여올 수 없었고 LG전자 역시 과감하게 스마트폰으로 전환할 수가 없었다. LG전자는 세계 시장에서도 국내 시장과 비슷한 처지였다. 반애플 진영의 하드웨어 공급자 자리는 삼성전자가 장악했다. 애플은 누구와도 손을 잡지 않는다. 남은 건 마이크로소프트뿐이었다. 아쉬운 대로 마이크로소프트에 기대를 걸고 기다리다가 마이크로소프트가 전열을 정비해서 썩 괜찮은 대항마를 내놓는다면 혜택을 볼 수도 있었다.

그러나 결국 남용 부회장은 불명예 퇴진했다. 2010년 9월 30일 남용 부회장은 25년 동안 몸담은 전자사업 분야를 떠나면서 직원들에게 남긴 고별사에서 이렇게 털어놨다. "LG전자가 부진을 보이기 시작한 때가 공교롭게도 지난해 사상 최고의 실적을 거뒀다고 자랑하고 서로를 격려한 직후라는 점에서 더더욱 뼈아프다."

2003년 체제의 그림자

구본준 회장이 선봉에 섰는데도 LG전자는 왜 계속 헤매고 있는 것일까? 그 근원에는 구자홍 회장이 퇴임하던 2003년 체제가 있다. 1990년대까지만 해도 LG전자는 디지털 기술 혁신을 선두에서 이끌던 회사였다. 구자홍 회장의 별명은 디지털 전도사였다. 그때만 해도 한국 전자 기업들은 일본 기업들한테 한 발 뒤처져 있었다. 유일한 역전의 기회가 가전 제품의 디지털 전환이었다.

일본의 간판 전자업체 소니가 미국의 가전업체들을 추월할 수 있었던 것도 진공관에서 트랜지스터로 가는 전자기술의 변곡점을 역이용한 덕분이었다. 구자홍 회장이 LG전자를 이끌기 시작하던 1990년대 중반만 해도 소니의 세계 시장 지배력은 가공할 만한 수준이었다. 소니가 만들면 표준이 됐다. 1983년 필립스와 공동 개발한 CD는 지금의 MP3처럼 음향 매체의 표준이 되었고 1980년대 소니 워크맨은 애플의 아이팟처럼 휴대용 음향 기기의 대명사였다. 소니가 1980년대 후반에 컬럼비아영화사를 인수하면서 하드웨어 기업에서 소프트웨어 결합 기업으로 거듭난 것도 탈추격 혁신의 대표적인 사례였다. 한국 전자 업체들은 소니의 질주를 따라잡느라 여념이 없었다.

구자홍 회장의 LG전자는 달랐다. 소니의 실패를 기다렸다. 소니는 디지털 시대로의 변화를 원하지 않았다. 디지털 시대는 정보의 휴대성과 네트워크성이 핵심이기 때문에 음향 정보든 영상 정보든 그걸 담는 하드웨어는 부차적이었다. 하드웨어 강자 소니가 그걸 바랄 리가 없었다. 역시나 MD라는 후진적인 포맷을 새로운 업계 표준으로 삼으려고 들었다. MD는 CD에 휴대성을 더한 정도에 불과했다. TV 시장에서도 마찬가지여서 브라운관에서 LCD로 전환되는 디지털 기술 전환에 소극적이었다. 구자홍 회장은 LG전자가 디지털 혁명이라는 변곡점에 재빨리 적응할 수 있도록 이끌었다. LCD 생산 라인에 과감한 투자를 했고 휴대전화가 LG전자의 대표 상품이 되게 만들었다. 삼성전자에서 이건희 회장이 했던 혁신 리더의 역할을 LG전자에선 구자홍 회장이 했던 셈이다. 단지 인화를 강조하는 LG 가문의 문화 탓에 구자홍 회장이 덜 부각됐을 뿐이었다. 그렇게 준비한 디지털 혁신은 스티브 잡스가 절치부심 준비했던 스마트 혁신과 같았다. 2002년 한일월드컵은 한국 전자산업 도약의 발판이 됐다. LG전자는 월드컵 특수를 틈타서 사상 최대 실적을 기록하며 글로벌 전자 업체로 성장할 수 있었다.

2003년 지주회사 체제로 전환되자 상황은 달라졌다. LG전자는 더 이상 기술 혁신 기업이기 어려웠다. 지주회사 체제는 자본을 통해 기업을 지배하는 형태이기에 대주주라고 해도 결국 남보다 투자액이 큰 투자자에 가깝다. 미국식 기업 형태다. 이런 식의 기업 형태는 기술 혁신이나 사업 혁신보단 매출과 영업이익률 같은 단기 성과에 집중하기 쉽다. 잭 웰치가 이끌던 GE나 한때 전 세계 최강 기업이었던 GM도 그랬다. 두 회사 모두 금융 부문을 강화하고 기술 혁신보단 주주 이익을 우선하면서 혁신성을 잃어갔다. 주주들은 GE와 GM의 배당 잔치에 환호했지만 두 회사 모두 미래를 잃었다. 같은 기간 애플이 단 한 차례도 배당을 하지 않은 것과 대조적이다. 스티브 잡스가 배당을 극도로 반대했던 것도 주주 자본주의의 한계와 모순이 기업에 미치는 해악을 직시했기 때문이었다.

LG전자는 지주회사 체제로 개편되면서 배당성향(당기순이익에 대한 현금 배당액의 비율)이 강해지게 된다. LG전자의 배당성향은 사상 최대 매출을 기록했던 2003년엔 29.7퍼센트였지만 김쌍수 부회장이 퇴진한 2006년엔 57.2퍼센트를 기록했다. 2006년의 부진 탓에 김쌍수 부회장이 퇴진하고 남용 부회장이 경영을 책임지게 됐다. LG전자의 약점은 단기 성과 위주의 경영이다. LG전자의 연구개발비는 삼성전자와는 비교할 수 없을 정도로 낮다. 삼성은 2009년에 이미 연구개발비로 7조 원을 넘게 썼지만 LG는 그해 2조 1,000억 원을 투자했다. 선행투자에 인색한 건 배당성향과 연관이 있다. 지주회사 체제로 전환되면 대주주 역시 배당금에 민감해질 수밖에 없다. 게다가 LG 가문은 지주회사 체제 전환과 계열 분리를 위해서 지분을 매집하느라 상당한 자금을 지출했다. LG애드 같은 알짜 자회사를 팔아야 했을 정도였다. 지주회사로 전환된 뒤로 배당성향이 60퍼센트 가까이 올라간 건 지주회사 체제 전환 비용과 밀접한 관련이 있을 수밖에 없다. 1990년대 LG전자가 디지털 기술 혁신에 매달렸다면 2000년대 LG전자는 지주회사 체제 안정화와 당기 순익을 통한 배당 확대에 더 골몰했다. 구자홍 회장의 퇴임이 그 신호탄이었다.

남용 부회장은 김쌍수 부회장에게 경영 바통을 이어받은 직후 좋은 성적을 낸다. 그 저력은 디자인에 있었다. 문제는 디자인은 기술 혁신의 말기에 나타난다는 점이다. 기술 혁신 속도가 떨어져서 경쟁 기업 사이의 기술 격차가 줄어들면 기업들은 시장 확대를 위해서 디테일 전쟁을 벌이게 된다. 그때 나오는 게 디자인 경쟁이다. 모토로라나 소니도 같은 길을 걸었다. LG전자는 디자인 경쟁에서 일시적으로 승리했다. 디자인은 단기 역량을 집중하기엔 적합한 분야다. 사실 LG전자가 TV 시장에서 버텨내는 건 재벌 기업 집단 특유의 장점 때문이다. PDP나 LCD의 핵심 기술은 LG화학과 LG전자의 기술 교류를 통해서 확보된다. 게다가 대규모 장치 산업이어서 집중적인 투자가 가능한 쪽이 우위에 서게 된다. 반면에 휴대전화는 그런 재벌 집단 특유의 우위가 작용하지 않는다. 디자인 혁신이 그나마 해법이다. 그나마도 디자인이 혁신적인 것도 아니다. 소비자 집단을 만족시킬 만한 다양한 디자인을 무더기로 출시해서 그 안에서 성과를 내는 제품에 집중하는 전략이 대기업의 디자인 전략이다. LG전자가 위기 때마다 디자인 경영을 거듭하는 이유다. 근본적으론 일관된 디자인 정책이라고 하기 어렵다. 이나마도 오래가지 못했다. 새로운 변화가 몰려오고 있었기 때문이었다. 1990년대 LG전자가 디지털 혁신을 통해 시장 판도를 뒤엎었듯이 이번엔 애플이 스마트 혁신으로 기술 판도를 바꿔버렸다.

1990년대의 LG전자와 2000년대의 LG전자

2011년 11월 LG전자는 갑작스럽게 유상증자를 결정해서 증시를 충격에 빠뜨렸다. 1조 원 규모의 유상증자는 유례가 없었다. 이렇게 마련한 1조 원 가운데 6,000억 원을 스마트폰 연구개발에 투자하겠다고 공시했다. 그런데 유상증자까지 결정하면서 결사 항전 태세를 보이던 그해 말 LG전자 이사회는 다시 370억 원 규모의 현금 배당을 결정했다. LG전자는 2011년에만 3,000억 원 가까운 영업손실을 기록한 상태였다. 이사회는 보통주 1주당 200원씩 현금 배당을 하기로 했다. LG전자 지분의 33.67퍼센트는 지주회사인 (주)LG가 갖고 있다. 5,500만 주가 조금 넘는다. 7.45퍼센트는 연기금인 국민연금공단이 갖고 있다. 1,210만 주 정도다. 현금 배당으로 (주)LG가 가져가는 돈은 110억 원 정도다. 사업 지주회사가 아닌 순수 지주회사인 (주)LG는 배당금 말고는 매출이 없다. (주)LG 지분의 48.59퍼센트는 구본무 LG그룹 회장과 LG 가문이 보유하고 있다. 개략적으로 말해서 (주)LG로 흘러든 LG전자의 배당액 가운데 절반가량이 LG 가문 몫이란 의미다. 팬택 계열의 박병엽 부회장은 회사가 존폐 위기에 처하자 지분을 모두 포기하고 연봉까지 제대로 받지 않은 채 일을 했다. LG 가문은 LG그룹을 창업했다. 계열사를 자본으로 지배하는 지주회사 체제는 창업 가문마저도 배당에 신경 쓰게 만든다.

LG전자는 LTE를 또 다른 기술 변곡점으로 보고 매달려왔다. LG전자는 전 세계에서 LTE 관련 핵심 특허를 가장 많이 보유한 통신 기업으로 꼽혔다. LTE 분야에서 특허 수는 삼성전자와 노키아를 앞섰다. LG전자는 스마트폰 시장이

LTE폰 중심으로 재편되기를 기대하고 있으며 국내 시장에선 옵티머스G가 인기를 끌고 있다. 그런데 LTE가 와해성 기술이 아니란 게 문제다. 와해성 기술 Distruptive Technologies이란, 시장 판도를 재편할 만한 파괴적 혁신 기술을 뜻한다. 디지털 기술 혁신이나 스마트폰 혁신은 이전 기술들을 쓸모없게 만드는 와해성 기술이었다. 이 기술을 선점하면 기술 변곡점에서 추월하는 게 가능했다. 반면 LTE는 단지 속도다. 스마트폰 이용자들이 속도에 민감한 건 사실이지만 속도가 특정 스마트폰을 선택하는 결정적인 요인은 아니다. 스마트폰 시대엔 기계적 우수성이 더 이상 과거처럼 마케팅 포인트가 돼주지 못한다. LG전자는 여전히 과거 기술 패러다임에 얽매여 있단 뜻이다.

구본무 LG그룹 회장은 계열 부품사의 역량을 총동원한 스마트폰을 만들라고 지시해서 화제가 됐다. LG디스플레이의 터치스크린과 LG전자의 휴대전화를 결합해서 최고의 제품을 만들면 시장에서 통하지 않겠느냐는 접근이었다. LG전자도 전사적으로 이른바 회장님폰에 집중했던 걸로 알려졌다. 그게 옵티머스G다. 지금 소비자가 원하는 건 회장님폰이 아니다. 최고의 부품을 모아 만든 최고의 휴대전화도 결국엔 톱다운top-down 방식 제품일 뿐이다. LG전자는 1990년대 자신들이 추월했던 소니의 전철을 밟고 있다. 소니 역시 지주회사 체제와 유사한 컴퍼니 체제로 전환되고 전문 경영인 체제로 유지되면서 과거의 혁신성을 잃고 표류하기 시작했다. 탈추격 전략의 일환으로 할리우드 스튜디오를 인수하면서 좌충우돌했지만 새로운 생각을 해내는 데는 실패했다. 단기 실적 위주의 전문 경영인 체제에 경영을 자본화하는 지주회사 체제가 결합된 탓이다. 지주회사 전환은 투자자의 역할을 본사가 하고 계열사가 연구개발을 하는 방식이다. (주)LG의 강유식 부회장은 LG그룹의 마지막 구조조정본부장이었다. 강유식 부회장은 지주회사 전환과 계열사 분리를 성공적으로 마무리 지었다. 대신 LG는 혁신의 속도를 잃었다. 2012년 연말 인사에서 강유식 부회장은 (주)LG에서 LG경영개발원으로 이동했다. 그룹 2인자의 2선 후퇴였다. 반면에 삼성그룹은 여전히 미래전략실이라는 형태의 컨트롤 타워를 유지하고 있다. 이건희 회장이 필요하면 계열사의 모든 연구개발을 직접 챙기는 형태다. 여전히 삼성그룹의 2인자는 시기별 혁신의 선봉장이다. 물론 톱다운식 삼성 방식이 정답은 아니다. 분명한 건 LG전자는 결정적인 기술 전환 시기에 스스로를 변화에 둔감한 체질로 바꿔놓았단 사실이다. 결국 선행투자가 적어질 수밖에 없었다. 당연히 LG전자는 기술 혁신이 일어날 때마다 위기에 빠졌다. 1990년대의 LG전자와 2000년대의 LG전자가 전혀 다른 회사다. LG전자의 모든 위기는 2003년에 시작됐다. LG전자의 실패다.

르노삼성

자동차 회사에서 자동차 공장으로

카를로스 곤 르노닛산 회장은 말했다. "이건 윈-윈-윈 전략입니다."

프랑스 르노와 일본 닛산과 한국 르노삼성한테 모두 이롭다는 것이다. 2012년 7월 20일이었다. 곤 회장은 서울 63빌딩 컨벤션 센터에서 기자회견을 가졌다. 수렁에 빠진 르노삼성을 구해낼 해법을 제시해야 하는 자리였다. 르노삼성은 빈사 상태로 2012년 상반기를 보냈다. 2012년 1월부터 6월까지 르노삼성은 국내와 해외에서 모두 8만 3,062대를 팔았다. 2011년 같은 기간과 비교할 때 32.8퍼센트나 줄어들었다. 6월 내수 판매는 최악이었다. 고작 4,008대를 팔았다. 만년 꼴찌 쌍용차한테도 추월당했다. 쌍용차는 6월 한 달 동안 4,033대를 팔았다. 르노삼성은 줄곧 일등주의를 외쳐왔다. 삼성자동차 시절부터 삼성의 일등주의가 기업 문화로 깊이 뿌리내렸다. 무색해졌다. 르노삼성은 꼴등이었다.

치욕의 6월이었다. 카를로스 곤 회장이 부랴부랴 한국을 찾았다. 4년 반 만이었다. 곤 회장은 전용기 편으로 김해공항을 통해 한국으로 들어왔다. 부산 신호동에 있는 르노삼성 공장으로 직행했다. 르노삼성 모자와 점퍼를 입고 생산 현황을 점검했다. 곤 회장은 곧바로 서울로 올라와서 기자들과 마주했다. 그는 망해가던 닛산을 1년 만에 정상화한 걸로 유명하다. 경영계의 특급 소방수다. 그 공로로 르노그룹 회장 자리에 올랐다. 르노삼성에 대해서도 곤식 해법을 내놓을 수 있었다. 연단에 선 그의 입에 이목이 집중됐다.

곤 회장이 입을 열었다. "2014년부터 르노삼성 부산 공장에서 닛산의 차세대 로그를 위탁 생산하겠습니다."

하루 전날 프랑스 언론을 통해 알려진 내용이긴 했다. 그래도 뉴스는 뉴스였다. 로그는 닛산의 간판 CUVCrossover Utility Vehicle다. 북미 시장에서 인기가 높다. 곤 회장은 "2014년부터 르노삼성이 로그를 8만 대까지 위탁 생산하게 된다"고 밝혔다. 르노삼성 신호동 공장은 연간 30만 대까지 생산할 수 있다. 판매가 부진해지면서 공장 가동률은 절반 가까이 떨어졌다. 결국, 르노삼성의 2012년 판매는 2011년 대비 37.5퍼센트나 하락했다. 내수는 아예 반토막이 났다. 이런 가동률이면 공장 폐쇄를 고민할 수도 있다. 수익성이 떨어지기 때문이다. 안 그래도 곤 회장은 도살자라는 별명으로 유명하다. 닛산의 소방수로 나섰을 때 맨 먼저 한 일이 수익성이 낮은 공장을 폐쇄하는 일이었다. 곤 회장은 공장 문을 다섯 개나 닫았다. 그 과정에서 생산직 인력을 2만 명이나 감축했다. 노동 시장에 피바람이 불었다. 카를로스 곤 회장의 기업 정상화 비법은 냉혹한 구조 조정이다. 비용을 줄이고 줄여서 대차대조표상으론 일단 기업을 흑자 전환시킨다. 르노삼성이라고 공장 폐쇄 조치의 예외가 되리란 법은 없다. 치욕의 6월, 르노삼성의 한국 시장점유율은 고작 3.2퍼센트였다. 수출 실적은 42.5퍼센트나 감소했다. 존폐의 위기였다.

이번에 곤 회장이 내놓은 해법은 좀 달랐다. 구조 조정이나 공장 폐쇄가 아니었다. 일감 나눠주기였다. 일본 닛산의 로그 생산 물량을 르노삼성에 덜어줬다. 일단 로그를 생산하면 공장 가동률은 회복시킬 수 있다. 곤 회장은 "르노삼성이 생산한 로그는 전량 미국으로 수출할 계획"이라고 말했다. 한국에서 생산된 로그는 상표를 달았지만 법적으론 한국차다. 한미FTA의 혜택을 볼 수 있다. 한미FTA에 따라 한국산 완성차가 미국에 수출될 때 무는 미국 수입 관세는 2016년부턴 0퍼센트가 된다. 로그 생산이 개시되는 2014년에도 2.5퍼센트 정도다. 르노는 원래 닛산 로그를 미국 현지에서 생산할 작정이었다. 계획을 전격적으로 수정했다. FTA 관세 혜택까지 고려하면 미국 현지에서 생산하는 것보다 한국에서 생산하는 게 더 경제적이란 계산이 섰기 때문이다. 르노삼성 신호동 공장은 생산성이 높기로 유명하다. 미국에서 만드는 것보다 더 싸게 더 잘 만들 수 있다. 곤 회장도 부산 공장을 시찰하면서 말했다.

"르노삼성에 로그 생산을 맡기는 건 단순히 공장 생산 능력이 남아돌기 때문이 아닙니다. 경쟁력이 있기 때문입니다. 르노삼성 부산 공장은 아시아 거점으로 활용할 만한 충분한 경쟁력을 갖고 있습니다."

기자회견장에서도 곤 회장은 로그의 르노삼성 위탁 생산을 '윈-윈-윈 전략'이라고 자평했다. 르노는 르노삼성이라는 경쟁력 있는 생산 거점을 유지할 수 있어서 좋다. 닛산은 로그를 더 싸게 만들어서 미국 시장에 내다 팔 수 있어서 좋다. 르노삼성은 일감이 있어서 좋다. 그런 윈-윈-윈이었다.

윈-윈-윈이 아닌 윈-윈

윈-윈이다. 윈-윈-윈이 아니다. 르노와 닛산한텐 좋다. 르노삼성한텐 별 좋을 것도 없다. 카를로스 곤 회장이 제시한 해법은 결국 르노는 돈을 벌고 닛산은 차를 팔고 르노삼성은 일을 하는 구조다. 르노삼성이 르노닛산 얼라이언스의 완성차 하청 업체 역할을 하게 된다. 르노삼성은 SM이 아니라 닛산 상표가 달릴 차를 대신 만들어주는 셈이다. 결국 주문자 상표 생산 방식OEM이다. 이제까지도 별반 다르진 않았다. 르노삼성이 생산한 차는 르노삼성이 아니라 르노의 상표를 달고 수출됐다. 한국 시장만 벗어나도 SM이란 브랜드는 종적이 묘연했다. QM5는 르노 콜레오스가 됐고 SM5는 르노 래티튜드가, SM3는 르노 플루언스가 됐다. 르노삼성은 이미 르노의 OEM 공장이 된 지 오래였다. 이번엔 닛산의 OEM일 뿐이었다. 원래가 OEM 공장이나 다름없었으니 카를로스 곤 회장이 로그 생산을 해법으로 제시한 건 자연스러웠다. 곤 회장은 르노삼성에 대한 한국과 르노의 시각차를 보여줬다.

부산 신호동 공장은 르노삼성의 유일한 생산 시설이다. 그렇다고 신호동 공장이 곧 르노삼성인 건 아니다. 르노삼성은 자동차 회사다. 자동차 공장이 아니다. 생산 시설을 돌릴 수 있게 일감을 던져주는 건 신호동 공장엔 윈일 수 있어도 르노삼성한텐 아니다. 르노삼성은 제품 기획과 설계와 생산과 판매를 모두 아우르는 완성차 회사다. 명목상으론 그랬다. 현대차 아산 공장이 미쓰비시 자동차를 OEM 생산한다면 그건 아산 공장 가동률을 높일 순 있어도 현대차가 발전하는 길은 아니다. 현대차는 일본 미쓰비시 자동차한테서 기술을 도입했다. 뼈대와 엔진이 다 미쓰비시 제품이었지만 자기 상표를 붙여서 현대차로 만들었다. 점차 뼈대와 엔진까지 현대차가 만들어서 나중엔 현대차만의 현대차를 만들게 됐다.

르노삼성은 퇴보했다. 르노삼성 역시 1992년 삼성자동차 TFT 시절부터 닛산한테서 기술을 이전받았다. 언젠간 삼성자동차만의 자동차를 만들겠다는 포부가 있었다. 20년 뒤 닛산의 OEM 공장으로 전락했다. 카를로스 곤 르노그룹 회장은 르노그룹과 르노닛산 얼라이언스 입장에서 판단한다. 전략적으로 르노삼성은 르노그룹한텐 부산 신호동 공장일 뿐이다. 로그 위탁 생산을 해법으로 제시한 건 신호동 공장 구제책이지 르노삼성 구제책이 아니다. 곤 회장은 "부산 공장에 1,700억 원을 추가로 투자할 예정"이라고 밝혔다. 1,700억 원이면 신차 한 차종을 연구개발하는 데 드는 비용의 절반에도 못 미친다. 더 이상 연구개발은 르노삼성의 몫이 아니다. 그 돈은 대부분 로그를 생산하기 위한 공장 시설 변경 작업에 투자된다. 르노삼성은 자동차 회사가 아니다. 자동차 공장이다.

2012년 3월이었다. 르노삼성은 부산 신호동 공장의 평일 주야간 2교대 잔업을 중지했다. 신호동 공장은 르노삼성의 유일한 생산 공장이다. 신호동 공장이 멈추면 르노삼성이 멈춘다. 그 전해 3월 11일의 동일본 지진 때문이었다. 르노삼성은 SM7과 SM5, SM3, QM5의 변속기를 모두 일본에서 수입해왔다. 르노삼성의 모든 차종이 일본산 변속기를 쓴단 얘기다. SM7은 아예 6기통 엔진이 통째로 일본산이다. 르노삼성은 일본산 부품 비율이 15퍼센트에 달한다. 현대기아차의 경우엔 1퍼센트에 불과하다. 게다가 엔진과 변속기는 자동차의 동력 체계인 파워트레인의 핵심 부품이다. 일본 부품 업체들이 타격을 입으면 한국 완성차 업체 가운데 르노삼성이 제일 먼저 직격탄을 맞을 수밖에 없는 구조다. 결국 3월 감산으로 월 2만 대 수준이었던 르노삼성의 생산량은 월 1만 6,000대 수준으로 떨어졌다.

르노삼성이 부품을 사들이는 곳은 구체적으론 일본 규슈 공업지대다. 규슈는 혼슈, 시코쿠, 홋카이도와 함께 일본 열도를 이루는 네 개의 섬 가운데 하나로, 이 가운데에서 가장 남쪽에 있다. 당연히 부산과도 제일 가깝다. 규슈는 일제강점기 조선인이 노동력을 착취당한 것으로 악명 높은 미쓰비시 중공업이 자리 잡은 곳이다. 또 나고야 공업지대에 이어 두 번째로 큰 일본 자동차산업의 거점이다. 닛산의 핵심 생산 거점이니 닛산과 닛산의 협력 업체들이 빼곡하다. 르노삼성은 르노닛산 얼라이언스의 자회사다. 르노삼성이 일본에서 들여오는 부품의 대부분이 닛산에서 생산한 제품일 수밖에 없다.

현해탄 이쪽과 저쪽의 온도차가 너무 큰 게 문제다. 르노삼성은 2011년에 2,149억 원의 적자를 봤다. 그런데도 르노삼성이 2011년에 르노닛산 얼라이언스에 부품 값으로 지불한 금액만 1조 920억 원에 달한다. 반면에 프랑스 르노는 2011년에만 10억 9,100만 유로(1조 5,300억 원)의 흑자를 냈다. 닛산은 더 호황이어서 69억 달러(7조 9,000억 원)의 흑자를 봤다. 르노와 르노닛산과 르노삼성 가운데 르노삼성만 적자를 본 셈이다. 돈이 적자를 본 르노삼성에서 흑자를 본 르노나 닛산 쪽으로 흘러간 것이다.

그해에만 그랬던 게 아니다. 르노삼성에서 르노닛산으로 흘러간 자본은 부품 값만이 아니다. 기술사용료와 연구비, 용역비, 광고판촉비에 배당액으로 흘러간 지급액은 2010년 한 해만 놓고 봐도 1조 2,436억 원에 달한다. 이렇게 르노삼성의 자본이 르노닛산으로 유출되는 동안 정작 르노삼성의 국내 시장점유율은 2010년 12.8퍼센트에서 2011년 9.0퍼센트로 떨어졌고 2012년 1월부터 5월까지 점유율은 4.7퍼센트로 내려앉았다. 닛산의 경우엔 2010년 역대 최대 판매를 기록했고 2011년에도 대지진 여파를 이겨낸 데다 2012년엔 영업이익 목표치를 25퍼센트 이상 늘려 잡았다. 르노삼성은 말라죽어가고 있는데 바다 건너 닛산과 지구 반대편 르노만 잘나가는 형국이다. 그러니 윈-윈이다.

그 와중이던 2012년 3월 닛산 부품이 모자라서 르노삼성 공장이 가동을 중지해야 하는 사태가 벌어졌던 셈이다. 이쯤 되면 르노닛산 얼라이언스 안에서 르노삼성은 당당한 파트너라고 말하기 어렵다. 사실상 르노닛산 얼라이언스의 부산 공장이다. 규슈 지방에서 부품을 조달해서 완성차를 만드는 규슈 자동차 공업 단지의 부산 신호동 조립 공장이다. 곤 회장은 한국의 르노삼성 부산 공장을 환동해 경제권의 전진기지로 보고 있다. 한국의 부산과 일본의 후쿠오카·기타큐슈는 자동차 부품과 완성차의 삼각 교역이 활발하게 이루어지는 지역이다. 르노그룹은 부산을 중국과 미국으로 진출하는 교두보로 삼는다는 계획이다. 곤 회장은 2010년 쌍용자동차 인수를 시도했다. 그때만 해도 넘쳐나던 부산 신호동 공장의 일감을 분산한다는 게 명분이었다. SM5와 SM7이 날개 돋친 듯 팔려나가고 있었다. 실제로 노린 건 쌍용자동차 평택 공장이었다. 생산 설비가 필요했단 얘기다. 평택은 인천과 더불어서 중국 칭다오와 다롄을 잇는 삼각 교역의 거점이 될 수 있다. 중국 수출의 교두보가 될 수 있단 얘기다. 곤 회장은 결국 쌍용차 인수 계획을 접었다. 쌍용차를 인수하면 공장뿐만 아니라 회사도 사들여야 했다. 코란도 같은 쌍용차의 고유 차종을 계속 생산해야 했다. 르노한텐 불필요한 자산들이었다.

2012년 7월 20일 한국을 찾았을 때 곤 회장은 당초에 부산 공장을 둘러본 다음 기흥에 있는 르노삼성 기술연구소도 들러볼 예정이었다. 기흥연구소는 르노삼성의 제품 기획과 설계가 이루어지는 중추다. 그러나 그는 일정이 빠듯하다면서 기흥연구소엔 들르지 않고 곧바로 기자회견장으로 향했다. 중요한 건 공장과 생산 인력이지 연구개발 부분이 아니었다. 어차피 르노삼성은 르노와 닛산에 대한 기술 의존도가 높고 앞으로도 연구개발은 르노와 닛산이 맡으면 된다.

한국 언론은 곤 회장이 르노삼성 공장 폐쇄를 선택하는 건 아닌지 의심했다. 이미 한 달 전 르노그룹의 2인자인 카를로스 타바레스 부회장이 한국을 찾았을 때도 같은 질문을 쏟아냈다. 그때도 타바레스 부회장은 말했다. “최근 르노삼성자동차를 매각한다는 소문은 전혀 근거가 없습니다. 르노그룹은 한국에서 르노삼성자동차를 통해 장기적으로 비즈니스를 이어갈 겁니다.”

곤 회장 역시 비슷한 답변을 내놓았다. “로그 생산 계획을 발표했는데 매각설이 정확한 얘기일까요?”

르노그룹 수뇌부는 당당하게 대답했다. 사실 애당초 질문이 잘못돼 있었다. 르노그룹 입장에선 생산성 높고 지정학적으로도 유리한 부산 신호동 공장을 폐쇄하거나 매각할 이유가 없었다. 다만 르노삼성이라는 자동차 회사를 독자적인 기업으로 성장시킬 필요도 없었다. 곤 회장이 르노삼성 해법을 제시하면서 르노삼성만의 신차 개발 계획에 대해서는 일언반구도 하지 않은 이유다.

삼성의 욕심과 정부의 계산과 부산의 이해

르노삼성의 모태가 된 삼성자동차는 야심찬 기획이었다. 현대차와 기아차, 대우차를 넘어서겠다는 포부가 있었다. 1992년 삼성그룹이 처음 삼성자동차TFT를 꾸렸을 때만 해도 논란이 컸다. 이건희 삼성그룹 회장은 창업주 고 이병철 회장의 뒤를 이어 회장직에 오른 지 5년 남짓밖에 안 된 때였다. 젊고 패기만만했다. 맨 먼저 들고나온 신규 사업안이 삼성자동차였다. 자동차는 산업의 꽃이며 전후방 산업 영향력이 크다. 제조업이 발달한 나라에선 예외 없이 자동차 회사가 간판이다. 미국 산업을 대표하는 기업은 GM이다. 일본은 토요타이고 독일은 베엠베BMW와 폭스바겐이다. 영국 역시 전성기 때에는 내로라하는 자동차 기업들을 보유하고 있었다. 일등주의 삼성이 1등 제조업에서 소외돼 있다는 건 있을 수 없는 일이었다. 자동차를 지배하는 자가 산업을 지배한다. 이건희 회장이 사회적 논란에도 불구하고 삼성자동차를 밀어붙인 건 그래서였다. 자동차 수집광인 개인 취향 탓만도 아니었다. 반도체와 가전을 다 장악해도 자동차를 갖지 않고선 영원히 1등이긴 어렵다. 이건희 회장과 삼성이 무리하게 삼성자동차 설립을 추진한 배경이다. 당시만 해도 삼성은 한국 1등도 아니고 세계 1등도 아니었다. 재계 선두엔 정주영 회장과 현대그룹이 있었다. 중후장대형 산업을 두루 갖춘 현대그룹은 삼성그룹보다 한국 경제에 대한 영향력도 컸다. 삼성그룹이 현대그룹을 역전하려면 자동차가 꼭 필요했다.

정치적인 역학도 작용했다. 삼성자동차는 김영삼 정부가 부산 사람들한테 준 선물이었다. 부산은 한때 제조업 중심지였지만 어느새 생산은 없고 소비만 있는 비만 도시가 돼가고 있었다. 핵심 미래 산업은 서울에 빼앗겼고 기계금속 기업들도 부산의 비싼 땅값을 견디다 못해서 이전해버렸다. 부산은 서울처럼 중심지는 아니면서 서울만큼 비싼 도시였다. 제조업 공동화가 부산의 가장 큰 과제였다. 삼성이 자동차 산업에 무리하게 뛰어들겠다고 선언했을 때 김영삼 정부는 공장을 부산에 짓는 조건으로 허가를 내줬다. 삼성의 욕심과 정부의 계산과 부산의 이해가 맞아떨어졌다. 이때는 윈-윈-윈이었다.

정작 마땅한 공장 부지가 없었다. 신호동은 매립지였다. 자동차 공장 같은 중공업 시설이 들어서기엔 연약 지반이었다. 그래도 여기밖에 없었다. 부산에 자동차 공장을 유치하는 건 부산 시민의 염원이었고 정권의 의지였다. 삼성은 신호동 땅속에다 강철 파일 6만 개를 박아 넣었다. 기반이 없기는 기술 부분에도 마찬가지였다. 삼성자동차는 1994년부터 닛산에서 기술을 이전받았다. 닛산 맥시마를 바탕으로 만든 SM5는 정숙성에서 크게 인정받았다. 닉산 맥시마가 유난히 정숙한 차였다. 현대차나 기아차도 모두 일본차에서 기술을 들여와서 만들었으니 삼성차만 별난 건 아니었다. 다만 현대차와 기아차가 기술을 빌려온 시기가 1980년대였다면 삼성차는 1990년대였다는 게 변수였다. 한국 제조업은 기술 이전으로 새로운 사업을 만들기엔 이미 성숙해 있었다. 더 이상 추격자 전략이 통하지 않았다. 결국 삼성자동차가 가진 거라곤 삼성이라는 브랜드뿐이었다.

연약한 신호동 매립지에 삼성이라는 철심을 박아 넣은 형국이었다.

1997년 외환위기는 국가적 환란이었지만 부산 시민한텐 한국의 디트로이트가 되겠다는 꿈을 산산조각 낸 아픔이었다. 삼성자동차는 피어보지도 못하고 공중분해 위기에 처했다. 무엇보다 삼성차가 독자적인 연구개발 능력을 갖추기 전에 무너졌다는 게 문제였다. 마찬가지로 외환위기의 수렁에 바퀴가 빠져버린 대우자동차나 쌍용자동차와는 상황이 좀 달랐다. 상하이자동차가 쌍용자동차의 SUV 개발 능력을 원했듯이 GM 역시 대우자동차의 경차 개발 능력을 인수했다. 쌍용차의 평택 공장과 대우차의 인천·창원 공장의 생산 설비뿐만 아니라 지적 자산의 가치를 높게 평가했단 뜻이다. 삼성차는 지적 자산을 쌓을 시간이 부족했다. 아직 닛산의 기술력을 이전받아서 독자적인 상용차를 만들기 시작하던 때였으니 빚만 쌓여가던 단계였다. 삼성차는 신차를 개발하고 공장을 조성하느라 빚더미에 올라앉았다. 좋은 차를 만들어서 삼성이란 상표를 붙이면 팔릴 거란 순진한 생각 탓이었다.

문제는 부산이었다. 일단 생겨난 자동차 공장은 함부로 닫지 못한다. 광산 폐쇄가 지역 경제를 초토화하듯이 자동차 공장 폐쇄도 핵폭탄 같은 악영향을 끼친다. 만들기보다 없애기가 더 어렵다. 토요타가 2009년에 렉서스 사태에 직면한 것도 미국 누미 공장을 폐쇄했기 때문이었다. 토요타와 GM의 합작 공장인 누미 공장은 미일 경제 교류의 상징이었다. 토요타가 미국에서 고용을 늘려준다는 우의의 표상이었다. 미국 언론은 배신자 토요타를 응징했다. 정작 삼성은 금세 삼성차를 버렸다. 당장 외환위기로 그룹의 존폐가 위태한 상황이니 애물단지는 꼬리 자르기를 하는 수밖에 없었다. 김대중 정부는 대우그룹과 삼성그룹의 자동차 빅딜을 주선했다. 대우차와 삼성차를 묶는다는 이 계획은 삼성자동차를 살릴 수 있는 유일한 길이었다. 삼성그룹은 마지막 순간에 빅딜을 거부했다. 1등 삼성다운 선택이었다. 앞서가던 현대그룹과 대우그룹이 제풀에 고꾸라지고 있으니 구태여 자동차에 집착할 필요가 없어졌다. 자동차의 전략적 효용 가치가 떨어졌단 얘기다. 삼성한텐 부산 경제나 한국 자동차산업의 미래보단 삼성의 생사가 더 중요했기 때문이다. 삼성자동차는 그대로 주저앉을 위기에 처했다.

르노삼성은 르노그룹의 볼모

르노와 삼성자동차가 한창 매각 협상을 벌이던 2000년 3월 무렵이었다. 르노는 한빛은행을 비롯한 삼성자동차 채권단과 협상을 진행하면서 마음껏 콧대를 높이고 있었다. 채권단은 당초 제시했던 9,000억 원에서 7,000억 원으로 가격을 낮췄지만 르노는 요지부동이었다. 애가 바짝바짝 탄 건 정작 삼성차를 설립한 삼성그룹도 아니었고 돈을 떼일지도 모르는 채권은행도 아니었다. 부산 시민이었다. 부산 택시 기사들은 그 무렵 아예 SM클이라는 삼성자동차 서포터즈를 만들었다. SM5를 모는 택시 기사들끼리 자발적으로 만든 이 모임은 틈만 나면 승객들한테 SM5 자랑을 하면서 입소문을 냈다. 당시 부산경제가꾸기시민연대 같은 민간 경제 단체들은 아예 르노닛산 얼라이언스의 본거지인 규슈 지방과 연계해서 부산과 규슈 자동차 산업 벨트를 만드는 데 앞장서겠다고 나섰다. 부산시도

자동차 산업을 부산의 핵심 전략 사업으로 삼고 2,400억 원이 넘는 재원을 투자하겠다고 약조했다. 그러니까 르노가 삼성차를 인수해서 숨통을 트여주기만 하면 부산이 르노를 부산 기업처럼 대해주겠다고 호언한 셈이었다. 르노는 부산 시민들한텐 마지막 지푸라기였다. 부산 택시 기사들이 SM5의 홍보 대사를 자처했던 건 롯데 자이언츠를 응원하는 부산 갈매기들의 심정과 다를 게 없었다. 그 덕분인지 르노삼성은 설립 초기부터 택시 시장의 맹주로 떠오를 수 있었다. 개인택시 시장의 30퍼센트를 장악하면서 회생의 교두보를 마련했다. 부산이 르노삼성을 살렸다.

르노그룹의 셈법은 좀 달랐다. 르노는 르노삼성을 인수했다. 인수한 자산은 신호동 공장 설비와, 닛산에서 기술 이전을 받아서 완성한 SM5였다. 공장 설비는 가치가 있었다. 기타큐슈의 부산 공장으로서 활용 가치가 컸다. SM5는 덤이었다. 이미 르노와 닛산이면 신차도 충분했고 연구개발 인력도 많았다. 구태여 르노삼성까지 머리를 쓸 이유가 없었다. 손발을 인수했는데 머리까지 달려 있는 꼴이었다. 당장은 한국 시장에서 삼성의 브랜드 파워를 이용하기로 했다. 르노가 삼성한테 꼬박꼬박 로열티를 줘가면서 삼성 브랜드를 사용하는 이유다. SM5에 대한 부산 소비자의 열광적인 지지는 고마운 일이었다. 별다른 노력도 하지 않았는데 짝사랑을 해주는 셈이었다. 게다가 한국 정부와의 관계도 고려해야 했다. 급한 대로 르노한테 삼성자동차를 넘긴 한국 정부로서는 자동차산업이 국가 기간산업인 만큼 르노가 르노삼성 브랜드로 계속 차를 만들어주는 게 중요했다. 그렇지 않으면 한국 언론이 돌아설 가능성이 높았다. 신호동 공장에서 일하는 양질의 노동력이 떠나가고 생산 기반도 약화될 수 있었다. 결국 르노삼성은 SM 시리즈를 어떤 식으로든 이어가게 됐다. SM 차종이 르노 브랜드로 해외에 수출되면서 한때는 수출 전략 차종이 될 듯도 싶었다. 르노삼성이 독자 브랜드로 자리 잡는다는 건 한국만의 바람이었다. 르노는 이미 삼성자동차 시절에 개발돼 있던 차종을 이렇게 저렇게 이용했을 뿐이었다. 프랑스 국민차인 르노는 중형차 기반이 약한 편이라 SM7이 개발됐을 때 르노삼성이 르노닛산 얼라이언스의 중형차 개발 중추가 되는 게 아니냐는 기대도 있었다. 아니었다. SM7 역시 르노와 닛산의 작품이지 르노삼성의 작품은 아니었다. 르노그룹한테 르노삼성은 언제나 공장이었다.

르노삼성은 부산한테서 받은 만큼 돌려주지 못했다. 엔진과 변속기 같은 핵심 부품을 포함해서 전체 부품의 7분의 1 이상을 일본에서 수입해야 하는 처지였기 때문이다. 르노삼성엔 250개가량의 국내 부품 협력 업체가 있다. 그중에서 부산 지역 업체는 20곳 남짓이다. 전체의 30퍼센트 가량은 수도권에 있다. RSSA라고 불리는 르노삼성 협력 업체 협의회는 르노삼성을 중심으로 부산 지역 자동차 산업 발전을 위해 모인 단체다. 부산 이외 지역의 르노삼성 협력 업체들이 부산으로 이전하도록 갖가지 방책을 내놓았지만 가시적인 성과를 거두진 못했다. 르노삼성 자동차 클러스터를 만들려고 했지만 불발된 셈이다. 대다수 부품 업체들이 르노삼성의 내수 시장점유율이 2008년을 정점으로 떨어지면서 큰 매력을 느끼지 못한 탓이다. 게다가 핵심 부품이나 단가가 비싼 부품은 일본산으로 써야 하는 르노삼성의 한계를 알고 있었기 때문이다. 르노삼성은 초반 재기의 발판이 됐던 택시 생산마저 줄였다. 2012년 5월을 기준으로 현대기아차의 영업용 택시 시장점유율은 90퍼센트가 넘는다. 르노삼성은 4.3퍼센트에 불과하다.

12년 전 르노삼성 응원단을 자처하며 백방으로 뛴 택시 기사들마저 르노삼성을 떠났단 뜻이다.

르노삼성은 부산뿐만 아니라 한국 경제에도 보탬이 돼주질 못했다. 르노는 삼성차를 인수하면서 일방적으로 유리한 계약을 얻어냈다. 다급했던 채권단이 르노의 손을 들어줬기에 르노가 르노삼성을 인수하는 데 지불하기로 한 금액은 6,150억 원이다. 12년이 지났지만 아직도 2,844억 원(약 46퍼센트)을 지불하지 않았다. 르노는 인수대금에 대한 이자를 물지 않는다. 계약서가 그렇게 쓰였다. 게다가 르노삼성이 이익을 내는 해에만 갚도록 돼 있다. 그러니까 르노닛산 입장에선 르노삼성이 자동차는 많이 팔되 이익은 안 나는 게 최상이란 뜻이다. 매출은 높이고 영업이익률은 낮추는 게 르노삼성한텐 재무적으론 훨씬 유리하다. 실제로 르노삼성은 2010년에 역대 최다 판매 기록을 경신했지만 영업이익률은 고작 0.06퍼센트였다. 2006년까지만 해도 8퍼센트 가까이 됐던 영업이익률이 2010년엔 소수점 이하로 줄어들었다. 2010년은 르노삼성이 르노 플랫폼으로 3세대 SM5와 SM7 같은 차종을 내놓던 시기였다. 신차 효과가 418만 5,000대라는 역대 최다 판매 기록을 세우는 데 결정적인 역할을 했다. 매출은 늘었다. 대신 르노가 부품 값과 기술료를 왕창 걷어가면서 르노삼성은 빈 지갑이 됐다. 공장은 가동하되 남는 게 없는 구조였다. 그건 경영적으론 최악이었다. 앞서가는 제조업 기업은 배당조차 하지 않고 사내 유보금을 쌓아서 기술 개발에 매진한다. 애플은 스티브 잡스가 살아 있는 동안 배당을 한 차례도 하지 않았다. 르노삼성은 미래를 선점하기보단 당장의 이익을 극대화하는 재무적인 선택을 했다. 르노는 르노삼성의 미래를 준비하지 않았다.

르노삼성의 부활 해법

르노삼성은 2010년 닛산 플랫폼을 버리고 르노 플랫폼을 선택했다. 그때까지는 닛산 맥시마를 기반으로 SM5를 만들어왔다. 2010년 르노삼성은 3세대 SM5를 만들면서 르노 라구나를 플랫폼으로 삼았다. 자연히 르노삼성은 3세대 SM5를 생산하기 위해 닛산뿐만 아니라 유럽 르노에서도 부품을 조달해와야 했다. 엔화에 유로화까지 부품 값을 대느라 환율 변동에도 한층 더 취약해졌다. 결국 차 한 대를 팔 때마다 르노삼성이 르노와 닛산에 지급해야 하는 돈이 2011년엔 500만 원을 넘어서고 말았다. 정작 르노 플랫폼은 시장에서 큰 경쟁력이 없었고 닛산 플랫폼의 SM5에 비해 기술적으로도 후퇴했단 평가를 받았다. 그걸 기반으로 크기만 키운 SM7 역시 중형차 시장에서 기를 펴지 못했다. 표면적인 원인은 르노 플랫폼의 제품력이었다. 근원은 르노삼성이 르노와 닛산의 조립 공장으로 전락한 구조적 한계였다.

2012년 6월 27일 카를로스 타바레스 르노그룹 부회장이 한국을 찾아와 웨스턴조선호텔에서 기자회견을 열었다. "르노삼성의 한국 시장점유율을 10퍼센트까지 끌어올리겠습니다." 덧붙였다. "엔진을 포함해서 르노삼성 부품의 80퍼센트를 국산화하겠습니다."

르노삼성의 한국 시장 철수설까지 나도는 상황이었다. BMW의 부산 공장 인수설까지 돌았다. 결국 부랴부랴 카를로스 곤 회장의 오른팔이 직접 한국에 와서 진화에 나선 셈이었다.

타바레스 부회장의 발언은 로그 생산 계획이 밝혀지면서 실체가 드러났다.

부산 공장에서 로그를 만들어서 미국에 수출하자면 한국 부품을 60퍼센트 이상 사용해야 한다. 그래야 한국차로 인정받는다. 한미FTA 효과를 입으려면 한국 부품 비중을 어차피 늘려야 한다. 게다가 일본 부품 공급망은 동일본 대지진 여파로 불안정해진 상태다. 규슈 공업지대는 지리적으론 한국과 중국 쪽에 치우쳐 있어서 상대적으로 지진 여파에서 자유롭다. 대신 원전 가동이 멈추면서 고질적인 전력난이 가중된 게 문제다. 값비싼 산업용 전기요금이 일본 산업 생산성의 발목을 잡고 있다. 손정의 소프트뱅크 회장이 얼마 전 부산에 데이터 센터를 설치하겠다고 나선 것도 같은 이유다. 전기를 잡아먹는 하마 같은 데이터 센터를 일본 국내에서 운영하기란 더 이상 불가능하다. 글로벌 경영을 하는 르노닛산 얼라이언스 입장에선 불안해진 일본 경제 여건을 완충해줄 새로운 생산거점이 필요하다. 동일본 지역은 북미 지역 수출을 겨냥한 공업지대다. 이 지역이 불안정해지면 대안은 한국의 부산이 될 수 있다. 르노그룹엔 어차피 르노삼성과 부산 공장이 있다.

르노삼성을 부활시킬 해법은 간단하다. 제2 공장을 지으면 된다. 지금처럼 위탁 생산 시설로 취급받는 공장이 아니라 자체적인 연구개발 능력을 갖춘 공장을 증설하면 르노삼성은 자동차 공장이 아니라 자동차 회사가 된다. 르노삼성에서 르노닛산으로 흘러나가는 자본의 흐름을 다시 한국으로 돌리면 된다. 자연히 부산 신호동 공장의 생산성도 해결되고, 생산 규모가 늘어나면 영업망도 복구된다. 연구개발에도 적극적이 된다. 중요한 건 르노닛산의 의지다. 르노는 중국에 공장이 없어서 이제까진 부산 공장이 중국 생산 기지 역할을 대신 해왔다. 규슈 지역에서 부품을 공급받기에 유리한 지리적 요인이 적잖은 영향을 끼쳤다.

르노삼성엔 2011년까지만 해도 사원대표자위원회만 있고 노조조차 없었다. 임금도 경쟁사의 70퍼센트 수준이었다. 공장으로서 르노삼성은 노사 관계에서도 절대적으로 회사 측에 유리하다. 르노그룹도 이걸 모르지 않다. 르노삼성은 군말 없이 열심히 일하는 공장이다. 부산 경제가 볼모로 잡혀 있어서 정부도 르노그룹한테 한 수 접고 들어갈 수밖에 없다. 지금껏 르노닛산은 르노삼성의 싼 노동력과 지리적 이점을 이용만 해왔다. 이젠 르노삼성이 출범 초기부터 지니고 있던 태생적 모순이 한계에 다다라서 삥삥 터져나오고 있다. 부산 지역의 지지와 한국 정부의 도움과 르노삼성 인력의 희생으로 버텨나갈 수 없는 한계다. 너무 오래 문제를 방치했다. 정작 르노는 이번에도 미봉책을 내놓았다.

2012년 6월 르노삼성은 한국 시장점유율에서 꼴찌로 내려앉았다. 만년 꼴찌 쌍용차보다 적은 수치라는 건 수치다. 쌍용차는 중국 자동차회사가 기술력만 빼가고 먹튀한 사례였다. 쌍용차를 살려내서 고용을 유지하고 평택 지역 경제를 살려달라고 물심양면의 혜택을 줬더니 상하이차는 배신해버렸다. 르노삼성은 틈날 때마다 자신들은 쌍용차와는 다르다고 강조해왔다. 한때는 달라보였다. 다르다고 믿었다. 다르길 바랐다.

부산은 이미 규슈 공업지대의 일부

르노삼성은 10년 동안 SM 시리즈 하나로 연명해오고 있다. 세대교체가 이루어져왔다지만 신차가 쏟아지는 상황에서 신차 효과를 누리지 못해왔단 뜻이다. 그런 한계 상황은 2010년부터 나타나기 시작했다. 기아차가 K 시리즈로 국내 시장에서 현대차와 쌍벽을 이루면서 르노삼성의 자리는 더욱 좁아졌다. 사실 그동안은 한국GM으로 변경된 대우차가 중형차 시장을 포기하면서 생긴 공백을 르노삼성이 어부지리로 얻은 측면이 있었다. 기아차가 중형차 시장의 새로운 강자로 떠오르고 수입차까지 가세하면서 SM 시리즈는 제품력을 잃었다. 르노도 이 사실을 모르지 않았다. 르노삼성 역시 내부적으론 다양한 신차 계획을 매만지면서 반격을 도모했다.

정작 르노는 냉정한 전략적 판단을 했다. 어차피 한국 내수 시장은 현대기아차와 수입차의 경쟁 체제로 흘러갈 수밖에 없으므로 르노삼성이 아무리 신차를 내놓는다고 해도 2000년대 초반처럼 소비자들을 불러 모을 가능성은 높지 않다. 르노는 르노삼성을 전략적 교두보로 인수했다. 상하이차가 쌍용차의 앞선 SUV 기술력이 필요했던 거라면 르노는 르노삼성한테 기술력을 요구하지 않았다. 어차피 르노삼성의 기술력은 닛산에서 왔고 닛산은 르노와 얼라이언스 관계였다. 2010년대로 접어들면서 한국 자동차 시장에선 르노삼성은 이미 경쟁력을 잃어가고 있었다. 르노는 10년 동안 1990년대 삼성자동차 시절부터 축적돼온 제품력을 소진시켰다. 어차피 르노가 투자한 결과물도 아니었다. 그 영양분이 다 달았을 때 르노는 추가 투자를 중단했다. SM 시리즈에 대해 투자를 더 하기보단 생산 공장 역할을 강조하기로 했다. 애당초 2000년에 부산 신호동 공장을 인수하면서 세운 계획이었다.

카를로스 곤 회장의 기자회견이 끝나자 시장에선 정작 SM 시리즈에 대한 신차 계획이 없다는 비판이 이어졌다. 내수 시장 부진과 수출 부진의 원인은 결국 신차 부재에서 왔는데 닛산 로그 위탁 생산이 해법이 되지 않는다는 얘기였다. 르노삼성은 부랴부랴 SM5와 SM7의 페이스 리프트 계획을 발표했다. 또다시 부분 디자인 변경으로 소비자들을 상대하겠단 뜻이었다. 일단 이 계획은 적중했다. 판매와 점유율이 되살아났다. 공장 가동률도 올라갔다. 다행이다. 그러나 신차 효과도 미봉책이란 얘기다.

삼성자동차 시절부터 르노삼성은 끊임없이 위기를 맞았다. 태생적으로 과잉 설비투자라는 비판을 들을 수밖에 없었다. 좁은 내수 시장에 삼성차까지 가세하는 건 위험한 선택이었다. 실제로 외환위기 때 삼성은 스스로 삼성차를 과잉 투자로 지목하고 지원을 끊어버렸다. 정작 인허가를 받는 과정에선 과잉 설비투자라는 비판을 경쟁사들의 흑색선전으로 치부해버렸다. 삼성자동차 직원들은 스스로 잉여 설비가 되지 않기 위해 노력했다. 신호동 공장은 경쟁사 조립공장에 비해 노동 강도도 세고 생산성도 높기로 유명하다. SM 시리즈는 잔고장이 없고 정숙해서 소비자의 관심을 끌었다. 이 모두가 살아남으려는 생산직 노동자의 노력 덕분이었다.

정작 삼성차를 거쳐 간 주인들은 정략적인 판단만 거듭했다. 삼성그룹이 그랬다. 르노 역시 르노삼성이라는 자동차 회사를 키우려고 하기보단 정부와 지역 경제와 노동자를 볼모로 제 잇속 챙기기에 급급했다. 자신들의 생산 거점으로 이용하려고만 들었다. 외국인 오너의 한계일 수도 있다. 외국계 자본이라고 한국 회사를 착취만 하는 건 아니지만 어쩔 수 없이 결정적인 기로에선 본사의 글로벌 전략에 따라 결정할 수밖에 없다. 르노삼성이란 회사를 키우는 건 한

국 차원에서의 바람이다. 르노그룹 차원에서는 르노삼성을 공장으로 육성하는 게 현명한 판단이다. 한국GM이 대우차 시절의 생산 기획과 설계 능력을 잃고 GM의 소형차 생산 거점이자 중국 시장 전진기지로 활용되는 것과 같은 맥락이다. 곤 회장은 말했다. "부산 공장은 르노닛산 얼라이언스의 아시아 전진기지로서 의미가 큽니다. 한국 정부의 정책 역시 자동차 생산을 하는 데 큰 도움이 됩니다."

곤 회장이나 르노로선 지정학적으로 부산 공장을 이용하는 게 올바른 비즈니스다. 정작 한국 경제 입장에선 르노삼성은 볼모다. 이미 전 세계 자동차산업은 서로 총칼을 겨누는 형국으로 변화하고 있다. 현대차는 이제 미국 차다. 미국 앨라배마 공장에서 차를 만들고 미국에서 일자리를 창출한다. 미국 정부는 현대차를 박대할 수 없다. 미국에서 고용 창출을 해주는 기업이 본사가 미국이기만 한 기업보다 더 고맙기 때문이다. 자동차산업은 그런 이해관계로 각국 정부와 경제의 급소를 쥐고 있다. 르노삼성은 한국 경제의 낭심이다. 르노는 그 낭심을 거머쥐고 있다.

르노삼성의 SM 시리즈가 팔려나갔던 건 제품력과 경제 애국주의가 겹친 결과였다. 2000년대 초반은 그런 시기였다. 부산 주민들이 롯데보다 르노삼성을 더 사랑하는 것도 그래서다. 이젠 달라졌다. 르노삼성은 규슈 지역에서 부품을 구매하고 부산 지역 부품 업체들은 핵심 기술력을 전수받지 못한다. 현대차와 기아차가 러시아에 진출할 때 협력 업체들은 함께 세계 시장으로 나가지만 르노삼성과는 그런 걸 기대하기 어렵다. 닛산 로그를 생산하면서 닛산과의 부품 교류 규모가 확대될 순 있다. 일본 대지진으로 일본 자동차 업계도 한국 부품 업체 쪽으로 공급망을 확대하려는 움직임이다. 분명한 건 더 이상 르노삼성은 그 르노삼성이 아니란 사실이다. 1990년대 새로운 자동차 회사로 태동했던 야심 찬 삼성차도 아니고 2000년대 살아남기 위해 동분서주하던 르노삼성도 아니다. 그런 낭만 경제기는 지나갔다. 르노삼성은 부산 신호동 공장이다. 르노삼성의 실패다.

한화

황제가 군림하는 의리의 조직

김승연 회장의 세 번째 옥살이였다. 2012년 8월 16일 김승연 한화그룹 회장이 측근들과 함께 서울서부지법 303호 법정에 들어섰다. 이미 유죄는 확정적이었다. 김 회장과 함께 법정에 들어선 한화그룹 임원진도 긴장한 표정이 역력했다. 선고공판은 30분가량 진행됐다. 김승연 회장과 한화그룹 관련자에 대한 법원 판결문은 231페이지에 달했다. 서울서부지법 형사12부 서경환 부장판사는 김승연 회장한테 징역 4년에 벌금 51억 원을 선고했다. 법정이 술렁였다. 징역 3년에 집행유예 5년이 아니다. 그동안 사법부는 재벌 총수들한테 천편일률적인 판결을 내려왔다. 언제나 징역 3년에 집행유예 5년이었다. 이건희 삼성전자 회장은 징역 3년에 집행유예 5년을 받았다. 박용성 두산그룹 회장도, 조양호 대한항공 회장도, 정몽구 현대자동차그룹 회장도 마찬가지였다. 회장들의 죄목은 대동소이했다. 회사 돈을 횡령해서 비자금을 조성했다. 계열사엔 손실이지만 총수 일가한텐 이득이 되는 경영적 판단을 내려서 주주들에게 피해를 입히는 배임 행위를 했다.

김승연 회장의 죄목도 별다르지 않았다. 김 회장은 위장 부실 계열사인 한유통과 웰롭을 부당 지원해서 회사에 2,883억 원의 손실을 끼쳤다. 한화그룹 계열사가 나눠 갖고 있던 알짜 회사 동일석유의 주식을 친인척한테 저가로 양도하도록 했다. 계열사들은 당연히 받아야 할 돈을 못 받았으니 그만큼 손해였다. 더 있었다. 김승연 회장은 계열사 주식을 차명 소유해왔다. 자연히 주식거래를 하면서도 양도소득세를 내지 않았다. 구태의연한 경제 범죄였다. 한화그룹의 변명도 구태의연했다. 김승연 회장만큼은 몰랐던 일이라고 주장하고 모든 일은 계열사 사장들이 저질렀다고 우겼다. 검찰은 계열사 사장들도 함께 저지른 일이라고 봤다. 김승연 회장과 같이 홍동옥 여천NCC 대표이사와 김관수 한화호텔앤리조트 대표도 기소했다. 주범과 종범이었다.

판결문 낭독이 끝나자 법정 안이 또 한 번 술렁이기 시작했다. 재판부는 김승연 회장을 법정 구속시켜버렸다. 김승연 회장은 재판부 쪽으론 고개조차 돌리지 않았다. 방청석에 있던 한화 관계자들 사이에선 장탄식이 터져 나왔다. 유죄는 예상했다. 정찰제 판결 정도를 기대하고 있었다. 징역 3년에 집행유예 5년이 나오면 유죄여도 받아들일 만도 했다. 법정 구속까지 시킬 줄은 아무도 몰랐다. 재계 순위 14위의 재벌 회장이 선고가 끝나자마자 수갑을 차는 일은 전대미문이었다. 기자들 분위기도 어수선했다. 김승연 회장의 유죄 판결보다 법정 구속의 의미를 따지는 모습들이었다. 김승연 회장은 방청석에 있던 임직원들과 일일이 악수를 나눴다. 곧바로 서울구치소로 향했다. 구치소로 향하는 호송차엔 함께 법정 구속된 계열사 사장 홍동욱 여천NCC 대표이사가 먼저 타고 있었다. 결국 한 버스를 타게 됐다.

황제를 위하여

김승연 회장의 변호를 맡은 법무법인 바른과 율촌의 변호 전략은 김승연 회장과 홍동욱 대표를 구별하는 것이었다. 김승연 회장은 몰랐다. 홍동욱 대표의 단독 범행이다. 그러니까 김승연 회장은 무죄다. 홍동욱 대표는 유죄다. 이런 전략은 2005년 김승연 회장이 대한생명(현 한화생명)을 인수하는 과정에서 87억 원의 비자금을 조성했단 혐의로 기소됐을 땐 먹혔다. 그땐 김연배 한화그룹 부회장의 단독 범행으로 결론이 났다. 이번엔 홍동욱 사장이 김연배 부회장의 역할을 맡았다. 애당초 검찰은 김승연 회장을 30가지가 넘는 죄목으로 기소했다. 공소장만 100페이지가 넘었다. 절반가량은 홍동욱 대표가 뒤집어썼다. 딱 그만큼 김승연 회장은 기소를 면했단 얘기다.

다 벗어나진 못했다. 김승연 회장이 한화그룹의 황제란 사실이 드러났기 때문이었다. 그룹의 큰일은 물론이고 작은 일 하나까지도 김승연 회장한테 직보되고 있었다. 재판부는 판결문에서 이렇게 밝혔다. "검찰이 압수한 내부 문건에 따르면 한화그룹 본부 조직에서는 김승연 회장은 CM이라고 부른다." CM은 체어맨(의장)의 약자다. "CM은 신의 경지이고 절대적인 충성의 대상이며 본부 조직은 CM의 보좌 기구에 불과하다고 적혀 있다. 한화그룹 전체가 김승연 회장 개인을 정점으로 일사불란한 상명하복의 보고 및 지휘 체계를 이루고 있는 것으로 보인다." 아무리 작은 범법 행위라고 김승연 회장이 모를 수 없단 판결이었다. 하물며 대규모 비자금을 조성하고 계열사 이익을 유출하는 큰 범법 행위를 그룹의 신이 몰랐을 리 없었다. 그렇게 변호인단의 전략이 깨졌다.

재판부의 분석은 틀리지 않았다. 재계 안에서도 한화그룹은 회장을 정점으로 똘똘 뭉친 의리파 조직으로 유명하다. 한화그룹 안에서 김승연 회장은 황제다. 김승연 회장이 다니는 길목 앞으로 가로질러 가는 직원한텐 불호령이 떨어진다는 얘기마저 있다. 검찰이 압수한 내부 문건에서 드러난 "CM은 신의 경지"라는 표현이 과장이 아니라는 뜻이다. 한화그룹에서 가장 중요하게 여기는 가치는 의리다. 상명하복과 일사불란을 강조하는 폐쇄적인 피라미드 조직일수록 의리를 강조한다. 내부 구성원끼리의 의리는 거꾸로 외부인에 대한 배척을 의미한다. 의리로 묶여진 조직에선 의리의 정점이 생겨나기 마련이다. 총수다. 김승연 회장도 틈날 때마다 의리를 강조해왔다. 한화그룹 계열사의 윤리 강령에는 대부분 의리라는 표현이 빠지지 않는다. 이번 검찰 수사 과정에 대해서도 한화그룹은 의리로 맞섰다. 한화그룹은 관련 자료를 청계산 인근 비닐하우스에 숨겨뒀다가 적발됐다. 경비 용역을 고용해서 검찰 수사관들을 몸으로 막았다. 한화다운 고육책이었다. 한화 조직은 김승연 회장에 대한 충성심이 남다르기로 유명하다.

다른 재벌 기업들은 직원들의 이해관계와 회사의 이익을 일치시키려고 애쓴다. 직원들이 자신을 위해서 일하는 걸 곧 회사를 위해서 일하는 것으로 여겨

야 더 열심히 일하기 때문이다. 회사란 사적 욕망들이 모여서 더 큰 욕망을 추구하는 조직이다. 욕망이 일치해야 손발이 맞는다.

한화는 좀 다르다. 직원들한테 유달리 애사심을 강조한다. 개인적인 목표보단 회사의 목표를 위해서 일하라고 말한다. 조직은 보상을 해줄 뿐이다. 보상은 결국 총수가 해준다. 총수의 마음에 들어야 보상도 커진다. 충성해야 보상받는다. 의리와 충성의 가치를 강조하는 건 어쩌면 재계 14위다운 발상일 수 있다. 결국 기업은 인재 싸움이다. 슈퍼급 인재는 늘 삼성전자나 현대자동차나 LG전자로 먼저 간다. 슈퍼급 인재는 개인적인 목표가 회사의 목표와 일치할 때만 입사한다. 최정상급 조직에서 일하고 싶다거나 최고 대우를 받고 싶다는 가치들이다. 추격하는 재벌들 입장에선 그런 보상을 해주기 어렵다. 대신 강조하는 게 무형의 가치들이다. '1등을 한번 꺾어보자' 라거나 '불가능에 도전해보자' 는 식의 명분이다. 충성과 의리일 수도 있다. 예전에 한국 기업들이 글로벌 수준이 아니었을 땐 인재를 끌어들일 때 너나 할 것 없이 애국심을 자극했다. 그것 말고는 수단이 없었다. 충성과 의리를 강조하는 한화의 기업 문화는 재계 14위한텐 유효한 전략일 수도 있다.

문제는 충성과 의리의 대상이 누구냐에 있다. 결국 총수다. 김승연 회장일 수밖에 없다. 김승연 회장은 1981년 29세의 나이로 한화그룹 총수 자리에 올랐다. 부친인 김종희 창업주가 갑자기 타계하면서 한화그룹의 경영권을 물려받았다. 그때부터 30년 동안 김승연 회장은 한화그룹의 지존이었다. 정작 한화그룹의 리스크는 언제나 지존한테서 비롯되곤 했다. 김승연 회장은 30년 동안 그룹을 이끌면서 네 번 기소됐고 세 번 구속됐다. 1993년엔 한화그룹 계열사의 해외 공사비 470만 달러를 빼돌렸다. 그 돈으로 미국에서 호화 주택을 구입한 혐의로 구속 기소됐다. 김승연 회장이 구입했다고 알려진 저택은 실베스터 스탤론이 살았던 곳으로 알려졌다. 2004년엔 서청원 한나라당 대표한테 정치자금 10억 원을 건넨 혐의로 조사를 받았다. 결국 정치자금법 위반 혐의로 불구속 기소됐다. 2005년엔 대한생명을 인수하는 과정에서 각종 특혜를 받고 비자금을 조성한 혐의로 조사를 받았다. 대한생명 인수는 김승연 회장의 최대 치적 가운데 하나다. 한화그룹의 체질을 금융 중심으로 돌려놓았다. 다만 방법이 문제였다. 2007년엔 둘째 아들이 청담동의 술집에서 폭행을 당하자 경호원을 동원해서 보복 폭행을 가했다.

네 개의 사건엔 공통점이 있다. 황제가 벌인 사건이란 점이다. 황제 경영이란 결국 최고경영자가 기업을 사유화하는 걸 말한다. 김승연 회장은 황제적 권능을 사용하는 데 익숙하다. 황제적 기업 경영 방식은 명령과 수행으로 이루어진다. 기업은 총수의 의지를 관철시키는 도구다. 급기야 기업의 돈과 총수의 돈도 구분할 필요가 없게 된다. 기업은 내 것이기 때문이다. 당연히 계열사 돈으로 저택을 구입할 수도 있고 경호원을 동원해서 폭력을 행사할 수도 있다. 한화그룹의 계열사들은 대부분 상장회사다. 김승연 회장은 지주회사 역할을 하는 (주)한화의 지분 1.15퍼센트로 그룹 전체를 지배한다. 한화그룹은 다른 재벌들에 비해 순환출자 고리가 유난히 많다. 대부분 (주)한화에서 기타 계열사를 거쳐서 한화손해보험을 돌아서 (주)한화로 연결되는 구조다. 그만큼 가공자본의 부피가 크단 뜻이다. 김승연 회장의 개념과 달리 한화그룹의 자산은 절대 비율이 시장의 소유다. 김승연 회장은 가공자본을 지배할 뿐이다. 김승연 회장은 황제 경영을 통해 무법 경영을 했다. 왕은 무치無恥하다고 했다. 김승연 회장도 경영 목표를 달성하기 위해 수단과 방법을 안 가렸다. 정치자금을 제공했고 비자금을 조성해서 로비를 벌였다. 인수합병에서 특혜를 입었다.

김승연 회장이 법정 구속되자마자 한화그룹 변호인단은 또다시 진부한 변론을 했다. 그룹 총수가 구속됐기 때문에 앞으로 한화그룹의 경영과 미래 전략에 적신호가 켜졌다고 주장했다. 한화그룹은 당장 김승연 회장이 진두지휘해온 태양광 사업과 이라크 신도시 건설 프로젝트에도 차질이 빚어질 수 있다고 밝혔다. 무엇보다 한화는 태양광 사업을 그룹의 신성장 동력으로 보고 올인하다시피 해왔다. 한화그룹은 독일 태양광 업체 큐셀 인수를 추진해왔다. 큐셀은 2008년까지 태양광 모듈 생산 부분에서 글로벌 1위를 차지했다. 그룹 경영에 미치는 영향이나 한국 경제 전반에 미치는 영향이나 한국 경제 발전에 기여한 공로 같은 미사여구들은 사실 재벌 총수들이 사법 처리를 받을 수밖에 없는 벼랑 끝에 몰렸을 때 언제나 변호인단이 내놓는 마지막 카드였다. 실제로 한화그룹 경영에서 김승연 회장의 역할을 절대적이다. CM의 결제가 없으면 돌아가질 않는다. 2007년 폭행 혐의로 구속됐을 때도 김승연 회장은 옥중 경영을 했다. 당시 금춘수 경영전략실장이 수시로 감옥을 들락거리면서 김승연 회장의 뜻을 회사에 전했다. 한화그룹은 김승연 회장이 없으면 당장 경영 공백이 불가피하다고 말한다. 사실 한화 입장에선 공백이 없어도 만들어야 할 판이다. 총수가 없는데 회사가 너무 잘 돌아가도 문제다. 2심에서 선처를 호소할 명분도 약해진다. 총수의 카리스마도 약화된다.

정작 총수가 있어도 문제였다. 김승연 회장의 황제 경영은 비리의 원흉만이 아니다. 기업 경영 전략에도 영향을 미쳤다. 황제 경영은 총수의 뜻을 관철시키기엔 좋지만 주변 환경을 돌보지 못한다. 황제가 뜻을 세우면 아무도 반대하지 못하기 때문이다. 손해가 커지고 탈법이 벌어져도 황제의 뜻이라면 밀어붙일 수밖에 없다. 한화그룹이 총력을 기울이고 있는 태양광 산업이 딱 그 짝이다. 태양광 산업은 김승연 회장이 진두지휘해온 미래 성장 동력이다. 한화그룹은 수년째 손해를 감수하면서 태양광 사업에 몰두하고 있다. 태양광 사업은 이제껏 한화그룹이 펼친 가장 큰 글로벌 프로젝트다. 글로벌 한화로 가는 돌파구다. 그래서 오랫동안 내수에만 머물러 있던 한화그룹의 한계가 여실히 드러나고 있다. 황제 경영의 명암이 드러난 대표적인 사례다. 시작부터 끝까지 김승연식이었다.

대우조선해양 인수 무산

2009년 2월 18일 한화그룹의 사령부인 서울 중구 장교동 한화빌딩엔 50여 명의 그룹 임직원이 전원 집결했다. 28층 대회의실엔 긴장감이 흘렀다. 명목상으론 2009년 경영전략회의였지만 사실상 비상경영회의였다. 김승연 회장이 회의실 정중앙에 앉고 계열사 사장과 임원이 양쪽으로 도열했다. 한화그룹 경영기획실장 금춘수 사장이 김승연 회장을 보좌했다. 금춘수 사장은 김승연 회장의 오른팔이자 사실상 한화그룹의 두뇌다. 한화그룹 구조조정본부 지원팀장을 지냈고 2002년 한화그룹이 대한생명을 인수했을 땐 대한생명 경영지원실장을 맡아서 대한생명 정상화를 이끌었다. 대한생명을 필두로 한 한화그룹 금융계열사들이 승승장구하면서 인수 작업을 총괄한 김승연 회장과 정상화 작업을 책임진 금춘수 사장의 입지는 전에 없이 탄탄해진 상황이었다. 그러나 그날 경영전략회의만큼은 예외였다. 김승연 회장과 금춘수 사장 모두 굳은 표정들이었다.

2009년 1월 21일 김승연 회장과 금춘수 사장과 한화그룹은 모두 치명타를 입었다. 6조 4,000억 원 규모로 추진했던 대우조선해양 인수 작업이 사실상 무산됐다. 한화그룹은 이미 3,150억 원에 이르는 이행보증금도 납부한 상황이었다. 인수 협상이 결렬되면서 그 돈까지 고스란히 날리게 생긴 처지였다. 한화그룹은 김승연 회장의 주도로 (주)한화와 한화케미칼과 한화건설로 컨소시엄을 구성해서 대우조선해양 인수전에 뛰어들었다. 정작 2008년 10월 우선협상대상자를 선정하는 결승전은 싱겁게 끝났다. 포스코와 GS그룹 컨소시엄은 인수 금액에 대한 이견을 좁히지 못하고 결별했다. 포스코는 공격적이었던 반면에 GS그룹은 소극적이었다. 현대중공업은 애당초 대우조선해양 인수에 큰 의지를 갖고 있지 않았다. 오히려 인수 경쟁에 참여해서 인수 금액을 높여서 미래의 경쟁자를 견제한다는 전략적인 이유가 컸다. 사실 이들이 대우조선해양을 앞에 두고 머뭇거렸던 건 대외적 악재 때문이었다. 2008년 9월 리먼 브라더스가 파산하면서 시작된 미국발 금융위기는 전 세계 경기를 얼어붙게 만들었다. 조선업 업황도 빙하기에 빠져들었다. 결국 포스코와 GS그룹, 현대중공업은 모두 후퇴했다. 반면에 한화그룹만 '돌격, 앞으로'를 선택했다.

총수의 의지 때문이었다. 김승연 회장은 대우조선해양 인수를 "인생에서 가장 큰 승부수"라고 표현했다. 그만큼 올인했다. 한때 10조 원에 달했던 대우조선해양의 주가는 금융위기 여파로 3조 원까지 쪼그라든 상황이었다. 그런데도 김승연 회장은 대우조선해양의 지분 50퍼센트를 인수하는 데 6조 원을 넘게 쓰겠다는 파격적인 도박을 했다. 6조 4,000억 원이라는 인수 금액은 김승연 회장이 직접 썼다. 김승연 회장은 포스코와 GS그룹 컨소시엄이 결성됐을 때부터 이미 승부는 인수 가격에서 날 거라고 판단한 걸로 알려졌다. 합작 컨소시엄은 양측의 입장 차이 때문에 인수 가격을 높이 쓰기 어려울 거여서 지르면 이긴단 얘기였다. 실제로 포스코와 GS그룹 컨소시엄은 이구택 당시 포스코 회장과 허창수 회장의 가격 담판이 결렬되면서 깨졌다.

지르긴 했는데 수습하는 게 문제였다. 한화그룹은 입찰제안서엔 내외부 자금 조달을 통해서 9조 원을 마련해서 대우조선해양에 쏟아붓겠다고 밝혔다. 금융위기가 확산되면서 자금 조달이 어려워졌다. 팔려고 했던 자산은 헐값으로 떨어졌고 재무적 투자자들의 입장도 소극적으로 돌변했다. 한화그룹은 궁여지책을 쓰기 시작했다. 산업은행에 인수액을 깎아달라고 했다가 나중엔 인수 대금을 분할 납부하게 해달라는 요구를 했다. 산업은행으로선 받아들일 수 없는 생떼였다. 인수제안가가 가장 높아서 우선협상대상자로 선정해줬더니 자신이 직접 제시한 금액이 너무 높다며 뒤늦게 우는소리를 하는 꼴이었다. 대우조선해양 노조 역시 한화그룹에 대한 인식이 좋지 않았다. 대우조선해양 노조는 강성으로 유명하다. 김우중 전 대우그룹 회장은 1990년대 파업 중이던 대우조선해양 노조원들을 설득하느라 옥포에 내려가서 살다시피 했다. 하지만 한화그룹은 그런 강성 노조를 상대해본 경험이 없었다. 조선업 자체에 대한 경험이 전무했다. 대우조선해양 노조는 인수보다는 국민 기업화를 원했다. 한화그룹의 실사 자체를 거부했다. 한화그룹은 어쩔 줄 몰라했다. 결국 산업은행은 한화그룹의 우선협상대상자 지위를 박탈했다. 사실상 1년여를 끌어온 대우조선해양 매입 작업이 물 건너간 셈이었다. 총수의 의지만으론 안 되는 일도 있었다.

오너의 뚝심으로

2009년 한화그룹의 경영전략회의는 그런 분위기 속에서 열렸다. 김승연 회장과 금춘수 사장을 필두로 한 그룹의 수뇌부는 모두 대우조선해양 인수전에 깊숙하게 관여해왔다. 금춘수 사장은 대우조선해양 인수 과정의 실무를 맡았다. 대외적으론 그룹 전체의 순익이 1조 원이 넘고 금융권 대출이나 재무적 투자자도 확보해놓았기 때문에 자금 조달에 문제가 없단 식으로 끊임없이 방어막을 쳐왔다. 실제론 자금 조달 실패의 1차적인 책임을 져야 했다. 쓰라린 패배였다. 누구보다도 김승연 회장 자신이 그 패배의 책임에서 자유로울 수 없었다. 한화그룹은 산업은행을 상대로 이행보증금에 대한 반환 소송까지 걸었다. 계약을 이행하지 못했으면 계약금을 떼이는 건 당연하다. 그러나 액수가 너무 컸다. 한화그룹은 대우조선해양 노조의 거부로 실사 자체를 이행하지 못했기 때문에 이행보증금을 돌려받아야 마땅하다고 주장했다. 상처 입은 자존심을 조금이나마 회복해보려는 꼼수였다.

태양광은 거기에서 나왔다. 2009년 한화그룹 경영전략회의에선 대우조선해양에 대한 이야기는 제대로 나오지도 않았다. 누구도 감히 총수와 수뇌부의 폐부를 건드리지 못했다. 오히려 경영전략회의의 목적은 국면 전환이었다. 김승연 회장은 대회의실 정중앙에 앉아서 사장들을 바라보며 이렇게 말했다. “단순히 당면한 위기를 극복한다는 차원을 넘어서 오늘의 한계를 넘어 새로운 내일을 연다는 적극적인 자세로 임합시다. 2011년까지 한화가 세계적인 글로벌 기업이 될 수 있는 기반을 다질 수 있어야 합니다.” 경영전략회의의 부제도 ‘위대한 도전 2011년’ 이었다. 2011년이 갑자기 그룹의 화두로 떠올랐고, 또 갑자기 위기가 강조됐고, 다시 갑자기 신성장 동력 얘기가 당면 과제로 회의석상 위에 튀어 올라왔다. 17개나 되는 신성장 동력 사업이 줄줄이 열거됐다. 2차 전지 소재부터 탄소배출권, 나노 입자와 태양광까지 시중에 떠오르고 있는 신수종 사업이 모두 담긴 종합백화점식이었다. 하지만 답은 이미 나와 있는 거나 마찬가지였다. 한화케미칼이 이미 울산에 제2 생산 공장을 짓고 있는 태양광 사업이었다.

대우조선해양 인수를 전제로 마련된 그룹의 자원이 그날을 기점으로 몽땅 태양광으로 돌려졌다. 대우조선해양 인수 컨소시엄에 참여했던 한화케미칼은 폴리실리콘과 태양전지 생산에 주력하기로 했다. 역시 컨소시엄에 참여했던 한화건설은 태양광 발전 아파트와 친환경 주거단지 개발에 역량을 모으겠다고 했다. 대우조선해양 인수 컨소시엄에서 자금 부문을 담당한 지주회사 (주)한화는 대한생명 상장을 추진하기로 했다. 국내 생명보험업계 2위인 대한생명을 상장하면 시가총액은 7조 원대에 이를 전망이었다. (주)한화는 대한생명의 지분 28.16퍼센트를 갖고 있었다. 대한생명을 상장하면 지분은 21.67퍼센트로 줄어들지만 지분 평가액은 3조 원에 육박했다. 한화그룹 입장에선 대우조선해양을 대신해서 그룹의 역량을 집중시킬 목표가 필요했다. 김승연 회장과 그룹 경영진의 쓰라린 판단 실수를 가려줄 가림막도 필요했다. 2009년 2월 18일은 한화그룹에 태양이 뜬 날이었다.

4년이 지났다. 그런데 한화그룹의 모습은 4년 전과 판박이다. 대우조선해양이란 대내 악재가 한화솔라원으로 바뀌었고, 미국발 금융위기라는 대외 악재가 유럽발 재정위기로 바뀌었을 뿐이다. 2010년 8월 한화그룹이 4,300억 원에 인수한 한화솔라원의 나스닥 주가는 추풍낙엽처럼 떨어지고 있다. 2011년 하반기를 강타한 유럽발 재정위기는 태양광 설비에 대한 수요를 위축시켰다. 미국발 금융위기로 대우조선해양을 인수하려다 자금 조달에 실패했던 4년 전보다 나아진 게 없다 싶을 정도다.

4년 전에도 김승연 회장은 사내 인트라넷을 통해 이렇게 말했다. "우리 그룹은 세계적인 기업으로서 미래 성장을 가속화할 대전기를 마련하게 됐습니다. 한양화학과 대한생명 인수에 이어 내 인생의 가장 큰 승부수를 대우조선해양에 걸고 있습니다. 그룹의 미래 성장 동력으로서 글로벌 사업 포트폴리오의 핵심축으로 삼기 위한 최적의 대안이었습니다." 2012년 1월 1일 신년사에서도 김승연 회장은 이렇게 말했다. "그룹은 지난 1년 반 동안 태양광 사업의 조기 정착을 위해 총력을 기울려 왔습니다. 가히 우리 한화의 녹색혁명이라 부를 만합니다. 현재 경기 침체 여파로 관련 산업계가 큰 어려움을 겪고 있지만, 우리는 이 위기를 더 큰 기회로 삼겠다는 확고한 의지를 갖고 있습니다. 지금까지 화석연료가 인류 문명의 발전을 선도해왔다면, 그린 에너지는 미래의 산업혁명을 이끌 주역입니다. 태양광 사업을 통해 세계 톱 기업으로 도약하겠다는 장기적인 비전을 변함없이 추진해나갈 것입니다."

위기를 오너의 뚝심으로 극복하려는 자세까지 똑같다. 심지어 김승연 회장이 룸살롱 폭행 사건으로 사회적 물의를 일으킨 뒤 대우조선해양 인수에 올인했던 모습과, 국가적 과제였던 대우조선해양 매각을 기업의 과욕으로 무산시키고 태양광에 올인하다가 비자금 문제로 법정 구속되는 정황까지, 닮아 있다. 한화그룹은 4년도 채 안 돼서 유사한 함정에 두 번씩이나 빠졌단 얘기다.

인수합병으로 성장해온 한화

김승연 회장은 인수합병으로 그룹을 성장시켜왔다. 취임 1년 만에 김승연 회장이 빼든 카드는 한양화학 인수였다. 지금의 한화케미칼이다. 서른 살 회장은 한국화약과 경인에너지에 국한돼 있던 그룹의 성격을 인수합병을 통해 180도 바꿔놓았다. 1985년엔 지금의 한화리조트인 정아그룹을 인수한다. 1986년엔 한양유통센터를 인수해서 한화갤러리아 백화점으로 바꿔놓는다. 김승연 회장은 인수한 기업 대부분을 우량 기업으로 바꿔놓는 경영 수완을 보여줬다. 김승연 회장이 실패한 인수합병은 경향신문 정도였다. 2002년 대한생명 인수는 김승연 회장한텐 가장 멋진 승부였다. 한화그룹이 대한생명을 인수할 당시만 해도 자칫하면 그룹 전체가 망할지도 모른다는 우려가 더 컸다. 이젠 대한생명을 중심으로 한 금융 계열사의 매출이 한화그룹 전체 매출의 절반이 넘을 정도다.

인수합병과 경영 개선 작업이야말로 김승연 경영의 핵심이다. 인수합병도 경영 개선 작업도 결국 최고경영자의 의지에 달려 있기 마련이다. 인수전의 성패는 인수 주체가 얼마나 인수 의지를 갖고 있고 동원할 만한 자금이 어느 정도이냐에 따라 결정된다. 둘 다 그룹 총수인 김승연 회장이 마음만 먹으면 얼마든지 좌우할 수 있는 변수다. 대한생명이 보유한 대표적인 자산인 여의도 63빌딩 27층에 자리한 김승연 회장의 집무실엔 전용 엘리베이터가 따로 설치돼 있다. 이 엘리베이터를 설치하는 데만 수억 원의 공사비가 들었다. 이렇게 절대 권력인 회장을 중심으로 일사불란하게 움직이는 게 한화 소식 문화의 가장 큰 특징이다. 한화그룹이 한화케미칼이나 한화리조트를 성장시킬 수 있었던 것도 이런 카리스마 경영 덕분이었다. 화학과 리조트 산업은 모두 대규모 설비투자가 필요한 장치 산업이다. 수요만 명백하다면 먼저 과감하게 지르는 쪽이 이긴다. 1980년대와 1990년대 내내 화학과 리조트는 수요가 넘쳤다. 오히려 늘어나는 수요를 공급이 따라잡느라 급급할 정도였다. 김승연식 밀어붙이기 경영이 통할 수 있었다.

김승연 회장은 1980년대 5공화국이 총애했던 대표적인 젊은 경영인으로 기억된다. 지금까지도 한화그룹의 핵심 역량인 화학과 리조트와 유통 기업을 인수한 것도 그 무렵이었다. 그만큼 대규모 인수합병은 정책 당국의 협조가 필수적이란 얘기다. 그 반면에 5공화국과는 대척점에 있던 문민정부가 들어선 1990년대 후반은 김승연 회장과 한화그룹한텐 어두운 시기였다. 이렇다 할 인수합병도 못하면서 사세 확장도 멈칫했다. 그래서 정권이 교체되고 국민의정부가 들어선 뒤 추진됐던 대한생명 매각 작업에서 갑자기 한화가 마지막 승자가 되는 과정은 더 극적이었다. 그만큼 의혹투성이였다. 현대와 LG 같은 유력한 경쟁자들이 갑자기 인수 의사를 철회했다. 3조 5,500억 원이 넘는 막대한 공적 자금을 투입한 회사를 한화그룹이 불과 8,236억 원에 인수하는 과정에선 적잖은 정관계 로비 사실이 드러났다. 당시 정형근 한나라당 의원은 국정감사장에서 김승연 회장의 정관계 로비 의혹을 폭로했다. 김승연 회장은 3,000만 원의 벌금형을 받았다.

이런 김승연식 경영은 한화가 내수 제조업 기업이거나 내수 금융 기업일 때만 통할 수 있었다. 정관계의 폭넓은 네트워크를 활용해서 성공적인 인수합병을 일궈내고 공격적인 설비투자로 매출을 확장시킨다거나, 알짜 금융 기업을 인수해서 그룹의 자산 규모를 단숨에 키워내는 식은 국내에서나 통하는 방식이었다. 내실 경영 역시 다른 문제였다. 2002년 논란 끝에 인수한 대한생명만 해도 덩치 키우기에 성공하면서 업계 2위로 올라섰지만 당기순이익은 경쟁사의 3분의 1 수준에 머물고 있다. 한화손해보험이나 한화증권 같은 다른 금융계열사들 역시 업계 순위는 중하위권에 머물러 있다. 한화금융그룹이라는 김승연 회장의 자평이 무색한 지경이다. 사실 한화그룹은 이미 1990년대 후반 업황이 어려워지자 (주)한화와 한화석유화학과 한화유통에 대해 8,000억 원 규모의 분식회계를 했다가 적발된 적이 있다.

그래서 대우조선해양 인수는 김승연 경영의 가장 큰 승부수라고 할 수 있었다. 그룹의 주력인 화학과 유통과 리조트와 생명보험업은 모두 내수 성장의 한계에 부딪혀 있었다. 인수합병과 경영 혁신이라는 김승연 경영의 승부를 다시 한 번 걸어볼 때였다. 차이가 있다면 이번엔 대한생명이라는 막강한 현금 다발을 손에 쥐고 있단 정도였다. 대한생명을 상장시킨다면 더 큰 자금을 확보할 수도 있었다. 대우조선해양 같은 큰 덩어리 기업의 인수에 도전장을 내민 것도 믿는 구석이 있어서였다. 하지만 대우조선해양은 이제까지 김승연 회장이 인수해왔던 기업과는 전혀 다른 상대였다.

내수 경영 같은 글로벌 경영

대우조선해양은 글로벌 기업이었다. 덩치만 얘기하는 게 아니다. 수주 잔량만으로 세계 수위권을 다투는 기업인 만큼 고스란히 글로벌 변수에 노출돼 있단 얘기다. 사실 이제까지 김승연 회장과 한화그룹이 겪어왔던 경영 환경과는 전혀 다른 상황이었다. 김승연 회장이나 한화그룹이나 국내의 정치적 변화나 내수 경기 변화에 더 예민할 수밖에 없었다. 김승연 회장은 대한생명의 사외 이사로 헨리 키신저 전 미국 국무장관을 모셔올 만큼 소문난 미국통이지만 사실상 미국과 큰 거래를 해본 적은 많지 않다. 대우조선해양 인수를 추진하는 과정에서 놓쳤던 부분이 바로 그런 글로벌한 시각이었다. 사실 미국발 금융위기는 한화그룹이 대우조선해양 인수를 추진하기 전부터 조짐이 나타나고 있던 문제였다. 당연히 전 세계 조선 수주량도 떨어질 수밖에 없었다. 하지만 김승연 회장과 한화그룹은 이런 변수를 애써 무시했다. 이제까지 추진했던 인수 계약들처럼 목표를 겨냥하면 밀어붙이기에 바빴다.

4년 만에 그때와 똑같은 함정에 빠진 이유도 마찬가지다. 태양광산업도 세계를 상대로 하는 사업이다. 내수 시장은 별 도움이 못 된다. 수요는 유럽 경기에 달렸다. 투자는 중국에 해야 한다. 그런데 김승연 회장과 한화그룹은 일단 태양광산업에 올인하기로 결정한 뒤론 주변을 제대로 돌아보지 않았다. 그냥 미리 정해놓은 로드맵에 따라 밀어붙이기에 바빴다. 유럽발 재정위기는 미국발 금융위기의 쌍둥이 사태다. 미국에선 금융에서 시작된 거품이 유럽에선 재정위기로 모습만 바꿨을 뿐이다. 어느 정도는 예측이 가능했단 말이다. 하지만 한화그룹은 이런 예측을 제대로 경영에 반영하지 않았다. 김승연 회장이 결정하면 경영진은 보좌하고 그룹은 달려갈 뿐이었다.

2010년 11월 G20정상회의와 함께 서울에서 열린 주요 20개국 비즈니스 서밋에서 김승연 회장은 금융과 신재생 에너지 분과에 참여했다. 그 자리에서 김승연 회장은 G20이 공동으로 신재생 에너지 의무할당제를 도입해야 하고 나아가서 G20 녹색자유무역협정도 맺어야 한다는 파격적인 주장을 펼쳤다. 태양광 설비의 주력 시장은 선진국이다. 태양광산업에 올인한 한화 입장에선 선진국의 모임인 G20 국가들이 의무할당제를 실시한다면 엄청난 호재일 수밖에 없다. 또 G20 녹색자유무역협정으로 신재생 에너지 관련 설비에 관한 관세가 철폐된다면 한화 태양광산업엔 날개가 달리는 격이었다. 하지만 이런 김승연 회장의 주장은 공허한 메아리로 끝났다. 미국과 유럽의 선진국들의 재정이 모조리 악화되면서 신재생 에너지 논의는 뒷전으로 밀려버렸다. 내수 시장이었다면 정부와의 담판을 통해 지원을 이끌어내든 제도를 유리한 쪽으로 바꾸든 할 수도 있었겠지만 글로벌 시장에선 그런 식의 맨투맨 경영이 통할 리가 없었다. 김승연 회장이 G20 비즈니스 서밋의 한국 대표를 맡았다고 해서 글로벌 정상들이 한화그룹을 위해 자국의 신재생 에너지 제도를 바꿔줄 리도 없었다.

모든 설비 산업엔 주기라는 게 있다. 화학에도 마찬가지다. 수요가 우상향

하는 추세에선 기업들은 투자 여력이 생긴다. 그러다 업황이 꼭대기에 있을 때 투자도 최대가 된다. 하지만 업황은 그 무렵부터 수그러들기 마련이다. 언제까지나 늘어나기만 하는 수요는 없다. 하락 사이클로 들어서면 업계 전체가 죽는다. 하지만 경기가 좋을 때 축적했던 잉여 이익으로 견디게 된다. 그러다 다시 바닥을 찍고 경기가 좋아지면 먼저 투자했던 설비를 통해 또 돈을 번다. 그런데 한화는 주기에 맞춰서 투자를 하는 게 아니라 언제나 치킨게임을 하듯이 투자를 한다. 자기네가 투자를 하겠다고 결심하면 당장의 업황이나 주기 따위는 크게 고려하지 않는다. 시장이 우려하는 것도 그 부분이다. 투자 자체가 나쁜 게 아니라 밀어붙이기식 투자가 문제란 얘기다. 김승연식 황제 경영의 약점이다.

사실 이런 치킨게임은 한국식 오너 경영의 대표적인 특징이다. 반도체 분야에서 한국의 삼성전자나 하이닉스가 일본 기업들을 누를 수 있던 것도 무지막지한 그룹 차원의 투자가 있었기 때문이었다. 재벌 오너가 권위를 내세워서 대규모 투자를 추인하는 식이었다. 하지만 반도체에서 통했다고 같은 방식이 태양광에서도 통하리란 법은 없다. 반도체는 자본집약적 산업이면서 동시에 기술집약적 산업이었다. 삼성전자가 글로벌 반도체 1등이 될 수 있었던 건 이건희 회장의 카리스마 경영과 황창규 사장 같은 테크노 CEO들의 연구개발이 어우러졌기 때문에 가능했다. 하지만 태양광은 자본집약적이긴 해도 아직 기술집약적이진 않다. 중국의 태양광 업체들이 저가 공세를 벌일 수 있었던 것도 태양광 분야에선 아직 황의 법칙 같은 기술 경쟁이 제대로 벌어지지 않았기 때문이다. 실제로 태양광산업의 핵심이라고 할 수 있는 태양전지 모듈은 기술 장벽이 낮다. 중국 업체들이 우후죽순처럼 뛰어드는 배경이다.

한화그룹 입장에선 양적 경쟁을 질적 경쟁으로 바꿔놓아야 승산이 있다. 반도체 기술 경쟁의 승부처는 집적도와 공정 단축이었다. 태양광 역시 1톤의 폴리실리콘을 생산하는 데 1억 원이나 들어가는 대규모 장치 산업이다. 공정을 단축할 수만 있다면 이익도 그만큼 늘어난다. 한화그룹도 공정 몇 개를 뛰어넘고 태양광 원료인 웨이퍼를 생산하는 다이렉트 웨이퍼 기술 개발에 매진하고 있다. 한화솔라아메리카를 통해 유능한 기술 전문가를 확보하는 노력도 하고 있다.

당장은 한화그룹도 태양광 경쟁을 자꾸만 양적 경쟁으로만 몰아가고 있다. 한화그룹은 전남 여수 국가산업단지에 1만 톤 규모의 폴리실리콘 공장을 건설해서 상업 가동할 계획이다. 계속해서 양적 경쟁이다. 지금도 공급 과잉을 우려하는 상황인데 공급을 더 늘리겠다고 나섰단 얘기다. 지금처럼 업황이 안 좋을 때 밀어붙여서 중국이나 유럽의 태양광 업체들이 말라죽으면 시장을 독식하겠다는 전략이다. 대규모 양적 공급으로 단가를 낮춰서 가격 경쟁을 하겠단 의미다. 체력이 문제다. 당장 2012년 9월 파산한 동종 태양광 업체 큐셀을 인수한 게 부담이다. 한화케미칼의 2012년 4분기 영업이익이 25퍼센트 가까이 줄었다. 반도체 치킨게임은 겉보기엔 물량 경쟁 같았지만 실제론 기술 경쟁이었다. 반도체 분야에서 황의 법칙이 무시무시했던 건 대만이나 일본의 경쟁자들이 추격해와도 곧바로 새로운 세대의 제품이 출시되면서 추격자들의 설비투자를 무용지물로 만들어버렸기 때문이다. 태양광의 경쟁 구도는 기술보다는 투자에 초점이 맞춰져 있다. 한화그룹의 태양광 투자가 성공할 거라고 보는 쪽에서도 주목하는 건 기술 우위가 아니라 자본 우위다. 결국 한화는 글로벌 전략으로 스마트한 전술을 짜기보단 밀어붙이기와 버티기로 태양광산업을 재패할 작정이란 얘기다.

글로벌 경영도 내수 경영처럼 하고 있다.

태양은 모든 것을 드러낸다

태양광 투자나 대우조선해양 인수 시도는 결국 한화그룹이 글로벌 기업으로 도약하기 위해 선택한 돌파구다. 대우조선해양 인수가 무산되면서 사실상 한화그룹한텐 태양광산업만이 유일한 대안이 됐다. 한화그룹만 태양광에 관심을 보였던 건 아니다. 선발주자 OCI가 승승장구하자 SK케미칼이나 LG화학도 모두 태양광 시장에 군침을 흘리기 시작했다. 한화만 OCI를 모방한 건 아니란 말이다. SK와 LG 모두 기술 협력을 통해 원천 기술을 확보하고 대규모 설비투자를 통해 승부를 거는 전형적인 재벌식 신규 사업 진출 방식을 선택했다. 삼성 반도체 신화 이후 한국 대기업들은 이런 식의 삼성 추격 전략을 즐겨 쓰곤 한다.

한화그룹은 물러설 곳이 없다. 태양광산업이 당장은 안 좋아도 몇 년 뒤엔 회복될 거란 기대감 때문만은 아니다. 태양광을 넘지 못하면 그룹이 10년은 후퇴할 수 있기 때문이다. 태양광을 넘어야 글로벌 기업이 될 수 있다. 태양광에 실패하면 내수 기업으로 쪼그라들 수밖에 없다. 다시 새로운 성장 동력을 찾는데 얼마나 걸릴지 알 수가 없다. SK나 LG처럼 2차 전지나 휴대전화, 통신 사업 등의 대안이 있는 게 아니란 얘기다. 삼성그룹 역시 이건희 회장이 태양광을 5대 신수종 사업 가운데 하나로 꼽은 직후엔 삼성전자가 맡았던 태양광산업을 슬그머니 삼성SDI한테 떠넘겼다. 일단 2선 후퇴를 시키며 그룹의 간판인 삼성전자를 태양광 손실에서 보호한 셈이다. 반면에 한화그룹은 그런 선수 교체를 할 만큼 선수층이 두텁지가 않고 다른 게임을 선택할 만큼 폭이 넓지도 않다.

한화그룹이 겪는 시행착오는 사실상 글로벌 한화로 거듭나는 과정에서 필연적으로 겪을 수밖에 없는 성장통이다. 이런 시행착오를 통해서 내수 전략과 글로벌 전략의 차이를 기업에 뿌리내리게 할 수도 있다. 하지만 한화그룹은 이런 성장통을 치유하는 방식마저도 전형적이다. 오너가 사업 의지를 재차 확인하고, 오너의 아들이 중국 사업의 핵심 전략을 맡고, 오너의 오른팔이 중국 사업 전체를 관장해서, 소수 수뇌부가 문제를 해결하는 방식을 쓴다. 김승연 회장의 장남인 김동관 실장이 한화솔라원의 기획실장을 맡고 금춘수 사장이 한화차이나의 사장을 맡아서 총수가 직접 챙기는 식이다.

게다가 김승연 회장한테 태양광산업은 단시 그룹의 신성장 동력이기만 한 게 아니다. 또 한 가지 포석이 있다. 후계자 문제에 대한 해법이다. 김동관 실장은 하버드 출신이다. 이미 태양광 사업 부문에 김동관 실장의 하버드 인맥이 뿌리내린 걸로 알려지고 있다. 태양광산업을 성장시키면서 3세 김동관 실장의 영향력을 키워서 후계 구도를 구축하겠다는 의미다.

한화그룹이 태양광에 올인하고 있는 걸 장기적인 안목을 가진 담대한 투자라고 평가할 수만은 없는 이유다. 새삼스러운 일은 아니다. 삼성그룹 역시 스마트폰의 승리를 이재용 사장의 공으로 넘기는 식의 그림을 그리고 있다. 한화그룹 역시 이미 김동관 실장을 중국으로 보낸 걸 놓고 김승연식 경영 수업으로 포장하고 있다. 안 되는 사업을 책임지게 해서 강하게 키우려고 한다는 뜻이란 해석이다. 사실 태양광산업은 대한생명을 비롯해 전 그룹의 자원이 집중되고 있

는 분야다. 결국엔 맺힐 과실을 독점할 사람을 미리 정해놓았을 뿐이다.

김승연 회장은 4년 실형을 받았다. 한화그룹은 빠르게 김동관 실장 체제로 변화할 가능성이 높다. 정작 김승연 회장이 남긴 숙제는 한화그룹에 그대로 남았다. 태양광산업은 개인적 경영 실패를 기업 전략 변경으로 만회하려던 밀어붙이기식 오너 경영이 리스크로 남은 경우다. 김승연 회장이 불러온 오너 리스크는 한화라는 브랜드의 이미지 실추가 아니다. 진짜 오너 리스크는 최고경영자가 개인적 오기와 승부 근성에 근거해서 경영을 할 때 발생한다. 황제 경영에 간언하고 속도를 조절해줄 소통 창구가 마련되지 않았을 때 일어난다. 한화그룹은 글로벌 한화로 거듭나려고 몸부림치고 있다. 태양광은 한화그룹을 내수 시장에서 벗어나게 해줄 동아줄이지만 그 과정에서 한화그룹의 한계와 김승연식 경영의 약점도 모조리 드러나버렸다. 원래 태양 아래에선 어떤 것도 숨길 수 없는 법이다. 한화그룹은 대한생명의 이름을 한화생명으로 바꾼 뒤 새로운 광고 캠페인을 벌이고 있다. 창업 60주년 기념 TV 광고다. 배우 김태희는 말한다. "왜 사람들은 다 지난 얘기만 하죠? 사실 중요한 건 내일인데." "내일은 내일의 해가 뜬다." 2012년 8월 16일 한화의 태양이 법정 구속됐다.

5개월 동안 수감 생활을 했던 김승연 회장은 건강이 악화됐다. 구속집행정지 처분을 받고 2013년 1월 9일 서울대병원으로 이송됐다.

웅진

한국 기업 생태계가 빚어낸 실패

겉으론 평화였다. 속은 지옥이었다. 그날 웅진코웨이는 그랬다. 하루아침에 공양미 삼백 석에 팔려가는 심청이 신세가 됐으니 그럴 만도 했다. 점심을 먹고 나온 웅진코웨이 직원들은 삼삼오오 모여 앉아 담배를 피워댔다. 회사 돌아가는 얘기들이었다. 툭 털어놓았다. "일이 손에 잡히지가 않아요. 주변에서 연락도 많이 받았어요. 솔직히 뭐 아는 게 있어야죠. 괜찮다고만 했습니다."

웅진코웨이는 웅진그룹한텐 각별한 회사다. 오랜 세월 동안 웅진그룹의 캐시카우였다. 오늘의 웅진그룹이 있게 한 주력 계열사다. 윤석금 웅진그룹 회장의 성공 신화도 웅진코웨이에서 비롯됐다. 웅진코웨이는 웅진그룹 계열사 가운데 가장 알짜배기다. 2011년만 해도 매출액이 1조 7,000억 원을 넘어섰고 영업이익은 2,000억 원이었다. 영업이익률은 14퍼센트에 달했다.

웅진코웨이는 방문판매 시장의 대명사다. 정수기 분야에선 1위다. 정수기 렌털 고객 수만 330만 명에 달한다. 웅진코웨이는 영업만 잘했던 게 아니다. 제품도 잘 만들었다. 웅진코웨이 디자인팀은 각종 해외 디자인상의 단골 수상자다. 삼성전자나 LG전자의 가전 디자인팀을 무색하게 만들어왔다. 웅진코웨이는 디자인 경영의 교과서적인 성공 사례로도 꼽혔다. 홍준기 웅진코웨이 사장의 역할이 컸다. 삼성전자 해외영업부를 이끌다 웅진코웨이로 옮겨온 뒤 홍준기 사장은 삼성전자에서 디자인 핵심 인력을 스카우트했다. 웅진코웨이 디자인을 한 단계 도약시켰다. 홍준기 사장은 정수기와 공기청정기 분야에서 세계 1위 기업이 되겠다고 공언했다. 그게 다 공염불이 됐다. 웅진코웨이는 1조 원짜리 매물로 전락했다. 웅진그룹을 살리기 위한 고육책이었다. 2012년 2월 6일 웅진그룹은 웅진코웨이 매각 계획을 발표했다. 웅진코웨이 직원들은 털어놨다. "매각 결정이야 어쩔 수 없는 일이었다고 해도 일이 이 지경에 이르게 만든 경영진에 대한 원망이 없는 건 아닙니다."

그날 웅진코웨이엔 웅진코웨이가 없었다.

태양을 꿈꾼 이카로스

윤석금 웅진그룹 회장은 끝까지 웅진코웨이를 포기하지 못했다. 2012년 7월 24일이었다. 웅진그룹이 깜짝 발표를 했다. KTB PE와 함께 신설 법인을 만들어서 웅진코웨이 지분을 인수하는 방안을 추진하기로 합의했다는 내용이었다. 지난

2월부터 추진돼온 웅진코웨이 매각이 결국 매각이 아니라 투자 유치로 급선회하는 순간이었다. 웅진그룹의 지주회사인 웅진홀딩스와 KTB PE가 각각 지분 40퍼센트와 60퍼센트를 갖는 페이퍼컴퍼니를 만들어서 웅진코웨이를 인수하도록 하는 방식이었다. 페이퍼컴퍼니의 자본금은 1조 2,000억 원 정도가 될 전망이었다. 자본금의 40퍼센트는 웅진홀딩스가 댄다. 결국 KTB PE의 지분 60퍼센트에 해당하는 9,600억 원의 현금이 웅진홀딩스로 유입되는 형국이었다. 게다가 4년 뒤엔 웅진홀딩스가 KTB PE의 지분 60퍼센트마저 되살 수 있다는 조건도 달았다. 경영권도 웅진그룹이 계속 가져가는 그림이었다. 지분 관계만 달라졌지 웅진코웨이의 주인은 매각된 뒤에도 여전히 웅진그룹인 셈이다. 웅진그룹이 웅진코웨이를 팔긴 하지만 완전히 팔지는 않는 계약 조건이었다. 엄밀히는 웅진그룹이 웅진코웨이를 웅진그룹과 친구한테 파는 구조였다.

웅진그룹 입장에선 묘수였다. 애당초 웅진그룹은 웅진코웨이를 팔고 싶어서 파는 게 아니었다. 돈이 다급해서 파는 거였다. 누구한테 팔든 나중에 되살 수 있는 조건을 달고 싶어 했다. 당장은 돈과 바꾸지만 나중에 살림살이가 좀 나아지면 되사려는 계산이었다. 2012년 2월 매각 계획을 발표하자마자 웅진코웨이에 군침을 삼켰던 교원그룹을 처음부터 아예 매각 협상 대상자에서 제외시킨 큰 이유였다. 교원그룹은 웅진코웨이를 교원코웨이로 바꿀 수도 있는 경쟁 기업이기 때문이었다. 웅진코웨이 매각은 윤석금 회장의 결단으로 받아들여졌다. 시장은 웅진그룹이 유동성 악화로 위기에 빠졌을 때 알짜 계열사를 매각해서 돌파구를 찾겠다는 살신성인 경영이라고 칭송했다. 전례가 있었다. 윤석금 회장은 외환위기의 쓰나미를 코리아나화장품 매각이라는 고육책으로 돌파했다.

웅진 신화의 시작이었다. 이번에도 같다고들 했다. 좀 달랐다. 웅진코웨이는 포기하기엔 너무 알짜였고 잊어버리기엔 너무 소중했다. 그동안 매각 협상에 매달려왔던 인수 주체들이 벌컥 했다. KTB PE는 사실 본 입찰엔 참여도 하지 않았던 매수 주체였다. 시장에서 물건 값을 흥정하면서 뒤로는 안 팔 궁리를 하고 있었단 뜻이 됐다. 입찰 참가자들을 들러리로 만들긴 했어도 어쨌든 웅진그룹으로선 웅진코웨이를 지키는 게 중요했다.

보름 만에 판도가 바뀌어버렸다. 2012년 8월 14일 웅진그룹은 KTB PE와의 웅진코웨이 매각 협상을 중단하기로 결정했다. 웅진그룹의 유동성이 너무 빠르게 경색되고 있었다. 신용평가사들은 8월 초 웅진그룹의 신용등급을 A-에서 BBB+로 강등시켜버렸다. 웅진코웨이를 버리면 1조 2,000억 원을 받는다. 웅진코웨이를 못 버리면 7,000억 원 정도를 받는다. 두 배 가까운 차이다. 사실 1조 2,000억 원을 다 받아도 빚 갚고 나면 남는 돈이 없을 판이었다. 웅진홀딩스의 차입금은 9,996억 원이었다. 웅진홀딩스가 극동건설의 프로젝트 파이낸싱에 지급보증을 해준 금액도 2,740억 원에 달했다. 결국 신용평가사들은 매각 협상이 끝났는데도 등급을 강등시켜버렸다. 당장 다음 달 자금 상황도 장담하기 어려워졌다. 웅진그룹은 부랴부랴 8월 13일 KTB PE 측에 한시바삐 인수 대금을 결제해달라고 요구했다. 원래 웅진그룹과 KTB PE는 10월까지 계약을 마무리 짓기로 했었다. KTB PE가 난색을 표했다. 웅진그룹은 부랴부랴 8월 14일 KTB PE와의 계약을 파기했다. 하루 만인 8월 15일 MBK파트너스와 1조 2,000억 원으로 매각을 체결해버렸다. MBK파트너스가 이것저것 재지 않고 9월까지 전액 입금할 수 있다고 약속한 게 결정적이었다. MBK파트너스 역시 본 입찰엔 참가하지 않았던 사모펀드였다. 웅진그룹은 일단 MBK파트너스한테도 재매각 시 우선매수청구권을 확보했다. 웅진코웨이를 팔지만 되살 수 있는 조건을 달았다. 다시 산다고 해도 그 가격보단 훨씬 비싼 가격일 수밖에 없다. 웅진그룹 입장에선 앞으로 몇 년 동안의 웅진코웨이 영업이익에다 1조2,000억 원 플러스알파를 이자로 내고 웅진코웨이를 담보로 자금을 융통한 셈이다. MBK파트너스 같은 사모펀드 입장에선 웅진코웨이는 넝쿨째 굴러온 당신쯤 된다.

일이 이 지경이 된 건 웅진코웨이에 대한 애착과 미련 탓이 컸다. 웅진코웨이는 매각 협상이 한창 진행 중이던 2012년 2분기에도 분기 매출 4,464억 원에 영업이익은 630억 원을 기록했다. 사상 최대 매출이었다. 사실 몇 년 전만 해도 웅진그룹은 곧 웅진코웨이였다. 웅진코웨이에서 번 돈을 기반으로 사세를 확장해서 웅진그룹이 됐다. 웅진그룹의 실수는 웅진코웨이에서 만족하지 못했다는 점이었다. 결국 뿌리를 잃을 상황이었다. 웅진그룹은 뿌리를 포기할 순 없었다. 현대차그룹이 무리해서라도 현대건설을 인수했던 것과 비슷한 이치였다. 어떤 면에서 웅진그룹보다도 더 중요한 회사가 웅진코웨이였다. 결국 매각 협상은 반년을 넘겼고 그 사이에 웅진그룹의 유동성 위기는 더 심각해졌다. 웅진코웨이의 주가도 떨어져서 당초엔 1조 5,000억 원이었던 몸값이 3,000억 원이나 줄었다.

일단 MBK파트너스로 팔렸으니 웅진그룹과 웅진코웨이를 둘러싼 불확실성은 제거된 셈이었다. 매각 발표가 있고난 다음 날인 8월 16일 홍준기 웅진코웨이 사장은 직원들 앞에서 이렇게 말했다. "앞으로 5년 동안 직원 고용을 유지하기로 했습니다. 그건 MBK파트너스가 먼저 제안해온 조건입니다. 그만큼 웅진코웨이 직원들을 높이 평가하고 있다는 증거입니다. 이제부턴 앞으로 뭘 하느냐가 더 중요합니다."

홍준기 사장은 반년 전 매각 협상이 처음 시작됐을 때도 직원들부터 챙겼다. 매월 진행되는 사내방송 굿모닝 웅진엔 뉴스 앵커로 등장해서 조직을 다독였다. "웅진코웨이가 매각 대상이 됐지만 기존 사업과 서비스는 정상적으로 진행합니다. 임직원 모두 동요하지 말고 맡은 업무에 최선을 나해주세요."

임직원 전체한텐 동영상 메시지도 돌렸다. 웅진코웨이는 방문판매 조직이다. 현장 영업 조직이 생명인 회사다. 매각 대상이 되면서 조직 이탈이 발생한다면 회사 가치가 떨어질 수밖에 없다. 매각이 됐다고 해서 조직이 흔들리면 웅진코웨이의 가치가 훼손된다. 홍준기 사장은 윤석금 웅진그룹 회장의 아바타로 불릴 만큼 신임이 두텁다. MBK파트너스로 주인이 바뀌었다고 해도 홍준기 사장은 계속 웅진코웨이를 책임져야 한다.

문제는 웅진그룹이었다. 아끼던 큰딸을 살림 밑천 삼아 시집을 보내놓고 나서도 도무지 위기가 끝나질 않았다. 2012년 8월 23일 웅진홀딩스는 충격적인 공시를 했다. 계열사인 웅진폴리실리콘 매각을 검토하고 있다는 내용이었다. "그룹 구조 조정 차원에서 웅진폴리실리콘 매각을 검토 중에 있으나 확정된 바 없다."

웅진폴리실리콘은 웅진그룹 태양광 사업의 핵심 계열사다. 웅진그룹이 유동성 위기에 빠진 것이나 웅진코웨이를 매각하게 된 사연도 결국 태양광이라는 신성장 동력을 키워보겠다는 전략적 선택 때문이었다. 웅진폴리실리콘을 포기한다는 건 웅진코웨이 매각을 무색하게 만드는 얘기였다. 심청이 인당수에 몸을 던졌는데 심 봉사가 눈을 못 뜨는 형국이었다. 이유는 역시 유동성 위기였다. 웅진그룹은 2010년 만기 5년에 금리 6.05퍼센트로 금융권에서 3,100억 원 규모의 신디케이트론을 차입했다. 대출처는 우리은행과 정책금융공사였다. 금융권과 약조를 하나 했다. 기한이익상실 조항이었다. 웅진그룹의 부채 비율이 일정 기준 이상 높아지면 상환 기일을 앞당긴다는 내용이었다. 원래 만기는 2015년이었지만 기한이익상실 조항 때문에 상환 압력에 시달리게 됐다. 웅진그룹의 부채 비율이 그만큼 위험 수위에 다다랐다는 뜻이다. 웅진홀딩스의 1년 만기 단기차입금은 6,450억 원이 넘는다. 웅진폴리실리콘의 경북 상주 공장은 한 달째 가동이 멈춘 상황이었다. 태양광 업황은 사상 최악으로 치닫고 있었다. 웅진그룹은 웅진폴리실리콘 상주 공장을 짓느라 2011년에만 7,200억 원을 쏟아부었다. 7,000톤 규모의 폴리실리콘 공장이 장사가 안 돼서 가동을 멈췄다. 그 사이에도 금융 비용은 계속 발생된다.

웅진폴리실리콘을 매각하면 웅진그룹의 태양광 가치사슬이 붕괴된다. 웅진그룹은 웅진에너지가 잉곳과 웨이퍼를 만들고 웅진에너지의 자회사인 웅진폴리실리콘이 폴리실리콘을 생산한다. 잉곳과 웨이퍼와 폴리실리콘은 태양광 발전 설비를 만드는 핵심 원료다. 웅진폴리실리콘을 포기하면 밖에서 폴리실리콘을 사오지 않는 한 자체적으로 완성품을 만들 수 없게 된다. 수직 계열화를 포기하게 되면 태양광 완성품 기술 경쟁에서도 비교우위를 유지하기 어렵게 된다. 부품과 원료만 생산하는 업체가 되기 때문이다. 웅진그룹은 웅진코웨이를 포기하는 대신에 태양광과 교육출판과 건설을 기초로 체질을 개선해나갈 참이었다. 핵심 사업은 역시 태양광이다. 그걸 포기하게 되는 셈이다. 웅진그룹도 안다. 아는데 수가 없다. 사고까지 터졌다. 2013년 1월 12일 멈춰 있던 경북 상주 웅진폴리실리콘 공장에서 염산이 누출됐다. 반년 가까이 가동이 중단됐던 게 사고의 주요 원인이었다. 엎친 데 덮쳤다.

웅진에너지는 이미 2012년 2분기에 적자로 전환했다. 영업손실만 193억 원이 났다. 1분기에도 197억 원의 영업손실이 났다. 웅진에너지의 계열사인 웅진폴리실리콘 공장은 멈춰서 있다. 태양광 시장은 전 세계적으로 불황이다. 그중에서도 폴리실리콘 분야가 가장 안 좋다. 웅진폴리실리콘은 2011년 매출은 1,900억 원을 냈고 순손실은 104억 원을 기록했다. 태양광 업황이 안 좋은 건 물론 유럽 탓이 크다. 유럽발 재정위기로 태양광 수요가 줄어들었다. 더 큰 이유는 공급 과잉이다. 2006년부터 2010년까지 연평균 70퍼센트씩 성장했던 태양광 시장이 2011년부터 성장률 20퍼센트로 주저앉은 건 중국 업체들의 난립으로 공급이 과잉됐기 때문이다. 2012년 현재 수요 대비 세 배의 공급이 과잉되고 있다. 당분간 보릿고개와 구조 조정이 불가피하단 말이다. 공급 과잉이 가장 심한 분야는 폴리실리콘이다. 모듈과 잉곳과 웨이퍼보다도 심각하다. 웅진그룹은 태양광 분야에서 앞서가려고 서둘렀다. 선발주자 OCI를 뒤쫓고 후발 주자 한화케미칼의 추격을 뿌리치느라 체력을 너무 많이 허비했다. 제풀에 지쳐버리고 말았다. 태양을 꿈꾸느라 웅진코웨이까지 포기했지만 웅진그룹은 실패한 상태다. 몇 년 전까지만 해도 웅진그룹은 태양까지 꿈꾸게 된 신화적 기업이었다. 결국 이카로스였다.

극동건설은 날개 아닌 짐

웅진그룹이 수렁에 빠지기 시작한 건 2007년 6월 극동건설을 인수하면서부터였다. 웅진그룹은 극동건설 인수전에서 론스타한테 농락당했다. 론스타는 극동건설을 2003년에 1,700억 원에 사들였다. 2007년 매각할 때까지 4년 동안 배당으로만 2,200억 원을 회수했다. 4년 동안 빼먹기만 하고 투자에는 인색했다. 실제로 극동건설은 부채비율도 낮고 흑자 기조를 유지해오긴 했지만 공사 수주량이 급감한 상태였다. 사람으로 치면 뼈만 남은 체형이었다. 비만은 아니니까 건강하단 진단이 나오지만 발육할 양분을 제대로 공급받지 못한 채여서 성장 가능성이 낮아진 구조였다. 당초 시장이 극동건설 인수 가격으로 4,000억 원도 많다며 냉정한 평가를 내놓았던 것도 그래서였다. 그걸 웅진그룹이 6,600억 원에 샀다.

론스타는 극동건설을 팔면서 프로그레시브 딜 입찰 방식을 적용했다. 말하자면 토너먼트 방식 입찰이었다. 계속 경쟁을 붙여서 마지막에 가장 높게 부르는 쪽을 인수자로 선정하는 식이었다. 론스타 탓만 할 것도 아니다. 웅진그룹의 인수 의지가 지나쳤던 게 진짜 화근이었다. 입찰 당시 웅진그룹 측은 "무조건 우리가 인수한다"며 스스로 퇴로를 차단했다. 살 사람이 애가 달아 있으니 팔 사람은 느긋할 수밖에 없었다. 웅진그룹은 입찰 경쟁이 붙었던 STX그룹과 유진그룹이 나가떨어질 때까지 가격을 올려 불렀다. 시장에선 최소한 1,000억 원은 헛돈을 썼다며 혀를 찼다.

웅진그룹은 극동건설로 활로를 모색하려고 했다. 웅진그룹의 주력인 생활

가전 사업은 성숙기에 접어든 상태였다. 새로운 신성장 동력이 필요하다는 판단을 내렸다. 문제는 미래 성장 동력을 기존 사업과는 별반 상관이 없는 건설업에서 찾았다는 점이었다. 웅진그룹은 애써 웅진코웨이와 극동건설의 시너지 효과를 기대한다고 설명했다. 부엌 가구며 정수기나 비데 같은 웅진코웨이의 제품들을 극동건설이 시공하는 아파트에 넣으면 누이 좋고 매부 좋은 거 아니냐는 계산이었다. 이제까지 웅진코웨이는 남이 지은 아파트에 가가호호 방문해서 물건을 팔아왔다. 방문판매의 신화는 그렇게 발품을 팔아서 만들어졌다. 극동건설 덕택에 앞으론 직접 지은 아파트에다 큰소리치며 입도선매로 물건을 넣을 수 있다는 얘기였다. 듣기 좋은 핑계일 뿐이었다. 웅진코웨이의 전국 영업망 규모와 비교하면 극동건설이 짓는 아파트 물량은 새 발의 피였다. 그보단 웅진그룹이 건설업에 진출하고 싶었다는 설명이 맞았다. 웅진그룹은 극동건설을 인수하기 전부터 건설업에 대한 관심을 보였다. 웅진건설을 만들어서 건설 시장 진출을 도모했다. 고작 자본금 30억 원 규모의 웅진건설로는 이미 견고한 건설 시장에서 한 자리 차지하기가 어려웠다. 그게 극동건설 인수에 몰두하게 된 진짜 배경이었다. 앞선 재벌들이 모두 건설업으로 성장하는 걸 보면서 그 길을 추격했을 뿐이었다.

웅진그룹은 위험천만한 인수 방식을 선택했다. 웅진그룹은 극동건설 인수 자금 대부분을 외부에서 차입했다. 당연히 재무적으론 큰 부담이 됐다. 이걸 상쇄하느라 웅진그룹은 극동건설을 공격적으로 경영했다. 극동건설 같은 시공사는 건설 물량을 늘어나면 부채도 늘어나는 약점을 갖고 있다. 시공사가 공사의 지급을 보증하는 계약 구조 탓이다. PF 사업을 많이 벌일수록 재무적으론 취약해질 수밖에 없다. 실제로 극동건설의 보증 채무는 금세 1조 원도 넘게 불어나 버렸다. PF 관련 연대보증이 60퍼센트 가까이 됐다. 이렇게 채무를 감당하면서까지 공사를 따냈지만 극동건설의 건설 사업 포트폴리오는 취약하기 짝이 없었다. 대부분 주상복합이나 골프장, 타운하우스 등 부동산 경기가 침체되면 미분양 골치 덩어리로 전락하기 쉬운 사업들이었다.

명백한 경영진의 판단 착오였다. 극동건설이 웅진그룹한테 날개가 아니라 짐이라는 사실이 명백해지는 데까진 그리 오랜 시간이 걸리지 않았다. 극동건설이 아무리 토목 분야에서 전통이 있는 회사라고 해도 이미 부동산 시장은 돈 넣고 돈 먹기 판으로 변해버린 지 오래였다. 건설업이 황금알을 낳는 거위라고 판단했던 경영진의 판단은 구시대적이었다. 그동안 웅진그룹이 승승장구할 수 있었던 건 핵심 역량이 내부에 있었기 때문이었다. 웅진코웨이의 전국적인 영업 조직과 독보적인 디자인 역량은 분명 내부 자원이었다. 반면에 건설업은 웅진그룹이 잘 해본 적도 없고 핵심 역량 역시 외부에 있었다. 게다가 2008년 9월엔 미국발 금융위기가 터졌다. 부동산 시장은 얼어붙어버렸다. 천재지변이었다. 불가항력이라고 둘러댈 수만도 없는 상황이었다. 불확실성에 대비하지 않고 그룹의 자원을 올인한 게 실수였다. 금융위기 이전부터 극동건설은 위태위태한 상황이었다.

2008년 1월 웅진그룹은 극동건설에 이어 새한을 인수한다. 새한은 옛 제일합섬이다. 이때도 웅진코웨이가 물주 노릇을 했다. 웅진그룹은 웅진코웨이를 통해 800억 원을 들여서 새한을 인수한다. 웅진케미칼로 간판을 바꾼다. 웅진그룹은 이때도 시너지 효과를 강조했다. 웅진코웨이가 웅진케미칼에서 정수기에 들어가는 필터 소재를 안정적으로 공급받을 수 있게 됐다고 자평했다. 극동건설과 웅진코웨이의 시너지 효과를 설명했던 논리와 똑같았다. 사실 웅진케미칼 인수는 태양광으로 가는 수순일 뿐이었다. 웅진그룹은 이미 2006년 미국 썬파워와 조인트 벤처로 태양광의 핵심 소재인 잉곳을 생산하는 웅진에너지를 설립했다. 2008년 7월 15일에는 자본금 1,000억 원을 들여서 웅진폴리실리콘을 설립했다. 1조 원을 들여서 경북 상주에 17만 평 규모의 폴리실리콘 제조 공장을 짓기로 했다. 염산 유출로 문제가 됐던 그 공장이다.

사실 웅진그룹은 태양광에선 후발 주자였다. OCI처럼 대규모 시설 투자를 해온 경험이 있는 것도 아니었고 한화처럼 자금력이 탄탄해서 물량 공세를 펼칠 수 있는 것도 아니었다. 웅진그룹은 태양광 사업에서 유리한 점이 하나도 없었다. 인력과 기술과 자본을 모두 바깥에서 끌어와야 했다. 그런데도 웅진그룹은 태양광을 새로운 성장 동력으로 점찍었다.

웅진에너지를 통해 일단 기술력은 어느 정도 확보했다는 자신감이 바탕이 됐다. 웅진에너지는 길이가 2미터가 넘는 잉곳을 생산할 수 있었다. 세계 최고 수준의 기술력이었다. 웨이퍼 부문에서도 차세대 기술인 다이아몬드 와이어 쏘잉 양산 기술을 갖고 있었다. 하지만 태양광 산업에서 기술력은 여러 가지 생산 요소 가운데 하나일 뿐이었다. 규모의 경제를 통한 가격 경쟁력 달성도 관건이었다. 실제로 2010년부터 웅진그룹뿐만 아니라 대다수 한국 태양광 업체들이 중국의 저가 공세 탓에 고전을 면치 못하게 됐다. 2011년 유럽발 재정위기로 유럽의 태양광 수요가 무너지자 공급과 수요 양쪽 모두에서 진퇴양난에 빠져버렸다.

사실 웅진그룹이 믿은 건 태양광 기술이 아니었다. 대규모 시설 투자 사업을 벌이면 무궁한 시너지를 낼 수 있다는 재벌 성장 신화였다. 삼성그룹이나 현대그룹 역시 결국 대규모 시설 설비 산업을 통해 글로벌 기업으로 성장했다. 공장을 짓고 공장을 짓는 과정에서 건설 발주와 수주 기회가 늘어나고 기술을 개발하는 과정에서 대규모 투자를 받고 다시 투자를 해서 자연스럽게 매출이 커지는 이른바 한국형 중공업 신화였다.

웅진그룹이 극동건설을 인수하고 태양광에 손을 댄 건 종합 중공업 그룹으로 변신하겠다는 야심 때문이었다. 웅진그룹은 소비재 사업에서 한계를 느끼고 있었다. 한국 같은 좁은 내수 시장에선 소비재 기업은 결코 미국의 프록터앤드갬블P&G이나 월마트 같은 간판 기업이 될 수 없다는 한계 의식 탓이었다. 실제로 이렇게 소비재에서 중공업으로 주력 업종을 전환하면서 체질을 개선한 기업이 있었다. 두산그룹이었다. 두산그룹은 외환위기를 거치면서 식음료 중심의 소비재 기업에서 중공업 그룹으로 변신하는 데 성공했다. 두산중공업과 두산인프라코어와 두산건설로 이어지는 삼각동맹이 큰 역할을 했다.

웅진그룹과 두산그룹 사이에는 큰 차이가 있었다. 두산그룹은 대우그룹이 붕괴되면서 중공업 핵심 역량을 한꺼번에 확보할 수 있었다. 대부분 시장성이 검증된 사업들이었다. 웅진그룹의 태양광 사업은 말 그대로 미래 성장 동력이었다. 시장성 검증이 끝나지 않은 분야였다. 어찌 보면 웅진그룹의 태양광 사업이 중국 업체들의 저가 공세와 유럽 수요 위축으로 샌드위치 신세가 된 건 당연한 결과였다. 신사업은 수요와 공급 예측이 빗나갈 수밖에 없다. 예측이 빗나갔을 때를 대비하지 못한 건 분명 웅진그룹 경영진의 패착이었다.

절대 과제 태양광 사업

웅진그룹은 2007년부터 2008년과 2009년을 전후해서 외형적인 기업 인수합병으로 사업 다각화를 시도했을 뿐만 아니라 내부적으론 대대적인 인사 개편을 단행한다. 기업만 인수한 게 아니라 사람도 영입해서 그룹의 틀을 다시 짠다. 대표적인 인물이 태양광 분야를 총괄하는 웅진에너지, 폴리실리콘 회장으로 영입된 오명 전 과학기술부총리다. 오명 부총리가 웅진그룹에 영입됐다는 사실부터가 웅진의 위상이 달라졌다는 의미였다. 동시에 웅진그룹은 관료 출신 경영진을 적극 영입하기 시작했다. 윤석금 회장을 제외하면 실질적인 그룹의 2인자라고 할 수 있는 이주석 부회장 역시 서울지방국세청장을 지낸 세무 관료 출신이다. 이주석 부회장과 함께 윤석금 회장을 보필하고 있는 이진 부회장 역시 환경부 차관을 지낸 정통 관료 출신이다. 대외협력담당 대표이사를 맡고 있는 임종순 사장은 국무조정실 FTA 국내대책본부장을 지낸 통상 관료다. 웅진그룹의 대정부 협상력은 어느 재벌과 견줘도 손색이 없을 정도다. 과학통과 세무통과 외교통을 두루 갖췄다.

결과적으로 웅진그룹은 관료 출신 경영진이 머리를 맡고 기업 출신 경영진이 계열사를 맡는 구조로 재편됐다. 웅진폴리실리콘 사장은 OCI 폴리실리콘 사업 본부 상무를 역임한 백수택 부사장을 대표이사로 영입했다. 타도 OCI였다. 백수택 부사장 말고도 영입된 OCI 인사가 여럿 있었다. 이른바 웅진 태양광 드림팀이 짜여졌다.

사실 이런 인적 구조는 그룹이 태양광을 포기하거나 속도를 조절하고 싶어도 그럴 수 없게 만들었다. 태양광 사업에 올인하기 위해 구성된 인력 구조인 만큼 태양광은 절대 과제가 됐다. 자연히 웅진코웨이나 웅진식품 같은 과거의 캐시카우들은 뒷전으로 밀려났다. 2000년대 초반의 웅진그룹과 2010년대의 웅진그룹은 인력 구성과 사업 구조만 보면 전혀 다른 기업이나 다름없다. 2000년대 초반의 웅진그룹이 내실 위주의 기업이었다면 2010년의 웅진그룹은 성장 일변도의 공격적인 조직이었다. 공격적이고 진취적인 조직 구성이 나쁜 건 아니다. 다만 웅진그룹이 성장에 대한 강박에 짓눌려 있었다는 게 문제다. 기존 사업에서 벗어나 신성장 동력을 찾아내야 한다고 여겼다. 성장에 대한 강박에 짓눌린 나머지 무리하게 사업을 확장하는 잘못을 저질렀다. 극동건설과 태양광이 결과적으로 그랬다. 짐 콜린스가 말한 위대한 기업이 후퇴하는 전형적인 단계를 밟은 셈이다.

성장 강박증의 또 다른 징후는 저축은행이었다. 윤석금 회장이 지분 90퍼센트를 갖고 있는 웅진캐피탈이 서울저축은행과 늘푸른저축은행을 인수한 건 외도란 평가가 많았다. 웅진캐피탈은 이미 우리캐피탈과 유진투자증권 같은 금융사 인수에 도전했다가 실패한 뒤 저축은행 인수로 가닥을 잡았다. 주력 계열사로는 건설과 태양광에 집중하면서 비주력 계열사로는 금융에 손을 대는 더블플레이를 하고 있었단 얘기다. 하지만 저축은행 부실 규모는 웅진캐피탈이 파악했던 것보다 심각한 수준이었다. 서울저축은행은 2010년도에만 1,100억 원의 적자를 냈다. 자본 잠식 규모가 100퍼센트에 육박할 정도였다. 서울저축은행은 웅진캐피탈에서 자금을 수혈받아서 가까스로 BIS 자기자본비율을 맞추는 데 성공했지만 덕분에 웅진캐피탈마저 부실화되고 말았다. 웅진캐피탈은 서울저축은행과 늘푸른저축은행을 인수하는 데만 1,900억 원을 쏟아부었다. 하지만 두 저축은행 모두 도움이 되기는커녕 짐만 됐다. 역시 저축은행업에 만반의 준비 없이 뛰어든 게 아니냐는 우려를 낳았다.

저축은행 인수야말로 웅진그룹이 수렁에 빠져들고 있다는 명백한 신호였다. 설비투자 제조업과 금융업이라는 두 축을 통한 사업 다각화라는 로드맵을 먼저 그려놓고, 주변 상황은 고려하지 않은 채 저돌적인 확장에만 힘을 쓰고 있었다. 어찌 보면 저축은행 업계의 시장 상황이나 태양광 업계의 시장 상황, 부동산 시장 상황이 약속이나 한 듯이 한꺼번에 악화된 건 우연이 아닐 수도 있다. 셋 다 사업에 진출하던 시점에 악화 가능성을 충분히 예상할 수 있었다. 웅진그룹 역시 예상하지 못했던 게 아니었다. 그 가능성을 애써 무시했던 게 진짜 문제였다.

웅진그룹이 태양광 사업에 처음 뛰어들 때만 해도 그룹 안에서 태양광을 아는 사람이 없었다. 전담부서 직원은 고작 세 명이었다. 맨 땅에 헤딩하듯이 태양광을 배워야 했다. 그러다가 구명줄처럼 등장한 게 미국 썬파워 측의 합작 제의였다. 윤석금 회장은 썬파워를 덥석 잡았다. "당장 내일 만나자" 며 썬파워와의 조인트 벤처 계약을 성사시켰다. 썬파워가 없었다면 웅진에너지도 없었고 웅진폴리실리콘도 없었다. 어쩌면 극동건설도 없었다.

2011년 말 썬파워는 웅진에너지의 지분을 전량 매각할 예정이라고 밝혔다. 사실상 웅진에너지와의 관계를 청산하는 절차를 밟고 있었다. 썬파워는 웅진에너지의 최대 고객이다. 전체 매출의 절반이 넘는 규모를 썬파워가 가져간다. 결국 썬파워는 보유하고 있던 웅진에너지의 지분 5.23퍼센트를 전량 매도했다. 썬파워와의 관계가 어그러지면서 웅진 내부의 태양광 드림팀 역시 흔들렸다. 유학도 웅진에너지 대표와 백수택 웅진폴리실리콘 대표는 각기 해외 태양광 사업 네트워크와 타도 OCI를 임무로 선임됐지만 2011년 말 돌연 사임했다. 유학도 웅진에너지 대표는 한때 "웅진이 태양광 시장 세계 1위에 오를 것"이라고 선언했던 웅진 태양광 사업의 간판이었다. 웅진그룹은 OCI를 따라잡기 위해 OCI에서 영입한 연구소와 관리 부문 핵심 임원도 교체했다. 결국 오명 회장마저 2012년 11월 웅진폴리실리콘 사내이사직에서 물러났다.

썬파워와의 합작 관계가 깨진 건 웅진그룹의 태양광 사업엔 뼈저린 일이었다. 웅진에너지는 썬파워와의 전략적 파트너십은 계속 유지될 거라며 진화에 나섰다. 썬파워와의 합작은 웅진그룹 태양광의 시발점이었다. 실질적이며 상징적인 타격이란 걸 완전히 부정하긴 어려웠다. 웅진에너지와의 태양광 계약도 한꺼번에 몇 개씩 취소됐다. 시장에선 웅진그룹의 재무적 위기보다도 웅진에너지의 공급 계약 무산을 더 불안하게 바라봤다. 성장 잠재력이 낮아지고 있단 의미이기 때문이었다.

다급해진 웅진그룹은 웅진코웨이 입찰을 서두르기 시작했다. 본 입찰을 4월 13일로 잡았다. 매각 주관사는 골드만삭스를 선정했다. 매각 대상 지분은 웅진홀딩스가 보유한 웅진코웨이 지분 28.37퍼센트와 윤석금 회장과 자녀 3명이 보유한 지분 1.52퍼센트로 확정됐다. 총 2,383만 주다. 매각 대금은 1조 5,000억 원은 족히 될 걸로 추정됐다.

웅진코웨이를 정말 팔 수밖에 없는 상황으로 악화돼 가고 있었다. 매각이 차질 없이 진행된다면 일단 웅진그룹의 자금난을 일거에 해소시켜줄 수는 있었다.

극동건설과 저축은행과 태양광 사업에서 물린 돈을 해결하고 태양광 사업에 추가로 투자할 비용까지 마련해야 했다. 외환위기를 돌파할 때 코리아나화장품을 매각했던 고육책이 이번에도 재현된 셈이다.

하지만 이때도 이미 웅진코웨이 매각에서 끝날 문제가 아니란 게 분명했다. 웅진코웨이 매각이 끝난다고 해도 웅진그룹의 위기가 그대로 끝나는 건 아니었다. 극동건설의 부진은 여전하고, 모회사와는 관계없는 문제라지만 저축은행 부실도 상존한다. 태양광 사업은 이미 공급과 수급 양쪽 모두에서 빨간 불이 켜진 상태다. 게다가 위기 때마다 웅진그룹의 구원투수가 돼준 캐시카우까지 처분한 상태가 된다면 정말 퇴로는 없어질 터였다.

소비자와 무관한 길로

웅진그룹은 외환위기에서 살아남은 기업으로 명성을 날렸다. 1988년 웅진식품, 1989년에 코리아나화장품과 웅진코웨이를 설립하고 10년 만에 외환위기의 직격탄을 맞았다. 그때 웅진그룹이 위기를 돌파할 수 있었던 저력은 웅진그룹 내부의 핵심 역량에서 나왔다. 웅진식품은 전통 음료를 현대화한 상품인 아침햇살이나 초록매실이 대히트를 치면서 인기를 끌었다. 웅진코웨이는 고가의 정수기를 직접 구매하기 어려운 소비자한테 대여라는 대안을 제시해주면서 새로운 시장을 열었다. 윤석금 회장은 전 세계에서 브리태니커 백과사전을 가장 많이 판 영업사원으로 기네스북에 오른 인물이다. 웅진그룹은 소비자를 위한 제품과 서비스를 만들면서 돌파구를 찾아냈다. 웅진그룹은 시장에서 활로를 찾는 기업이었다. 윤석금 회장은 누구보다 소비자의 속내를 잘 아는 기업인이었다.

새로운 웅진그룹은 소비자와는 무관한 길을 걷기 시작했다. 소비자를 직접 상대한다는 건 불안한 일이다. 소비자의 마음은 하루하루가 다르다. 웅진도 경험했다. 아침햇살과 초록매실 같은 제품의 인기가 하루아침에 꺾여버렸다. 웅진식품한텐 자연은과 하늘보리 같은 또 다른 경쟁력 있는 음료가 있어서 실적 방어에 성공했지만 또 언제 세상이 바뀔지는 알 수 없는 일이었다. 웅진씽크빅을 중심으로 한 교육사업 분야 역시 변화무쌍하긴 마찬가지다. 웅진씽크빅은 어린이 교육 시장에서 뿌리를 내렸다. 이 시장 역시 갈수록 치열해지고 있다. 출판업계 최초로 연매출 600억 원을 넘어섰고 2020년까지 매출 5조 원을 목표로 한다고 선언했지만 넘어야 할 산이 많다. 성인 고시 관련 사업을 벌여왔던 웅진패스원도 상장 기회를 놓치면서 결국 웅진씽크빅과 합병됐다.

웅진그룹은 누구보다 시장을 잘 아는 회사다. 역설적으로 누구보다 시장의 변덕을 잘 아는 회사다. 웅진그룹은 방문판매 시장과 교육 시장과 식품 시장 같은 정통 소매 시장에서 성공했다. 정작 그 성공의 지속 가능성을 의심할 수밖에 없었다. 그룹의 규모가 커지면서 변덕스런 소매 시장에서 조금은 자유로운 기업 구조로 변화해야 한다는 판단을 내렸다. 좁은 내수 시장의 한계도 극복해야 했다. 소비 시장을 상대한다는 건 결국 내수 기업이란 뜻이다. 내수 시장이 좁기도 하지만 수출 기업이 되지 않으면 한국에선 고도성장이 불가능하다. 한국 경제의 구조가 그렇다. 정부와 은행과 언론은 수출 기업한테는 우호적이다. 정책적 혜택이나 금융 협력이나 여론의 흐름이 모두 내수 기업한텐 매정하다. 웅진그룹처럼 중견 그룹으로 발돋움한 기업이라면 다음 성장 목표를 해외 진출로 잡는 건 당연했다. 결국 찾아낸 게 건설과 태양광이란 돌파구였다.

웅진그룹은 기업 내부에 시장을 만들 작정이었다. 중후장대형 기업이 된다면 건설과 태양광이 시너지를 내면서 내부 수요가 발생한다. 공장 건설과 설비 투자가 건설과 금융으로 이어지는 내부 선순환 구조가 만들어진다. 정주영 회장 시절 현대그룹이 그렇게 성장했다. 관급 공사와 내부 공장 건설 수요만 도맡아도 현대건설은 건실한 성장을 할 수 있었다. 웅진그룹처럼 회사 외부 시장의 눈치를 보지 않아도 얼마든지 사업을 할 수 있었다. 내부 시장에 기대 성장한 회사나 CEO는 결국 외부 시장과의 소통 능력을 잃게 된다. 소수 수요자만 관리하면 되기 때문이다. 결국 소비자를 이해하지 못하고 대신 소수 수요자와의 이해관계 형성에만 몰두하는 닫힌 경영을 하게 된다. 웅진그룹은 정반대 회사였다. 늘 열려 있었고 시장에선 누구보다 먼저 움직였다. 그래서 웅진그룹은 시장에선 늘 1등이었다.

정작 웅진그룹은 건설과 태양광조차도 경기 변동에 얼마나 취약한지 깊이 헤아리지 못했다. 대규모 설비투자 사업이 대마불사형 산업이던 시절은 이미 지나갔다. 금융권은 계약 조건에서 조금만 어긋나면 자금을 회수하려 들고 정부 역시 시장에는 개입하지 않으려고 하면서 보조나 혜택도 기대할 수 없다. 경기가 저점으로 향하면 수요가 줄어들면서 오히려 부채가 기하급수적으로 늘어난다. 웅진그룹은 다각화를 통해 안정적인 사업 구조를 가져가려고 시도했지만 여우를 피하려다 호랑이를 만난 격이 됐다.

결국 극동건설 인수가 벽에 부딪힌 건 정작 부동산 시장에서 소비자들이 무엇을 원하는지 가늠하지 않은 채 조직의 목표에만 몰두했기 때문이었다. 저축은행 역시 소비자들은 이미 외면하는 금융 트렌드였지만 웅진그룹은 귀를 닫았다. 웅진그룹은 외부 신용평가사의 계속되는 경고에도 눈과 귀를 닫았다. 나이스신용평가는 웅진홀딩스의 신용 등급을 부정적으로 바꿨다. 극동건설의 신용 등급을 BBB-로 떨어뜨렸다. 새로운 웅진그룹은 곧이듣지 않았다. 결국 신용평가사들은 웅진그룹 전체의 신용 등급을 하향 조정해버렸다.

웅진폴리실리콘이 매각되면 웅진에너지는 태양광 모듈 업체로 전락하게 된다. 윤석금 회장이 직접 썬파워와 담판을 지으면서 시작됐던 태양광 사업이 좌초된다는 걸 의미한다. 태양광을 기점으로 한 선순환 구조가 복원되길 기대하기도 어려워진단 얘기다. 웅진코웨이 매각으로 웅진그룹은 날개를 하나 잃었다. 웅진코웨이는 코웨이가 됐다. 결국 윤석금 회장은 경영 일선에서 물러났다. 웅진그룹은 법정관리에 들어갔다. 여론은 싸늘했다. 법정관리로 경영권을 지키려는 꼼수란 반응이었다. 칭송받았던 윤석금 신화가 내동댕이쳐졌다. 웅진그룹은 이카로스가 되고자 꿈꿨다. 태양을 목표로 삼은 게 문제였다. 웅진그룹은 낮게 멀리 나는 게 장기인 회사였다. 높게 날면 날개가 녹아버릴 수 있었다. 채권단은 이제 웅진케미칼과 웅진씽크빅까지 팔라고 압박하고 있다. 채권단 입장에서야 돈 되는 건 다 팔아서 채권만 회수하면 그만이다. 웅진으로선 미래가 사라지는 일이다.

웅진그룹은 한국 기업 생태계가 빚어낸 실패다. 구글과 코스트코 가운데 우열은 없다. 구글이 탁월한 기술을 갖고 있다면 코스트코는 소비 시장을 읽어내는 탁월한 안목을 갖고 있다. 기술과 안목 모두 기업한테 핵심 역량이다. 한국

에선 기술이 우위에 있다. 내수 시장을 읽어내는 안목이 아무리 탁월하다고 해도 이 시장은 좁다. 묵묵하게 자기 길만 가기 어렵다. 욕심도 눈을 가린다. 소비재 기업에서 중후장대형 기업으로 변신하는 걸 도약이라고 여기기 때문이다. 성공한 기업도 있다. 두산그룹이 그랬다. 드문 경우다. 두산그룹은 핵심 기술을 인수합병을 통해 한꺼번에 확보했다. 대우그룹 붕괴라는 기회가 있었다. CJ그룹은 정반대로 식품 기술 기업에서 유통 기업으로 변신했다. 시장에 더 가까이 다가섰단 얘기다.

새로운 웅진그룹은 중공업 고도성장을 추구했다. 성장 방법은 과거 형태의 답습에서 벗어나지 못했다. 관료 출신 경영진을 대거 영입하면서 외연을 확장했다. 성장에 대한 강박은 웅진그룹을 좋은 기업에서 위기의 기업으로 전락시켰다. 소비자와의 접점을 잃어버리면서 웅진그룹은 건설과 설비를 영위하는 평범한 기업이 돼버렸다. 웅진의 실패다.

오리온

왕과 왕비가 다스리는 왕국

대장이 울었다. "남편은 피고인석에 있고 저는 증인석에 앉아 있는 현실이 너무 마음이 아픕니다. 이번 일을 통해 지난 일을 뒤돌아볼 수 있었습니다. 잘한다고 생각했지만 소유와 경영의 분리와 투명성 확보와 선진 경영시스템 도입이 중요하다는 사실을 깨달았습니다. 기회를 주신다면 모든 걸 걸고 잘하겠습니다."

경영 공백을 우려했다. "남편이 구속되면서 일본과 중국과 베트남과 러시아 같은 해외 시장에서 어려움을 겪고 있습니다. 그룹의 최대 위기입니다. 남편이 경영 복귀를 할 수 있도록 기회를 한 번만 주신다면 오리온이 아시아 넘버원 기업이 될 수 있도록 최선을 다하겠습니다."

정에 호소했다. "전 세계에 정을 전하는 35그램 외교관이라는 초코파이 지면 광고야말로 지금 우리의 진심입니다. 오리온의 세계 시장 진출 주역은 화교에다 외국에서 오랫동안 생활해온 남편이었습니다."

대장은 30분 넘게 울먹울먹 진술을 계속했다. 서울중앙지법 한창훈 부장판사가 대꾸했다. "아직 유무죄가 확정된 상황이 아닌 거 모르십니까."

재판 결과는 아직 나오지 않은 상황이었다. 대장은 사실상 회장의 죄를 인정하고 선처를 애원하고 있었다. 한창훈 판사는 되물었다. "기업의 이미지나 성장이나 해외 시장 개척도 중요합니다. 하지만 기업은 사회적인 책임을 져야 합니다. 기소된 사실을 보면 납득이 가지 않는 부분도 있네요. 준법 경영이 부족했던 건 사실 아닌가요?"

2011년 8월 9일이었다. 오후 4시 50분 서울중앙지법 424호 형사법정에서 회장과 대장이 마주 앉았다. 대장은 이화경 오리온그룹 사장의 별칭이다. 회장은 담철곤 오리온그룹 회장을 일컫는 말이다. 회장은 2011년 6월 300억 원 가까이 되는 회삿돈을 횡령하고 유용한 혐의로 특정경제범죄가중처벌법상 횡령과 배임 죄로 구속 기소됐다. 처음엔 대장도 검찰의 수사 대상이었다. 회장이 구속되는 대신 대장은 기소를 모면했다. 회장과 대장은 동갑내기 부부 사이다. 회장과 대장을 한꺼번에 기소하지 않은 건 검찰 나름의 정이었다. 기업의 경영 공백을 우려한 측면도 있었지만 부부를 한꺼번에 법정에 세우는 건 피하려는 도의적 배려였다. 전략적인 측면도 있었다. 부부가 모두 기소되면 변호인 측에선 재판부의 인정머리에 호소하려고 들 공산이 컸다. 재판이 질척일 수 있었다. 그런데 부부가 제 발로 함께 법정에 섰다. 재판정을 눈물바다로 만들었다. 회장은 푸른 수의를 입고 피고인석에 앉았다. 대장은 검은 정장을 입고 증언대 앞에 섰다.

오리온그룹 관계자는 말했다. "직원으로서 차마 두 분이 함께 공판장에 서 있는 걸 볼 수가 없었습니다. 그때 법원 밖에 나와 있었어요."

대장도 회장도 오리온도 정에 울었다.

2011년 10월 20일이었다. 1심 선고 공판에서 회장은 징역 3년을 받았다. 구속됐다. 대장의 읍소가 무색한 결과였다. 서울중앙지법 형사합의 25부는 선고 공판에서 양형 이유를 이렇게 밝혔다. "사회에 많은 영향을 미치는 대기업의 회장으로서 위장계열사를 동원해서 비자금을 마련하는 등 투명 경영 책임을 저버린 점이 인정된다. 횡령 금액이 280억 원을 넘어서고 시장경제의 자정 능력에 대한 사회구성원들의 기대를 훼손했으므로 엄한 처벌이 불가피하다."

회장과 대장은 항소했다. 무죄 취지는 아니었다. 형이 가혹하다는 게 골자였다. 2012년 1월 19일이었다. 항소심에서 회장은 징역 3년에 집행유예 5년을 선고받았다. 1심에 비해 2심 항소심은 조용하게 치러졌다. 이미 회장이 구속되면서 절정이 지나버린 사건이라 언론들도 관심이 덜했다. 2심 재판부는 1심 재판부에 비해 정에 약했다. 유죄지만 감형됐다. 징역 3년에 집행유예 5년이라는 이른바 재벌 총수 정량제 판결을 이끌어내는 데 성공한 셈이었다. 회장이 겨우내 수감 생활을 했단 점도 참작됐다. 2심을 맡은 서울고법 형사4부는 이렇게 판결했다. "횡령했던 그림 값을 모두 변제한 점을 미뤄볼 때 원심에서 선고한 징역 3년형은 너무 무겁다. 준법 경영을 하지 않은 잘못도 크지만 피고인들의 개인적인 욕심이 더 큰 문제다."

횡령액을 배상했으니 감형해준단 설명이었다. 사건을 가중 처벌을 받아야 하는 특정 범죄로 보기보단 개인 비리로 봐주겠단 의미였다. 회장은 그 길로 풀러났다. 회장은 곧바로 오리온그룹 경영 일선에 복귀했다. 대장이 애걸한 또 한 번의 기회였다.

2012년 4월 19일이었다. 서울중앙지검 특수3부가 서울 논현동에 있는 스포츠토토 본사를 압수수색했다. 스포츠토토는 오리온그룹의 핵심 계열사다. 검찰은 2008년 스포츠토토가 골프장 사업에 진출하기 위해 인허가 로비를 벌인 혐의를 잡고 수사에 착수했다. 알고 보니 검찰이 겨냥한 건 스포츠토토가 아니라 조경민 오리온그룹 전략담당 사장이었다. 검찰은 스포츠토토가 골프장 사업에 진출하는 과정에서 조경민 사장이 140억 원을 횡령했다는 혐의를 잡았다. 조경민 사장은 친형한테 스포츠토토 계약을 몰아줘서 부당이익 70억 원을 챙겼다는 혐의도 받았다. 조경민 사장은 오리온그룹 전략담당 사장을 지냈다. 십수 년 동안 회장과 대장의 최측근이었다. 사실상 오리온그룹을 좌지우지하고 있는 실세이자 몸통이란 말들이 공공연했다. 회장이 구속됐을 때 사장도 함께 잡혀 들어갔다. 회장과 기소된 혐의가 대동소이했다. 같이 죄를 저질렀단 얘기다. 스포츠토토 수사에선 좀 달랐다. 스포츠토토의 비리나 회장 비리가 아니라 조경민 사장의 개인 비리 수사였다. 오리온그룹도 회장과 스포츠토토 검찰 수사는 무관하다고 선을 긋는 분위기였다.

여기에도 회장이 연루돼 있단 소문이 돌기 시작했다. 회장이 사장을 검찰에 찌른 게 아니냔 얘기였다. 조경민 사장은 회장과 대장의 오른팔로 통해온 인물이다. 오리온그룹의 금고지기로 불릴 정도였다. 오리온그룹이 동양그룹에서 분리되면서부터 늘 중심에 있었다. 회장과 사장이 한꺼번에 구속되면서 사정이 달라졌다. 감옥에서 회장은 공공연하게 사장을 성토했던 걸로 알려졌다. 회장과 사장은 같은 혐의로 구속됐다. 검찰은 사장한텐 회장 비리를 캐묻고 회장한텐 사장 비리를 캐물었다. 죄수의 딜레마 수사 기법이었다. 서로를 믿지 못한다면 회장과 사장은 서로를 배신할 수밖에 없었다. 회장 모르게 저지른 사장의 비리도 적지 않단 사실도 드러났다. 조경민 사장은 회사 돈을 횡령해서 개인 집을 짓는 데 썼다. 회사 소유 스포츠카도 유용했다. 회장이 했던 짓을 사장도 똑같이 따라했다. 1월 풀려났을 때부터 회장은 사장을 배척하기 시작했다. 회장과 사장은 돌아올 수 없는 강을 건넜다. 사장이 회장과 대장한테 추가 비리를 폭로하지 않는 대가로 차명 주식과 차명 재산을 떼어달라고 요구했단 소문까지 돌았다. 반격 차원에서 회장이 사장의 비리 내용을 검찰에 제보했단 이야기까지 떠돌았다. 감옥에서 풀려나자마자 회장은 경영이 아니라 숙청 작업부터 벌인 꼴이었다.

2012년 3월 30일이었다. 오전 9시 용산구 오리온 본사에선 56기 주주총회가 열렸다. 담철곤 회장의 오리온 대표이사 재선임이 주요 안건이었다. 회장은 1989년부터 줄곧 오리온의 대표이사였다. 회장은 오리온의 지분 12.92퍼센트를 소유한 2대 주주다. 1대 주주는 15.40퍼센트를 가진 대장이다. 오리온그룹은 사실상 회장이 오리온제과를 중심으로 식품과 해외 사업 부문을 전담하고 대장이 메가박스나 온미디어 같은 신사업 부문을 전담하는 부부 경영 체제로 꾸려져왔다. 회장과 대장의 역할 분담은 늘 애매모호했다. 대장 역시 법정에서 "남편은 회장이면서도 나 때문에 권한을 수행하지 못할 때가 많았다"며 "이 과정에서 서로에게 책임을 미루게 됐고 이로 인해 여러 가지 문제가 불거지게 됐다"라고 말한 적이 있다. 회장의 위상이 다른 재벌의 회장과는 좀 달랐단 얘기다. 주총에선 개인 비리로 구속됐다 풀려난 회장에 대한 비판 여론이 드셌다. 경영 실책도 아니고 개인 비리인 게 골치였다. 게다가 횡령한 돈을 사치에 썼다. 집사와 가정부 월급을 줬고 미술품을 사다가 자기 집에 걸어뒀다. 회삿돈을 도둑질해서 치부를 한 꼴이었다. 다시 회사 금고를 맡기기엔 치명적인 도덕적 결함이었다. 역시 횡령 혐의로 구속된 최재원 SK그룹 부회장이나 이호진 태광그룹 회장은 모두 등기 임원직에서 물러났다. 책임지는 모습을 보였다. 담철곤 회장도 운신의 폭이 좁을 수밖에 없었다.

하극상까지 일어났다. 회장은 스포츠토토의 박대호 대표를 해임하려고 했다. 스포츠토토에 대한 검찰 수사망이 좁혀오던 무렵이었다. 회장은 측근인 오리온그룹 재무담당 출신 정선영을 후임 대표로 인선했다. 정작 스포츠토토 이사회가 반대표를 던졌다. 스포츠토토는 오리온그룹의 계열사지만 스포츠 복권 사업 자체는 정부의 인허가 사업이다. 여느 재벌 계열사 이사회와는 달리 이사회가 거수기가 아니다. 박대호 대표 역시 못 물러난다고 버텼다. 스포츠토토가 검찰 수사의 표적이 된 상태에서 갑자기 박대호 대표를 해임시키려는 회장의 의도가 석연치 않다는 얘기들이 많았다. 측근을 스포츠토토 대표로 심은 다음 검찰 수사에서 회장한테 불리하게 쓰일 수 있는 증거들을 검토하려는 목적이 깔려 있다는 해석들이었다. 담철곤 회장은 오너다. 박대호 대표는 고용 사장이다. 고용 사장이 오너의 인사권에 반기를 든 꼴이었다.

회장과 대장의 오너십은 큰 상처를 입었다. 회장은 감옥에선 나왔지만 경영 일선에서 밀려날 뻔했다. 주총에선 회장의 회장직 유지까지 위태로운 상황이 연출됐다. 국민연금은 (주)오리온의 지분 6.98퍼센트를 갖고 있다. 국민연금 기금운용위원회는 배임과 횡령 혐의에 연루된 경영진의 재선임을 거부하기로 방침을 세워놓았다. 1심 판결만 나도 반대할 수 있다. 국민연금이 돌아서지 않고 35.15퍼센트의 소액주주들이 변심하지 않아서 자리를 지킬 수 있었다. 핵심 계열사인 스포츠토토는 임직원들까지 불려가서 검찰 조사를 받았다. 인허가 과정에서 정관계 로비를 한 게 아니냐는 의혹을 받으며 수사가 확대될 조짐까지 보였다. 결국 박대호 대표는 2012년 6월 15일 사임했다. 흉터가 남았다. 다른 쪽에선 검찰이 항소하면서 회장 비리에 대해선 3심 재판이 진행되고 있었다. 오른팔로 불렸던 측근은 회장과 등을 돌린 사이가 됐다. 계열사 사장과 이사회는 오너의 인사권에 정면으로 반기를 들었다. 대장은 사실상 경영 일선에서 손을 떼다시피 했다. 그런데도 회장과 대장은 보복과 숙청에 몰두했다. 오리온이 누구 회사인지를 확고하게 하는 데 온 힘과 시간을 허비했다. 법정에 선 대장은 울며 약속했다. "소유와 경영의 분리와 투명성 확보와 선진 경영시스템 도입이 중요하다는 사실을 깨달았습니다."

오리온은 거꾸로 갔다.

봉건 왕국

"오리온 왕국이었죠."

익명을 요구한 오리온그룹 퇴사자는 말했다. "오리온그룹은 담철곤 회장과 이화경 사장의 작은 왕국과 같았습니다. 동양그룹에서 계열분리된 뒤에는 사실상 담철곤 회장과 이화경 사장의 개인 회사나 다름없었죠. 이래라 저래라 경영에 간섭할 사람도 없었습니다. 상장사였지만 그룹 규모도 크지 않아서 당국과 언론의 집중 감시 대상도 아니었어요."

경기도 분당에 있는 온미디어 사옥 주차장에선 이화경 사장 소유로 알려진 고급 외제차들이 자주 목격됐다. 지금은 CJ그룹에 팔렸지만 온미디어는 한때 이화경 사장이 직접 챙기는 오리온그룹의 주력 계열사였다. 검찰은 담철곤 회장과 이화경 사장이 회사 돈으로 포르쉐 카이엔과 포르쉐 카레라 GT부터 벤츠 SL65와 벤츠 CL500과 람보르기니 가야르도까지 최고급 수입차를 리스했다고 밝혔다. 모두가 스포츠카 아니면 쿠페다. 공적인 업무에는 쓰일 일이 없는 차종이다. 담철곤 회장과 이화경 사장은 리스료와 보험료와 세금을 모두 회사 돈으로 냈다. 2002년부터 2011년까지 그렇게 횡령한 돈만 20억 원 가까이 됐다.

오리온그룹 안에서도 회장과 대장의 사치는 유명했다. 아무도 별다른 문제의식을 느끼지 않았을 뿐이다. 오리온그룹 퇴사자는 말했다.

"삼성이나 현대차만 해도 사회적 감시망 안에 있어요. 언론과 시민사회단체가 지켜보고 있죠. 같은 왕국이라도 입헌 왕국이란 거죠. 하지만 오리온 정도의 그룹은 소유와 경영이 거의 구분되지 않은 채 운영됩니다. 직원들도 그런 문화에 익숙하죠. 지금껏 회장과 사장도 그랬을 겁니다." 오리온은 봉건 왕국이었다.

오리온그룹은 2001년 지금은 오리온제과가 된 동양제과를 중심으로 16개 회사가 동양그룹에서 계열분리되면서 출범했다. 하지만 오리온 왕국이 조성되기 시작한 건 1990년대 초반까지 거슬러 올라간다. 담철곤 회장과 이화경 사장은 동양그룹의 둘째 사위와 둘째 딸로서 그때부터 이미 동양제과를 전담 경영하고 있었다. 1989년 담철곤 회장의 장인인 이양구 동양그룹 창업주가 73세로 별세하면서 동양제과는 둘째 사위 내외의 직할 경영 체제가 됐다. 동양제과야말로 동양그룹의 뿌리다. 1955년 이양구 회장이 이병철 삼성그룹 회장과 동양제당공업을 설립한 게 시초였다. 그러나 이양구 회장이 작고할 무렵엔 동양그룹의 중심은 제과에서 시멘트와 건설과 금융으로 이동한 상태였다.

담철곤 회장은 미국 조지워싱턴대학교에서 마케팅을 공부했다. 동양시멘트 구매과장으로 동양그룹에 입사했다. 1년 만에 동양제과 구매부장으로 자리를 옮겼다. 사업담당 상무이사와 영업담당 부사장을 거쳐서 1989년 동양제과 사장이 됐다. 4년 뒤인 1993년엔 동양그룹 부회장 자리에 올렸다. 재벌가 사위에 어울리는 초고속 승진이었다.

보기마냥 순탄했던 건 아니었다. 담철곤 회장은 1980년 이화경 사장과 결혼했다. 그러나 데릴사위였다. 결혼 과정부터가 우여곡절이 많았다. 이화경 사장도 법정 진술 과정에서 고백했다. "남편이 화교란 이유로 집안에서 결혼을 많이 반대했습니다. 먼 미래에 중국 시장이 열리면 이 사람의 가치를 다시 보게 될 거라고 가족들을 설득했어요."

담철곤 회장 집안은 고조부 시절 한국으로 건너왔다. 경상북도 대구에서 약재상을 운영했다. 담철곤 회장이 한국 국적을 취득한 것도 1980년 이화경 사장과 결혼하면서였다. 출신 성분 탓에 재벌가 사위라는 호사를 누릴 처지가 못됐다. 동양제과 구매부장으로 일할 때도 담철곤 회장은 겉 다르고 속 다른 대우를 받기 일쑤였다. 앞에선 굽실거리다가도 뒤에선 화교 데릴사위라고 수군거렸다. 법정 진술에서 이화경 사장은 말했다. "아버지가 돌아가시면서 언니 부부와 함께 갑자기 회사를 맡게 됐습니다. 34세에 그룹 부회장이 된 남편은 화교 출신에 대학을 미국에서 나와서 학연도 혈연도 지연도 없었습니다. 경영 능력을 검증받지 않으면 안 됐어요."

담철곤 회장은 1993년 부회장을 맡은 뒤부터 동양그룹 안에서 새로운 인재들을 발굴하기 시작했다. 자기 사람들을 키워나갔다. 그룹 안에선 별동부대라고 불렀다. 장차 계열분리가 됐을 때 새로운 그룹을 이끌어나갈 주축들이었다. 번듯하게 계열분리를 하기 위해선 동양제과 말고도 새로운 성장 동력이 필요했다. 담철곤 회장과 이화경 사장은 별동부대를 중심으로 엔터테인먼트와 외식산업에 대한 밑그림을 그리기 시작했다. 마침 영화산업이 부흥하고 있었다. 대우그룹이 공중 분해되면서 케이블TV 채널 DCN과 코엑스 메가박스가 매물로 나왔다. 삼성그룹 역시 영상 사업에서 철수하느라 HBO를 인수해줄 대상을 찾고 있었다. 케이블 시장 진출은 역설적으로 동양그룹 계열분리의 촉매제가 됐다. 정부는 30대 재벌은 케이블TV 채널 인수를 금지하고 있었다. 동양그룹은 20위권이었다. 담철곤 회장과 이화경 사장은 엔터테인먼트 시장 진출에 박차를 가하기 위해서라도 계열분리를 서둘러야 했다.

담철곤 회장은 뼛속까지 제과인이다. 동양그룹에 몸을 담은 이래 거의 동양제과에서만 일했다. 그룹 업무를 총괄하고 나서도 주력은 역시 동양제과였다. 동양제과에서 경영 수련을 한 건 이화경 사장 역시 마찬가지였다. 이화경 사장은 이화여대 사회학과를 졸업했다. 1975년 동양제과 평사원으로 입사했다. 구매부와 조사부와 마케팅부를 거쳤다.

담철곤 회장과 이화경 사장은 동양제과를 바라보는 시선이 달랐다. 담철곤 회장은 1990년대 동양제과를 혁신했다. 담철곤 회장은 당시 200개도 넘던 제과

브랜드를 60여 개로 줄였다. 선택과 집중을 했다. 2000년대 들어서는 해외 시장 공략에 박차를 가했다. 담철곤 회장은 초코파이의 정을 인으로 바꿨다. 중국에서 정情은 남녀 사이의 사랑이란 뜻이 더 강했다. 어질 인仁 자가 더 적절했다. 현지화에 성공했단 얘기다. 덕분에 오리온제과의 매출은 1989년 1,800억 원에서 20년 만인 2010년에는 1조 4,500억 원이 됐다. 담철곤 회장은 오리온제과야말로 그룹의 영원한 성장 동력이라고 봤다.

반면 이화경 사장은 신사업 부분에 매진했다. 베니건스를 중심으로 한 외식 사업과 메가박스를 중심으로 한 영화 사업과 온미디어를 중심으로 한 케이블방송 사업은 한 때 그룹 매출의 30퍼센트에 육박할 만큼 급성장했다. 결국 오리온그룹은 자연스럽게 담철곤 회장의 구사업과 이화경 사장의 신사업이라는 이원 체제로 운영됐다.

그 과정에서 오리온 왕국의 4인방이 등장했다. 김성수 온미디어 대표와 김우택 메가박스 대표와 문영주 롸이즈온 대표 그리고 조경민 전략담당 사장이었다. 오리온 왕국엔 회장과 사장 다음엔 4인방이 있다는 게 공공연한 사실이었다. 네 명의 경영진은 이화경 사장의 신사업과 담철곤 회장의 구사업에서 각자 역할을 맡아 왕국을 수호했다. 사실상 창업 공신들이었다. 김우택 대표는 메가박스 창업 과정에서 미국 연수를 하면서 팝콘 튀기는 법까지 직접 배워왔다. 문영주 대표는 베니건스 신화의 주인공이었다. 베니건스에 이어 제미로 대표로 뮤지컬 사업에 진출하면서 오리온그룹이 뮤지컬 업계의 큰손으로 자리매김하게 만들었다. 김성수 대표는 온미디어가 CJ그룹에 매각된 뒤에도 사장직을 유지할 만큼 경영 능력을 인정받았다.

1990년대부터 준비한 이화경 사장의 신사업이 꽃을 피우고 담철곤 회장의 해외 제과 사업이 가속도를 내면서 오리온그룹은 2000년대 들어 무서운 상승세를 타기 시작했다. 담철곤 회장은 1997년 베이징에 종합제과공장을 지었다. 2002년엔 상하이에, 2005년엔 모스크바에, 2006년엔 호치민에 공장을 세웠다. 모두 여섯 개의 현지 생산 공장을 바탕으로 오리온제과의 해외 매출을 급성장시켰다. 이화경 사장의 엔터테인먼트 사업은 한때나마 라이벌 CJ를 압도했다. 메가박스는 단일 규모로는 국내 최대의 멀티플렉스 극장이었다. 영화 배급사 쇼박스는 손대는 영화마다 대박을 터뜨렸다. 〈태극기 휘날리며〉와 〈괴물〉은 천만 관객을 돌파했다. 2000년대 중반은 왕국의 전성기였다.

줄을 이은 신사업 매각

왕국이 무너지기 시작한 건 영토 확장을 멈추면서부터였다. 신사업 계열사들을 하나둘 매각하기 시작했다는 것부터가 따지고 보면 변화의 징후였다. 당시 주식시장은 오리온그룹이 계열사를 매각할 때마다 환영 일색이었다. 그럴 수밖에 없었다. 2006년 편의점 바이더웨이를 팔았을 때 오리온그룹은 매각 대금으로 1,500억 원을 받았다. 그 돈은 오리온제과의 해외 공장 건설 비용으로 쓰였지만 주주 배당금으로도 나갔다. 주식시장에선 환호할 수밖에 없었다. 최대 주주인 담철곤 회장과 이화경 사장한테도 금전적으론 이득이었다. 당시 바이더웨이는 영업이익이 7억 원 정도로 많지 않았다. 사업을 키우기보단 제 값 받고 파는 게 이득일 수 있었다.

다음엔 메가박스 차례였다. 2007년 9월 담철곤 회장과 이화경 사장은 메가박스를 호주 맥쿼리 펀드에 1,455억 원에 매각했다. 당시 메가박스는 매년 순이익이 87억 원씩 나고 있었으니 현금 뭉치를 팔아버린 셈이었다. 역시나 주식시장에선 신이 났다. 그룹으로 현금이 유입되고 다시 한 번 배당금이 늘어날 판이었다. 영화 사업의 미래를 자신하기 어렵다면서 적시에 비싼 값에 회사를 판 오리온그룹의 판단을 옹호했다.

다시 온미디어 차례였다. 2010년 오리온그룹은 온미디어를 CJ그룹에 3,219억 원에 팔았다. 역시나 주식시장에선 오리온그룹의 주가 상승을 점쳤다. 회사에 현금이 유입될 테니 투자자들은 빨리 주식을 사두란 조언도 잊지 않았다.

오리온그룹은 회사의 자산만 판 게 아니라 부채도 털었다. 베니건스 차례였다. 2010년 베니건스 매각은 바른손이 베니건스의 부채를 떠안고 25개 매장을 인수하는 조건이었다. 패밀리 레스토랑 사업은 침체기에 빠져 있었다. 베니건스도 손실을 보고 있는 상황이었다. 베니건스 매각 소식이 알려지자 주식시장에서 오리온그룹의 주가는 급상승했다. 부채를 털어버린 반사 효과였다.

오리온그룹은 굴뚝 기업에서 소프트웨어 기업으로 성공적으로 변신한 대표적인 사례로 손꼽혔다. 그런데 2007년부터 갑자기 잘나가던 소프트웨어 계열사를 매각하기 시작했다. 익명을 요구한 오리온그룹 관계자는 말한다. "갑자기 계열사들이 하나둘 매각되고 오래된 경영진이 교체되기 시작했어요. 대부분 10년 가까이 손발을 맞춰온 CEO들이어서 직원들이 많이 동요했죠."

유진투자증권 박찬용 애널리스트는 말한다. "오리온그룹에 대해선 홍미로

운 일화가 많아요. 2000년대 중반까지만 해도 애널리스트들이 서로 오리온그룹을 맡으려고 했죠. 특히 여성 애널리스트들한텐 패션 분야와 함께 주력 분야 가운데 하나였죠. 그런데 2007년과 2008년 무렵부터 애널리스트들의 관심이 사그라지기 시작했죠. 다시 제조업으로 돌아왔기 때문에 매출과 영업이익은 좋아도 분석하는 재미는 없는 기업이 돼버렸어요."

잘나갈 때 턴 덕분에 매각 대금만큼은 아주 잘 받았다. 결국 회사에 엄청난 현금이 쌓이게 됐다. 불확실성을 싫어하는 주식시장의 환호에 묻혀서 담철곤 회장과 이화경 사장의 선택은 미화됐다. 오리온그룹의 선택은 미래의 위험을 피한 것이면서 동시에 미래의 가능성을 접은 행위였다. 위험이 없는 사업은 없다. 사업가 기질이란 위험을 돌파하는 데 있다. 오리온그룹의 행보는 정반대였다. 애써 키워온 회사를 자꾸만 돈으로 바꾸고 있었다. 게다가 담철곤 회장과 이화경 사장은 매각 대금을 해외 초코파이 공장 건설 비용으로도 썼지만 적잖은 액수를 사내에 유보시켰다. 보통 아직 미래 가치가 남아 있는 자산을 매각하는 이유는 당장 자금이 필요해서인 경우가 많다. 오리온그룹은 예외였다. 오히려 오리온그룹은 마치 사업을 할 의지가 없는 것처럼 과감한 매각 행보를 이어갔다. 2008년 금융위기가 터지면서 오리온그룹의 선택이 맞아떨어진 것처럼 보였다.

오리온그룹 관계자는 말한다. "투자에 비해 영업이익률이 낮고 경쟁이 치열해지고 있다는 게 주된 매각 사유였습니다. 오리온그룹은 작은 그룹입니다. 대규모 자본을 추가 투자할 여력이 없었어요."

오리온그룹 관계자들은 습관처럼 회사의 크기가 작다는 사실을 강조한다. 오리온그룹이 대형 기업 집단이 아닌 건 사실이다. 작다고만 하기도 어렵다. 매출액도 조 단위다. 다만 약점이 있다. 강력한 캐시 카우가 오리온제과 하나인 점이다. 10여 년 넘게 신사업에 투자했지만 여전히 구사업이 오리온그룹의 성장 동력인 게 뼈아픈 점이다.

오리온그룹의 잇따른 계열사 매각은 오히려 담철곤 회장의 장기가 다시 한 번 발휘됐다고 보는 게 옳았다. 담철곤 경영의 핵심은 선택과 집중이다. 1990년대 동양제과 혁신도 난립하던 제과 제품들을 싹 정리하면서 시작됐다. 담철곤 회장은 다시 오리온그룹을 제과 기업으로 육성하는 게 맞다고 판단했다. 이화경 사장은 사실상 미디어 사업에서 손을 떼는 방향이었다. 오리온그룹 안에선 FMCG라는 용어를 쓴다. 'Fast Moving Consumer Goods'의 약자다. 오리온그룹은 자신들의 주력 상품을 빨리 취향이 변하는 유동적인 제품으로 보고 있단 의미다. 시장의 부침과 풍상을 거치면서까지 자리를 지킬 생각은 크지 않다. 이화경 사장은 엔터테인먼트 사업에 애착이 강했다. 오리온그룹의 조직 논리가 앞섰다. 오리온그룹은 자신들이 15년 가까이 영위해온 사업 분야에 그만한 정이 없었다. 그런 시각이라면 그만큼 빨리 손을 떼는 게 맞았다. 한편 오리온그룹의 신사업을 이끌던 경영진은 제각기 독립해서 해당 사업 분야에 잔류했다. 왕국의 분열이었다.

회사를 팔기 위해 사업을 한다

2007년 오리온그룹은 갑자기 건설사 메가마크를 설립한다. 선택과 집중을 위해 계열사 숫자를 줄이고 주력 분야에 집중한다던 오리온그룹이 갑자기 메가마크라는 건설사를 세웠다. 청담동 영동대교 남단에 있던 창고 부지에 최고급 빌라를 지어서 분양하겠다는 사업 계획까지 밝혔다. 4인방 가운데 한 사람이 메가마크의 대표를 맡았다. 오리온그룹은 건설 사업에 경험이 없었다. 제과업을 제외하면 제조업 경험도 없었다.

익명을 요구한 오리온그룹 관계자는 말한다. "돌이켜보면 사실 영화나 케이블 같은 기존 신사업이 흔들리기 시작한 것도 외부적 요인과 내부적 요인이 합쳐진 일이었어요. 외부적으로야 경쟁이 치열해지고 있었죠. 오리온이 자금이 달리는 것도 사실이었어요. 메가박스만 해도 선발 업체였지만 후발 주자였던 롯데에 역전된 상태였으니까요. 하지만 내부적으론 얼마든지 헤쳐나갈 수 있다고 봤어요. 그런데 갑자기 경영 기조가 바뀐 거죠. 최고경영진이 사업에 관심이 없어 보였습니다. 대신 엉뚱한 사업을 벌였어요. 안에서 잘하던 전문가를 밀어내고 밖에서 생뚱맞은 사람을 데려와서 회사를 망치는 경우가 빈번해졌죠."

2007년과 2008년은 오리온그룹 조직 안에선 담철곤 회장과 이화경 사장의 경영 싸인이 뒤죽박죽 하던 시기였다. 오리온 관계자는 말한다. "어떤 날은 대장이 직접 주재하는 회의가 열리고 큼지막한 투자 결정이 이루어졌죠. 그러다가 한참 아무런 결정도 안 이루어진 채 몇 달을 허송했어요. 실무진들 입장에선 힘 빠지는 일이었죠."

건설업에 진출한 것과 고급 빌라를 지은 것과 잇달아 주력 사업체들을 매각한 것과 기존 경영진이 교체되면서 안정성을 해친 시기가 모두 같은 때였다. 아무도 뚜렷한 이유를 알지 못했다. 오리온제과의 해외 사업 진출을 위해 선택과 집중을 한다는 것 말고는 설득력 있는 설명이 없었다. 심지어 화교 출신인 담철곤 회장의 사업 방식이 사업이 아니라 상업에 가깝다는 비아냥거림도 나왔다. 회사를 키우기 위해서라기보단 팔기 위해서 사업을 하는 장사꾼 비즈니스를 하고 있단 얘기였다. 분명 위험을 불사하지 않는 담철곤 회장의 사업 방식은 한국적 비즈니스 모델과는 거리가 있었다. 한국 기업사는 언제나 무에서 유를 창조하는 과정이었다. 그렇게 창조된 기업 자체가 성과였다. 오리온그룹은 유에서 돈을 창출했다. 어떤 면에선 한국적이라기보다는 성공한 기업을 팔아 환금을 하는 데 익숙한 미국적이거나 중국적인 접근법이었다.

감춰진 이유는 검찰 수사를 통해서 드러났다. 검찰이 담철곤 회장과 이화경 사장에 대한 내사에 착수한 건 2010년 말부터였다. 국세청의 조사 과정에서 의심 정황을 넘겨받고 수사를 시작했다. 그때만 해도 태광그룹이나 C&그룹이나 한화그룹 같은 부실 재벌들에 대한 본보기식 수사가 한창이던 무렵이었다. 태광그룹은 이미 악명이 높았다. C&그룹은 껍데기만 남은 상태였다. 한화그룹은 건드리기만 했지 만만찮은 저항에 부딪힌 상태였다. 결국 오리온그룹만 남았다.

오리온그룹은 실체가 있는 수사였다. 본보기가 되기에도 좋았다. 비자금을 만드는 과정은 판에 박힌 듯 전형적이었다. 청담동 빌라 부지를 시세보다 싸게 팔아서 비자금을 조성하고 그 자금을 갤러리를 통해 세탁했다. 심지어 담철곤 회장과 이화경 사장은 홍콩에 위장 계열사를 차려놓고 비자금 유통 경로로 삼았다. 차명으로 계열사 주식을 보유해서 거액의 배당금을 받아서 가로챘다. 위장 계열사의 이름은 아이팩이었다. 1980년대부터 초코파이 같은 과자류 포장지를 만들어온 회사였다.

익명을 요구한 오리온그룹 관계자는 말한다. “사실 사내에서도 회사가 성장하는 과정에서 회장과 사장이 어느 정도 비자금을 만들어놓았고 오래 함께 한 경영진들이 그 비자금의 일부를 관리하거나 가로챘다는 소문이 돈 적이 있어요. 회사가 계속 성장하는 과정에선 모두가 운명 공동체였기 때문에 서로가 비자금에 손을 댈 일이 없었죠. 하지만 계열사를 매각하고 오리온그룹이 사실상 신사업을 접으면서 얘기가 달라지기 시작했어요. 서로가 자기 몫들을 챙겨야 했단 거죠. 오래 함께 일한 고위 임원들이 나가고 갑작스럽게 오리온그룹과는 별 관계도 없는 임원들이 들어와서 일을 망쳤던 것도 그런 최고경영진 그룹 안의 알력 때문이었던 것 같습니다.”

사실상 오리온그룹은 제2의 창업을 했던 회사였다. 20년 가까이 회사를 이끌며 상당한 성공을 거뒀다. 정작 성공의 과실을 나누는 과정에서 문제가 생겼다. 담철곤 회장은 선택과 집중을 시도하려고 했을 뿐이었다. 선택과 집중을 하는 과정에서 생겨난 과당 이익을 빼돌리려고 했단 게 문제였다. 담철곤 회장은 사실상 한국 시장에서 힘을 빼가는 모양새였다. 한국 제과 시장은 이미 포화 상태다. 오리온제과보다 덩치가 훨씬 큰 롯데제과가 버티고 있다. 그래서 오리온제과는 미래 성장 동력을 중국 시장을 중심으로 러시아 시장과 베트남 시장에 두고 있다. 그러나 해외 진출을 명분으로 지난 10년 동안 국내에서 일궈낸 성과를 오너와 창업 공신끼리 나누면서 오리온그룹이 변색되기 시작했다. 경영진들이 왕국의 왕과 여왕과 공작과 백작으로 군림하기 시작하면서 도덕적 해이가 시작됐다.

조경민 사장은 2006년 8월 청담동 창고 부지 매각 대금 209억 3,800만 원 가운데 40억 원을 서미갤러리를 통해 빼돌렸다. 또 홍콩에 페이퍼컴퍼니로 만들어놓은 아이팩 계열사를 통해 비자금을 조성했다. 담철곤 회장과 이화경 사장은 또 측근 명의로 지분 76.66퍼센트를 차명 보유했다. 거액의 배당금도 챙겼다. 매달 측근한테 6,000만 원이나 급여를 줬고 그중 2,000만 원을 빼돌려서 아이팩 금고에 보관했다. 이렇게 차곡차곡 40억 원을 착복했다. 검찰은 처음 수사에 착수할 때만 해도 비자금 규모를 50억 원 정도로 예상했다. 드러난 오리온의 비자금은 160억 원 규모였다. 왕국은 정을 바탕으로 건국됐다. 돈이 정을 대신하게 됐을 때 왕국은 무너졌다.

용산구에 자리한 오리온그룹 본사는 재계 60위권인 그룹 본사답지 않다. 바로 앞에 용산 전자상가로 이어지는 흉물스런 고가가 가로놓여 있다. 오리온그룹 본사 자리는 예전 용산 공단 지역이다. 동양제과 시절부터 지금까지 공장과 물류 창고로 쓰이고 있다. 옛 계열사인 온미디어만 해도 분당에 번듯한 사옥을 갖고 있었다. 맥쿼리 펀드에 매각된 메가박스는 역삼동과 청담동에 사무실이 있었다. 담철곤 회장이 수시로 출근했던 오리온그룹 본사는 동양제과 본사로 오랫동안 쓰인 낡은 건물이다. 이젠 얼마 남지 않은 계열사 사무실만 몇 개 있을 뿐이다. 오히려 비상장 개인 회사의 색깔이 강하다. 장인이 세운 회사의 사옥이 수십 년 동안 크게 달라지자 않은 채 그대로 쓰이고 있다. 그렇게 긴 세월 동안 회장과 대장은 회사를 사유私有해왔다. 담철곤 회장은 검찰 수사가 진행되자 뒤늦게 문제가 된 160억 원을 사재로 갚았다. 이화경 사장은 오리온그룹 법인 소유인 리히텐슈타인의 '스틸 라이프'를 자신의 사무실에 걸어놓았다. 시가

90억 원짜리다.

오리온그룹의 내실만큼은 탄탄하다. 담철곤 회장이 구속된 이후에도 오리온그룹의 성장세는 꺾이지 않았다. 국내와 해외에서 성장세는 지속되고 있다. 오리온그룹은 건재해도 오리온 왕국은 끝났다. 오리온그룹 역시 일단 접은 국내 사업을 다시 크게 펼칠 가능성은 없어 보인다. 1990년대 별동부대에서 출발해서 2000년대 꽃을 피웠던 오리온그룹의 전성기는 지나갔다.

대장은 구속된 회장을 구명하기 위해 대대적인 언론 광고를 실었다. 35그램의 외교관이라며 초코파이 해외 진출과 담철곤 회장의 업적을 홍보하는 내용이다. 초코파이 포장지엔 중국과 미국과 러시아의 국기가 새겨져 있다. 그런 포장지 만드는 회사를 담철곤 회장과 이화경 사장은 비자금 조성을 위한 위장 계열사로 활용했다. 정의 왕국을 치장해줬던 포장이 뜯겨졌다.

오리온그룹의 중국 연매출은 2012년 1조 원을 돌파했다. 지난 5년 동안 연평균 48퍼센트씩 성장해온 결과다. 처음으로 중국 매출이 국내 매출을 앞질렀다. 베트남과 러시아에서도 크게 성장했다. 담철곤 회장은 제과 사업에 집중하면서 해외 개척이 몰두했다. 엔터테인먼트나 미디어 같은 대장의 사업이 없어도 오리온그룹은 회장 중심으로 성장을 계속하고 있단 얘기다. 대장은 회장이 있어야 해외 시장 개척이 가능하다고 호소했다. 실제로 회장은 해외 매출로 자신의 존재감을 보여줬다. 그러나 오리온그룹은 회장이 구속 상태였던 2011년 4분기에도 견조堅調한 실적을 냈다. 제과 3사 가운데 가장 높은 매출 증가세를 보였다. 실적은 경영진의 치적으로 포장되기 일쑤다. 실제론 기업의 기초 체력인 경우도 많다. 제과 사업은 중국이나 러시아처럼 고속 성장하는 국가에선 성장 가능성이 크다. 대표적인 소비재이기 때문이다. 건강을 중요시하게 되면 성장률이 떨어진다. 오리온이 중국이나 러시아나 베트남으로 진출하기로 결정한 건 옳았지만 신의 한 수로 칭송받을 건 아니다. 펩시코 같은 글로벌 기업의 길을 따랐을 뿐이다. 오리온그룹이 칭송받았던 건 메가박스나 온미디어 같은 신사업에서 보여준 모험심 때문이었다. 새로운 가치를 창출하는 모습이었다. 오리온그룹은 회장과 대장 사이에서 모험심을 잃으면서 돈 버는 장사꾼 기업으로 매몰됐다. 회장과 대장이 그 돈을 빼 썼다.

정말 중요한 건 성장이 아니다. 가치다. 매출만이 기업 가치의 전부가 아니듯 경영 실적만이 경영자의 미덕이 아니다. 회사를 어떤 목적으로 경영하고 구성원들과 함께 어떤 가치를 추구하느냐도 중요하다. 안철수 교수는 안랩을 경영하던 시절 이런 말을 했다. "회사는 혼자서는 할 수 없는 일을 할 수 있게 해주는 조직입니다."

혼자서는 할 수 없는 어떤 일에 어떤 가치를 부여하느냐가 진짜 회사의 내재적 가치가 된다. 오리온그룹 안에선 치부가 가치를 대신했다.

회장과 대장은 2심 재판부의 정에 호소하면서 집행유예를 받아냈다. 검찰은 즉각 항소했다. 그 사이에 회장과 대장과 사장에 얽힌 추문과 비리 사실이 계속해서 드러나고 있다. 회사를 경영한다는 건 경영 능력뿐만 아니라 소유 개념도 명백하게 한다는 걸 의미한다. 회사는 사유재산이 아니다. 시가총액만이 회사의 가치가 아니다. 진정한 가치를 찾아야 존경받는 회사가 된다. 회장과 대장이 아무리 좋은 실적을 내놓아도 비아냥거림을 피할 수 없는 이유다. 오리온은 처음부터 봉건 왕국이었고 집행유예로 풀려난 뒤엔 왕위를 지키려는 왕과 왕비가 철권을 휘두르는 절대왕정이 됐다. 오리온은 2012년 9월 초코파이 가격을 25퍼센트가량 올렸다. 오리온이 오너 리스크에도 승승장구할 수 있었던 건 소비자들이 여전히 초코파이에 정을 가졌기 때문이었다. 결국 4분의 1이나 소비자 가격이 올랐다.

담철곤 회장한테 징역 3년을 선고한 1심 재판부는 판결문에서 이렇게 밝혔다. "담 회장은 위장계열사나 서류상의 회사를 이용해 마련한 비자금으로 고급 승용차와 고가의 미술품을 구매하고 법인 자금으로 신축한 건물을 자신과 가족의 별채 용도로 마음대로 사용한 점이 인정된다. 투명하고 합법적인 기업 경영을 해야 할 무거운 사회적·법적 책임을 외면하고 계열사 기업들을 개인 소유물로 취급해 개인의 이익에 사용한 것은 비난 가능성이 매우 크다. 그룹 회장의 지위와 부에 맞는 책임을 다하지 못한 상태에서 해외 시장 개척을 추구하거나 기업의 국제 경쟁력을 말하는 것은 본말이 전도됐다. 횡령 및 배임액이 285억 원에 해당하는 큰 금액으로 시장 경제의 자정 능력과 공정성에 대한 기대와 신뢰를 훼손해 엄중한 처벌이 불가피하다."

농심

소비자가 끌어올리고 끌어내린다

1퍼센트다. 2012년 여름 꼬꼬면의 시장점유율 수치다. 2012년 6월 꼬꼬면의 매출은 17억 원까지 떨어졌다. 시장점유율은 1퍼센트대로 주저앉았다. 장보러만 나가봐도 1퍼센트의 의미를 알 수 있다. 2012년 9월 초 성수동의 한 대형마트에선 라면 판촉 행사가 한창이었다. 빨간 국물 라면 진영과 하얀 국물 라면 진영의 명암이 갈렸다. 빨간 라면 진영의 기세는 등등했다. 진짜진짜 맵다는 농심의 진짜진짜라면은 없어서 못 팔 정도였다. 시식 코너 앞으론 손님들이 길게 줄을 섰다. 삼양라면의 나가사끼짬뽕이나 오뚜기의 기스면 같은 하얀 라면은 별다른 판촉 움직임이 없었다. 재고만 수북했다. 팔도의 꼬꼬면은 아예 종적이 묘연했다. 대형마트 직원은 말했다. "구태여 꼬꼬면은 어디 있느냐고 물어보시는 분들도 없는 걸요. 찾는 사람이 없으니까 자꾸 진열대에서도 밀리는 거죠."

1년 전만 해도 거꾸로였다. 2011년 8월 2일에 출시된 꼬꼬면은 암탉에 날개가 돋친 듯 팔려나갔다. 4개월 만에 7,000만 봉지가 팔리면서 매출만 500억 원이 넘어섰다. 대박이었다. 시장에선 꼬꼬면 품귀 현상이 벌어질 정도였다. 대형마트와 편의점이 꼬꼬면 물량 쟁탈전을 벌였다. 라면 좋아하는 소비자는 사재기를 해갈 정도였다. 2011년 12월은 꼬꼬면의 전성기였다. 꼬꼬면을 만든 한국야쿠르트는 아예 2012년 1월 1일 팔도를 라면 전문 회사로 분사시켰다. 꼬꼬면의 인기를 믿었다. 팔도는 2012년 한국프로야구의 후원자로도 나섰다. 전국 팔도에 꼬꼬면을 퍼트리겠다는 의도였다.

팔도는 제품 공급량을 늘리기 위해 공장도 증설했다. 2012년 1월과 3월엔 이천 공장에 봉지면 두 개 라인을 증설했다. 5월엔 전라남도 나주에 봉지면 한 개와 용기면 세 개짜리 공장을 더 만들었다. 기존 공장 생산 설비만으론 꼬꼬면 수요를 따라잡기가 불가능했다. 그만큼 단기간에 폭발적으로 인기를 끌었다. 팔도비빔면까지 생산 차질을 빚으면서 일본 수출이 지연될 정도였다. 팔도는 앞으로도 꼬꼬면 수요가 늘어날 거라고 봤다. 팔도는 공장 증설에만 2,000억 원을 쏟아부었다. 3,000억 원을 차입했다. 모회사인 한국야쿠르트가 팔도의 보증을 섰다. 승부수였다.

그 무렵 농심은 사지를 헤매고 있었다. 여의도 증권가와 광화문 언론가에서도 농심 때리기가 한창이었다. 애널리스트들과 기자들 사이에선 "농심이 이젠 좀 정신 차려야 한다"는 인식이 팽배했다. 그럴 만했다. 농심은 너무 오래 정상에 안주해 있었다. 농심이 안주한 탓에 라면 시장 전체가 정체됐다. 라면 시장은 1998년 1조 원 규모를 돌파했다. 10년 만인 2009년엔 1조 9,000억 원대로 두 배로 확대됐다. 그 고비를 넘지 못하고 있었다. 2008년에 1조 7,000억 원에서 2009년 1조 9,000억 원으로 12퍼센트 정도 성장하고 나더니 제자리걸음을 하기 시작했다. 선두 주자인 농심부터 웰빙 바람 탓에 라면의 시대는 갔다며 소극적인 자세로 일관했다. 시장점유율이 70퍼센트를 웃도는 농심이 제품 개발과 마케팅에 소극적이었으니 시장 전체가 소강상태에 빠질 수밖에 없었다.

도전에 나선 건 4등 팔도였다. 팔도가 닭 육수로 국물을 낸 꼬꼬면으로 하얀 국물 시장을 열자 삼양라면과 오뚜기가 나가사끼짬뽕과 기스면으로 뒤를 이었다. 세 개 라면의 시장점유율은 2011년 12월엔 17퍼센트까지 확대됐다. 농심이 직격탄을 맞았다. 시장점유율이 추락하기 시작했다. 철옹성 같았던 70퍼센트대 라면 시장점유율이 무너졌다. 마지노선이라던 60퍼센트 선도 붕괴됐다. 농심은 자충수까지 뒀다. 신라면 블랙을 출시하면서 가격 인상 꼼수를 시도했다. 신라면은 시장점유율이 17퍼센트에 달할 만큼 인기 상품이다. 당연히 가격 인상에 대해서도 소비자들이 더 민감하게 반응할 수밖에 없다. 농심은 프리미엄 라면 전략이라고 해명했지만 소비자는 가격 인상을 위한 꼼수로 받아들였다. 물가 잡기에 혈안이 돼 있던 정부까지 나서서 농심을 향해 호루라기를 불어댔다. 농심의 대응 태도가 화를 키웠다. 안으로만 움츠러들었다. 방어하기에 급급했다. 왜 농심만 갖고 그러냐고 성을 냈다. 그럴수록 증권사 애널리스트와 언론사 기자와 소비자와 정부 관계자 들은 약속이나 한 듯 일제히 농심을 때렸다. 2011년 4분기부터 2012년 1분기는 실적에서나 여론에서나 농심한테는 최악의 시기였다.

1년 만에 상황이 반전됐다. 1년 전만 해도 "농심은 정신을 좀 차려야 한다"

던 증권사들이 하나둘씩 농심에 대한 매수 의견을 내놓았다. 농심의 시장점유율은 2012년 3분기 67.9퍼센트까지 상승했다. 농심한텐 호재지만 경쟁사들한텐 죽으란 소리다. 삼양과 팔도 같은 경쟁사는 하나같이 공장을 증설했다. 시장점유율이 높아지면서 선행투자를 했다. 농심을 제외한 나머지 라면 제조사들의 시장점유율이 모두 합해서 30퍼센트 아래로 떨어지면 증설에 들어간 투자금을 회수하기가 난망해진다. 증설 투자에 나서기 전보다 나빠진 꼴이다. 그땐 빚은 없었다. 이젠 빚에 재고까지 떠안아야 할 판이다. 하얀 국물의 반짝 인기에 깜빡 속아서 최악의 위기에 빠진 셈이다. 머릿속이 하얘질 노릇이다.

농심은 기대하고 고대했던 라면 가격 인상에도 성공했다. 농심이 올린 것도 아니다. 경쟁사들이 라면 목에 방울을 달아준 덕택이다. 슬쩍 농심도 가격을 올렸다. 자연히 영업이익률도 좋아졌다. 당시 이명박 정부 역시 농심에 대해선 신경을 끈 모양새였다. 농심만 때릴 수는 없는 노릇이었다. 라면 가격만 붙잡는다고 물가를 단박에 진정시킬 수 있는 것도 아니었다. 기름 값도 뜨겁고 전기료도 급했다. 무엇보다 하얀 라면의 인기가 급락한 게 호재 가운데 호재였다. 하얀 라면의 시장점유율은 2011년 12월을 정점으로 계속해서 하락세를 보이고 있다. 그렇다고 라면 소비자들이 줄어든 건 아니다. 2012년 상반기 동안 라면 시장 전체 매출은 3퍼센트 정도 늘어났다. 하얀 라면에 호기심을 보이면서 라면 시장으로 돌아왔던 소비자들이 결국 농심의 빨간 라면에 정착한 모양새다. 2012년 여름을 넘어서면서 농심은 한숨 돌리게 됐다. 농심의 전화위복이다. 1년 만이다. 2013년에도 마찬가지다. 밀가루 가격이 오르면서 라면 가격 인상이 공론화되고 있다. 농심한텐 호재다.

시장 흐름을 바꾼 소비자들

"농심이 한 건 별로 없죠." 익명을 요구한 애널리스트는 말한다. "1년 전에 비해 농심의 실적이 개선된 건 사실입니다. 시장점유율도 꾸준히 올라가는 것도 사실이고요. 하지만 시장 전체의 판도를 바꾼 것도 점유율 경쟁의 전세를 역전시킨 것도 모두 농심이 아닙니다."

농심도 열심히는 했다. 2012년 상반기에만 신제품을 다섯 개나 쏟아내면서 치열한 판촉 활동을 벌였다. 진짜진짜라면 같은 새로운 인기 상품도 만들어냈다. 진짜진짜라면은 출시 4개월 만에 매출 100억 원을 돌파했다. 농심에선 "마침내 신라면의 뒤를 이을 포스트 신라면이 등장했다"고 자화자찬을 했다.

진짜진짜라면 탓에 하얀 라면의 인기가 수그러든 건 아니었다. 진짜진짜라면은 2012년 4월에 출시됐다. 하얀 라면들의 흥행이 부진해진 건 2012년 1월부터였다. 농심이 신제품을 내놓아서 판도가 바뀐 건 진짜진짜 아니란 얘기다. 시장 트렌드는 이미 바뀌고 있었다. 익명을 요구한 다른 애널리스트는 말한다. "2012년 상반기에 라면 시장의 트렌드가 다시 한 번 바뀌었습니다. 불황에는 매운 빨간 라면이 많이 팔린다는 해석들도 많이 합니다만 어쨌든 트렌드가 어떤 이유에서건 달라진 건 분명합니다. 일단 농심으로선 행운이었던 셈이죠."

시장 흐름을 바꾼 건 소비자였다. 라면 시장의 제품 주기가 짧아진 게 결정적이었다. 2012년 9월 현재 전국 주요 마트에선 적게는 150여 종에서 많게는 200여 종의 라면을 살 수 있다. 마트 담당자들조차 라면 이름을 다 외우는 게 불가능할 정도다. 1년 전만 해도 라면 시장은 팔리는 것만 팔리는 독과점 업종이었다. 라면 업계가 매출 순위 10위 진입에 큰 의미를 두는 이유다. 팔리고 먹히는 건 열 개 제품 남짓이기 때문이다. 게다가 먹히는 라면만 늘 먹혔다. 라면은 원래 제품 수명이 긴 걸로도 유명하다. 신라면과 너구리 같은 스테디셀러 라면은 수명이 보통 20년이 넘는다. 자연히 라면 시장은 그렇게 다종다기하거나 트렌드에 민감하지 않았다. 지금 같은 라면 춘추전국 시대는 상상하기 어려웠다.

2011년 하반기 하얀 라면의 등장이 제품 수명과 시장 판도에 큰 변화를 몰고 왔다. 하얀 라면은 라면 시장에도 신제품 효과라는 걸 불러일으켰다. 라면이란 상품의 본질이 바뀌었단 얘기다. 소비자들이 꼬꼬면에 열광했던 건 꼬꼬면을 먹으면 더 배가 불러서가 아니었다. 더 이상 라면은 배가 고파서 먹는 음식이 아니다. 밥 대신 먹는 게 아니라 별미로 먹는 음식이다. 별미의 맛은 다양할수록 제격이다. 새 것일수록 흥미롭다. 소비자들이 꼬꼬면에 열광한 건 “어디 한번 먹어보자”는 호기심이 작용했기 때문이었다. 꼬꼬면의 등장은 라면이 화장품이나 옷가지처럼 유행을 타는 소비재의 성격도 갖게 됐단 걸 의미했다. 소비자가 그걸 원했다.

라면 시장은 오랫동안 정체 상태에 있었다. 농심이라는 절대 강자가 지배하는 시장에서 몇몇 라면이 꾸준히 팔리는 시장이었다. 가격도 봉지당 750원이라는 제약에 묶여 있어서 투자 매력도 별로 없었다. 선두 주자는 선두 주자대로 방심하고 추격자들은 추격자대로 추격을 게을리하는 악순환이 이어지고 있었다. 소비자는 변화를 바라고 있었다. 신제품 효과가 커졌다는 건 추격자도 괜찮은 신제품만 내놓으면 일단 소비자의 눈과 귀를 사로잡을 수 있게 됐단 걸 뜻했다. 꼬꼬면이 그걸 증명했다. 자극을 받은 추격자들은 너도 나도 하얀 라면을 출시하면서 경쟁에 뛰어들었다. 소비자가 변화를 만들었고 하얀 국물의 틈새를 열어줬단 얘기다.

꼬꼬면은 어떤 면에선 정체된 라면 시장 전체에 대한 소비자의 반발이었다. 소비자 운동의 측면이 컸다. 매일 똑같은 라면만 먹기 싫다. 신선한 제품을 내놓아라. 가격도 합리적이어야 한다. 꼬꼬면은 선순환 구조를 만들어냈다. 2012년 상반기가 되자 농심을 비롯한 라면 제조사들은 달라져 있었다. 이대로 가면 시장점유율이 50퍼센트 아래로 떨어질지도 모른다는 불안감으로 조바심 치는 선두 농심과, 마침내 천재일우의 기회를 잡았다고 믿은 팔도와 삼양라면 같은 추격자들이 치열한 신제품 출시 경쟁을 벌였다. 익명을 요구한 증권사 애널리스트는 말한다. "사실 앞선 4년여 동안 라면 수요가 빠르게 줄어들어가고 있었습니다. 투자자들도 라면 시장은 이제 미래가 없단 얘기들을 많이 했죠. 그런데 2012년 상반기가 되자 라면 시장이 어떤 소비재 시장보다 더 혁신적으로 움직이기 시작했어요."

2011년 하반기의 시장 격변이 2012년 상반기의 시장 변동으로 이어진 흐름이었다. 라면이 유행을 타게 된 건 하얀 라면 덕택이었다. 역설적으로 라면이 유행을 타면서 하얀 라면 시장은 빠르게 위축됐다. 새로운 유행으로 옮겨갔기 때문이다. 시장 변동의 구심점 역할을 했던 하얀 라면 트렌드가 빠르게 지나가버렸다. 소비자의 입맛이 다시 빨간 라면으로 돌아가버렸다. 원인은 해석하기에 따라서 다양했다. 그보단 2011년 하반기의 변동이 극히 예외적인 일이란 분석이 지배적이었다. 빨간 라면에 대한 충성도는 여전하단 얘기였다. 입맛까지 근원적으로 변한 건 아니라고들 했다.

맛이 문제가 아니었다. 맛의 흐름이 문제였다. 소비자의 라면 입맛은 이제 유행을 탄다. 새로운 음료나 새로운 드라마를 소비하듯이 새로운 라면이 등장하면 별미 삼아 먹어본다. 그렇다면 하얀 라면에 입맛이 머물러 있을 이유가 없었다. 결국 어느 쪽이 더 빨리, 수시로 신제품을 내놓느냐에서 승부가 갈리게 됐다. 2012년 상반기에만 무려 14종의 신제품이 쏟아졌다. 유행 타는 시장에선 신제품만이 살 길이다. 라면 시장은 패스트 패션 시장과 흡사해져버렸다. 젊은 라면 소비자들과도 딱 맞았다.

하얀 라면 진영으로선 아주 불리한 조건이었다. 시장 지배력이 큰 농심한텐 아주 유리한 환경이었다. 농심은 신제품을 수시로 출시하고 대량 생산할 상품 기획력과 제조력을 두루 갖춘 거대 회사다. 유통도 장악하고 있다. 반면에 하얀 라면 쪽은 특정 제품이 갑자기 많이 팔리면 부랴부랴 증설해야 할 정도로 생산 기반이 취약했다. 한쪽에선 증설을 하는 동시에 다른 쪽에선 다음 후속작을 만들어낼 여력도 크지 않았다. 2012년 상반기에 농심이란 단일 회사가 내놓은 신제품 숫자는 상반기 신제품 수의 3분의 1에 달한다. 시장 흐름이 다시 새로운 라면으로 옮겨가자 농심은 빠르게 시장점유율을 회복시켜나갔다. 경쟁사들은 다시 위축됐다.

라면 맛의 중원이 매운 맛의 빨간 국물이란 건 분명하다. 사실 그 시장에서 농심은 철옹성을 구축하고 있었다. 신라면에 대적하는 신라면 아류로는 매운 빨간 라면 시장을 공략할 수 없다. 대신 새로운 시장을 개척한 다음 그 여세를 몰아서 적진으로 치고 들어가야 했다. 하얀 라면 다음의 마지막 승부처는 매운 빨간 라면이 될 수밖에 없었단 얘기다. 추격자들도 그걸 모르지는 않았다. 하얀 라면에서 촉발된 싸움은 결국 중원 싸움으로 이어졌다. 팔도는 앵그리꼬꼬면이라는 빨간 라면을 내놓았다. 삼양라면 역시 남자라면을 내놓아 시장점유율 확대에 나섰다.

정작 이것도 농심한텐 유리했다. 농심의 안방을 공략하려는 전략은 결국 농심이 지배하는 시장을 추종한다는 것이다. 하얀 라면은 농심이 없는 시장이었다. 새로운 시장에서 새로운 강자가 되면 그걸로 됐다. 애플이 노키아를 무너뜨릴 수 있었던 건 피처폰이 아니라 전혀 새로운 시장인 스마트폰 시장을 열었기 때문이었다. 그런 다음 시장의 주축을 스마트폰으로 완전히 옮겨놓았기 때문에 노키아를 몰락시킬 수 있었다. 라면 시장의 추격자들은 스마트폰을 개발한 다음 피처폰 시장으로 진출하는 전략을 폈다. 라면 시장의 중심을 하얀 라면으로 옮겨놓지 못했다. 결국 경쟁자한테 유리한 경기 규칙을 따르게 됐다. 하얀 라면이 한창 인기일 때 농심이 애써 하얀 국물 시장에 뛰어들지 않았던 건 경쟁자를 추종하지 않기 위해서였다. 구태여 원정 경기를 할 이유가 없었다. 하얀 국물 진영으로선 농심처럼 홈 경기만 고집할 여력이 없었다. 한국인의 빨간 매운맛 사랑은 그만큼 공고했다. 어쩔 수 없는 부분도 있었다. 지나치게 빠르게 하얀 국물 시장이 위축돼버렸다. 미처 하얀 국물 시장을 강고한 시장의 일부로 다져낼 틈이 없었다.

게다가 하얀 라면 진영은 방심했다. 익명을 요구한 애널리스트는 비판한다. "하얀 라면으로 기회를 얻었는데도 삼양식품은 주춤거렸고 팔도는 한눈을 팔았어요. 과욕을 부리더니 갑자기 증설을 하고 꼬꼬면 인기를 유지하기 위한 어떤 판촉 노력에도 열중하지 않았죠. 회사를 분사해서 아들한테 물려주는 모습을 보이면서 제품력 강화에는 게을리하고 있는 게 아니냐는 의심을 샀어요."

아닌 게 아니라 팔도 분사는 한국야쿠르트 후계 구도를 위한 새판 짜기가 아니냐는 의심을 받았다. 꼬꼬면이 좀 팔리니까 알짜 회사를 분사해서 2세한테 넘겨준 그림 아니냐는 거였다. 사실 꼬꼬면은 팔도에서 개발한 것도 아니었다. 라면 업계와는 무관한 곳에서 갑자기 툭 떨어진 제품이었다. 그런 행운을 제대로 살리지 못했다.

천심이 농심한테 있었다. 그렇다고 민심까지 농심에 있는 건 아니다. 소비자가 지닌 농심에 대한 충성도나 농심의 혁신성 때문에 농심의 지배력이 되살아난 건 아니란 얘기다. 소비자는 분명 새로운 라면 맛을 원했다. 2011년에 꼬꼬면 소비자 운동을 통해 그걸 보여줬다. 다만 농심의 경쟁자들도 그런 욕구를 제대로 충족시켜주지 못했다. 그 사이에 경기 상황이 달라졌고 맛의 흐름도 또 바뀌었다. 익명을 요구한 애널리스트는 말한다. "소비자들은 참 무섭죠.."

새로운 라면 맛을 원하는 민심

농심도 처음엔 소비자를 무시했다. 농심도 꼬꼬면을 출시할 수 있었다. 2011년 3월 〈남자의 자격〉 라면의 달인 편의 심사엔 한국야쿠르트뿐만 아니라 농심과 삼양 관계자들이 모두 참석했다. 1등은 샐러드라면이 차지했지만 정작 농심과 삼양과 한국야쿠르트 관계자들은 너나 할 것 없이 꼬꼬면에 깊은 관심을 보였다. 제품화하기에 적합할 뿐만 아니라 맛도 차별화됐기 때문이었다. 라면 선수들이라면 누구나 알아볼 수 있는 일이었다. 게다가 꼬꼬면을 상품화한다면 이경규와 〈남자의 자격〉이 깔아 놓은 사전 마케팅 효과까지 톡톡히 누릴 수 있었다. 이미 KBS 홈페이지는 꼬꼬면을 먹어보고 싶다는 시청자 의견으로 도배되다시피 하고 있었다.

농심은 꼬꼬면을 외면했다. 때마침 농심은 비장의 무기를 준비하고 있었다. 신라면 블랙이었다. 1986년에 출시된 신라면은 25년 동안 한국 라면 시장의 절대 강자로 군림해왔다. 마이크로소프트의 윈도우 OS와 맞먹는 시장 지배력을 보여줬다. 농심은 이 신라면을 고급화하기로 결정했다. 설렁탕 한 그릇에 맞먹는 맛과 영양을 갖춘 라면을 출시하겠다는 게 농심의 포부였다. 사골 육수 라면은 농심이 오랜 시간 공을 들여온 분야였다. 이미 사리곰탕면을 출시한 적도 있었다. 쇠고기 육수의 틀에서 좀 더 라면 맛을 일신시키자면 사골 육수가 답일 수 있었다. 신라면 블랙은 2011년 4월에 출시하기로 예정돼 있었다. 3년을 준비한 일이었다. 결국 농심은 꼬꼬면을 포기했다. 한국야쿠르트가 꼬꼬면을 생산하기로 했다.

신라면 블랙이 농심의 암흑기를 불러왔다. 2011년 9월 초 농심은 신라면 블랙의 생산을 중단한다고 발표했다. 2011년 4월 15일 신라면 블랙이 출시되고 6개월 만의 일이었다. 농심 측은 이렇게 밝혔다. "신라면 블랙의 매출 규모가 미진해서 팔수록 손해가 나는 구조가 됐습니다. 더 이상 생산하는 건 어렵다고 판단됩니다."

1983년 안성탕면을 출시하면서 당시 1위였던 삼양라면을 추월하는 데 성공한 이래 농심은 출시하는 라면마다 대박을 터뜨리다시피 했다. 농심 역시 감

자탕면 같은 실패 사례가 있다. 그러나 신라면 블랙은 일찍이 겪어보지 못한 참패였다.

신라면 블랙이 실패한 건 농심이 1위 기업이기 때문이었다. 그것도 시장점유율이 70퍼센트가 넘는 절대 강자였기 때문이었다. 농심 관계자는 말했다. "농심은 라면 업계 1위 기업입니다. 선두 기업과 후발 주자는 시장을 바라보는 시각이 다를 수밖에 없습니다."

2010년을 기준으로 라면 판매 1위부터 7위까지 가운데 6개가 농심의 제품이었다. 1위 신라면은 2010년 한 해 동안 4억 4,718개가 팔려나갔다. 2위 안성탕면은 2억 1,117개가 팔렸다. 3위는 1억 9,546개가 팔린 삼양라면이었다. 덕분에 삼양은 겨우 라면 종가의 체면을 세웠다. 다시 4위와 5위가 농심의 너구리와 짜파게티였다. 6위와 7위 역시 육개장 사발면과 신라면컵이었다. 농심은 봉지라면 시장뿐만 아니라 용기라면 시장까지 석권하고 있었다.

농심도 민심은 알았다. 민심은 새로운 라면 맛을 원하고 있었다. 공중파 방송 프로그램에 나온 신기한 라면을 먹고 싶다는 시청자 의견이 빗발쳤다는 사실부터가 소비자가 다른 라면 맛에 굶주려 있다는 증거였다. 그러나 이미 광대한 영토를 가진 농심은 민심이 크게 흔들리는 걸 원하지 않았다. 소비자의 입맛이 농심의 조리법 영역 밖으로 나가기를 원하지 않았다. 한번 나간 입맛은 돌아오지 않는 법이라는 걸 누구보다 잘 알고 있었다. 그게 농심이 꼬꼬면을 버리고 신라면 블랙에 올인했던 이유였다. 꼬꼬면은 닭 육수로 국물을 낸 라면이었다. 농심은 쇠고기 육수를 사용한 라면으로 오늘날의 라면 왕국을 세웠다. 닭 육수 라면은 애당초 삼양라면의 전매특허였다. 농심은 라면 육수는 쇠고기 육수라는 등식이 뿌리내리게 만든 장본인이다. 그렇게 30년 가까운 세월 동안 농심은 소비자의 입맛을 길들여왔다. 이제 와서 닭 육수 라면을 만들 이유가 없었다. 스스로 세운 방책에 구멍을 내는 일이었다. 삼양의 닭 육수 라면에서 농심의 쇠고기 육수로 한 번 바뀐 소비자의 입맛은 25년 동안이나 그대로다.

대신 농심은 소비자가 자기네 주력 상품의 파생 상품을 재차 구매하기를 바랐다. 같은 라면이지만 조금 더 비싼 라면을 선택해주면 더 좋았다. 먹고살기가 좋아지면서 라면 소비량도 줄어들어가고 있었다. 절대적인 시장점유율을 확보한 농심으로선 이제 영업이익을 극대화하는 방법을 고민할 수밖에 없었다. 밀가루 가격 상승 같은 원가 상승 요인이 겹치면서 라면의 영업이익은 갈수록 줄어들고 있었다. 농심은 더 이상 확대하기 어려울 정도로 라면 시장을 장악했다. 이제 라면이란 제품의 값어치를 올리지 않고서는 더 이상의 성장을 기대하기 어려웠다. 신라면 블랙은 두 마리 토끼를 잡겠다는 제품이었다. 지난 25년 동안 소비자의 입맛을 길들여온 매운 쇠고기 육수 맛에서 크게 벗어나지 않으면서 봉지 라면 가격의 심리적 저항선인 1,000원을 뛰어넘겠다는 계산이었다.

농심은 2008년 무렵부터 신라면 블랙 개발에 들어갔다. 이미 사골 육수에 대한 충분한 연구와 검토가 있었던 뒤였다. 2008년은 글로벌 금융위기로 세계 경제가 어수선했지만 한국 내수 경기는 그렇게 나쁘지 않았던 때였다. 경보음만 요란하게 울렸지 정작 한국 경제의 펀더멘털은 아직 튼튼했다. 농심이 프리미엄 전략을 선택한 건 당연한 일이었다. 농심 관계자는 말했다. "라면 소비가 점차 줄어들고 있다는 게 피부로 느껴졌습니다. 예전엔 면을 좋아하는 소비자들의 절반 가까이가 일주일에 두세 번은 라면을 먹었어요. 이젠 일주일에 두세 번씩 라면을 먹는 소비자는 과거의 절반 수준으로 줄어들었습니다. 왜 사람들이 라면을 덜 먹게 됐는지 조사해봤습니다. 한결같이 영양이 부족한 음식이기 때문이라는 반응이 나왔죠."

결국 경제 여건상 소비자가 조금 더 비싼 라면을 먹을 호주머니 준비는 돼 있는데 양질의 라면이 없기 때문에 라면 소비가 줄어든다는 결론이 났다. 설렁탕 한 그릇의 영양을 담았다는 신라면 블랙은 그렇게 만들어졌다. 개당 1,600원이라는 신라면 블랙의 가격 역시 그렇게 결정됐다.

신라면 블랙은 구태여 신라면일 필요도 없었다. 전혀 새로운 브랜드로 선보일 수도 있었다. 농심은 1위 브랜드의 유리함을 한껏 이용하려고 했다. 신라면에 대한 소비자의 충성도를 활용해서 조금 더 비싼 라면도 덜 충격적으로 받아들일 수 있도록 하겠다는 전략이었다. 결국 신라면 블랙은 제품 개발 목적부터 이름 붙이기와 마케팅까지 업계 1위라는 농심의 지위가 만들어낸 산물이었다. 업계 1위 농심은 라면으로 더 많은 돈을 벌고 싶었다.

라면은 서민의 먹을거리

농심은 민심을 잘못 읽었다. 소비자가 원한 건 영양이 아니었다. 새로운 라면이었다. 그건 농심이 하기 싫어하는 짓이었다. 스스로의 시장점유율을 훼손하면서까지 신제품을 출시할 수는 없는 노릇이었다. 그건 농심의 몫이 아니었다. 실제로 라면 시장은 한국야쿠르트의 꼬꼬면과 삼양의 나가사끼짬뽕 같은 하얀 라면이 잇달아 출시되면서 요동쳤다. 1980년대 닭 육수에서 쇠고기 육수로 맛의 패러다임이 전환됐듯이 이젠 붉은 쇠고기 육수에서 다양한 색깔과 맛을 지닌 육수로 다양화되는 시기다. 윈도우 OS의 20년 아성이 모바일 격변기를 맞으면서 애플과 구글한테 주도권을 내줬듯이 라면 시장에서도 플랫폼 교체기가 시작됐다. 소비자는 여전히 신라면을 사랑하지만 이젠 다른 라면도 좀 먹고 싶어 한다. 농심의 경쟁자들한텐 역전을 노려볼 절호의 기회인 셈이다. 수성을 해야 하는 입장인 농심으로선 어찌 해볼 수 없는 부분이다. 태블릿PC를 개발한 건 마이크로소프트였지만 아이패드로 태블릿PC를 보편화한 건 도전자 애플이었다. 1위 기업의 딜레마다.

정작 농심의 패착은 라면 가격에 있었다. 한국에 라면이 처음 소개된 건 1963년이었다. 삼양 창업주인 전중윤 명예회장은 길거리에 5원짜리 꿀꿀이죽을 먹으며 자라나는 아이들을 보면서 라면을 생산하기로 마음먹었다. 우여곡절 끝에 라면을 만들었지만 소비자는 라면이 뭔지도 잘 몰랐다. 봉지에 실 같은 면이 들어 있다고 해서 봉제용 실이 아니냐는 문의가 들어왔을 정도였다. 게다가 가격은 10원이었다. 이 가격으론 도무지 버틸 수가 없었다. 결국 삼양라면을 판매한 지 1년 반 만에 파산 일보 직전까지 갔다. 전중윤 회장은 라면 가격만큼은 올리려고 하지 않았다. 애초에 라면은 서민용 먹을거리로 만들어졌다. 가격을 올려 받는다는 건 스스로 창업 가치를 훼손하는 짓이었다. 반세기 가까이 흘렀지만 여전히 라면은 서민용 먹을거리다. 당시엔 10원이던 심리적 가격 저항선은 1,000원이 됐다. 라면 한 개당 가격이 1,000원을 넘는다는 건 국민 정서법에 위배되는 일이다. 더 이상 라면이 배 굶는 국민의 영양식이 아니라고 해도 마찬가지다. 함부로 값을 올려서는 안 되는 물건이 있단 얘기다.

라면 업계의 고민도 여기에 있다. 1,000원이면 이젠 담배 한 갑도 사기 힘들다. 1,000원짜리 지폐 한 장으로 살 수 있는 물건이 거의 없다. 그만큼 인플레이션 압박이 심하다. 그런데도 라면 한 개의 가격은 1,000원을 넘을 수가 없다. 원가 상승 압박도 상당하다. 밀가루 가격이 폭등해도 라면 가격을 올리긴 어렵다. 농심이 고양이 목에 방울을 달았다. 신라면 블랙을 1,600원에 내놓았다는 건 모험이었다. 그러나 농심의 선택은 라면이라는 상품의 본질을 훼손하는 일이었다. 라면은 단순한 먹을거리가 아니다. 서민의 먹을거리다. 농심은 라면에 꼬리표처럼 따라붙는 서민의 음식이라는 수식어를 거부하려고 들었다. 그냥 여느 제품처럼 고부가가치 상품으로 만들고자 했다. 그래서 프리미엄 전략이란 시대의 경영 전략을 채택했다. 좀 더 고급스럽게 포장해서 더 비싸게 파는 방식이었다. 라면에서도 통할 줄 알았다. 반세기 가까이 라면을 만들어왔는데도 쉽게 라면의 본질을 저버렸다. 농심의 변심이었다.

시기도 안 좋았다. 정부가 물가 잡기에 총력을 기울이던 무렵이었다. 이마트의 피자나 롯데마트의 통큰치킨 판매 같은 서민 경제 관련 논쟁들이 불거져 나오던 무렵이었다. 인플레이션은 이미 위험 수위를 넘어선 상태였다. 그래서 정부는 기업들을 압박해서 물가를 잡아보려고 했다. 거기에 걸려든 게 농심이었다. 서민 물가와 직결된 라면을 생산하는 제조사로선 숙명적인 일이었다. 공정거래위원회가 신라면 블랙의 허위 · 과장 광고를 문제 삼았다. 이례적인 일이었다. 공정위가 라면 하나의 영양 상태를 점검하는 일은 전례가 없었다. 결국 공정위는 농심이 신라면 블랙의 영양 성분을 과장 광고했다면서 1억 5,000만 원의 과징금을 부과했다. 농심이 신라면 블랙에 설렁탕 한 그릇의 영양을 담았다고 광고한 게 문제가 됐다. 농심에 대한 소비자의 신뢰가 땅에 떨어졌다. 소비자 단체들은 농심이 별다른 추가 노력 없이 그저 포장만 바꾼 신라면 블랙을 만들어서 기존 신라면보다 두 배가 넘는 가격을 받으려고 했다고 비난했다. 이미 공정위의 과징금 부과가 결정 난 이상 농심으로서도 변명할 여지가 없었다.

농심은 라면 값에 관해선 자꾸만 궁지에 몰렸다. 2012년 3월이었다. 공정거래위원회는 농심과 삼양식품, 오뚜기, 한국야쿠르트가 2001년부터 2010년까지 모두 여섯 차례에 걸쳐서 조직적으로 라면 가격 정보를 교환하면서 가격을 담합했단 혐의를 잡았다. 모두 1,300억 원이 넘는 과징금을 부과했다. 라면 업계 역사상 최대의 과징금이었다. 그중에서도 농심의 몫이 1,100억 원 가까이 됐다. 높은 시장점유율 탓이었다. 라면 업계는 라면 값을 갖고 장난을 치고 있었다. 농심이 앞장섰다. 라면 가격에 대한 농심의 집착은 농심의 자존심과 관련이 깊다. 농심은 제값을 받고 싶어 했다. 라면의 가치에 비해 가격이 턱 없이 낮다고 불평했다. 라면의 가치와 값은 소비자가 매긴다는 이치를 일부러 무시했다. 시장 지배적 사업자라는 이유로 소비자까지 지배하려고 들었다.

개혁 실패의 부작용

"최근 농심은 2015년 매출 4조 원대의 글로벌 식품기업이 되겠다는 비전을 발표했습니다. 이를 달성하기 위해 체질 만들기의 첫 단추가 끼워졌다고 봅니다. 앞

으로 4년 정도 시간이 지나면 체질화가 될 것입니다. 삼성에 입사해 농심에 오기 전까지 수십 년간 해온 일이 경영 혁신입니다. 여러 회사에서 혁신을 시도했는데 이제 농심을 혁신의 성공 모델, 베스트 프랙티스로 만드는 게 꿈입니다."

2008년 말 당시 손욱 농심 회장은 언론과의 인터뷰에서 이렇게 말했다. 농심은 2015년 매출 4조 원 달성과 글로벌 식품 기업 도약을 목표로 하고 있었다. 하지만 2010년 농심의 매출은 1조 8,951억 원에 머물렀다. 2008년 1조 6,758억 원이던 매출이 2009년에는 1조 8,455억 원으로 늘어났었지만 2009년 대비 2010년 매출은 답보 상태나 다름없었다. 2011년 상반기 매출과 영업이익은 더 부진했다. 매출은 9,974억 원으로 전년 대비 5.4퍼센트 늘었다. 영업이익은 644억 원으로 전년 같은 기간보다 25.7퍼센트나 줄었다. 농심이 야심 차게 선언했던 2015년 매출 4조 원 시대는 요원한 일이 돼버렸다.

2008년 3월 손욱 회장이 농심의 지휘봉을 맡을 무렵 농심은 변화와 혁신의 필요성을 절감하고 있었다. 지난 30년 동안 농심은 라면 업계 절대 강자라는 위치를 누려왔다. 식품 업계는 보수적이다. 소비자의 입맛은 쉽게 변하지 않는다. 그러나 식품 브랜드에 대한 신뢰는 한순간에 불신으로 뒤바뀔 수 있다. 농심 역시 삼양식품이 유지 파동으로 몰락하는 걸 똑똑히 지켜봤다. 소비자는 먹을거리에 대해선 지나치리만치 민감하다. 식품 업계는 공정의 작은 변화조차 부담스러워한다. 1위 업체라면 말할 것도 없다. 아무것도 바꾸지 않는 게 최선책이었다. 게다가 농심은 어쩔 수 없이 내수 지향성 기업일 수밖에 없었다. 나라마다 입맛이 다르다. 자국민의 입맛에 맞춘 먹을거리를 우선적으로 개발할 수밖에 없다. 그러나 농심이 내수 시장에 머물면서 변화를 마다하는 사이에 농심 주변의 수많은 한국 기업은 세계적인 도약을 해내기 시작했다. 한국 기업 생태계도 글로벌화되고 있었다. 국내 식품 시장 역시 포화 상태로 접어들고 있었다. 농심의 매출은 늘어나고 있었지만 영업이익과 당기순이익은 답보 상태를 벗어나지 못했다. 성장을 위해선 과감한 혁신이 필요한 상황이었다. 하지만 식품 업계 내부에선 혁신이 불가능했다. 오랜 시간 식품 업계에 몸담은 전문 경영인들은 혁신보단 수성이 체질화돼 있었다. 손욱 회장은 농심이 찾아낸 돌파구였다. 40년 세월 동안 삼성그룹에 몸담으면서 신경영 혁신을 주도했던 손욱 회장이야말로 농심을 변화시켜줄 적임자라고 여겼다.

손욱 회장은 취임 1년을 즈음한 언론 인터뷰에서 이렇게 말했다. "삼성은 주로 전자 산업을 중심으로 한 기업으로 상품 등 모든 부문이 글로벌 경쟁을 업으로 하기 때문에 처음부터 글로벌 경영이라는 문화를 갖게 됐습니다. 즉, 무한 글로벌 시장에서 경쟁해야 하기 때문에 여기에 대응하는 구조와 시스템으로 조직화됐고 모든 회사의 중심이 글로벌 관점에서의 시스템, 프로세스에 의해 움직이고 있습니다. 이를 움직이기 위해 교육 프로그램도 체계적으로 잘 잡혀 있고 글로벌 프로세스도 가장 잘돼 있는 것으로 평가받고 있습니다. 반면 식품 기업은 나라마다 먹을거리가 다르기 때문에 내수 지향형입니다. 조직 문화도 내부 지향적으로 되고 벤치마킹도 안에서 하게 됩니다. 때문에 변화의 패러다임이 늦게 옵니다. 예를 들어 1980년대쯤에 있었던 삼성의 변화 같은 것이 농심에는 이제 느끼게 되는 것입니다."

손욱 회장은 농심의 보수적인 체질을 바꾸기 위해 노력했다. 일단 지나친 성과중심주의와 상명하복식 일방 소통 문화를 바꾸려고 여러 가지 제도를 시행했다. 와우미팅도 그런 제도 가운데 하나였다. 직원들이 자유롭게 자신의 의견을 얘기하고 소통하는 방식이었다. 잭 웰치가 GE를 이끌면서 사내에 도입했던 제도였다. 손욱 회장은 농심이 성장하려면 농심의 조직 문화부터 바뀌야 한다고 봤다. 당장의 성과보단 장기적인 비전을 추구해야 한다고 여겼다.

손욱의 농심 개혁은 결실을 맺지 못했다. 손욱 회장은 취임 1년 6개월 만인 2009년 말 전격 사퇴했다. 사실상 경질이 아니냐는 분석도 흘러나왔다. 자진 사퇴를 발표하기 전부터 결제 라인에서 배제됐었다는 소문까지 돌았다. 수십 년 전통의 농심을 개혁하겠다는 목표를 갖고 온 경영인이 불과 2년도 임기를 채우지 못한 채 물러났다. 기대만 못한 실적 때문이란 분석이 컸다. 급기야 신춘호 농심 창업주가 손욱 회장을 불신임했다는 얘기가 나왔다. 평소 대외 활동이 잦은 손욱 회장의 행보를 못마땅하게 여겼단 해석이었다. 신춘호 농심 창업주는 은둔형 경영자다. 손욱 회장이 대외 활동에 집중하면서도 기대에 부응하는 경영 실적을 내놓지 못한 게 문제일 수도 있었다. 사실 손욱 회장한테 농심의 지휘봉을 맡긴 건 신춘호 창업주였다. 당초 농심의 경영 자문을 맡았던 손욱 회장한테 직접 농심을 혁신해달라고 부탁했다. 불과 2년 만에 서로의 입장이 바뀐 셈이었다. 손욱 회장은 이런 인터뷰를 한 적이 있었다. "사실 그동안 농심은 라면업계에서 시장점유율이 73퍼센트에 이르는 독보적인 위치에 있었습니다. 이러한 시기가 20여 년간 지속되면서 구성원들이 안주하고 자만에 빠지는 경향이 생겼습니다. 과거 농심의 선배들이 무에서 유를 창조하는 도전 정신으로 직장 생활을 해왔지만 현재의 후배들은 선배들이 쌓아올린 성과 속에서 안주하게 된 면이 있습니다. 남들이 변화하고 발전하는 20여 년 동안 거의 정체되다시피 했습니다. 때문에 회사의 역동성을 찾아보기가 어려웠습니다."

손욱 회장은 그런 농심의 보수성을 역동성으로 바꿔놓으려고 애썼다. 그러나 개혁은 실패했다. 어쩌면 손욱 회장의 개혁은 농심이 더 큰 회사로 변신할 수 있는 절호의 기회였다. 하지만 농심은 단기 실적에 급급한 나머지 손욱의 개혁 성과를 미처 체질화하지 못했다. 대신 답보 상태에 있는 대차대조표 수치들을 단기간에 끌어올리기 위한 묘책만 찾았다. 그게 신라면 블랙이었고 라면 값 인상 시도였다. 손욱 회장이 물러난 이후 농심은 라면 값 인상을 위해 백방으로 노력했다. 당장 영업이익이 떨어지고 있으니 제품 가격을 올려서라도 수치를 만회하겠다는 단선적인 전략이었다. 하지만 정부와 여론의 저항 앞에서 번번이 무산됐다. 얼마간 라면 값을 올린 적도 있었지만 농심으로선 성에 안 차는 수준이었다. 오히려 농심의 꾸준한 라면 값 인상 시도가 소비자 여론을 악화시킨 측면이 있었다. 소비자한테 원가 인상 압력을 납득시키기보단 1등 기업이 서민 먹을거리 가격을 자꾸만 올리려고 한다는 반감만 키웠다.

신라면 블랙이 출시된 직후부터 농심의 꼼수라는 비판 여론이 일었던 것도 그래서였다. 콩으로 메주를 쑤어도 안 믿을 판이었다. 농심이 설사 프리미엄 라면 시장을 개척하고 싶었다고 해도 소비자한텐 농심의 또 다른 가격 인상 전략으로밖에 비춰지지 않았다. 농심은 2008년 새우깡에서 쥐머리가 나오면서 창사 이래 가장 큰 고난을 겪었다. 먹을거리 산업은 소비자들 사이에서 불신이 싹트는 순간 벼랑 끝에 몰리게 된다. 그런 소비자의 무서움을 잘 아는 농심은 급격한 변화와 혁신을 부담스러워한다. 그저 실수하지 않기만을 바랄 뿐이다. 어쩌면 신라면 블랙은 개혁 실패의 부작용이다. 농심은 논란 끝에 판매를 중단했던 신라면 블랙을 2012년 10월 다시 출시했다. 하지만 같은 시기 발암물질 벤조피렌이 농심의 라면 제품에서 검출돼서 논란이 일었다. 농심은 변심했다.

전혀 다른 연구개발 방식이 필요하다

영원한 1등은 없다. 마이크로소프트와 애플의 역전도 대표적인 사례다. 부동의 1위였던 하이트맥주도 결국 과거의 왕자 오비맥주한테 덜미가 잡혔다. 오비맥주가 하이트를 잡을 수 있었던 건 제품의 본질을 재현했기 때문이었다. 맥주 맛을 되살려냈다. 소비자는 맛있는 맥주를 선택한다는 평범한 진리를 실천했다. 농심은 맛보단 가격에 집착했다. 변화를 무시했다. 농심이 꼬꼬면을 놓치고 신라면 블랙을 선택했고 한국야쿠르트가 재빨리 꼬꼬면을 출시한 것과 같은 상황이다. 결국 농심한테로 흐름이 돌아왔지만 그건 경쟁자가 실패했고 소비자가 변화했기 때문이지 농심이 소비자의 입맛을 다시 한 번 사로잡았기 때문은 아니었다. 여전히 농심의 진짜진짜 주력 상품은 과거의 신라면이고 그 옛날 너구리다.

세계적인 소비재 식품 회사인 P&G는 1980년대부터 외부의 아이디어를 수용하는 PFEProudly found elsewhere 제도를 운영하고 있다. 많은 기업들이 연구개발은 내부에서만 닫힌 구조로 진행하고 있을 때 P&G는 외부에서 찾아낸 사업 아이디어나 신제품을 기꺼이 받아들이는 문화를 정착시켰다. 내부 연구개발자들을 존중하면서도 더 넓은 두뇌 시장을 활용하는 전략이었다. 결국 P&G는 세계에서 가장 큰 제품군을 거느린 소비재와 식품 제조사가 될 수 있었다. 어떤 아이디어든 받아들이고 성공시킨 덕분에 가장 많은 1등 제품을 만들어낼 수 있었다. 농심의 1등 제품은 대부분 1980년대에 잉태됐다. 대부분 농심 내부의 연구개발 성과였다. 하지만 이젠 전혀 다른 연구개발 방식이 필요하다. 애플의 어플리케이션 시장은 개방형 기술 혁신의 대표적인 성공 사례다. 손욱 전 회장도 리더십센터와 연구개발센터를 묶어서 개방적 연구개발을 시도하려는 노력을 기울였었다.

분명 농심은 저력이 있는 회사다. 익명을 요구한 애널리스트는 말한다. "삼양라면한테서 시장의 주도권을 되찾아올 수 있었던 것도 단순히 유지 파동 때문만은 아니었습니다. 그전 10년 동안 농심은 삼양라면에 비해 훨씬 더 많은 연구개발비를 투자하고 있었어요. 그 성과가 한꺼번에 표출됐던 거죠. 이번 반전 역시 농심의 저력이 드러난 결과라고 봅니다."

농심의 문제는 여전히 남아 있다. 농심은 오랜 세월 선도 기업이었지만 선제적 혁신이 아니라 리액션 혁신에 머무르고 말았다. 하얀 라면이 시장의 혁신시키자 그 혁신을 활용했을 뿐이었다. 시장을 읽는 농심의 안목은 녹슬지 않았다. 라면 시장이 패스트 패션 시장처럼 변했단 걸 알았을 때 재빨리 신제품 공세를 강화하면서 주도권을 다시 빼앗아왔다. 진짜진짜라면은 고소한 매운 맛을 냈다. 하얀 라면들의 고소한 맛을 신라면의 빨간 매운 맛에 접목시킨 결과였다. 대응이었지 혁신은 아니었다. 손욱 회장이 만들고자 했던 농심은 P&G처럼 수많은 특허를 보유한 소비재 기업이었다. 시장이 변화하지 않으면 스스로 변화할 줄 모르는 기업이 아니었다.

1등 기업은 1등 전략을 쓸 수 있어서 1등을 지켜내기가 쉽다. 1등이기 때문에 쓸 수 없는 2등과 3등 전략이 있기 마련이다. 도전과 혁신은 1등이 쓰기 어려운 전략이다. 바로 이때 1등의 위기가 시작된다. 농심은 혁신을 시도했지만 스스로 좌초시켰다. 대신 과거의 방식으로 수성하는 길을 선택했다. 신라면 블랙은 실패했고 거센 도전을 받았다. 하얀 라면이 만들어낸 라면 유행을 거꾸로 이용하면서 어부지리를 얻었다. 그렇게 응전했고 천운이 따르면서 농심은 다시 1등을 지켜냈다. 분명한 건 농심이 민심을 이길 수 없단 사실이다. 돌아온 1등한테 소비자들이 보낸 경고다.

신한금융지주

외환위기를 돌파한 주주 금융의 한계

라응찬 회장이 걸어 들어왔다. 기자들이 와르르 몰려들었다. 사진 조명기가 연신 터졌다. 70여 명의 기자들은 이른 아침부터 신한금융 로비에서 진을 쳤다. 일찍 출근한 신한은행 직원들도 로비 인근에서 담배를 피우다 기자단 쪽을 흘끔거렸다. 신한 사태가 터진 뒤로 라응찬 신한금융지주 회장이 기자들 앞에 서기는 처음이었다. 그만큼 아슬아슬한 자리였다. 라 회장은 사진기자들 앞에서 아주 잠깐 자세를 잡아줬다. 묵묵히 취재기자들 앞에 섰다. 당연한 첫 질문이 나왔다. "회장님의 향후 거취는 어떻게 됩니까?"

라 회장은 나직하게 답했다. "조직의 안정과 발전을 고려해서 입장을 밝히겠습니다. 향후 거취에 대해서는 아직 고민하고 있습니다."

질문이 이어졌다. "3인의 동반 퇴진 가능성이 논의되고 있습니까?"

이번 대답은 단호했다. "이런 혼란기에 경영진이 모두 동반 퇴진을 결정하기란 쉽지 않습니다. 조직과 안정을 위해 누군가는 수습을 해야 하지 않겠습니까."

사실상 퇴진 거부였다. 라 회장은 다시 한 번 조직의 안정을 언급했다. 다음 질문은 더 노골적이었다. "신상훈 사장에 대한 고소 취하 가능성은 없습니까?"

이번엔 곧바로 대답이 돌아왔다. "신 사장에 대한 고소 취하는 현실적으로 어렵지 않겠습니까."

또 물었다. "차명 계좌는 왜 만들었습니까?" 라응찬 회장의 발목을 잡고 있는 금융실명제 위반 문제를 겨냥한 질문이었다. 라 회장은 잠시 쓴웃음을 지었다. 차명 계좌를 갖고 있다는 사실만으로도 뒷거래를 하는 금융인 혐의를 받을 수 있다. 공개적인 장소에서 금융인으로서 가장 모욕적인 질문을 받은 셈이다.

"옛날에 자금 관리를 아랫사람들에게 시킨 것이 습관적으로 저도 모르는 사이에 계속 이어져 왔습니다."

"50년 뱅커 인생에 커다란 오명으로 남을 수 있는 사건입니다. 소회를 밝혀 주세요."

라응찬 회장의 눈에 눈물이 맺혔다. "착잡합니다. 마지막에 이런 일이 생겨 죄송하기 짝이 없습니다."

기자들도 더는 질문하지 않았다. 2010년 10월 11일 아침 9시 15분께였다. 라응찬 회장은 엘리베이터를 타고 사라졌다. 그게 신한금융지주의 수장으로서 라 회장의 마지막 모습이 됐다. 20일 뒤 라응찬 회장은 신한금융지주 회장직에서 물러났다. 1991년 신한은행장직을 맡으면서 신한을 이끈 지 20년 만이었다.

기자회견도 공식 성명도 없었다. 뱅커의 전설로 불려온 라응찬으로서는 불명예 퇴진이었다. 숱한 의혹만 남겨놓은 채였다.

조직 권력 투쟁과 정치권과의 거래

2년 만이었다. 마침내 베일에 가려져 있던 신한 사태의 윤곽이 드러나기 시작했다. 2012년 7월에 시작된 신상훈 전 신한금융지주 사장과 이백순 전 신한은행장에 대한 형사 재판을 통해서였다. 검찰은 신상훈 전 사장과 이백순 전 행장을 각각 배임과 횡령 혐의로 불구속 기소했다. 신 사장은 신한은행장 시절 이희건 신한금융지주 명예회장한테 갈 자문료 15억 원을 횡령하고 금강산랜드에 438억 원을 부당 대출해준 배임 혐의로 기소됐다. 이 행장은 역시 이희건 명예회장한테 갈 자문료 3억 원을 횡령해서 누군가한테 전달한 혐의로 기소됐다. 사실 신한 사태와 관련된 검찰 수사와 법원 심리는 차일피일 지지부진하게 이어졌다. 신 사장의 배임 혐의를 다루는 데만도 1년 반이나 걸렸을 정도였다.

정작 세간의 관심을 모았던 신 사장과 이 행장의 횡령 혐의에 대해선 2012년 7월 13일에나 심리가 시작됐다. 신상훈 사장의 배임 혐의는 개인 비리 문제다. 반면에 자문료를 횡령한 혐의는 파급력이 크다. 신한금융지주가 이희건 명예회장의 자문료라는 명목으로 비자금을 조성해온 게 아니냐는 의혹이 있을 수 있어서다. 신상훈 사장은 라응찬 회장도 자문료 횡령에 직간접적으로 가담했다고 주장해왔다. 사실상 신한금융지주의 회장과 사장과 행장이 조직적으로 회삿돈을 빼돌려서 비자금을 조성해왔단 말이 된다. 게다가 이 돈이 어디로 흘러들어 갔느냐도 관건이다. 이백순 행장은 현금 3억 원을 서울 남산자유센터에서 제3자한테 전달한 혐의를 받고 있다. 제3자가 누구냐를 밝히는 데 수사의 초점이 집중됐다.

2012년 8월 17일 열린 공판에선 새로운 사실들도 드러났다. 신상훈 전 사장의 변호인은 이백순 전 행장의 비서실장을 신문하는 과정에서 비밀 문건 하나를 공개했다. 검찰이 신한금융지주를 수사하는 과정에서 압수한 은행 내부 문건이었다. 문건엔 이렇게 쓰여 있었다. "조직을 위해 사건을 신상훈 사장의 개인 비리로 몰아야 한다." 문건은 신상훈 사장 축출을 위한 시나리오나 다름없었다. 신한은행은 2010년 9월 2일 신상훈 사장을 배임과 횡령 혐의로 고소하기 하루 전인 9월 1일 이희건 신한은행 명예회장을 만나 재가를 받았다. 작고한 이희건 명예회장은 신한금융지주의 상징적 지주였다. 대신 신상훈 사장에 대한 검찰 조사가 시작되면 조직이 신 사장을 비호해주기로 했다. 신상훈 사장이 은행 비리를 폭로하는 걸 막기 위해 양다리를 걸친다는 뜻이었다.

'거사 후 시나리오' 라는 제목의 문건도 있었다. 신한은행이 신상훈 사장을 검찰에 고소했을 때 신상훈 사장이 사퇴할 경우와 사퇴를 거부할 경우에 대한 대응책이 적혀 있었다. 여론이 유리할 때와 불리할 때에 대한 대응 매뉴얼도 담겨 있었다. 신한은행 비서실이 은행 임원의 휴대전화 문자 메시지를 도둑 촬영한 정황도 공개됐다. 신한은행은 검찰 고소 이후 정치권과 공조하는 그림도 짜뒀다. 임태희 당시 대통령실장과 우제창 당시 민주당 의원과 이사철 당시 새누리당 의원과 허태열 당시 새누리당 의원에게 통보하고 협조를 구한다는 내용이었다. 청와대와 여야 정무위 의원들에게 협조를 구한다는 설계였다.

신한 사태가 단순히 신상훈 사장의 개인 비리 문제가 아닐 거란 건 아는 사람은 다 아는 사실이었다. 이백순 행장이 신상훈 사장을 고소하고 나섰을 땐 그렇게 덮으려고 했다. 신상훈 사장이 라응찬 회장을 물고 늘어지면서 사태가 커졌다. 신한의 시나리오에서 벗어나기 시작했다. 언론도 절대 우호적이지가 않았다. 결국 계산과 달리 불똥이 라응찬 회장한테까지 튀었다. 정치권도 뜻대로 돌아가주질 않았다. 여야 의원들이 물고 늘어졌다. 처음엔 신상훈 사장만 찍어내려고 했지만 결국엔 삼인방 모두 옷을 벗었다.

이렇게 사태가 커지고 자해에 가까운 피해를 입을 걸 처음부터 왜 터트렸는지에 대한 의문이 남았다. 은행 내부 문건이 많은 것을 설명해줬다. 신한은 시나리오대로 흘러갈 줄 알았다. 정치권과 언론과 여론이 원하는 대로 움직여줄 줄 알았다. 신한금융지주는 외환위기 이후 명실상부 국내 1등 은행이 됐다. 무시무시한 조직력은 정평이 나 있었다. 신한이 하면 안 되는 일이 없었다. 오만이 싹텄다. 신상훈 사장에 대한 고소는 균열의 단면일 뿐이었다. 이제까진 정황 증거만 있었다. 2년 만에 법정에서 물적 증거가 드러났다. 신한 사태는 신한금융지주라는 조직 내부의 권력 투쟁과 금융사와 정치권의 어두운 거래가 얽히고설켜 일어난 일이었다. 신한금융지주의 대실패였다.

주주 집단의 대리전

신한 사태는 2010년 9월 2일 이백순 신한은행장이 신상훈 신한은행 사장을 검찰에 배임과 횡령 혐의로 고소하면서 촉발됐다. 9월 2일 당시만 해도 상황이 개인 비리 사건으로 일단락되는 것도 가능해보였다. 당시 이백순 행장은 "신상훈 시장의 횡령과 배임 혐의를 검찰이 먼저 포착해서 수사망을 좁혀오고 있던 터라 신한 조직을 지키기 위해서 부득이하게 먼저 고발 조치할 수밖에 없었다"고 밝혔다. 어쩔 수 없는 일이었단 주장이었다. 세간의 관심도 신상훈 사장의 횡령과 배임이 사실이냐에 초점이 맞춰지는 듯했다.

그러나 이백순 행장의 주장은 곧이곧대로 받아들여지지 않았다. 그런 데에는 이유가 있었다. 처음 일어난 일이 아니라서였다. 2010년 신한 사태는 최영휘 당시 신한금융지주 사장을 전격 경질했던 2005년 1차 신한 사태와 꼭 닮아 있었다. 라응찬 회장은 최영휘 사장이 기업 소개 행사를 위해 홍콩과 싱가포르로 출국한 사이에 경질을 결정해버렸다. 2005년 5월 9일 라응찬 회장은 긴급 사장단 회의를 소집했다. 갑자기 최영휘 사장에 대한 해임안을 이사회 안건에 올렸다. 2010년 9월 1일 신상훈 사장은 신한금융지주 창립 9주년 기념식에서 "새로운 성장의 불씨를 다시 한 번 지펴나가자"고 외쳤다. 신 사장은 역설했다. "절대적 기준으로 지난 2년간 돌아보면 새로운 성장의 모멘텀을 찾지 못하고 그 자리에 정체됐습니다. 직원 개개인이 사회적 책임을 통감하고 실행에 옮기겠다는 마음가짐이 필요한 시점입니다."

이튿날인 9월 2일 이백순 행장은 신상훈 사장을 검찰에 고소했다.

1차 신한 사태의 뇌관도 따지고 보면 이백순 행장이었다. 2005년 5월 당시 최영휘 사장은 신한은행과 조흥은행의 합병 방식을 두고 라응찬 회장과 격렬한 힘겨루기를 벌이고 있었다. 최영휘 사장은 신한은행과 조흥은행을 대등하게 합병해서 전혀 새로운 은행을 만든다는 뉴뱅크론을 주장했다. 반면에 라응찬 회장을 필두로 한 신한은행 관계자들은 신한을 중심으로 조흥을 흡수하는 원뱅크론을 강조했다. 두 은행의 통합 은행은 2006년 3월에 출범할 예정이었다. 대등 통합이냐 흡수 통합이냐는 앞으로 두 은행 출신들의 앞날에 결정적인 영향을 미칠 수 있는 변수였다. 물러설 수 없는 쟁투였다.

결국엔 주주들의 의견을 어디로 모으느냐가 분수령이었다. 최영휘 사장이 먼저 칼을 뽑아 들었다. 최영휘 사장은 신한은행과 조흥은행 통합을 성공적으로 이끌어온 주역이었다. 주장을 관철시킬 만한 위치에 있었다. 최 사장은 주주 업무를 담당하는 지주회사 업무지원실 임원부터 교체해버렸다. 그가 바로 당시 이백순 상무였다. 대신 조흥은행 출신 조병재 상무를 임명했다. 작은 쿠데타였다. 최 사장의 인사는 일주일도 채 되지 않아서 번복됐다. 라응찬 회장이 직접 나서서 없던 일로 만들었다. 끝내는 최영휘 사장까지 해임시켜버렸다.

겉으론 이백순 행장을 두고 라응찬 회장과 최영휘 사장이 맞붙은 꼴이었다. 뉴뱅크론이나 원뱅크론이냐를 두고 신한은행 출신과 조흥은행 출신이 세력 다툼을 벌인 결과였다. 그러나 진짜 본질은 따로 있었다. 익명을 요구한 금융권 관계자는 말한다. "신한금융지주의 내부 사정을 잘 아는 사람이라면 그때의 다툼이 주주 집단들의 대리전이었다는 걸 잘 알 겁니다. 단순히 개개인의 경쟁이 아니었단 거죠."

본질은 통합 신한은행의 주도권을 놓고 벌이는 재일교포 주주들과 BNP파리바를 중심으로 한 해외 투자자와 기타 주주들의 경합이었다. 단일 주주로는 신한금융지주의 1대 주주인 BNP파리바는 뉴뱅크론에 힘을 실어주고 있었다. 최영휘 사장 편이었다. 그 반면에 1982년 신한은행 창립의 근간이었던 재일교포 주주들은 라응찬 회장을 정점으로 최대 주주 집단을 이루고 있었다. 재일교포 주주들은 신한 문화에 대해 강한 애착을 갖고 있었다. 금융권 관계자는 말한다. "한편으론 한국을 대표하는 시중 은행인 100년 역사의 조흥은행과 오사카와 도쿄의 재일교포 자본을 바탕으로 한 일본계 신한은행의 쟁투였다고도 할 수 있죠."

결국 승패는 신한금융지주의 지분 17퍼센트를 갖고 있는 최대 주주 집단인 재일교포 주주들을 누가 장악했느냐에서 갈렸다. 라응찬 회장은 20여 년 동안 신한은행을 이끌면서 재일교포 주주들의 절대적인 지지를 얻어냈다. 최영휘 사장으로선 라응찬 회장과 재일교포 주주들의 틈을 비집고 들어갈 수가 없었다. 최영휘 사장은 대신 6.35퍼센트를 가진 BNP파리바를 중심으로 한 해외 투자자들의 표를 얻었다. 역부족이었다. 재일교포 주주들은 이사회에 대해서도 결정적인 영향력을 갖고 있었다. 지금도 12명의 이사진 가운데 4명이 일본에 거주하는 재일교포계 사외 이사들이다. 재일교포 투자자들의 좌장 격인 정행남 재일한인상공회의소 고문, 김휘묵 삼경인벡스 전무, 김요구 삼양물산 대표 그리고 히라카와 요지 선이스트플레이스코퍼레이션 대표다. 회장과 이사회를 장악한 재일교포 주주들은 사실상 신한금융지주의 주인이었다. 거꾸로 라응찬 회장은 그 정점에서 대리 권력을 틀어쥐고 있었다. 신한금융지주의 지분을 불과 0.001

퍼센트밖에 안 갖고 있는 라 회장이 30년 가까이 CEO 자리를 유지할 수 있었던 것도 재일교포 주주들과의 깊은 관계에서 나왔다. 그래서 라 회장은 항상 재일교포 주주들의 편리를 최우선시했다. 최영휘 사장과의 힘겨루기가 라응찬 회장의 싱거운 한판승으로 끝난 건 당연했다.

2차 신한 사태도 1차 신한 사태를 닮아갈 듯했다. 1인자가 절대 지지 세력을 등에 업고 2인자를 숙청하는 모양새였다. 이번에도 사태는 신상훈 사장의 개인 비리 사건으로 축소돼서 결국 사장 경질로 끝날 수도 있었다. 하지만 5년 전과는 좀 달랐다. 5년 전에는 재일교포 주주들과 기타 주주들의 표 대결 양상이었다. 이번엔 재일교포 주주들 안에서도 표가 갈렸다. 주주 싸움이 아니라 경영진끼리의 분란이었기 때문이다. 게다가 지난 5년 동안 라응찬 회장의 재일교포 주주들에 대한 영향력은 줄어들었다. 2010년 2월 라응찬 회장이 네 번째 연임을 할 때도 과욕이라는 비판이 있었다. 금융 당국 역시 부정적이었다. 자연스럽게 2인자인 신상훈 사장이 차기 대권주자로 물망에 올랐다. 라 회장 본인도 공공연하게 "자리에 연연할 생각은 없다"라며 때가 되면 물러날 뜻을 내비쳤다. 신상훈 사장의 영향력이 늘어날 수밖에 없었다.

익명을 요구한 금융권 관계자는 말한다. "신상훈 사장도 지난 몇 년 동안 라응찬 회장 못지않게 재일교포들 사이에서 표를 다져놓았어요. 심지어 신 사장이 라 회장보다 재일교포들과 더 관계가 깊고 좋다는 얘기까지 흘러나왔지요."

덧붙인다. "어쩌면 라 회장이 신 사장을 견제하기 시작한 건 재일교포와의 사이에 신 사장이 끼어들었다고 느꼈던 무렵이 아니었을까 싶습니다."

라응찬 회장과 이백순 행장은 도쿄 지점장을 지냈다. 신상훈 사장은 오사

카 지점장으로 일했다. 1차 신한 사태는 내전이었다. 2차 신한 사태는 진정한 내분이었다.

그게 문제였다. 2차 신한 사태가 쉽게 풀리지 않은 건 이번에는 재일교포 주주들의 절대적인 지지를 얻어내지 못했기 때문이었다. 생각보다 신상훈 사장의 재일교포 주주들에 대한 영향력이 컸다. 이백순 행장만 전면에 내세우려던 계획은 수포로 돌아갔다. 급기야 2010년 9월 9일 라응찬 회장과 신상훈 사장과 이백순 행장이 나고야에서 열리는 재일교포 주주총회에 나란히 참석하는 일까지 벌어졌다. 피하고 싶었을 일이었다. 9월 2일 검찰 고소를 불사할 때만 해도 라응찬 회장까지 나서서 재일교포 주주들한테 고개를 조아리는 일이 일어날 거라곤 예측 못했을 일이었다. 나고야에서 열린 주주총회장에선 라응찬 회장을 앞에 두고도 고성이 오갔다. 예전 같으면 상상하기 어려웠을 상황이었다. 최영휘 사장을 경질할 때만 해도 라응찬 회장은 사실상 이사회조차 제대로 소집하지 않고도 칼을 휘두를 수 있었다. 재일교포 주주들을 위한 결단이었다고 말하면 충분한 설명이 됐다. 이번엔 라응찬 회장도 주주들 앞에 서야 했다. 5년 전과는 달랐다.

게다가 주주 설명회가 더 큰 흠집이 돼버렸다. 라응찬 회장과 이백순 사장은 애초에 신상훈 사장을 고소하면서 여론 싸움에도 실패했다. 이사회에 사장 해임안을 곧바로 상정시키는 데도 실패하면서 사태가 장기화됐다. 재일교포 주주들의 지지를 이끌어내는 데도 실패하면서 상황을 미궁 속에 빠뜨렸다. 결국 신한금융지주의 내재적 약점이 만천하에 드러난 꼴이 됐다. 신한 안에선 누가 재일교포 주주 집단의 환심을 사느냐에 은행의 미래가 걸려 있었다. 신한금융지주 안에서 일어난 크고 작은 권력 투쟁은 모두 라응찬 회장과 재일교포 주주 집단의 절대 권력에서 시작됐다. 2차 신한 사태는 그 안에서 균열이 일어나면서 작은 불이 통제 불능의 큰불로 옮겨 붙은 국면이었다. 상황은 이미 신한금융지주 경영진이 기대했던 것과는 정반대의 상황으로 치달아버렸다.

신한 사태 폭로전

신한 사태는 사실상 2010년 9월 2일부터 라응찬 회장이 퇴진한 2010년 10월 30일까지 정확하게 두 달 동안 이어진 난리였다. 불운하게도 신한 사태는 하필 2010년 국회 국정감사가 한창이던 때 터졌다. 국정감사가 신한 사태를 키운 측면마저 있었다. 신한 입장에선 감춰졌어야 할 일들이 공개적으로 질의응답됐기 때문이다. 여론도 너무 빠르게 움직였다. 등 떠밀린 금융 당국 역시 안 움직일 수가 없었다. 국정감사장은 신한 사태로 얼룩졌다. 신한 사태가 일파만파로 커지는 빌미가 됐다. 2010년 10월 11일 열린 국정감사가 결정적인 도화선이 됐다.

아침 10시부터 시작된 국회 정무위원회의 금융위원회에 대한 국정감사는 사실상 신한 사태에 대한 폭로전이 돼버렸다. 민주당 신건 의원과 조영택 의원이 저격수로 나섰다. 신건 의원은 말했다. "라응찬 회장이 1,000개가 넘는 가명과 차명 계좌를 통해 최소한 50억 원 이상을 불법 사용했습니다. 이 돈을 라응찬 회장의 비서실장 출신인 이백순 신한은행장이 관리해왔습니다."

순간 국정감사장이 술렁였다. 삼성그룹 비자금 사건에 버금갈 수도 있는 핵폭탄 발언이었다. 게다가 재벌이 아니라 거대 금융그룹이 검은 금융 자산을 운용했단 혐의를 받은 것도 전대미문이었다. 신건 의원은 덧붙였다. "이런 사실은 지난해 신한금융지주와 신한은행에 대한 금융감독원의 감사에서 이미 확인된 사실입니다."

금융 당국이 혐의 사실을 진작부터 알고 있었으면서도 유야무야 덮었단 뜻이었다. 정치적 외압설이 제기될 수 있는 대목이다. 조영택 의원은 한 발 더 나아갔다. "라응찬 회장의 차명 계좌 규모는 50억 원 정도가 아니라 수백억 원에 달합니다."

답변석에 앉은 진동수 당시 금융위원장도 더는 물러설 수가 없었다. "11월 종합검사를 통해 관련된 사항을 들여다보겠습니다. 이후에 적절하게 책임 문제를 거론하겠습니다."

사실상 라응찬 회장을 어떤 식으로든 징계하겠단 뜻을 밝힌 셈이었다. 이미 금융감독원은 국정감사를 나흘 앞둔 2010년 10월 7일 라응찬 회장에 대한 중징계 방침을 통보한 상태였다. 국정감사를 앞두고 부랴부랴 첫 매듭을 지었다. 중징계에는 문책 경고와 직무 정지와 해임 권고가 있다. 어떤 징계를 받더라도 치명적이다. 해임 권고는 말할 것도 없다. 직무 정지를 받더라도 회장 업무가 정지되기 때문에 자리에서 물러날 수밖에 없다. 가장 가벼운 징계인 문책 경고를 받아도 사회적 파장이 커진 만큼 자리를 유지하긴 어렵다. 이런 상황에서 진동수 금융위원장은 국정감사장에서 11월에 의원들이 제기한 추가 의혹에 대한 조사를 하고 문책하겠다고 공언했다. 사실상 라응찬 회장에 대한 문책 내용과 시한이 모두 공시된 꼴이었다.

10월 11일 있었던 금융위원회에 대한 국정감사는 애초엔 신한 사태뿐만 아니라 KB금융지주에 얽힌 의혹도 다룰 예정이었다. 정무위원회 민주당 간사인 우제창 의원은 KB국민은행이 이명박 대통령의 외곽 조직이었던 선진국민연대 관계자한테 17억 원을 부당 대출해줬다는 의혹을 제기했다. 우제창 의원 보좌관들이 오랜 시간 공들여 준비한 폭로 자료였다. 하지만 크게 주목받지 못했다. 모든 초점이 신한 사태로만 모아졌기 때문이었다.

이렇게까지 번질 줄은 예상 못한 일이었다. 의원 보좌관들마저 "기자들이 자꾸만 신한 사태와 관련해서 국정감사장에서 무언가 터져주길 기대한다"며 오히려 부담스러워할 정도였다. 국회의원들은 금융권과 정권의 유착 관계를 암시할 만한 사건을 찾고 있었다. 선진국민연대와 KB금융지주 관련 사실도 유착 의혹이 될 만은 했다. 하지만 왜 금융감독원이 지난해 라응찬 회장의 금융실명제 위반 사실을 포착하고도 덮었는지에 초점이 모아지면서 신한 사태는 금융권과 정권의 유착설을 강조할 시의적절한 소재로 부각됐다. 선진국민연대와 KB금융지주 관련 의혹은 과거지사다. 신한 사태는 현재형이다. 애초엔 신한금융지주 내분 사태로 시작됐던 사건이 국정감사를 거치면서 정치적 화젯거리로 비화되고 있었다.

10월 11일 국정감사장 분위기가 심상치 않게 돌아가고 있단 사실은 신한금융지주 쪽으로도 곧바로 전해졌다. 라응찬 회장은 11일 저녁 8시 뉴욕으로 전격 출국했다. 해외 투자자들한테 신한 사태를 해명하는 게 주요한 출장 목적이었다. 라응찬 회장은 신한 지주의 1대 주주인 프랑스 BNP파리바그룹의 미쉘 페베로 회장도 만날 예정이었다. 페베로 회장이 라응찬 회장과의 면담을 아주 강력하게 요구해왔다고 알려졌다. 불편한 만남이 될 수밖에 없었다. 라응찬 회장은 누가 뭐래도 신한금융지주의 최대 주주 모임인 재일교포들을 대변하는 인물이다. 라응찬 회장과 재일교포 주주 모임의 관계는 신한은행 출범 초기까지 거슬러 올라간다. 반면에 BNP파리바는 신한은행이 신한금융지주로 도약하면서 합류한 투자자다. 신한금융지주 관계자는 "라응찬 회장의 출국은 예정됐던 일정"이라고 애써 설명했다. 애초에 10월 2일부터 27일까지 장기 출장 계획이 잡혀 있었단 얘기다.

하지만 이튿날 이어진 국정감사에서 라응찬 회장이 증인으로 채택되면서 상황이 돌변했다. 국회 정무위원회는 10월 22일 금융감독원과 금융위원회에 대한 종합감사를 벌이기로 돼 있었다. 11일과 12일 불거진 온갖 의혹을 풀어내려면 22일에는 라응찬 회장이 출석해야 마땅했다. 그러나 라 회장은 10월 27일에나 귀국할 예정이었다. 그래서 11일 국정감사장은 라응찬 회장에 대한 의혹 제기로 일관됐다면 12일 국정감사장은 라응찬 회장에 대한 비난 일색이었다. 2010년 10월 11일과 12일 양일에 걸친 국정감사가 신한 사태를 둘러싼 여론의 흐름을 결정적으로 돌려놓아버렸다. 10월 11일 5분 기자회견을 통해서 소견을 밝힌 게 오히려 독이 됐다. 라응찬 회장은 기자회견에서 짧지만 간결하게 신한 조직의 안정을 최우선시하겠다고 밝혔다. 금융 감독 당국의 조사에 적극 협조하겠다고도 했다. 하지만 반나절 만에 자리를 비웠다.

익명을 요구한 금융 감독 당국 관계자는 말했다. "11일 아침 기자회견 내용을 유심히 살펴봤습니다. 결국 사퇴할 뜻이 없다는 걸 밝힌 다음 아무것도 소명하지 않은 채로 해외로 나가버린 것밖에 안 됩니다." 덧붙였다. "라 회장의 행보 때문에 진동수 금융위원장만 곤란하게 됐지 않습니까."

신한금융지주 안에서도 한숨이 흘러나왔다. 익명을 요구한 신한금융지주 계열사 관계자는 말했다. "일선 직원이야 무슨 일이 벌어지는지 잘은 모릅니다. 다만 회장님이 앞장서서 해명해주실 줄 알았는데 아무런 말씀도 안 하셔서 더 답답해졌습니다. 게다가 차명 계좌 의혹은 회장님 말고도 많은 신한금융지주 식구들이 연루돼 있습니다."

차명 계좌 의혹에 연루된 신한금융지주 관계자는 40명이 넘는다. 모두 금융감독원의 조사 대상이다. 신한금융지주 관계자는 덧붙였다. "회장님이 막아주지 않으면 다른 식구들이 다칠 수밖엔 없어요."

라응찬 회장은 10월 11일 아침 눈물을 글썽이면서 말했다. "나름대로 올곧게 산다고 살아왔습니다."

외환위기 때 잉태된 문제

"그럴 일이었습니다. 진작부터 라응찬 회장 1인 체제인 신한금융지주는 위험하다는 지적을 했었지요."

한양대학교 로스쿨 경영학부 강병호 교수는 외환위기 직후 금융감독원 부원장을 맡으면서 한국 금융의 틀을 짰다. 강병호 교수는 틈날 때마다 금융지주의 지배 구조 문제를 제기해왔다. 모두가 신한금융지주의 고속 성장을 칭송할 때조차 강병호 교수는 "1인 회장의 무게를 이기지 못할 수도 있다"라고 지적했다.

강병호 교수는 김정태 전 국민은행장의 고액 스톡옵션을 공개적으로 비난해서 널리 알려졌다. 당시 김정태 행장은 퇴임할 때 이사회의 동의를 얻어서 고액 스톡옵션을 받았다. 주인 없는 금융지주의 CEO가 거수기 이사회를 통해서 사익을 챙긴 사례라고 맹비난했다. 그때부터 강병호 교수는 금융지주 지배 구조에 문제를 제기하는 파수꾼 역할을 해왔다.

강병호 교수가 신한 사태를 예견한 건 신한 사태의 본질이 이미 외환위기 때 잉태됐기 때문이었다. 강병호 교수는 말한다. "제도는 환경의 소산입니다. 외환위기를 거치면서 미처 준비가 안 된 상태에서 미국식 주주 제도를 빠르게 받아들였습니다. 관치 금융의 폐해를 너무 오래 겪어왔던 탓에 거기서 벗어나는 데 급급했죠. 지금의 제도는 그런 환경에서 불완전하게 만들어진 겁니다. 그리고 지금 그 모순이 하나둘 나타나고 있는 겁니다."

외환위기를 거치면서 한국 금융 산업은 커다란 구조 조정을 겪었다. 관치 금융에서 벗어나서 주주 금융으로 거듭나게 됐다. 은행들이 합종연횡을 거듭하면서 거대 은행으로 성장했다. 게다가 덩치 불리기 과정에서 참여한 해외 금융 투자자들은 한국의 은행들이 정부의 간섭을 받기를 원하지 않았다. 자연히 관치에서 벗어날 대내외적 명분이 쌓였다.

하지만 주주 금융에도 한계는 있었다. 덩치는 커졌는데 주인이 없었다. 한때 KB금융지주에서 황영기 회장과 강정원 행장이 권력 암투를 벌였던 것도 딱히 뚜렷한 주인 세력이 없는 금융지주 안에서 전문 경영인이 주인 행세를 하면서 일어난 일이었다. 강병호 교수는 말한다. "대리인 문제는 현재 금융지주들 모두가 안고 있는 문제입니다. 사실 은행 지배 구조 문제는 진작부터 공론화됐던 문제죠. 하지만 늘 그때뿐이었어요. 이름뿐인 사외 이사 제도 말고 현실적인 경영진 감시 체제를 만들자고 말만 했지 실행에 옮겨지지 못했죠."

KB금융지주의 경우에는 사외 이사들이 경영진의 거수기 노릇만 했다는 비난을 들었다. 신한금융지주는 최고경영자와 사외 이사를 선임하는 최대 주주 집단이 연대하면서 역시 사외 이사들이 경영진을 감시하기보단 경영진과 당색을 같이하는 모습을 보였다.

사실 신한금융지주는 KB금융지주나 우리금융지주에 비해 가장 튼실한 지배 구조를 갖췄다는 평가를 받아왔다. 심지어 강병호 교수가 책임지고 있는 한국기업지배구조원에서조차 2010년 보고서에서 신한금융지주를 가장 건실한 지배 구조를 지닌 금융지주사로 꼽았을 정도였다. 그건 허상이었다. 지배 구조 자체가 견실했던 게 아니라 지배 세력이 똘똘 뭉쳐 있었을 뿐이었다. 강 교수는 말한다. "설사 아무리 뛰어난 경영인이라고 해도 측근들로 주변을 채울 때는 반드시 견제받아야 합니다. 라응찬 회장의 경우가 그랬어요. 신한금융지주 문제는 어떤 면에선 라응찬 회장의 비서실에서 시작된 문제라고 할 수 있습니다."

이백순 행장이 라 회장의 비서실장 출신이다. 차명 계좌를 관리해왔던 곳도 비서실로 알려져 있다. 삼성그룹 이건희 회장과 그룹 비서실의 관계와 흡사하다. 라응찬 회장은 금융계의 이건희 회장이라고 불렸다. 라응찬 1인 체제로 이루어진 공고한 지배 체제는 제도적인 게 아니라 인위적인 균형이었다.

사실 위험 신호가 없었던 건 아니다. 라응찬 회장은 이미 2005년에 세습 경영 논란에 휩싸인 적이 있다. 라응찬 회장의 아들 라원진 차장이 신한프라이빗에쿼티의 투자운용팀 이사로 발령받으면서 문제가 됐다. 라원진 이사는 신한은행 자금부에서 근무해왔다. 그때까진 아버지 회사에 아들이 근무하고 있다는 사실 자체가 밖으로 거의 알려지지 않았다. 라원진 이사는 신한은행에서 신한프라이빗에퀴티로 자리를 옮기면서 갑자기 차장에서 이사로 직급을 두 단계 뛰어넘기했다. 라원진 이사는 결국 2007년 무렵 퇴사한 걸로 알려졌다. 그러나 라응찬 회장의 1인 권력에 대한 구설은 끊이지 않았다.

2차 신한 사태는 그 1인 균형이 일순간에 무너질 수 있다는 걸 보여줬다. 사상누각이었다. KB금융지주의 황영기 회장과 강정원 행장의 갈등이 거수기 사외 이사들 때문에 증폭됐다면 신한 사태는 오히려 재일 교포 주주 집단 때문에 확장됐다. 재일 교포 주주 집단의 지지만 얻으면 절대 권력을 휘두를 수 있는 구조는 고객 예금을 담보로 금융 기업을 사기업화할 수 있는 여지를 줬다. 차명계좌 문제도 한편으론 재일교포 주주 집단에서 비롯된 관행이다. 한국에선 실명제가 일반화됐지만 일본에선 아직도 실명제가 실시되지 못하고 있다. 차명계좌는 재일교포 주주들의 편의를 위해 만들어졌다는 얘기도 있다. 재일교포 주주들은 자신들의 이익을 극대화해주는 경영진에게 권력을 주었다. 덕분에 주주들이 선임한 사외 이사가 제 역할을 하지 못했다. KB금융지주의 사외 이사들이 거수기였던 것과는 또 반대의 경우다. KB금융지주에는 이렇다 할 주주군이 없다. 반면에 신한금융지주에는 최대 주주군이 있어서 오히려 사외 이사 제도가 무력화됐다.

강병호 교수는 말한다. "장기 집권하는 CEO가 경영하는 금융지주그룹은 모두가 동일한 문제를 안고 있다고 봐야 합니다."

사실 사외 이사 제도를 손질해서 온전히 경영진을 견제할 수 있는 지배 구조를 만드는 일은 꽤 오래 연구돼온 일이다. 그러나 완벽한 제도란 없다. 강병호 교수는 말한다. "제도만으로 일이 해결되진 않습니다. 외환위기 직후에 지금의 제도를 만들 때도 결국 관건은 사람이라는 데 이견이 없었습니다. 누가 제도를 이끄느냐에 따라 얼마든지 선용될 수도 악용될 수도 있었다는 거죠. 운영자의 운영의 묘가 필요할 뿐입니다. 내부 감시 제도를 아무리 뜯어고쳐도 누수는 생기게 마련입니다."

외환위기 10년 체제 안에서 한국 금융은 경쟁력을 키워왔다. 관치에서 벗어나 비로소 시장에서 생존할 수 있는 금융 기업으로 거듭났다. 결국 사람이 제도를 선용한 결과다. 그 대표적인 사례가 신한금융지주였다. 신한금융지주는 은행과 증권과 보험과 카드라는 4륜 구동을 통해 고속 성장을 거듭해왔다. 조흥은행을 인수합병하고 하나금융지주와의 LG카드 인수전에서 승리를 거두면서 명실상부한 리딩 뱅크로 급부상할 수 있었다. 관치 금융 시절이었다면 상상하기 어려운 광폭 행보다. 라응찬 리더십과 재일교포 주주들의 일치단결이 빚어낸 결과였다. 하지만 그 장점이 이번엔 가장 큰 약점으로 변질됐다. 강병호 교수의 말처럼 제도의 문제가 아니라 사람의 문제란 얘기다.

익명을 요구한 금융연구원 관계자는 말한다. "금융지주 지배 구조 제도 개선 문제가 논의되는 건 교과서적으로야 바람직한 일입니다. 요즘 금융 지배 구조 문제에 대해 작은 보고서라도 하나 쓴 연구원이면 다들 기자들의 전화를 받고 있습니다. 하지만 이번 사태의 본질이 제도에 있다고 몰아가는 게 문제를 호도할 수도 있습니다. 제도가 아니라 사람이 문제였습니다. 제도 개선은 사람 문제를 해결하고 난 다음 얘기입니다."

환경은 제도를 낳는다

2009년 KB금융지주는 황영기 회장과 강정원 행장이 권력 암투를 벌인 끝에 관치 금융과 다름없는 신세로 전락했다는 비판을 들었다. 어윤대 회장은 금융 당국이 강정원 행장의 회장 선임을 힘으로 무산시킨 뒤에 KB금융지주에 입성할 수 있었다. 익명을 요구한 금융권 관계자는 말한다. "국내 최대 금융지주가 자기네 수장도 소신껏 선정할 수 없었다는 것부터가 관치 금융화됐다는 거죠."

신한금융지주 역시 같은 길을 걸을 수 있다. 처음 신한 사태가 터졌을 때 신한은행 노조가 신중했던 것도 그래서였다. 신한은행 노조 김국환 위원장은 말했다. "노조 역시 이 사태에 대해 어떻게 대처해야 하는지 깊이 고민하고 있습니다. 관치 금융을 걱정해야 하지만 내부적 모순이 드러난 이상 노조가 입장을 표명하지 않을 수도 없으니까요."

결국 신한은행 노조는 라응찬 회장, 신상훈 사장, 이백순 행장의 3인 동반 퇴진을 요구하는 걸로 입장을 정리했다. 썩은 살을 도려내고 갈 수밖에 없다고 결론을 내렸다. 대신 포스트 라응찬 카드를 밖으로 흘렸다. KB금융지주처럼 관치 상태에 빠지는 일만큼은 막아야 한단 생각에서다. 당장 후계 1순위였던 신상훈 사장과 이백순 행장이 사라졌다. 조직의 후계자 구도가 무너졌단 얘기다. 외침을 걱정해야 하는 상황이 됐다. 자중지란이다.

이렇게 유력한 후계자들이 죽고 죽이는 싸움을 벌이다 동반 퇴진하면 조직은 기억 상실증에 걸린다. 권력 암투로 조직이 멍드는 걸 막기 위해선 이사회의 중립성이 중요하다. 신한의 가장 큰 패착 가운데 하나다. 중립적인 이사회가 공명정대하게 차기 CEO를 선임하면 조직의 줄대기와 줄서기는 줄어든다. 신한금융지주의 이사회는 중립적이지도 자유롭지도 못했다. 사실상 조직 내부의 권력 관계와 조직 외부의 정치적 입김에 좌지우지됐다. 결국 후계자가 권력 투쟁으로 결정되는 상황이 벌어졌다. 자연히 1인자가 2인자를 견제하고 3인자가 2인자를 겨냥하고 2인자는 1인자와 3인자와 맞서는 물고 물리는 구도가 형성될 수밖에 없었다.

신한금융지주는 결국 라응찬 체제가 물러가고 한동우 회장과 서진원 행장 체제로 전환됐다. 한동우 회장은 신한 사태를 수습해야 하는 책임을 떠맡았다. 신한금융지주 회장은 『서울경제』와의 인터뷰에서 이렇게 말했다. "신한 사태 때문에 회장직을 맡게 됐습니다. 원로들을 만나면 걱정부터 하십니다. 전화위복의 기회로 삼아야 한다는 이야기를 하십니다. 경영 승계 구도와 관련해서도 구체안을 만들어서 제대로 실행해보고 싶어요."

덧붙였다. "그간 쭉 성공을 해와서 도취돼 있었습니다. 성공한 선배나 윗사람이 있으면 항상 후배들은 그 성공 방식대로 합니다. 지배 구조나 경영자 승계 시스템이 미흡했던 것도 이런 이유에서였죠. 이 부분을 손을 대기로 한 것도 이런 이유에서인데 지난번 신한 사태가 마음 아픈 일이기는 하지만 약점이 그대로 나타났고 이를 시스템적으로 고칠 수 있는 기회라는 점에서 전화위복으로 삼고 있습니다."

신한금융지주는 라응찬 회장의 카리스마가 강한 조직이었다. 한동우 체제의 신한은 그룹경영회의를 통한 집단 경영 체제의 성격이 강하다. 한동우 회장도 말했다. "그룹경영회의를 통한 집단 경영은 회장의 힘을 키우거나 죽이는 것이 아닙니다. 자회사 사장들은 그룹에서 오래 일하면서 경륜과 노하우가 있어요. 중요한 의사 결정을 할 때 터놓고 토론을 하면 더 좋은 결정이 나옵니다. 중지를 모으는 만큼 회장의 역할을 보완하는 것입니다."

라응찬 카리스마는 신한이 고속 성장할 수 있었던 추진력이었다. 신한 사태는 거대 금융사를 1인자가 지배하고 권위를 견제할 수단이 없을 때 어떤 일이 벌어지는지 보여줬다.

라응찬 회장은 은둔의 CEO라고 불렸다. 지난 10년 동안 기자들 앞에 선 적이 거의 없었다. LG카드 인수전에서 신한금융지주가 하나금융지주를 누른 건 라응찬 회장이 10원 단위까지 계산해서 맞춰준 입찰 금액 덕분이었다. 신산(신의 계산)이라고도 불렸다. 라응찬 회장만큼 오랜 시간 금융 최고경영자로 자리를 지킨 사례는 없다. 그는 신한금융지주의 오늘을 있게 만든 장본인이다. 그러나 신한금융지주의 내일을 그리진 못하게 됐다. 게다가 관치를 견제하기 위해 용퇴를 거부하면서 오히려 관치를 부를 명분만 쌓아줬다. 신산답지 않다. 신한 사태는 한국 금융의 시계를 거꾸로 돌렸다.

강병호 교수는 말한다. "제도는 환경의 산물이라고 말씀드렸습니다. 이번에도 역시 환경이 제도적 결과물을 낳을 가능성이 높습니다. 10년 전엔 분산된 주주 중심 지배 구조에 대한 기대가 컸습니다. 이번엔 그 제도의 모순이 드러났지요. 다시 달라진 환경이 금융 제도를 어떻게 바꿀지 살펴볼 일입니다."

신한 사태로 한국 금융의 외환위기 체제가 무너졌다. 이제 신한 사태 이후 체제가 논의될 수밖에 없다. 2010년 10월 11일 신한금융지주 회장으로서 신한 본사 로비 앞에서 마지막으로 공식 석상에 섰던 라응찬 회장에게 기자들이 물었다. "신한 직원들과 고객에 한 말씀 부탁드립니다."

라응찬 회장은 끝내 아무 말도 하지 않았다.

흔들리는 한국 금융

삼인방의 법정 다툼이 이어지고 폭로전을 벌이는 과정에서 신한 사태가 단순히 금융사 내부의 권력 암투가 아니라 정권과 연계된 이전투구였을 수도 있단 정황도 드러났다. 신상훈 사장은 전북 군산 출신이다. 호남계다. 당시 이명박 정부는 사실상 금융계를 접수하다시피 하고 있었다. 어윤대 KB금융지주 회장과 강만수 KDB산업은행 회장과 이팔성 우리금융지주 회장과 김정태 하나금융지주 회장이 모두 부산·경남 출신이자 대통령의 측근으로 알려진 인물이었다. 라응찬 회장도 경북 상주 출신이다. 라응찬 회장이 물러나고 신상훈 사장이 차기 회장 1순위로 거론되면서 정치권의 보이지 않는 힘이 개입되기 시작했단 얘기다. 신한금융지주는 1등 금융사다. 1등 금융사 수장 자리가 정권과 인연도 없는 호남 출신 인사로 채워지는 걸 마뜩치 않게 여겼단 말이다. 2008년 2월 20일 이백순 신한은행장의 비서실장이 현금 3억 원을 신원 미상자한테 전달했다는 정황이 검찰에 의해 포착되면서 이런 해석이 힘을 얻기 시작했다. 신원 미상자는 이명박 대통령의 친형인 이상득 의원이란 추측이 나돌았다.

결국 2012년 7월 14일 이백순 행장의 비서실장이 입을 열었다. "3억 원을 SD한테 전달했다"고 폭로했다. SD는 이상득 의원을 뜻한다. 2010년은 이명박 정권의 힘이 절정이던 시기였다. 이상득 의원을 중심으로 한 권력 핵심이 신한 사태를 조장했다는 해석이 가능했다. 호남 출신인 신상훈 사장을 밀어내고 신한금융지주를 장악하기 위한 포석이었단 뜻이다. 라응찬 회장이 퇴임을 거부했던 것이나 이백순 행장이 무리한 고소 고발 사태를 일으켰던 것도 결국 배경엔 정치적 농간이 있었을 수 있다. 게다가 신한은행이 2010년 7월부터 두 달여 동안 비서실과 여신관리부 직원들을 총동원해서 신상훈 사장에 대한 뒷조사를 했단 사실도 밝혀졌다. 그 과정에서 신한금융지주의 주요 주주인 재일한국인본국투자협회의 양용웅 회장 계좌를 무단으로 열람한 것도 들켰다. 라응찬 회장은 작고한 이희건 명예회장의 자문료를 횡령한 혐의에 대해선 증거 불충분으로 무혐의 처분을 받았다. 이 돈이 결국 이상득 의원한테 흘러갔다는 증언이 나오면서 신한 사태의 실체가 드러나게 됐다.

신한금융지주는 국내 선두 금융사다. 정작 신상훈 전 사장과 이백순 전 행장에 대한 재판이 진행되면서 신한의 부끄러운 낯빛이 새삼스럽게 드러나고 있다. 라응찬 회장과 신한금융지주는 외환위기 이후 환골탈태한 한국 금융이 낳은 최고의 인걸이고 걸작이었다. 신한 사태로 신한금융지주는 지난 10년의 내적 모순을 앙상하게 드러냈다. 신한 사태로 한국 금융의 외환위기 체제가 흔들렸다. 신한 사태는 2년이 지난 지금도 파생 상품처럼 자가 증식하고 있다. 한국 금융은 신한 사태 이전과 이후로 나뉜다. 2013년 1월 16일, 신상훈 전 사장과 이백순 전 행장은 징역 1년 6개월에 집행유예 2년을 선고받았다. 2년여를 끈 싸움은 승자 없이 끝났다. 모두가 패자였다. 신한의 실패였다.

현대그룹

적통성을 증명하기 위해 과거 가치에 몰입하다

결국 사옥까지 팔았다. 현대그룹은 2012년 8월 29일 연지동 사옥을 코람코자산운용에 매각했다. 매각 금액은 2,262억 원이었다. 충격이었다. 사옥을 팔아야 할 만큼 유동성이 악화됐단 뜻이었다. 현대그룹 측은 "유동성 위기 탓은 아니다"라고 부인했다. 시장에선 엇갈린 반응들이었다. 연지동 사옥은 현정은 현대그룹 회장이 취임 5주년을 맞이해서 마련한 그룹의 기틀이다. 현대그룹의 자존심이다. 연지동 사옥을 통해 현대상선과 현대증권과 현대엘리베이터를 공간적으로 하나로 묶어냈다. 그렇게 마련한 사옥을 5년 만에 다시 팔았다. 현대그룹 측은 "세일즈 앤 리스백 방식을 선택했다"고 강조했다. 팔았지만 다시 빌렸단 얘기다. 당장 본사 이전은 없단 뜻이다. 대신 집주인에서 세입자가 됐다. 현대그룹 측은 또 "우선매수청구권을 확보했다"라고 재차 강조했다. 코람코자산운용이 연지동 사옥을 매각하려고 들면 맨 먼저 현대그룹이 사들일 수 있단 얘기다. 생판 남한테 팔리는 것까진 막은 셈이다. 코람코자산운용이 터무니없이 비싼 값을 부르면 상황이 달라진다. 이사 가기 싫다고 비싼 값에 집주인한테 집을 사들일 수는 없는 노릇이다.

종로구 연지동에 있는 현대그룹 본사 건물은 단순한 사옥이 아니다. 현대그룹의 자존심이다. 연지동 사옥 어딜 가나 정주영 현대그룹 창업주와 정몽헌 현대그룹 회장을 만날 수 있다. 기자실 바로 옆 동관 2층 접견실도 두 회장의 사진으로 미술 조형물을 만들어 장식했다. 사무실 이곳저곳에도 정주영 창업주와 정몽헌 회장의 사진이 걸려 있다. 어느 기업에나 창업주야 있지만 현대그룹한텐 더 각별하다. 정주영 창업주와 정몽헌 회장은 단순히 현대그룹의 선대 회장들이 아니다. 과거의 역사도 아니다. 지금 현대그룹의 존재 이유이자 존립 근거다. 현대의 현재다.

현대그룹은 10년 전 외환위기와 왕자의 난을 거치며 부서지고 쪼개졌다. 현대자동차그룹과 현대중공업그룹이 분리됐다. 현대그룹은 거대했지만 이젠 엔진과 돛대가 모두 뜯겨져 나간 텅 빈 난파선이나 다름없었다. 현대상선과 현대엘리베이터와 현대아산 정도가 남았다. 현대상선이 현대그룹 전체 매출에서 차지하는 비중은 절대적이다. 대차대조표만 보면 현대그룹은 사실상 현대상선 그룹이다. 그런데도 현대그룹으로서 버틸 수 있었던 건 현대라는 깃발 때문이었다. 정주영 창업주가 정몽헌 회장을 현대그룹의 후계자로 지명했고 현대가의 적통성이 현대그룹에 있다는 상징성 말이다. 적통성은 현대그룹의 기업 정신이다. 연지동 사옥은 정주영의 적통이라는 현대그룹의 얼이 담긴 신전이나 다름

없었다.

적통성을 강조하는 기업이 현대그룹만은 아니다. 뿌리 깊고 가지 많은 재벌가에선 예외 없이 한두 번쯤은 후계 싸움이 벌어지곤 했다. 대상그룹 형제들은 서로가 대상이란 이름을 쓰겠다며 자존심 싸움을 벌이고 있다. 대상홀딩스와 대상지주 사이의 적통성 경쟁은 법정 다툼으로 비화됐다. 이른바 간판 전쟁이다. 글로벌 삼성도 자유롭지 않다. 이맹희 CJ그룹 고문과 이건희 삼성전자 회장은 아버지 이병철 삼성그룹 창업주가 남긴 걸로 알려진 차명 재산을 두고 싸우고 있다. 황혼의 형제들이 벌이는 감정싸움은 삼성과 CJ의 기업 전쟁으로 번지는 모양새다. 고 이병철 삼성그룹 회장의 장손이자 이맹희 고문의 아들인 이재현 회장이 이끄는 CJ그룹은 지금도 할아버지의 창업 정신을 그룹 사훈으로 사용하고 있다. CJ도 삼성 장자의 적통성을 알게 모르게 강조하고 있다. CJ그룹의 본사와 필동 인재양성관에 가면 이병철 회장의 흔적이 고스란히 남아 있다. 현대그룹 연지동 사옥과 닮은꼴이다.

반면에 현대차그룹에선 현대라는 이름을 제외하면 고 정주영 회장의 흔적을 찾아보긴 어렵다. 삼성그룹 역시 마찬가지다. 이건희 회장이 신경영을 주장하면서 이병철 회장의 창업 정신은 한 켠으로 치워졌다. 두 회사는 오히려 선대 회장의 흔적을 지우는 데 주력했다. 성장하려는 기업은 과거를 지우고 현재와 미래를 강조해야 한다. 삼성전자와 현대자동차가 단순히 경영권 승계 문제 때문에 과거를 지운 건 아니란 얘기다. 기업의 현재와 미래란 결국 실력과 실적이다. 현대차그룹과 삼성그룹은 정몽구 회장과 이건희 회장 시절 선대 회장 시절과는 비교할 수 없을 정도로 커졌다. 과거는 자연히 현재와 미래에 묻혔다.

현대그룹은 지난 10년 동안 과거에 집착해왔다. 과거를 지울 만한 새로운 현재를 창조하지 못했다. 사실 연지동 사옥부터가 그랬다. 2008년 현정은 현대그룹 회장은 무리를 하면서까지 종로구 연지동 사옥을 인수했다. 1,980억 원이나 들였다. 현대그룹은 현대건설마저 계열 분리되면서 마땅한 사옥조차 없는 상태였다. 현대가의 본산이라고 할 수 있는 종로구 계동 사옥은 현대건설의 자산이었다. 안 그래도 중심을 잃고 기우뚱거리는 현대그룹을 하나로 모아서 틀을 잡자면 물리적 응집력을 높이는 게 필요했다. 그룹으로서의 존재감을 드러내려는 방도의 하나였단 얘기다. 현대차그룹이 급성장하고 현대중공업그룹이 승승장구하면서 현대그룹의 존재감은 희미해져가고 있었다. 때는 별로 좋지 않았다. 대북 사업은 좌초 위기에 놓여 있었다. 미국발 금융위기가 몰려오고 있었다. 현대그룹은 연지동 본사를 정주영 창업주와 정몽헌 회장의 흔적들로 채웠다. 두 회장은 연지동 사옥과는 아무런 인연이 없다. 현대그룹은 그렇게 과거에서 현대를 찾아내려고 했다. 정통성을 최우선 기업 가치로 삼았다. 적통성을 통해 재도약의 발판을 마련하고자 했다. 어쨌든 연지동 사옥은 산산이 흩어진 현대그룹을 하나로 모아서 재건하기 위한 초석이었다. 기업한테 본사 건물은 조직의 구성원들이 소속감을 느끼게 만드는 효과가 있다. 모든 기업한테 반드시 본사 건물이 필요한 건 아니다. 현대그룹한텐 긴요했다. 한 번 흩어졌던 기업이기 때문이다. 그 사옥을 팔았다.

원인은 그룹의 총체적 매출 부진이다. 그룹의 기둥은 현대상선이다. 매출 비중이 60퍼센트가 넘는다. 금융 부문을 빼면 70퍼센트를 웃돈다. 해운업 불황으로 기둥뿌리가 흔들려버렸다. 2011년과 2012년 상반기까지 연달아 손실을 기록하고 있다. 현대상선은 지난 2009년 8,375억 원의 당기순손실을 봤다. 2011년엔 5,343억 원으로 좀 줄었지만 다시 2012년 상반기에만 무려 4,569억 원의 당기순손실을 기록했다. 2008년 6,684억 원의 당기순이익을 봤던 걸 발판으로 연지동 사옥을 인수했다. 사옥을 인수하자마자 현대상선의 수익성이 악화된 셈이다.

이유는 글로벌 불황 탓이지만 현대그룹의 시너지가 사라진 원인도 크다. 현대상선은 정주영 명예회장 시절 현대그룹의 글로비스였다. 현대차그룹에서 현대글로비스가 그룹의 수출 물류를 독점하면서 승승장구해왔듯이 현대상선 역시 현대그룹의 어마어마한 수출 물류를 발판으로 성장했다. 지금 현대그룹엔 현대상선에 몰아줄 일감이 많지 않다. 그렇다고 범현대가의 물량을 넘겨받을 수 있는 것도 아니다. 현대가의 적통성을 주장하면서 이미 서로가 남보다 못한 사이가 됐다. 한진해운과는 다르다. 한진해운은 한진그룹과 상생하는 구도다. 현대라는 이름이 오히려 현대그룹의 발목을 잡았다. 범현대가와의 불편한 관계가 오히려 현대그룹한텐 족쇄가 됐다.

대북 사업을 맡아온 현대아산은 상황이 더 나쁘다. 2008년 이후 지속적으로 적자가 누적돼왔다. 2011년 297억 원 적자를 봤다. 2012년 상반기에만 134억 원의 당기순손실을 냈다. 현대아산은 대북 불확실성에 휘둘려왔다. 기업 활동은 결국 불확실성을 제거하려는 노력이다. 현대아산은 오히려 불확실성에 뛰어들었다. 줄여볼 수도 없는 불확실성이다. 결국 이명박 정부 이후 불편해진 남북관계라는 직격탄을 맞았다. 김정일 국방위원장이 사망하고 김정은 체제가 출범하면서 대북 사업의 미래는 더욱 안개 속에 빠져들었다. 현대아산의 실적이 단기간에 호전되긴 어렵단 얘기다. 이젠 현대엘리베이터까지 발목을 잡고 있다. 현대그룹은 현대상선을 기함으로 현대엘리베이터가 보조를 맞추는 사업 구조다. 현대엘리베이터는 2011년 2,613억 원의 당기순손길을 기록했다. 2012년 상반기에도 1,244억 원의 적자를 봤다.

위기를 맞이하면서 현대그룹의 약점이 절절히 드러났다. 계열사 간 시너지가 크지 않단 점이다. 현대그룹은 현대상선과 현대엘리베이터와 현대증권의 상호보완성이 약하기 때문에 그룹사로서 경쟁력이 떨어진다. 현대그룹은 애당초 시너지를 고려해서 차례차례 형성된 기업이 아니기 때문이다. 외환위기와 왕자의 난을 거치면서 사분오열된 현대그룹을 지분 관계로 묶어내서 건져낸 결과물이다. 현대상선이 그룹의 주력이라지만 그건 매출 비중을 이야기하는 것일 뿐이다. 사업 구조상으론 사실상 그룹 전체의 성장 엔진이 부재하다. 이렇게 점조직화된 그룹 구조는 위기에서 더 한계를 드러냈다. 현대상선과 현대엘리베이터와 현대증권이 서로 도와주지 못했다. 현대라는 브랜드로 묶여 있지만 사실상 각자 살기도 바빴다.

현대그룹은 기술 경쟁력도 크지 않다. 현대엘리베이터가 제조업 기술 기업이지만 현대상선과 현대증권 같은 주력 계열사들 모두 기술이나 생산성에 의존하는 기업이 아니다. 그만큼 경기 변동에 취약하단 얘기다. 현대그룹 계열사들이 일제히 부진한 건 글로벌 경기 침체 탓이 크다. 주요 계열사들이 한꺼번에 어려워지면서 현대그룹 전체의 부채 비율도 급상승하고 있다. 2011년을 기준으로 총자본금이 2조 5,893억 원인 현대그룹의 부채총액은 8조 5,414억 원에 달했다. 부채비율만 330퍼센트에 달할 정도다.

이 모든 위기는 결국 적통성 집착에서 비롯됐다. 현대건설 인수전 얘기다. 연지동 사옥을 인수해서 현대그룹을 추스린 직후 몇 가지 선택지가 있었다. 신규 사업 진출을 모색했다. 그때 현대그룹이 가장 집착한 게 현대건설이었다. 패착이었다. 현대건설 인수전에 무리하게 뛰어들면서 위기가 시작됐다. 현대건설 인수에 실패해서 위기가 비롯된 측면도 있다. 더 큰 이유는 너무 오래 현대건설만 바라보다가 새로운 사업 기회를 잡거나 연구할 시간을 흘려보냈단 점이다. 현대그룹의 사업들은 대부분 과거의 성장 산업이다. 건설 경기가 한창일 땐 엘리베이터도 호황이었다. 수출 경기가 좋을 땐 물류는 성장 가치가 높았다. 모두 예전 얘기들이다. 미래로 변신해야 할 때 현대그룹은 과거에 집착했다. 그게 현대건설 인수였다. 온갖 무리가 따랐다. 그럴수록 올인했다. 현정은 회장부터 현대건설 인수 의지를 피력하며 기업 전체의 눈과 귀를 닫아버렸다.

적통성은 현대그룹이 현대건설 인수에 매달렸던 유일한 이유다. 현대건설 인수전이 한창일 때부터 이미 국내 건설 경기는 바닥이었다. 현대건설이 가진 플랜트 시공 능력은 상당했지만 5조 원 넘는 가치는 아니었다. 정작 현대그룹은 현대건설 인수에 매달리다가 돈과 시간을 날리고 말았다. 현대건설은 현대가의 뿌리라는 상징성이 있다. 적통성을 기업 가치로 삼는 현대그룹으로선 탐낼 수밖에 없었다. 매출 부진이 아니라 과거에 대한 집착이 진짜 실패의 시작이었다.

적을 만들어낸 현대건설 인수전

2010년 12월 22일이었다.

"메시아를 기다리는 마음으로 사법부의 공정하신 판단을 기대하겠습니다." 하종선 현대그룹 전략기획본부 사장이 말했다. 하종선 사장은 서울중앙지법에 현대그룹을 대신해서 현대차그룹을 현대건설의 우선협상대상자로 지정해달라는 것과 본 계약을 체결하는 걸 금지해달라는 가처분 신청을 냈다. 한 달 전만 해도 하종선 사장은 현대그룹이 현대건설 인수전에서 신승하는 데 결정적인 역할을 한 주역으로 각광받았다. 승리의 기쁨은 잠시였다. 현대그룹의 현대건설 인수자금에 대한 의문이 꼬리를 물기 시작했다. 이틀 전인 12월 20일 현대건설 채권단은 현대그룹의 우선협상대상자 지위를 박탈한다고 발표했다. 현대그룹이 인수자금에 대한 소명을 충분히 하지 않았다는 게 이유였다. 하종선 사장은 "도핑 테스트에 통과했는데 신체 해부를 하자는 꼴"이라며 반발했다.

해가 바뀐 2011년 1월 4일 서울중앙지법은 현대그룹의 간청을 외면했다. 법원은 "채권단이 양해각서를 해지한 것을 무효로 하거나 현대차그룹에 현대건설 주식을 매각하는 절차를 금지할 긴급한 사유가 인정되지 않는다"며 가처분 신청을 기각했다. 현대그룹은 즉각 항소하겠단 뜻을 밝혔다. 메시아 없는 메아리였다. 채권단은 1월 7일 현대차그룹을 현대건설 인수를 위한 우선협상대상자로 선정했다. 1월 14일엔 현대차그룹과 현대건설 매매와 관련한 양해각서를 체결했다. 현대차그룹은 현대건설에 대한 실사에 들어갔다. 일사천리였다. 2010년 11월 16일 현대그룹이 현대건설의 우선인수협상대상자로 선정된 지 두 달

만이었다. 60여 일 만에 승자가 패자가 됐다. 메시아는 오지 않았다.

"사필귀정입니다." 익명을 요구한 여의도 증권사 건설담당 애널리스트는 말한다. "현대그룹은 여론과 돈으로 판세를 바꿔보려고 했습니다. 신문과 방송에 막대한 광고비를 쏟아부었죠. 심지어 현대차를 비방하는 광고까지 했습니다. 현대차는 자동차에나 집중하라고 참견을 했죠. 어쩌면 국민 여론은 조금 움직였을지도 모르겠습니다. 자본 시장 참여자들은 다들 고개를 저었습니다."

2010년 10월 4일 현대그룹은 20여 개가 넘는 주요 신문에 대대적인 광고를 했다. "왜 외국 신용평가사는 자동차 기업의 건설업 진출을 우려할까요? 세계 1위의 자동차 기업을 기대합니다"라는 광고 내용이었다. 10월 18일에도 과거에 현대차그룹이 현대건설을 인수할 뜻이 없다고 밝혔던 주요 발언들을 모아서 광고를 했다. 10월 25일에는 "비상장 기업과 합병하지 않겠습니다. 시세 차익을 노리지 않겠습니다. 경영권 승계의 도구로 쓰지 않겠습니다"라는 광고를 내보냈다. 앞선 두 차례 광고에 대해선 가타부타 말이 없었던 현대차그룹도 25일 광고에 대해선 발끈했다. 현대차그룹이 계열 건설회사인 엠코와 현대건설을 합병해서 시세 차익을 노리고 있고 그 돈으로 경영권을 승계할 작정이란 부분은, 예민했다. 인수전이 시작됐을 때만 해도 기자들 사이에선 현대그룹과 현대차그룹의 극적 타협이 이루어지지 않겠냐는 기대가 있었다. 10월 4일 정몽구 회장의 부인인 고 이정화 여사의 10주기에 기자들이 몰려든 것도 그래서였다. 그러나 현대그룹은 같은 날 광고 전쟁을 시작했다. 현대그룹은 현대차그룹을 적으로 돌렸다.

현대차그룹이 현대그룹의 꽹과리 작전 앞에서 꿈쩍도 하지 않은 이유는 따로 있었다. 현대건설을 조금이라도 싸게 사려는 노림수였다. 2010년 9월 24일 채권단이 현대건설 매각 공고를 내기 직전까지도 현대차그룹은 현대건설을 인수할 뜻이 없다며 모르쇠로 일관했다. 사실 현대건설은 현대차그룹이 진작부터 눈독을 들여온 기업이었다. 너무 적극적으로 구애하면 몸값만 높아질 뿐이라 딴청을 피웠을 뿐이었다. 채권단은 현대그룹과 현대차그룹을 후보로 선정했다. 처음부터 채권단은 현대건설 인수전을 현대가의 경쟁으로 몰아가고 싶어 했다. 과열될 게 뻔하고 가격도 올려 부를 수 있어서였다. 현대차그룹은 어떻게든 그런 구도를 피하고 싶어 했다. 실리에서도 명분에서도 좋을 게 없었다.

현대그룹은 채권단보다도 앞장서서 인수전을 과열시켰다. 익명을 요구한 옛 현대그룹 임원은 말한다. “현대그룹이 고 정주영 회장과 고 정몽헌 회장까지 끌어들인 게 패착이었다고 봅니다. 현대그룹이 현대건설을 인수하는 게 옳다고 주장하는 것까진 좋았는데 선대 회장들까지 끌어들이면서 인수전을 또 다른 왕자의 난처럼 만들어버린 거죠.”

10여 년 전 왕자의 난은 재계 1위 현대그룹을 산산조각 냈다. 그 뒤로도 범현대가 안에서 분란이 일어날 때마다 언론들은 시삼촌의 난이니 시동생의 난이니 하는 원색적인 이름을 붙여가면서 흥미 위주 보도를 해댔다. 기업 활동이 주말 드라마로 전락한 꼴이었다. 그동안은 현대그룹도 주말극의 피해자 역할이었다. 이번엔 가해자가 됐다. 현대건설 인수전을 집안싸움으로 광고하면서 오히려 인수 가격만 감정적으로 높여놓았다.

2010년 11월 30일 박지원 두산중공업 회장은 트위터에 이렇게 썼다. “현대그룹은 TV 광고 할 돈으로 입찰 금액이나 높이지 …… 이게 뭔 코미디야!!! 현대건설은 국민 혈세로 살려낸 회산데 아직두 기업을 개인 구멍가게로 아는 건가!"

현대그룹은 불쾌해했다. 인수합병으로 성장한 두산그룹이 그런 반응을 보여선 안 된다는 태도였다. 따져볼 얘기였다. 두산그룹은 소비재 중심이었던 그룹을 중공업 중심으로 전환시켰다. 두산의 뿌리인 오비맥주마저 매각했다. 똑같았다. 현대건설이 현대의 뿌리인 건 분명하다. 하지만 뿌리 따라 경영하는 건 21세기와는 맞지 않는다. 재계는 적어도 외형적으론 그런 구태를 벗으려고 애써왔다. 현대그룹의 광고전은 다시 한 번 재계의 고질적인 병폐를 드러내보였다. 현대그룹은 재계마저 적으로 돌렸다.

먼저 웃고 끝내 패하다

현대건설 인수전이 시작되기 직전 불거진 현대그룹과 외환은행의 재무구조약정 체결 실랑이는 현대건설 인수전의 전초전 격이었다. 현대그룹은 외환은행이 현대상선에 대해 무리하게 재무구조약정을 요구한다며 반발했다. 글로벌 금융위기로 경기가 얼어붙은 2008년과 2009년엔 물동량도 줄어들 수밖에 없었다. 자연히 현대상선은 큰 손실을 봤다. 2009년에만 8,376억 원의 영업손실을 입었다. 주거래은행인 외환은행이 재무구조약정을 요구하는 명분이 됐다. 그러나 2010년 경기가 회복되면서 현대상선의 실적도 향상됐다. 2010년 2분기에만 1,536억 원의 영업이익을 기록했다. 현대그룹이 재무구조약정을 거부하는 명분이었다.

현대그룹도 알고 있었다. 재무구조약정이란 1년 매출을 기준으로 맺게 마련이다. 2010년엔 2009년 실적이 기준이 될 수밖에 없다. 그런데도 현대그룹은 외환은행의 재무구조약정 체결 요구를 무리한 상거래 행위로 못 박았다. 현대그룹 관계자는 이렇게 흘렸다. "주거래 은행이 재무구조약정을 기업들한테 요구하는 것 자체가 상법에도 없는 일입니다. 게다가 이런 식으로 무리하게 외환은행이 현대그룹의 자금을 옥죄려고 하는 건 현대건설 인수전에서 현대그룹의 손발을 묶으려는 의도가 있다고 밖엔 볼 수 없습니다."

급기야 현대그룹은 외환은행과의 주거래 관계를 청산해버렸다. 초강수였다. 동시에 외환은행의 무리한 요구가 현대차그룹이나 보이지 않는 손에 의한 압력 탓이 아니냔 시각을 드러냈다. 외환은행은 현대차그룹의 주거래 은행이다. 현대차그룹의 눈치를 볼 수밖에 없다. 또 정부가 공을 들이고 있던 외환은행 매각이 본궤도에 오르려면 외환은행이 보유한 현대건설 지분부터 매각하는 게 수순이었다. 당국의 입김이 현대건설 인수전에까지 작용할 여지가 충분했다. 현대그룹은 벼랑 끝 전술을 쓰면서 스스로 다윗이 됐다. 골리앗들의 부당한 압력 앞에서도 현대건설을 구하고자 애쓰는 외로운 피해자의 태도를 취했다.

사실 외환은행과 재무구조약정을 체결하든 체결하지 않든 현대그룹이 국내 은행에서 인수 자금을 차입하는 건 불가능했다. 현대건설 채권단은 인수 희망자가 인수 자금을 과도하게 금융 차입금으로 충당하는 걸 경계했다. 금호아시아나그룹의 대우건설 인수 사례가 반면교사가 됐다. 자금이 모자랄 경우엔 돈을 빌리기보단 전략적 투자자를 찾아야 했다. 어차피 재무구조약정이 치명적인 족쇄가 아니었단 얘기다.

그런데도 현대그룹은 재무구조약정과 현대건설 인수전을 연관시켰다. 입찰 참가 신청서를 접수하면서 현대그룹 전략기획본부 진정호 상무는 기자들 앞에서 이렇게 말했다. "골리앗과의 싸움에서 최선을 다했다고 생각합니다. 한 점 의혹 없이 깨끗하고 공정한 심사를 기대하겠습니다."

현대그룹은 의로운 약자이며 인수전 자체가 불공정했다는 걸 은연중에 암시하는 발언이었다. 채권단과 금융 당국이 불편해한 건 당연지사였다. 현대그룹은 주거래은행과 채권단과 심지어 정부마저도 적으로 돌렸다.

현대그룹은 절대 적으로 돌려선 안 될 둘마저도 숙적으로 만들었다. 노조와 시장이었다. 내부와 외부를 모두 적으로 돌린 셈이다. 현대그룹이 우선협상대상자로 선정됐을 때 현대그룹 노조는 당장 반발했다. 결국 현대그룹의 발목을 잡은 프랑스 나티시스은행의 1조 2,000억 원 대출금을 먼저 문제 삼고 나선 건 현대증권 노조였다. 현대증권 노조는 현대그룹의 현대건설 인수를 반대한다는 입장을 분명히 했다. 자본금이 33억 원밖에 안 되는 현대상선 프랑스 법인이 어떻게 1조 2,000억 원이나 되는 돈을 아무 조건 없이 대출받을 수 있었는지 따졌다. 현대그룹이 현대건설을 인수하고 싶어 하는 게 아니었다. 현대그룹 경영진이 현대건설을 갈망했다.

현대그룹이 우선협상대상자로 선정된 2010년 11월 16일 당일만 해도 현대상선의 주가는 하한가까지 떨어졌다. 시장도 현대그룹의 현대건설 인수를 악재로 받아들이고 있었다. 익명을 요구한 인수합병 전문가는 말한다. "흔히 인수합병은 주주와 채권단들만의 게임이라고 생각합니다. 틀린 생각입니다. 기업 인수합병이 최종적으로 성공하려면 투자자들, 그러니까 시장의 지지부터 얻어내야 합니다. 시장이 인수를 호재로 받아들이게 설득해내지 못하면 높은 인수가를 써내서 주주를 사로잡았다고 해도 결국 그 인수전은 실패합니다."

금호아시아나그룹의 대우건설 인수가 실패한 것도 시장이 받쳐주지 않아서였다. 대우건설 주가는 내내 바닥을 맴돌았다. 금호아시아나그룹은 풋백 옵션으로 덤터기를 쓰게 됐다. 현대그룹이 그 짝이었다. 5조 5,100억 원이라는 어마어마한 인수 가격을 써내서 채권단을 쥐어 잡는 덴 성공했다. 나머지 모두를 적으로 돌렸다. 먼저 웃었던 현대그룹이 끝내 현대건설 인수전에서 패배할 수밖에 없었던 이유다.

현대그룹과 현대자동차그룹

2010년 11월 29일은 서울에서 첩보 영화 한 편이 촬영된 날이었다. 한 켠에선 현대그룹이 외환은행의 대리인과 인수협상에 관한 MOU를 체결했다. 다른 켠에선 또 다른 채권은행인 우리은행과 정책금융공사가 아무것도 모른 채 외환은행 담당자를 붙들어 앉혀놓고 있었다. 여의도에선 금융 당국 관계자가 상황 파악을 해보려고 전화를 돌렸지만 전격적으로 MOU를 체결해버린 외환은행과 현대그룹 관계자 모두 잠수를 타버렸다.

현대그룹이 나티시스은행에서 빌린 돈의 성격에 대해 갖가지 억측이 난무하던 상황이었다. 그런데도 현대그룹은 일단 MOU부터 체결한 다음 해명은 나중에 하는 길을 선택했다. 현대그룹의 행보는 10월 한 달 동안 공들였던 광고전을 무색하게 만들었다. 현대그룹은 정정당당하게 현대건설을 인수해서 세계 5위 건설사로 키우겠다고 대국민 약속을 했다. 현대차그룹이야말로 수단 방법을 가리지 않고 현대건설을 인수하려고 한다고 비판했다. 정작 드러난 모습은 정 반대에 가까웠다. 현대그룹은 계약했으니 끝이란 식이었다. 현대그룹이 진정으로 현대건설을 인수할 건전성을 갖췄는지에 대해선 끝까지 대답을 회피했다. 그렇게 현대그룹은 공들여 쌓은 국민적 신뢰를 잃었다.

현대그룹은 채권단에 입찰 참가 신청서를 제출할 때부터 편법을 썼다. 현대그룹은 신청서에 1조 2,000억 원을 자기 자본으로 설명해놓았다. 말은 됐다. 은행에서 대출을 받아서 현대그룹 통장에 입금이 됐기 때문에 자기 자본화됐단 논리였다. 극단적으로 말하자면 돈 세탁이다. 자금 흐름상 그 돈은 나티시스은행에서 받은 대출금이지만 입찰 신청서를 제출하기 며칠 전에 입금됐단 이유만으로 자기 자본으로 둔갑했기 때문이다. 채권단은 처음엔 선선히 이 돈을 자기 자본으로 인정해줬다. 채권단의 채점 기준으로 보면 인수 자금의 건전성은 배점이 13점이나 된다. 현대그룹은 현대차그룹을 불과 0.8점 차로 앞질렀다. 제대로 심사하지 못한 채권단에도 문제는 있다. 은근슬쩍 넘어가려고 했던 현대그룹부터가 문제였다. 현대그룹은 채권단의 신뢰마저 잃었다.

2010년 11월 18일이었다. 현대건설 인수 우선협상대상자로 선정된 직후였다. 현정은 현대그룹 회장은 경기도 하남에 있는 고 정주영 회장과 고 정몽헌 회장의 선산을 찾았다. 당당히 기자들 앞에 선 현정은 회장은 말했다. "고 정주영 명예회장님이 첫 삽을 뜨고 정몽헌 회장님의 손때가 묻은 현대건설을 이제야 되찾았습니다. 위에 계신 두 분도 많이 기뻐하셨을 겁니다." 덧붙였다. "앞으로도 현대차그룹과 잘 지낼 겁니다. 그리고 몽구 회장님은 제가 존경하고, 집안의 정통성은 그분한테 있습니다."

익명을 요구한 옛 현대그룹 임원은 말한다. "그것부터가 잘못됐습니다. 기업을 인수한 다음 CEO가 해야 할 일은 차분하게 인수한 뒤의 비전을 발표하고 경영 전략을 고민하는 겁니다. 현대그룹은 그날로 선대 회장부터 찾았습니다. 현대건설 인수전이 마치 고토 회복이나 되는 것처럼 감격한 표정을 지었죠."

꼬집는다. "이해는 갑니다만, 집안의 정통성 얘기를 할 게 아니었습니다. 역설적으로 현대그룹이 현대건설 인수전을 집안싸움으로 인식하고 있었단 걸 보여준 거죠. 옛날 생각이 나더군요."

이런 발언의 꼬투리들만이 문제가 아니었다. 현대그룹과 현대차그룹이 현대건설의 미래에 대해 내놓은 청사진부터 크게 달랐다. 현대그룹과 현대차그룹 모두 현대건설을 도약시키고 싶어 하는 덴 이견이 없었다. 현대그룹이 제시한 방법에는 현대그룹과의 구체적인 시너지가 빠져 있었다. 대북 사업과의 상승효과 정도였다. 현대그룹이 현대건설을 경영해본 경험이 있기 때문에 현대건설을 잘 운영해서 도약시키겠단 내용이었다. 왜 현대그룹이어야 하는지는 설득력이 떨어졌다. 현대차그룹은 일관제철소와 자동차와 건설로 이어지는 철의 삼각축을 미래상으로 제시했다. 현대제철과 현대기아차와 현대건설이란 삼각 축으로 현대차그룹이 중후장대형 엔지니어링 그룹으로 도약한다는 세부 계획까지 내놓았다.

현대그룹이 우선협상대상자로 선정된 직후부터 사업계획서만큼은 현대차그룹이 나았다는 여론이 지배적이었다. 원래 예상됐던 인수전 양상은 현대차그룹이 자금력에서 앞서고 현대그룹이 기획력에서 앞서는 구도였다. 실제론 정반대였다. 현대차그룹은 기획서에 공을 들인 대신 인수 금액은 현실적으로 만들려고 애썼다. 반대로 현대그룹은 인수 금액에 올인했다. 현대그룹은 언론의 신뢰를 얻지 못했다.

잠자코 있었던 현대건설 노조가 처음 입장을 밝힌 것도 현대그룹이 우선협상대상자로 선정되고 불과 하루 뒤였다. 현대건설 노조는 2010년 11월 17일 "현대건설 인수를 위한 차입금은 결국 현대건설이 떠안아야 한다"라며 "과도한 자금 부담이 경쟁력을 떨어뜨리고 재무 구조를 악화시켜 또다시 부실기업으로 전락시킬 수 있다"라고 지적했다. "실력 저지하겠다"는 말까지 했다. 현대건설 구성원조차 현대그룹을 원하지 않는다는 뜻이었다. 현대건설 입장에서 본다면 현대그룹은 현대건설의 미래 이익을 담보로 차입금을 조달하는 LBO Leverage Buy Out를 한 셈이다. 당장의 자산만 담보로 잡히지 않았다뿐이지 앞으로 현대건설은 현대그룹이 빌린 몸값을 벌충하기 위해 일해야 할 판이었다.

현대그룹은 인수전을 적통성 문제와 자금 대결로 몰아갔다. 이성적인 대결을 기대했던 국민과 언론과 구애 대상인 현대건설과 연적인 현대차그룹의 신뢰까지 잃었다. 이쯤 되면 당국으로서도 현대건설이 현대그룹으로 넘어갔을 경우에 일어날 사회적 반발을 고려할 수밖에 없었다. 결국 현대차그룹도 인수전 결과가 나온 직후엔 승복하겠단 뜻을 밝혔다가 180도 태도를 바꿨다. 현대차그룹은 이번 인수전을 순진하게 접근한 구석이 있었다. 5조 5,100억 원이란 현대그룹의 인수 가격은 현대차그룹의 인수 가격을 치밀하게 예측한 결과였다. 반면에 현대차그룹은 처음엔 4조 8,000억 원 정도를 써내려고 했다. 4조 원 안팎으로 예측됐던 적정가보단 1조 원 정도 높게 부른 금액이었다. 그보다도 높은 5조 1,000억 원을 써내라고 지시한 건 정몽구 회장이었다. 정보전에서 밀린 셈이었다. 현대그룹의 현대건설 인수전을 총괄 지휘해온 하종선 사장은 현대차그룹 출신 변호사다. 사실상 현정은 회장이 현대건설 인수전을 위해 발탁한 경영자다. 그만큼 현대그룹은 현대건설 인수전을 위해 치밀하게 준비해왔다. 그런 공격적인 태도가 오히려 역효과를 냈다. 현대그룹이 그린 시나리오대로라면 국민의 우호적인 여론으로 현대그룹의 인수전 승리가 굳어져야 했다. 신뢰를 잃은 현대그룹에겐 편이 없었다.

가문의 결정

4년 동안 동면 상태에 있던 현대건설 인수전은 어느 날 갑자기 전광석화처럼 진행됐다. 연내 매각이 목표라고 했다. 증권가에선 "뾰족한 인수 희망자가 없는 하이닉스와 달리 현대건설은 살 사람이 제대로 나섰기 때문"이라고 추측했다. 살 사람이란 신년 인사에서도 현대건설 인수 의지를 피력했던 현대그룹이 아니었다. 여의도 증권가에선 범현대가 내부 합의설이 널리 유포됐다. 정몽구 현대차그룹 회장과 정몽준 현대중공업 대주주와 정상영 KCC 명예회장이 만나서 현대차그룹이 현대건설 인수전에 나서기로 이미 합의했다는 내용이었다. 현대차그룹 측은 적극 부인했지만 일부 언론은 극구 기사화했다. 아직 현대차그룹이 현대건설 인수전에 공식적으로 뛰어들기도 전이었다. 채권단이 현대건설 매각에 속도를 내겠다고 밝힌 직후였다. 처음엔 현대건설보단 하이닉스가 우선순위에 있었다. 범현대의 회동 소식이 전해진 건 그 무렵이었다.

범현대가의 계열사 되찾기 작업은 매번 유사한 수순을 밟았다. 현대종합상사 인수전이 대표적이었다. 2009년 초 외환은행을 비롯한 채권단이 각 기업에 인수 의향을 타진했다. 당시만 해도 범현대가의 어느 기업도 인수 의사를 밝힌 곳이 없었다. 그러다 갑자기 현대차그룹의 계열사인 BNG스틸과 현대중공업이 인수 의사를 밝혔다. 결국 막판에 BNG스틸이 인수 의사를 철회하면서 현대중공업이 싱겁게 인수전에서 승리했다. 만도 인수전에서도 현대차그룹이 인수 의사를 밝혔지만 역시 한라그룹이 가져갔다. 매번 현대차그룹의 이름이 등장하지만 결과적으론 인수전이 과열되는 걸 막는 완급 조절 역할만 하다가 양보하곤 했다. 범현대가 안에서 교통정리가 된 듯한 결과들이다. 익명을 요구한 재계 전문가는 말한다. "뿔뿔이 흩어진 범삼성가와 달리 범현대가는 여전히 가족 단위 안에서 적잖은 결정이 이루어지고 있습니다. 외환위기와 왕자의 난을 거치면서 그룹이 해체된 뼈아픈 경험 탓에 가문을 유지하려는 의지가 오히려 더 강하다고도 할 수 있습니다. 외환위기의 후유증을 극복하고 난 다음 범현대가에서 과거 현대그룹의 우량 계열사들을 되찾고 있는 건 현대가 입장에선 자연스러운 수순입니다. 가문 안에서 일정 정도 교통정리가 되고 있는 것도 맞을 겁니다. 번번이 현대 계열사 인수의 패턴이 똑같이 흘러가는걸 봐도 알 수 있어요."

현대건설 인수전 역시 이제까지의 계열사 되찾기 수순과 유사하게 시작됐다. 단지 차이가 있다면 현대가 안에서 의견 조율이 안 됐다는 점이었다. 현대건설은 현대가 안에선 기업을 넘어 왕위를 상징하는 면류관에 해당됐기 때문이었다. 상징성이 실제 가치보다 컸다. 재계 전문가는 덧붙인다. "현대건설은 현대차그룹 차례였던 겁니다. 그것 때문에 오랫동안 현대차그룹은 앞선 인수합병 기회를 흘려보내면서 기다려왔던 걸지도 모릅니다."

그러나 현대그룹은 가문의 결정을 받아들이기 어려웠다. 현정은 회장과 현대그룹이 언론 비방전이란 무리수까지 불사하면서 반발했던 까닭이다. 고 정주영 회장이 고 정몽헌 회장에게 남겨준 재산 위임장을 공개하면서 가문 내부의 권리를 주장했던 것도 같은 맥락이다. 덕분에 현대건설 인수전은 기업의 미래 가치가 아니라 기업의 과거 가치를 두고 싸우는 집안싸움이 돼버렸다.

왕자의 난의 연장전

애초부터 현대건설 인수전은 현대그룹이 낄 자리가 아니었을 수도 있다. 외환은행과 빚어졌던 재무구조약정 체결 갈등부터 금융 당국 수장들의 노골적인 외압성 발언까지 이른바 보이지 않는 힘이 현대건설 인수전에서 작용한 게 아니냐는 얘기다. 일부 매체는 당시 청와대 정책실장이었던 윤진식 한나라당 의원이 금융감독원을 통해 외환은행에 재무구조약정 체결 압력을 넣었을 가능성이 있다고 주장했다. 『경향신문』은 현대차그룹과의 MOU가 체결된 2011년 1월 17일 칼럼을 통해 "일련의 사태는 누군가에 의해 조작되고, 민주적인 시장경쟁의 원리가 작동하지 않은 불공정게임"이라고 규정했다.

현대그룹도 할 만큼은 했다. 외환은행과의 재무구조약정 체결을 거부하면서 금융권과 정면충돌했다. 기업이 이렇게 노골적으로 금융권 전체를 적으로 돌리긴 처음이었다. 결국 재무구조약정은 체결하지 않았지만 얻은 것도 별로 없었다. 인수전을 과열시키면서 인수가격을 2조 원 가까이 높여놓았다. 냉정을 잃지 않으려고 했던 현대차그룹마저 5조 원이 넘는 인수 가격을 쓰게 만들었다.

익명을 요구한 금융지주 관계자는 말한다. "대형 인수합병의 첫 번째 타자였던 현대건설 인수전부터 빈공 시비에 휩싸이면서 금융권까지 본의 아니게 피해를 본 측면이 있습니다. 차갑게 인수전에 임해도 될까 말까인데 기업 스스로가 판을 흔들겠다고 나섰으니 지지를 받기가 어렵지요."

금융 당국 입장에서 보면 현대그룹이 잔칫상을 엎었다. 현대그룹 입장에선 금융 당국이 부엌을 부쉈다.

현대건설 인수전은 이후 외환은행과 하이닉스 같은 대형 인수합병의 출발점이었다. 모두 공통점이 있다. 외환위기가 만들어낸 도미노 매물들이었다. 현대건설은 외환위기를 거치면서 채산성이 나빠졌다. 결국 2000년 10월 1차 부도를 냈다. 현대건설의 주거래 은행이었던 외환은행의 채산성이 덩달아 악화될 수밖에 없었다. 외환은행이 론스타에 헐값 매각되는 빌미가 됐다. 그렇게 금융권에 불어닥친 한파를 수습하느라 배드 뱅크들을 모아서 만든 은행이 우리금융지주다. LG반도체와 현대전자가 뭉쳐서 하이닉스가 됐다. 역시 외환위기를 수습하기 위한 빅딜 구조 조정의 일환이었다. 대우조선해양과 대우건설은 대우그룹이 무너지면서 시장에 나왔다. 외환위기가 터진 지도 십수 년이 지났다. 공식적으로 정부가 IMF체제를 졸업했다고 선언하고도 강산이 한 번 변했다. 아직도 한국 경제는 외환위기의 상처를 제대로 봉합하지 못하고 있다.

현대건설 인수전은 곪은 상처를 치유하는 첫 시술이었다. 인수전 자체는 시장에 맡겨질 일이었지만 인수전의 성격은 처음부터 정책적 과제였단 얘기다. 10년 전엔 정부가 대놓고 나서서 기업들한테 빅딜이란 걸 요구할 수 있었다. 구조 조정이란 명패도 달 수 있었다. 전시여서 가능했다. 이젠 불가능하다. 같은 구조 조정이라도 시장 눈치를 봐가면서 해야 한다. 그렇다고 손 놓고 있을 수만도 없다. 대형 인수합병 이슈가 발생하면 결국 금융 당국이 돈줄을 쥐락펴락하면서 방향을 유도하는 수밖에 없다. 외압이 맞다. 하지만 대형 인수합병에서 정책적 영향력 행사는 늘 있어왔다. 한국 시장은 미국 시장처럼 무차별적인 기업 인수합병이 가능한 곳이 아니다. 늘 정부의 밑그림이 있어왔다. 문제는 이런 밑그림이 사적 이익을 추구하는 음화가 될 때다. 론스타의 외환은행 인수가 두고두고 문제가 되는 건 그래서다. 역설적으로 이번 현대건설 인수전은 기업들이 옛날처럼 정부의 말을 잘 듣지 않게 됐다는 걸 보여준 사건이었다. 또 역설적으로 현대그룹이 기대했던 만큼은 인수합병에서 정책 당국의 영향력이 완벽하게 배제되진 않는다는 걸 보여준 사건이었다. 그 과정에서 외환위기 때 잉태된 해묵은 감정들만 드러났다. 현대가는 10년 전 왕자의 난의 연장전을 치른 꼴이다. 현대증권 노조가 나섰고 현대건설 노조까지 나섰다. 결국 외환은행 노조까지 들고 일어났다. 상처를 꿰매려다 더 찢어놓은 꼴이 됐다. 현대그룹의 책임도 크다.

좋은기업지배연구소 김선웅 소장은 말했다. "현대그룹이 현대건설을 인수하겠다고 나선 건 장기적으로 그룹의 채산성을 악화시킬 수 있습니다. 대우건설 인수전이 결국 승자의 저주로 막을 내렸듯이 현대건설을 인수한 현대그룹도 승자의 저주에 빠질 가능성은 있습니다."

현대그룹 입장에선 승자의 저주보다 승자에 대한 저주가 더 뼈아팠을 수 있다. 승자에 대한 저주를 불사한 건 현대그룹이었다.

지난 10년 동안 현대건설을 되살린 건 현대건설 임직원들이었다. 과거의 경영자가 망친 회사에 자신들의 피와 살을 수혈해서 건강을 되찾게 했다. 2009년 현대건설은 대우건설을 제치고 국내 건설사 1위로 올라섰다. 해외 원전 수주에 앞장서면서 아파트 건설사가 아니라 기술 엔지니어링 기업으로 변모했다. 2010년에만 순이익이 5,000억 원에 달했다. 현대그룹이 현대건설의 영유권을 주장하기엔 현대라는 이름이나 과거의 경영 전력만으론 설득력이 약하다. 임직원들의 노력과 국민 혈세로 살려낸 기업이라면 그 이익도 직원들과 국민들한테 나눠 돌아가게 해줘야 한다. 실패했던 과거의 경영자로서 현대그룹이 강조해야 했던 가치였다. 현대그룹은 현대라는 이름만 외쳤다.

현대차그룹은 10년 전 계열 분리됐을 때만 해도 알짜 그룹은 아니었다. 기아차와 한보철강이라는 외환위기의 주범이 군식구로 딸려 있었다. 현대차그룹은 10년 동안 기아차와 한보철강을 디자인 기아와 현대제철이라는 우량 기업으로 도약시켰다. 그 과정에서 10조 원이라는 현금을 쌓아둘 수 있었다. 이번 인수전에서 현대차그룹이 현대그룹에 비해 자금력에서 우세할 수 있었던 건 지난 10년의 성적표가 더 좋았기 때문이었다. 시장이 현대차그룹의 편을 들어줬던 이유다. 현대건설 인수전은 집안싸움으로 비춰졌지만 시장 싸움이었다. 현대그룹이 패배한 진짜 원인은 지난 10년 동안 현대건설과 현대차그룹만큼 성장해내지 못한 데 있다. 현대건설 인수전은 반년 동안의 경쟁이 아니라 10년 동안의 성패였다. 승패는 그렇게 갈렸다.

과거 대신 현대로

패자의 저주였다. 현대그룹은 현대건설 인수전에서 패배하면서 침체기에 빠졌다. 인수를 추진하는 과정에서 무리를 한 탓도 컸다. 시장과 당국의 신뢰를 회복해야 했다. 무엇보다 그룹의 역량을 지나치게 한 곳에만 집중시키면서 돈과 시간과 기회비용까지 날렸다. 현대그룹은 이제야 추스르는 분위기다. 현대그룹은 2012년 6월 반얀트리스파 서울을 인수했다. 인수가격은 1,635억 원이었다. 적잖은 비용을 들였다. 이 자금을 조달하느라 자금 상황이 안 좋은 현대상선과 현대엘리베이터와 현대로지스틱스까지 전 계열사가 총동원됐다. 결국 금융권 차입까지 받았다. 반얀트리스파 서울을 인수한 건 현대건설 인수전의 연장선상이다. 미래 성장 동력이 없는 상황에서 단기간에 성장 동력을 확보하기 위해 결국 호텔업을 테마로 삼았다. 호텔 사업은 정지이 상무로 이어지는 후계 구도에서도 중요하다.

그러나 반얀트리스파 서울은 스몰딜이다. 현대그룹의 신성장 동력이 되긴 역부족이다. 반얀트리스파 서울은 이미 여러 차례 손을 탔던 매물이다. 호텔 사업권 정도로 현대그룹 전체의 신성장 동력으로 삼긴 어렵다. 반면에 반얀트리스파 서울을 인수하면서 그룹 연지동 본사를 매각했다. 가격이 더 이상 오르기 어려운 부동산 자산을 매각한 셈이다.

시장에선 이젠 경영권도 위태롭다는 경고음까지 내고 있다. 현대그룹은 현대엘리베이터와 현대상선과 현대글로벌과 현대엘리베이터로 이어지는 순환출자 구조를 갖고 있다. 현대엘리베이터는 현대상선 지분을 기초로 파생상품계약을 맺어서 현대상선 경영권 방어의 총알로 활용하고 있는 걸로 알려졌다. 문제는 앞으로도 현대상선의 실적이 계속 악화될 경우다. 자칫 유동성 위기로 이어질 가능성도 있다. 부채 비율도 지나치게 높다.

현정은 회장은 10년 전 현대건설 경영권을 채권단에 넘겨준 뒤로 틈만 나면 현대건설 인수 의사를 밝혀왔다. 2010년 10월 21일 취임 7주년을 맞아 현대그룹 직원들에게 보낸 이메일에서도 다시 한 번 현대건설 인수 의지를 피력했다. 이렇게 썼다. "마지막 힘을 모아보자. 그리고 우리도 미시온 쿰플리다Mision Cumplida를 외쳐보자."

'임무 완수'라는 뜻의 미시온 쿰플리다는, 매몰됐던 칠레 광부들이 모두 구출된 뒤 외쳤던 구호다. 현대건설 인수라는 미시온은 실패했다. 이제 더 큰 미시온이 남았다. 과거에서 벗어나서 현대가 되는 미시온 말이다.

금호아시아나

형제는 경쟁자였다

박세창 부사장이 등장했다. 박세창 금호타이어 영업총괄 부사장은 뿔테 안경에 푸른색 줄무늬 넥타이와 군청색 수트를 차려 입고 있었다. 37세로 젊었다. 신선한 얼굴이었다. 박 부사장은 말했다. "이번 신상품 에코윙S의 출시를 기점으로 한 단계 더 도약하고 최고의 품질과 최상의 서비스를 제공하는 기업으로 매진하겠습니다."

금호타이어는 친환경 고성능 타이어인 에코윙S를 선보이면서 특별한 행사를 준비했다. 인천국제공항에 있는 아시아나항공 격납고에서 타이어 시연 행사를 열었다. 타이어 회사들이 경주용 서킷에서 타이어 성능 테스트 행사는 여는 경우는 종종 있는 일이다. 아시아나항공 격납고에서 살수차까지 동원해서 타이어 성능을 뽐내는 건 특별했다. 금호타이어의 에코윙S를 장착한 고성능 자동차가 물이 뿌려진 공항 노면을 미끄러지듯 빠져나갔다. 급제동과 급회전에도 노면을 움켜쥐듯 주행했다. 회전 저항을 줄여주는 신소재를 사용해서 연비도 7퍼센트나 절감했다. 좋은 타이어였다. 금호타이어의 차세대 주력 제품이 될 만했다. 정작 그날 행사장의 주인공은 따로 있었다. 에코윙S를 소개하기 위해 프레젠테이션 무대에 오른 박세창 부사장이었다. 박세창 부사장은 박삼구 금호아시아나그룹 회장의 장남이다. 금호아시아나그룹의 오너 3세다. 에코윙S 프레젠테이션은 단순한 신제품 출시 행사가 아니었다. 금호아시아나그룹의 새로운 얼굴을 프레젠테이션하는 자리였다. 금호타이어가 계열사인 아시아나항공의 조력까지 받아서 대대적인 프레젠테이션을 준비한 이유였다. 사상 최대의 신제품 설명회였다. 프리미어리거 박지성 선수도 깜짝 등장했다. 사실상 금호 3세 경영의 신호탄이었다. 2012년 6월 21일이었다.

박세창 부사장은 2주 전인 6월 7일 금호아시아나그룹의 지주회사인 금호산업의 유상증자에 참여했다. 아버지 박삼구 회장과 함께 지분을 확보했다. 박삼구 회장이 7.23퍼센트를 확보했고 박세창 부사장이 6.96퍼센트를 매수했다. 부자가 함께 최대주주다. 금호산업은 아시아나항공의 지분 30.08퍼센트를 갖고 있다. 별도로 금호타이어의 유상증자에도 참여해서 10퍼센트의 지분을 확보한 상태였다. 경영권 승계를 착실하게 추진해온 셈이었다. 한편으론 금호아시아나그룹은 금호석유화학의 계열분리도 진행하고 있다. 박삼구 회장의 동생이자 박세창 부사장의 숙부가 되는 박찬구 금호석유화학 회장과 박찬구 회장의 아들이자 박세창 부사장의 사촌인 박준경 금호석유화학 상무보가 금호석유화학의 지분 23.71퍼센트를 갖고 있다. 사실상 금호석유화학은 박찬구 회장과 박준경 상무보의 직할 기업이다. 이미 박삼구 회장은 금호석유화학의 지분 10.45퍼센트를 전량 매각했다. 사실상 금호석유화학 경영에서 손을 뗐단 뜻이다. 금호아시아나그룹은 박삼구 회장의 금호아시아나그룹과 박찬구 회장의 금호석유화학그룹으로 분할이 거의 마무리된 상태다. 양측은 한때 치열한 경영권 다툼을 벌인 사이다. 경영권 다툼은 경영 위기로 이어졌다. 어쨌든 금호아시아나그룹을 오너의 불화라는 불안 요소 하나는 해소된 셈이다.

정작 금호아시아나그룹의 경영 상태는 악화 일로다. 오너 가문의 지분 정리와 계열분리는 착착 진행돼 왔지만 그 절반의 절반만큼도 경영 정상화가 이루어지지 않았다. 그룹의 기둥 뿌리에 해당되는 금호산업은 2010년 2조 2,000억 매출에 당기 순이익이 1,000억 원 규모였다. 2011년엔 1조 7,000억 매출에 500억 원 적자로 돌아섰다. 2011년 한 해 동안 금호산업이 벌어들인 돈은 1,100억 원에 불과하다. 반면에 금호산업이 지불한 금융 비용은 2,200억 원이나 된다. 부채가 비대하기 때문이다. 금호산업의 부채 규모는 2011년 기준으로 3조 5,000억 원에 달한다. 버는 돈은 1,000억 원 남짓인 기업이 조 단위 부채를 지고 있다. 그나마 2010년의 5조 6,000억 원에 비해 줄어든 게 그 정도다.

금호산업이 그룹의 기둥이라면 아시아나항공은 그룹의 서까래다. 아시아나항공이 돈을 벌어야 그룹 곳간에 현금이 쌓이고 그 돈으로 부채를 갚는다. 정작 서까래도 흔들흔들이다. 이익이 지속적으로 감소하고 있어서다. 아시아나항공은 2010년 5조 2,000억 원 매출에 영업이익은 5,500억 원을 기록했다. 2011년엔 5조 6,000억 원 매출에 영업이익은 3,500억 원으로 매출이 다소 늘었지만 이익은 감소한 상태가 됐다. 부채는 2009년 5조 4,000억 원에서 2010년 5조 3,000

억 원으로 줄었다가 2011년엔 4조 8,000억 원까지 감소했다. 그래도 조 단위다. 문제는 아시아나항공의 순이익이 적자란 점이다. 2011년 300억 원 가까이 손실을 봤다. 원인은 물론 유럽발 재정위기다. 글로벌 경제위기로 물동량이 줄면서 항공 업계가 전반적으로 불황이다. 정작 경쟁사인 대한항공은 장단거리 항로를 적절하게 배분하면서 선방해온 반면에 아시아나 항공은 제자리걸음을 하고 있다. 아시아나항공이 선점했던 단거리 아시아권 노선이 저가 항공사들의 표적이 되면서 타격이 컸다. 외부 환경만 탓할 일은 아니란 얘기다. 유럽발 재정위기는 장기적 악재다. 2013년에도 호전될 기미가 별로 없다. 여기다 2012년 4분기부턴 엔화 약세로 일본 노선의 수익성까지 악화됐다. 악재가 이어지고 있다.

금호타이어는 금호아시아나그룹의 맏아들 격이다. 늘 장래가 촉망받아온 주력 계열사였다. 실제로도 그동안 금호타이어는 금호아시아나그룹의 체면을 세워줬다. 2010년엔 2조 7,000억 원 매출에 영업이익이 1,700억 원을 기록하면서 급성장했고 2011년에도 3조 2,000억 매출에 영업이익 2,500억 원을 돌파했다. 2012년에도 상승세는 이어졌다. 덕분에 금호타이어의 국내 시장점유율도 상승 추세다. 타이어 업계는 항공 업계와 달리 지난 수년 동안 호황이었다. 한국 완성차 수출이 증가한 데다가 완성차 메이커의 해외 공장 증설도 이어지면서 자동차의 핵심 부품인 타이어 업계도 호황을 맞았다. 금호타이어뿐만 아니라 한국타이어와 넥센타이어가 동반 성장했다. 2000년대 초반까지만 해도 외환위기로 주인 없는 신세가 됐던 넥센타이어는 10년 만에 돌풍을 일으키고 있다.

금호타이어의 부채 규모는 2010년 2조 5,000원에서 2011년엔 2조 6,000억 원으로 오히려 커졌다. 자연히 금융 비용 부담이 클 수밖에 없다. 금호타이어는 매년 영업 흑자를 내고 있지만 금융 비용을 제하고 나면 2010년엔 5,000억 원의 적자를 냈고 2011년에도 2,600억 원의 순손실을 기록했다. 돈을 아무리 열심히 벌어도 빚쟁이들이 다 쓸어가는 구조란 얘기다.

계열분리가 거의 마무리되면서 딴 주머니를 차게 됐다지만 금호석유화학 역시 상황이 크게 다르지 않다. 마찬가지로 부채가 발목을 잡고 있다. 금호석유화학의 부채 규모는 2011년을 기준으로 해도 3조 원에 육박한다. 2011년에 5,000억 원이 넘는 순이익을 냈지만 금융 비용이 만만치가 않다. 그나마 금호석유화학은 상태가 나은 편이다. 부채 규모는 적지 않지만 사내 잉여금이 1조 원 가까이 된다. 곳간에 현금이 좀 쌓여 있단 뜻이다.

금호산업과 금호타이어는 자본 잠식 상태에 빠지면서 2009년 워크아웃을 신청했다. 아직도 워크아웃을 졸업하지 못했다. 박삼구 회장은 금호산업 워크아웃을 신청하면서 지분 2.14퍼센트를 소각하거나 채권단에 담보로 제공했다. 금호산업 지분을 포기한다는 건 금호아시아나그룹의 오너 지위에서 물러난단 의미였다. 정작 박삼구 회장은 2012년 들어서 아들 박세창 부사장과 함께 금호산업 주식 매집에 나섰다. 다시 대주주 지위로 복귀했다. 금호산업은 여전히 워크아웃 상태다. 회사 곳간은 텅 비어 있는데 곳간 열쇠부터 되찾았다는 뜻이다.

지난 2012년 6월 박세창 부사장이 주도한 금호타이어 신제품 설명회는 사실 에코윙S라는 신제품을 소개하는 자리가 아니었다. 금호 오너 가문의 건재함을 만천하에 알리는 자리였다. 살수차로 뿌린 물은 금호아시아나그룹과 오너 가문을 둘러싼 각종 악재와 천문학적인 부채였다. 미끌미끌한 노면 위를 금호타이어를 장착한 자동차 한 대가 위태위태하게 흘러갔다. 강한 접지력을 지닌

타이어 덕분에 자동차는 빗길을 안전하게 빠져나갈 수 있었다. 금호아시아나그룹의 은유일 수도 있었다. 정작 금호아시아나그룹은 강한 사업 성과도 높은 경영 효율성도 아직은 보여주지 못하고 있었다. 부채 규모에 짓눌려 신규 투자조차 제대로 못할 지경이었다. 금호타이어 정도가 해외 공장 증설에 700억 원 넘게 투자할 계획을 밝히긴 했지만 금호산업과 아시아나항공은 여전히 시장에서 밀리기 바쁘다. 금호타이어 노조는 계속 불만을 표출하고 있고 채권단도 불만족이다. 정작 위태로운 노면을 매끄럽게 달리는 것처럼 보이고 싶은 쪽은 금호 오너 가문뿐이다. 3세 경영이라는 새로운 간판으로 새 출발을 하고 싶어 한다. 경영 상황과는 별개로 꾸준히 지분을 확보해서 경영권부터 안정화시켰다. 금호는 가문의 소유이기 때문이다. 경영 성과로 기업을 지키는 게 아니라 지분과 과거로 기업을 지키려 든다. 재벌의 기업 소유와 승계를 한국 사회가 용인하는 건 경영 성과가 뒷받침될 때뿐이다. 금호는 그걸 잃었다. 정작 금호아시아나그룹이라는 탄탄했던 자동차가 물이 흥건한 위험천만한 길로 들어선 것부터가 운전대를 잡았던 오너 경영진의 책임이다.

한 지붕 두 식구

2009년이었다. 대우건설의 관계자는 하소연했다. "이럴 줄 알았습니다. 2006년 금호그룹이 대우건설을 인수할 때도 무리한다고 걱정이 많았잖아요. 인수 대금이 6조 원이었는데 3조 원 가까이를 은행권에서 빌렸어요. 매년 이자만 4,000억 원을 물을 판이었는데 그건 대우건설 연간 순익과 맞먹는 돈이었거든요. 대우건설을 인수한 이후 금호아시아나그룹은 그 뒷감당을 하기에도 바빴어요."

이렇게 잘라 말한다. "지난 3년 동안 대우건설과 금호아시아나그룹 사이의 화학적인 결합은 별로 진척된 게 없습니다. 시너지랄 게 없었단 거죠. 한 지붕 두 식구였어요. 게다가 금호아시아나그룹이 서울역 앞 대우빌딩을 매각하면서 정통 대우맨들한텐 반감을 샀지요. 대우의 상징과도 같은 건물인데다가 대우건설의 우량 자산이었는데 그룹이 돈이 급하다고 팔아버린 거니까요."

2006년 6월 금호아시아나그룹이 대우건설 매각 우선 협상대상자로 선정됐을 때만 해도 분위기가 이렇진 않았다. 모두가 물류 그룹이 건설 그룹으로 변신하게 됐다며 상찬 일색이었다. 금호건설과 대우건설의 매출을 합하면 6조 6,000억 원이 넘었다. 단숨에 GS건설과 삼성건설을 제치고 건설 업계 1위로 올라설 수 있었다. 덩치 불리기의 성공 사례로 꼽혔다. 전시 효과도 컸다. 금호아시아나그룹은 대우건설을 인수하면서 재계 서열 8위까지 올라섰다. 오랜 경쟁자인 한진그룹마저 제쳤다. 대한항공과 아시아나항공의 공중전이었다. 금호아시아나그룹의 과감한 인수합병은 찬사를 받았다.

정작 금호아시아나그룹은 승자의 저주에 빠져들었다. 대우건설은 새로운 주인을 찾아야 하는 처지가 됐다. 결국 산업은행이 대우건설을 인수했다. 국책은행이 대우건설을 인수한 셈이다. 벌써 세 번째 주인이다. 민간 매각은 그렇게 또다시 실패했다. 정작 산업은행이 대우건설 실사를 끝내고 인수 제안서를 발송하던 와중에도 금호아시아나그룹의 박삼구 회장과 금호석유화학의 박찬구 회장은 경영권을 놓고 진흙탕 싸움을 벌이고 있었다. 설상가상이었다. 금호아시아나그룹이 자랑했던 아름다운 형제 경영은 너저분하게 막을 내렸다. 멱살잡이는 쉽게 끝나질 않았다. 친형 박삼구 회장의 손에 해임된 박찬구 회장은 법정 소송을 벌였다. 결국 주식을 더 사들여서 그룹 분할을 시도했다. 금호석유화학의 경영권 장악을 노렸다. 박찬구 회장은 금호석유화학의 지분 18.43퍼센트를 갖고 있기 때문이었다. 최대 주주였다. 금호석유화학은 금호산업과 함께 금호아시아나그룹의 지주회사 격이다. 금호석유화학을 지배하면 그룹을 절반은 지배할 수 있었다. 3년 전 대우건설을 인수할 무렵 승자의 의기양양함은 온데 간데 없다. 회사는 무너져가는데 경영진은 집안싸움만 벌이고 있었다.

비극은 대우건설을 인수하면서 시작됐다. 대우건설 인수는 금호아시아나그룹이 사운을 건 절박한 승부처였다. 대우건설을 인수할 무렵 금호아시아나그룹은 새로운 성장 동력을 찾느라 혈안이 돼 있었다. 화학과 운송이라는 두 가지 성장 엔진은 금호아시아나그룹의 양쪽 날개였다. 금호석유화학은 여전히 금호아시아나그룹의 오랜 캐시카우였다. 문제는 다른 쪽 날개였다. 아시아나항공은 매출과 당기순이익에서 모두 대한항공의 절반에도 채 미치지 못한다. 금호산업과 금호타이어는 그룹을 날게 하는 엔진 역할을 하기엔 작았다. 금호아시아나그룹한텐 한 방이 절실했다. 당시만 해도 금호아시아나그룹의 연간 매출은 11조 원 정도였다. 대우건설의 매출은 5조 원에 달했다. 대우건설을 인수하면 수치상으론 그룹의 외형을 1.5배나 늘릴 수 있었다. 금호아시아나그룹한테 대우건설은 승천을 위한 여의주였다.

여기에 정치 논리까지 눈을 흐렸다. 금호아시아나그룹은 재계의 대표적인 호남 기업이다. 아무래도 호남권에 친밀했던 참여정부 시절 큰 건 하나를 얻어내지 못하면 기회가 없을 수도 있었다. 금호아시아나그룹은 온갖 특혜 시비를 무릅썼다. 매각 주관사인 삼성증권이 금호아시아나그룹에 유리한 보고서를 작성했다거나 대우건설 매각 주관사인 산업은행의 외각 엄호를 받을 거라는 말들이 많았다.

무엇보다 비밀에 부치게 되어 있는 인수 가격이 적나라하게 공개됐다. 금호아시아나그룹은 6조 6,000억 원을 대우건설 매입 대금으로 제시했다. 대우건설의 시가보다 두 배나 높은 액수였다. 매각 액수가 공개되면 금호아시아나그룹한텐 유리할 수밖에 없다. 월등히 높은 인수가를 제시한 기업은 여론을 등에 업을 수 있어서다. 금호아시아나그룹한테 팔지 않으면 헐값 매각 얘기가 나오게 돼 있었다.

금호아시아나그룹은 여의주를 꿀꺽하려고 재무적 무리수까지 뒀다. 6조 6,000억 원이나 되는 인수 대금을 감당하려면 3조 원을 재무적 투자자들한테 빌려와야 했다. 화근이었다. 풋백 옵션, 그러니까 매도 선택권이 발목을 잡았다. 2009년 말까지 대우건설 주가가 주당 3만 원을 밑돌면 재무적 투자자들한테 손실금을 보전해주기로 했다. 진작부터 증권가에선 경기가 침체되면 금호아시아나그룹이 낭패를 볼 거란 걸 잘 알고 있었다. 금호아시아나그룹은 도박을 벌였다. 대우건설의 관계자는 말한다. "글로벌 금융위기가 닥치면서 상황은 절망적이 됐지요. 건설 경기가 바닥을 쳤어요. 당연한 일이었죠. 대우건설의 당기순이익은 최근 몇 년 사이엔 2008년이 최악이었어요. 주가가 오를 턱이 없죠. 풋백 옵션을 잘 알고 있는 그룹 관계자들은 2009년 새해가 밝아오는 걸 두려워했어요. 2009년부턴 연말이 되면 물어줄 2조 원을 어떻게 조달할지를 놓고 골머리를 앓았죠. 이러니 어디 일이 제대로 되겠어요."

심장 이식의 부작용

"세간에 떠도는 설은 모두 설일 뿐입니다." 금호아시아나그룹의 오남수 전략경영본부 사장은 잘라 말했다. 2008년 7월 31일이었다. 금호아시아나그룹은 여의도 CCMM빌딩에서 기업설명회를 가졌다. 2008년 들어서면서 도드라진 그룹에 대한 위기설을 진화하려는 자리였다. 시장에선 이미 금호아시아나그룹이 대우건설을 다시 토해낼 수밖에 없을 거란 분석이 지배적이었다. 유동성 위기에서 벗어나려고 금호타이어까지 매각할 거란 얘기도 있었다.

오남수 사장은 말했다. "그룹의 자금 흐름은 안정적입니다. 근거 없는 루머들이 금호아시아나그룹의 발목을 잡고 있습니다. 무엇보다 2009년 말에 행사될 풋백 옵션에 대한 얘기가 많은데요. 그때를 대비해서 구체적인 현금 마련 방안도 있습니다. 계열사들이 자산을 매각해서, 대우건설이 2조 124억 원, 아시아나항공이 1조 4,111억 원, 금호산업이 1조 1,505억 원을 마련하겠습니다. 이 정도면 대우건설 주가가 바닥을 치는 최악의 상황이 와도 유동성 문제를 해결할 수 있습니다."

해결할 수 없었다. 경기 예측부터 빗나갔다. 금호아시아나그룹이 지붕에 붙은 불을 끄느라 여념이 없을 때 미국발 금융위기가 닥쳤다. 전 세계적인 경기 침체는 금호아시아나그룹한텐 치명타였다. 금호아시아나그룹은 유가에 연동되는 아시아나항공과 건설 경기를 따라가는 대우건설에 매달린 채였다. 두 사업 모두 제자리를 찾지 못했다. 그때 금융위기가 터졌다. 뉴욕대학교 누리엘 루비니 교수 같은 비관론자들은 이때부터 벌써 서브프라임모기지 사태를 지적하고 있었지만 금호아시아나그룹은 인수합병에 따른 외형적 팽창에만 몰두했다. 시야가 좁아져버렸다.

기업 인수합병 전문 변호사는 말한다. "인수합병 자체보다 인수한 기업을 제 몸의 일부로 온전히 이식하는 게 더 어렵습니다. 대우건설은 팔이나 다리가 아니라 금호아시아나그룹의 새로운 심장이었잖아요. 그런데도 심장 이식의 부작용을 무시했죠. 무엇보다 금호아시아나그룹 경영진이 비판받아야 할 부분은 인수합병만 원했지 회사를 사들인 다음에 어떻게 경영할지에 대한 고민이 부족했단 겁니다. 잘나가는 회사를 인수하면 좋죠. 하지만 아무리 잘나가는 회사도 언제나 시너지를 낸다고 보긴 어렵습니다."

덧붙인다. "가장 위험한 인수합병은 합병 대상 회사를 단지 돈줄로만 볼 때입니다. 지금 매출이 크고 자산 가치가 크니까 그 회사를 인수하면 돈이 들어온다는 식이면 그건 사모펀드의 인수와 다를 게 없지요. 금호아시아나그룹의 대우건설 인수는 결국 뚜렷한 전략이 부재했던 탓에 실패한 겁니다."

금호아시아나그룹은 계속 부인했지만 2008년 말부터 이미 대우건설이 다시 시장에 나올 거란 관측이 지배적이었다. 대우증권의 박진명 애널리스트는 말했다. "확실하다고 느낀 건 2008년 말이었던 거 같아요. 금호아시아나그룹 안에서 변화 조짐이 보였거든요. 한동안 방화벽을 쌓으려는 듯 애를 쓰던 자산 매각 시도가 주춤하고 조용해졌지요. 이미 이때 대우건설을 포기하기로 방침을 정했던 게 아닌가 싶습니다."

대우건설 매각을 주관했던 산업은행 쪽에서도 심심치 않게 얘기가 흘러나오기 시작했었다. 산업은행 관계자는 말한다. "애초에 금호아시아나그룹이 매달렸던 건 재무적 투자자들한테 풋백 옵션을 행사하지 않도록 설득하는 게 아니었나 싶습니다. 대우건설 주가가 다시 오르는 건 전 세계적인 경기 상황을 볼 때 어려웠으니까요. 그런 설득 작업을 하느라 반 년 가까이를 보낸 거죠. 결국 실패한 셈이지만요."

기업 인수합병 전문 변호사는 말한다. "대우건설 인수 자체는 훌륭한 선택이었어요. 하지만 두 가지가 잘못됐지요. 너무 높은 인수가에 불리한 조건으로 사들였어요. 여기에 경기 불황이란 환경적 요인까지 겹쳤어요. 하나의 잘못된 선택과 불운이 겹친 거죠. 금호아시아나그룹이 지금 따져봐야 할 건 이런 무리한 경영적인 판단이 어디에서 비롯됐는가입니다. 지난 몇 년 동안 금호아시아나그룹은 과속을 했어요. 왜 그랬을까요? 그건 그룹 안에서 답을 찾아야 할 문제입니다."

문제는 형제 경영이었다. 2009년 7월 28일 박삼구 금호아시아나그룹 회장은 동생인 박찬구 금호석유화학 회장을 해임했다. 전격적이었다. 박찬구 금호석유화학 회장은 7월 초에 금호석유화학 지분을 사들이면서 한 차례 관심을 모았다. 형제 경영이라는 금호아시아나그룹의 불문률을 깨는 행동이었다. 금호아시아나그룹이 계열분리를 하려는 게 아니냐는 분석이 지배적이었다. 하지만 실상은 경영권 분쟁이었다. 박찬구 회장은 형인 박삼구 회장한테 대우건설 인수의 책임을 물으려고 했다. 무리한 확장이 화를 불렀다는 얘기였다. 반대로 박삼구

회장은 동생인 박찬구 회장이 형제 경영의 원칙을 깼다고 비난했다. 지난 3년 여 동안 이어진 대우건설 인수의 후유증이 형제의 난으로 곪아 터진 꼴이었다.

금호아시아나그룹의 대우건설 인수를 주도한 건 박삼구 회장이었다. 당시 박찬구 회장은 대우건설 인수를 반대했다. 무리라는 게 표면적인 이유였다. 하지만 박삼구 회장은 아랑곳없이 대우건설 인수를 맨 앞에서 지휘했다. 오너의 의지였다. 당시 이사회에선 반대표를 던진 사람이 없던 걸로 알려졌다. 대우건설 인수는 금호아시아나그룹으로선 아시아나항공 설립 이후 가장 큰 빅딜이었다. 그룹의 체질을 개선하는 일이었다. 금호아시아나그룹은 1970년대 석유화학과 운송업으로 성장한 이래 1990년대 제2 민항 사업에 진출할 때까지 언제나 안전한 선택을 해왔다. 공격적인 인수합병을 한 적도 없었다. 무엇보다 금호아시아나그룹의 사업들은 모두 국책 사업에서 출발한 것이었다. 운송이나 석유화학은 산업화 시대에 국가적 요구로 의해 금호그룹이 떠맡았다. 항공 사업 역시 제2 민항 사업이라는 국책 사업이 금호아시아나그룹의 몫으로 돌아온 셈이었다. 재계의 관계자는 말한다. "금호아시아나그룹은 공격적이기보단 수세적인 경영을 해왔습니다. 무엇보다 형제간 동일 지분이라는 체제는 금호가 파격적인 경영을 하기 어렵게 만들었어요. 지분 구조가 뚜렷하게 나눠지고 힘의 균형이 이루어졌으니까요. 어느 한쪽에 무게 중심이 쏠리기가 어려웠죠."

그런 힘의 균형에 변화를 가져온 건 박삼구 회장이었다. 그는 동일 지분을 갖고 있는 동생의 반대를 무릅쓰고 공격적인 경영에 나섰다. 금호아시아나그룹의 체질을 개선하려는 의지였다. 당시 재계 관계자는 말한다. "흔히 이번 사태를 놓고 형제의 난이라고 하는데요. 다르게 해석할 여지도 있습니다. 금호아시아나그룹은 뚜렷한 성장 동력이 없었던 만큼 뚜렷한 오너도 없는 체제였지요. 형제가 모두 주인이니까 그룹의 외연이 확장되기 어려웠어요. 그런데 이번 싸움으로 형제간 지분율의 변화도 생기고 뚜렷한 힘의 우열도 드러났지요. 가족경영은 온화하지만 변화엔 보수적일 수 있어요. 공격적인 경영을 하기엔 적합하지 않습니다. 박찬구 회장 해임안에서 박찬구 회장 본인을 빼곤 아무도 반대표를 던지지 않았다면서요. 누가 리더인지가 드러난 셈이죠."

박찬구 회장은 2009년 8월 3일 금호아시아나그룹 사내게시판에 올린 글에서 "대우건설과 대한통운의 인수 추진 당시 인수 반대 의사를 분명히 밝혔지만 박삼구 회장이 지나치게 무모한 가격과 풋백 옵션이라는 도저히 감당할 수 없는 조건으로 인수를 강행했다"고 썼다. 또 "박삼구 회장이 강행한 대우건설과 대한통운 인수의 소용돌이 속에서, 그룹의 앞날을 위해 최선의 노력으로 이를 막아보려 했지만 이 과정에서 박삼구 회장과의 마찰이 불가피했고, 회장의 막강한 그룹 지배력과 경영 전권의 현실 앞에서 고통의 시간들을 보냈다"라고 했다. 대우건설 인수가 결정됐던 2006년 무렵부터 형제 사이의 불화가 계속되고 있었단 얘기다. 동일한 지분을 지닌 형제를 견제하려면 뚜렷한 경영 성과를 내는 수밖에 없다. 동일한 지분을 지닌 잠재적 경쟁자가 기업 안에 있다는 건 언제든 경영권 분쟁이 일어날 여지가 있다는 뜻이다. 무리한 인수합병은 그런 물밑 경쟁에서 비롯됐다.

그렇게 오너의 의지로 추진했던 사업이 계속 무너지고 있어서 문제였다. 무엇보다 대우건설과 대한통운 인수가 실패한 게 뼈아팠다. 당시 대우건설 관계자는 말했다. "어쩌면 금호아시아나그룹의 진짜 문제는 대우건설 인수가 아

니었다고 봅니다. 치명타는 대한통운 인수였어요. 2008년 1월에 대한통운을 인수하려고 금호아시아나그룹은 4조 원이나 투자했지요. 대우건설의 재무적 지원까지 받았으니까요. 그런데 대한통운의 1년 당기순이익은 대략 1,000억 원 안팎이었습니다. 2006년엔 3,000억 원의 적자가 났고요. 4조 원이나 들여가면서 인수할 대상이 아니란 거죠. 대우건설 인수의 뒷수습도 채 안 끝난 상황에서 대한통운까지 무리하게 인수하니까 그룹이 흔들릴 수밖에요."

대한통운 인수는 공격이 최선의 수비라는 전략이었다. 세 불리기로 현금 유동성을 확보하겠단 생각이었지만 인수 후유증만 겹쳤다. 그 파급의 결과가 형제의 난이다. 박삼구 회장은 결국 전문 경영인한테 경영을 맡긴 채 일단 물러났다. 그건 오너 경영 체제의 실패를 감싸기 위한 전략이었다. 전문 경영인한테 진화를 맡겨야 오너 경영 실패의 책임을 면하고 3세 경영으로 넘어갈 수도 있었다. 2012년 6월 박세창 부사장의 등장은 거슬러올라가면 박삼구 회장의 퇴진 때부터 꼬박 3년이나 준비한 회심의 프레젠테이션이었던 셈이다.

형제 경영은 과도기적 단계

금호아시아나그룹은 한국 재벌의 전형적인 성장 단계를 밟아왔다. 국채 사업으로 큰돈을 벌어서 재벌을 일궜지만 뚜렷한 차세대 성장 동력을 찾지 못했다. 특히 이런 그룹은 대체로 2세 경영에서 형제 경영을 선택하곤 했다. 두산그룹이 대표적이다. 두산은 2005년 형제의 난으로 분열될 때까지 사우디아라비아식 형제 경영 기업으로 칭송받았다. 하지만 그룹 지배 구조에서 형제 경영이란 건 과도기적 단계에 가깝다. 뚜렷하게 다른 사업 확장 활로를 찾지 못했고 기업 역시 아직 규모가 작을 때 형제가 한꺼번에 가업을 이어나가곤 한다. 삼성가나 현대가는 규모가 크니 계열분리를 거듭했다. 우애가 깊고 얇고의 문제가 아니었다. 삼성이나 현대는 계열분리를 해도 각자의 파이가 크기 때문이었다. 중견 그룹들은 형제 경영이란 임시 처방에 의존해야 했던 셈이다. 박삼구 회장은 기자회견에서 말했다. "형제 경영은 할 수 있으면 한다는 것이지 꼭 해야만 하는 건 아니다. 선대 회장들과 내 대에서 형제 경영을 끝내는 걸로 합의했었다."

형제 경영의 약점을 알고 있었다는 뜻이다. 미래 가치에 공격적인 투자를 하려면 오너의 카리스마가 필요하다. 삼성과 현대자동차 그룹이 크게 성장할 수 있었던 건 오너 경영의 강력한 리더십 덕분이었다.

게다가 기업이 뚜렷한 성장 동력을 스스로 개발하지 못하면 결국 인수합병에 매달리게 된다. 성장 동력을 안이 아니라 바깥에서 찾게 된다는 얘기다. 하지만 인수합병의 저주는 만만치가 않다. 금호아시아나그룹은 지배 구조가 가족 중심으로 분산된 기업과 성장 동력을 외부에 찾은 기업의 복합적인 실패 사례다.

고려대학교 박경서 교수는 『글로벌 스탠다드 리뷰』에 기고한 칼럼에서 이렇게 썼다. "기업의 소유 지배 구조가 중요한 의미를 갖는 이유는 이에 따라 기업의 성과와 가치가 상당한 영향을 받기 때문이다. 오너 경영자 기업의 경우 기업 경영 전반에 대한 감시와 규율 기능이 강화되고 장기적인 관점에서 안정적인 책임 경영이 가능하다는 장점이 있다. 반면에 오너 경영자를 감시하거나 규율할 수 있는 존재가 회사 내부에 없고, 높은 지분 보유로 인해 인수합병 등에 의한 외부 규율 메커니즘도 잘 작동하지 않는다. 무능한 오너 경영자의 경우 자신이 소유한 주식 가치의 하락이 그나마 경영권을 이양할 유인을 제공한다. 하지만 경영권 행사로부터 발생하는 다양한 사적 혜택을 포기하기 쉽지 않고 자신의 무능을 인정하기는 더욱 어려워 결국 회사가 망해야만 경영권 교체가 이루어지는 경직적인 지배 구조다."

이렇게 덧붙였다. "이론적으로는 오너 감시자형 기업이 가장 적합한 소유 지배 구조로 판단된다. 오너 감시자는 객관적으로 우수한 경영자를 선임하고 적절한 보상을 할 줄 아는 능력만 갖추면 되기 때문에 오너 경영자보다는 훨씬 단순화된 능력이 요구된다. 소수 주주와의 이해상충 문제도 감소하고 주가가 상승하는 효과로 어느 정도 보상도 된다."

금호아시아나그룹은 대우건설 실패로 기업이 흔들리는 와중에 오너 감시자형 그룹으로 지배 구조를 변경했다. 박삼구 회장은 명예 회장으로 물러났다. 후임 박찬법 신임 회장은 금호아시아나그룹에서만 40년을 일한 전문 경영인이다. 하지만 박삼구 회장은 계열사의 대표직을 유지한다. 오너 감시자로서의 지위를 유지한단 뜻이다. 금호아시아그룹은 오랜 시간 형제 경영을 아름다운 경영이라고 홍보했지만 실제로 형제 경영은 과도기적 단계였다. 속으론 그룹의 성장을 저해했다. 금호아시아나그룹은 새로운 경영 성과를 내세우기 위해서 전문 경영인 체제로 변신했다. 대우건설 인수 실패와 형제의 난은 한국 재벌 기업들의 고질적인 소유권 문제를 드러낸 꼴이다. 금호아시아나그룹이 좌충우돌했던 원인은 여기에 있었다.

당시 금호아시아나그룹의 관계자는 말한다. "요즘 같은 상황에선 아무 얘기도 할 수가 없습니다. 대우건설 문제만으로도 얘기하기가 어려운데 오너 일가의 문제까지 겹쳐서 언론과 접촉하는 것 자체가 금기입니다. 하지만 분명한 게 있어요. 그룹이 정상화되려면 아무래도 오랜 시간이 걸리지 않겠습니까. 지난 3년이 허무한 거죠."

형제의 난은 결국 경영 실패의 책임을 누가 질 것이냐의 싸움이었다. 결국 책임을 물으려는 쪽과 책임을 회피하려는 쪽의 일합이었다. 결국 아무도 책임지지 않았다. 금호아시아나그룹은 여의주를 물었는데 승천은커녕 주화입마에 빠졌다. 박삼구 회장은 기자회견에서 이렇게 말했다. "형제간 경영이라는 우의를 지키지 못하고 이런 결정을 내리게 돼서 부끄럽다. 동생을 해임하게 돼 부끄럽다."

하지만 정말 부끄러운 건 형제 경영이 아니다. 형제 경영은 해소돼야 할 불확실성일 수도 있었다. 정말 부끄러울 일은 경영의 실패였다.

정부와 금융이 기업 앞에 쳐놓은 덫

정부의 실패도 있다. 결국 대우건설은 산업은행의 품에 안겼다. 이리저리 팔리다가 만신창이가 된 채였다. 상징적인 자산이던 대우빌딩마저 잃었다. 금호의 욕심과 무리수가 일차적인 원인이다. 정부의 욕심과 불합리도 한몫했다. 금호아시아나는 2006년 6월 대우건설 지분 72퍼센트를 6조 4,255억 원에 사들였다. 대우건설의 가치는 이 정도까진 아니었다. 정부가 기업 간에 경쟁을 붙여서 가

격을 올렸다. 결국 한국자산관리공사는 다섯 배의 시세 차익을 얻었다. 자산관리공사는 외환위기로 쏟아져나온 부실 기업을 관리하고 악성 부채를 정리하는 소방수 역할을 맡았다. 대우그룹이 붕괴되면서 (주)대우엔 악성 부채만 남겨두고 대우건설과 대우인터내셔널 같은 우량 기업을 분리 독립시켰다. 이때 (주)대우에만 1조 5,900억 원의 공적 자금이 투입됐다. 국민 세금이다.

결국 한국자산관리공사는 금호에 대우건설을 매각하면서 5조 원 가까이 회수하는 데 성공했다. 국민 세금을 최대치까지 회수했으니 잘한 일일 수 있다. 결과는 반대다. 지나치게 높은 가격에 대우건설을 인수한 탓에 금호아시아나그룹이 흔들리면서 알짜 대우건설은 빈껍데기 회사로 전락했다. 금호아시아나그룹이 무리하게 대한통운을 인수하면서 그 비용을 대우건설이 대게 했던 데는 이유가 있다. 비싸게 사온 기업을 방패막이로 쓴 꼴이다. 정부는 공적자금 회수에는 성공했지만 기업 회생에는 실패했다. 국가 주도 기업 구조 조정의 최종 목적은 이윤 창출이 아니라 기업 회생이다. 정작 정부는 기업을 되살리는 데 관심이 없었다. 한국자산관리공사는 공적 자금 최대 회수라는 원칙에 얽매이고 책임자들의 공적 싸움에 휘둘려서 대우건설이라는 기업 자체에는 무관심했다. 그건 사간 금호가 알아서 할 일이라는 입장이었다. 정부의 도의적 실패다.

정작 금호는 알아서 하지 못했다. 그 과정에서 결국 마지막 책임자는 다시 정부가 됐다. 이번엔 산업은행이 나서야 했다. 산업은행은 금융지주회사다. 대우건설을 인수할 아무런 이유가 없다. 그런데도 대우건설을 인수해야 했던 건 채권단이기 때문이었다. 이미 대우건설은 시공 능력 1위 자리도 현대건설에 내줬다. 금호가 비싼 인수 대금을 상환하느라 내실보단 외형 위주의 경영을 하다가 1위 자리를 잃었다. 대우건설 주가를 무리하게 끌어올려서 풋백 옵션을 피하려다 오히려 기업 가치만 훼손됐다. 성장 잠재력도 떨어졌다. 금호에 인수되기 전에만 해도 4년 동안 평균 매출 증가율 13.5퍼센트였던 대우건설의 미래 가치는 평균 7퍼센트 이하로 떨어졌다. 대우건설의 알짜 자회사였던 대우ST는 금호ST로 바뀌었고 맑은물지킴이는 금호환경개발로 바뀌었다. 알맹이가 없어졌단 얘기다. 이리저리 팔리면서 가치가 떨어진 기업을 정부가 다시 사들인 꼴이다. 정부의 명백한 실패다.

정작 이런 매각 과정에서 배를 불린 건 금융 자본이다. 금호로 매각하는 과정에서 우리은행과 신한은행과 하나은행이 모두 상당한 이익을 얻었다. 그걸 다시 산업은행이 헐값에 샀다. 그걸 다시 팔게 된다면 매각 과정에서만 상당한 차익을 얻을 수도 있다. 기업의 회생에는 관심이 없고 기업을 사고 팔아서 얻는 차익과 매각 수수료에만 치중한 결과다. 금호의 실패로 정부와 금융권만 재미를 본 셈이다. 미끼를 문 금호만 억울한 노릇이다.

사실 금호는 대우건설을 인수하는 과정에서 해외 투자은행과 증권사의 자문을 받았다. 당시 해외 금융 자문단은 선진 기업 인수합병 전략이라면서 복잡하고 위험한 금융 기법을 제안했다. 그게 금호를 몰락시킨 풋백 옵션이었다. 대우건설의 미래 주가를 갖고 도박을 하게 만드는 이런 금융 기법은 국내 기업한텐 낯선 장치였다. 금호는 정부가 제시하는 경로에 의존해서 물류와 화학으로 큰 제조업 기업이다. 이런 경로의존형 재벌은 신자유주의 시대에 혼돈에 빠지기 일쑤다. 금호아시아나그룹처럼 지도도 없이 돌진하는 경우도 있다. 일단 금융의 마법에 속은 게 화근이었다. 선진적이라는 금융 기법이 사실 금융 기업들의 배만 불리며 기업은 거덜내는 덫이 될 수도 있단 뜻이다.

정부 역시 이런 흐름을 나 몰라라 했다. 돈을 버는 입장이었기 때문이다. 정부는 외환위기 이후 대대적인 기업 구조 조정을 책임져왔다. 실제로 부실 기업을 정리해서 기업 생태계를 건실하게 하는 필요한 일이었다. 정작 그 과정에서 금융 자본의 이익 편취가 커지는 상황을 방치했다. 정부 역시 이익 수혜자였기 때문이다. 그걸 선진화라고 합리화했다. 정작 그런 시장주의적 접근은 쌍용자동차 사태처럼 사람이 죽어나가는 비극으로 이어질 수도 있다. 외환은행, 대우중공업, SC제일은행, 대우자동차, 두산인프라코어가 모두 그런 식이었다. 인수 기업에 상당한 자금 부담을 안겼고 대신 정부와 금융만 배를 불렸다. 대우조선해양, 현대건설, 하이닉스도 크게 다르진 않다.

정부와 금융이 기업들을 상대로 외환위기 장사를 해왔던 셈이다. 10년도 더 지난 아직까지 말이다. 성장 동력에 굶주린 기업은 선진 금융 기법이란 말에 속아서 무리한 자금을 끌어들인다. 금융은 선선히 돈을 빌려주면서 기업에 빚내서 하는 투자를 부추긴다. 그러다 기업이 어려워지면 실패하고 인수 대상 기업은 빈껍데기로 전락한다. 그 과정에서 구조 조정이 일어나고 고용 시장까지 불안해진다.

기업의 소유를 반드시 공적 소유와 사적 소유로만 구분할 필요가 있느냐의 문제도 있다. 사회적 소유도 얼마든지 가능하다. 지금 대우조선해양이 주장하는 방향이다. 잇따른 인수합병 실패로 빈껍데기가 되는 상황을 목격한 상황에서 정부 지분을 무리하게 비싼 값에 재벌에 넘겨줘서 실패를 반복할 이유가 없단 주장이다. 정작 이러면 정부와 금융한테 떨어지는 몫이 적어진다. 외환위기를 파는 시장이 줄어든단 뜻이다.

승자의 저주는 어쩌면 정부와 금융이 기업 앞에 쳐놓은 덫이다. 금호아시아나그룹은 그걸 가속화했을 뿐이다. 자기 탐욕에 눈이 멀었기 때문이다. 대우건설의 자산을 바탕으로 무리하게 대한통운을 인수했던 것도 결국 이대로 손해만 볼 수 없다는 욕심 때문이었다. 대한통운 역시 2조 원 정도면 될 것을 4조 원에 사들이는 무리를 했다. 게다가 여기에 법원 역시 금호 측에 인수 대금은 모두 현금으로 쏟아부으라고 명령하면서 금융권만 신이 나게 됐다. 전액 대출로 메워야 했고 결국 이자 수익으로 이어졌기 때문이다.

형제라는 경쟁자를 제치기 위해

금호아시아나그룹은 원래는 착실한 제조업 기업이었다. 설립자 박인천 회장은 1946년 광주택시를 설립했고 광주 지역 여객운송 시장을 장악했다. 자연히 택시와 버스에 소모되는 타이어에 관심을 갖게 됐고 타이어 회사를 설립했다. 이어 타이어를 제조하기 위한 합성고무를 만들면서 화학업에 뛰어들었다. 그게 대규모 설비투자업이다 보니 건설업에 뛰어들게 됐다. 1988년엔 제2 민간항공사인 아시아나를 설립하면서 도약의 발판까지 마련했다. 핵심 역량을 중심에 두고 연관 산업으로 시너지를 극대화하면서 성장해왔다. 그만큼 내실이 있을 수밖에 없다.

2000년대 들어서 금호아시아나그룹은 핵심 가치를 잃고 무차별적인 확장에만 치중했다. 대우건설 인수와 대한통운 인수는 금호아시아나의 기업 가치와는 별 관련이 없는 빅딜이었다. 그저 경쟁자보다 앞서야 한다는 승부수였다. 형제 경영이란 허울 속에 동업자 간 힘겨루기가 이어지면서 리더십을 제대로 확립하지 못한 탓도 컸다. 무리한 투자로라도 공적을 쌓아야 형제 경영에서 우위에 설 수 있었다. 정작 이런 확장성은 경영에도 영향을 줬다. 핵심 기업인 금호산업과 아시아나항공은 오랜 시간 혁신 정체에 빠져 있다. 성장 일변도에 치중하다 질적 성장의 때를 놓쳤기 때문이다. 금호타이어와 금호석유화학과 금호산업 모두 해외 공장 증설에 치중해왔지만 저가의 노동력을 활용하는 수준에 그쳤다. 진정한 글로벌 경영의 단계로 진입하지 못하고 노동 시장과 소비 시장을 따라 옮겨다니다 보면 결국 갈 곳을 잃게 된다. 기술 경쟁력 확보에 소홀하게 될 수도 있다.

이제 금호아시아나그룹에서 오너 가문에 대한 직원들의 신뢰도도 예전만 못하다. 기업 위기 앞에서 형제 싸움만 일으키면서 시장의 신뢰를 잃었다. 계열 분리를 통해 입장을 정리했다지만 결국 금호아시아나그룹은 반 토막으로 쪼개졌다. 그룹의 유일하다시피한 알짜 기업인 금호타이어에서 노사 분규가 끊이지 않는 이유다. 경영진에 대한 노조의 신뢰가 예전만 못하기 때문이다.

2008년 4월 7일 금호아시아나그룹 창립 62주년 행사장이었다. 대한통운 인수를 마무리한 직후였다. 박삼구 회장은 말했다. “이제 안정과 성장을 통해 500년 영속 기업으로 가는 길만 남았습니다.”

결국 금호아시아나그룹은 모든 걸 잃었다. 2007년까지만 해도 52개에 달했던 계열사는 25개로 줄었다. 대우건설과 대한통운도 잃었다. 금호산업과 금호타이어는 워크아웃 상태다. 인수 과정에서 진 막대한 빚만 남았다. 그 빚이 여전히 금호를 짓누르고 있다. 성장에 굶주린 기업들을 상대로 외환위기 장사를 계속하고 있는 정부와 금융의 탐욕 탓도 있다. 남 탓 할 것도 없다. 금호의 탐욕이 실패를 불렀다.

NHN

삼성의 길을 쫓아가다

이해진 NHN 최고전략책임자CSO는 지난 몇 년 동안 일본에서 살다시피 했다. 모바일 메신저인 라인을 개발하고 일본 시장점유율을 늘리기 위해서였다. 이해진 CSO는 2011년 6월부터 라인의 일본 출시를 진두지휘해왔다. 라인은 카카오톡의 추격자다. 카카오톡은 모바일 메신저 시장을 열었다. 통신사들이 장악했던 휴대전화 문자 시장을 혁신했다. 한걸음 더 나아가서 페이스북에 도전하고 있다. 페이스북이 인터넷에 기반을 둔 소셜 네트워크 서비스라면 카카오톡은 모바일에 기반을 둔 소셜 네트워크 서비스였다. 인터넷 혁신의 화두는 모바일과 소셜이다. 이동통신이 발달한 한국에선 모바일 혁신이 일어났고 수평적 네트워킹에 익숙한 미국에서 페이스북이 등장한 건 어찌 보면 자연스러운 일이다. 정작 한국 인터넷 시장의 맹주나 다름 없는 NHN은 모바일과 소셜 네크워크 모두에서 뒤쳐져 있었다. 결국 카카오톡이 한국 모바일 네트워크 시장을 선점했다. 페이스북도 한국 소셜 네트워크 시장에 무혈 입성했다. NHN이 뒤늦게 미투데이와 모바일 검색 서비스로 따라잡으려고 했지만 역부족이었다. 이해진 CSO가 일본에서 라인에 올인한 이유다. 한국에 비해서 소셜과 모바일 네트워크 시장이 모두 미성숙한 일본 시장을 선점해 단번에 역전하기 위해서였다. 한 발 늦어버린 한국 시장에서 승부를 뒤집기엔 너무 늦었다는 전략적 판단도 있을 수 있었다.

적중했다. 후발 주자 라인은 끝내 카카오톡을 추월하는 데 성공했다. 2012년 9월 8일 라인의 가입자 수는 6,000만 명을 돌파했다. 카카오톡의 가입자 수는 5,950만 명이었다. 서비스 출시 14개월 만이었다. 라인은 카카오톡을 앞질렀을 뿐만 아니라 기념비적인 가입자 6,000만 명 고지에 먼저 올라섰다. 일본에서의 절대적인 인기 덕분이다. 라인은 일본에선 국민앱으로 통할 정도다. 전체 가입자의 50퍼센트 가까이가 일본인이다. 대만에서도 인기다. 라인은 글로벌 앱이다. 반면에 카카오톡은 국내 가입자가 80퍼센트 이상이다. 한국에선 여전히 카카오톡이 최강자다. 일본에선 라인이 최강자다. 라인은 일본 최대의 모바일 메신저 서비스로 자리를 굳혔다. 2013년 1월 18일 라인의 가입자 수는 1억 명을 돌파했다.

일본에서 라인이 안착할 수 있었던 건 이해진 CSO와 NHN재팬 팀이 수년 동안 일본을 연구한 덕분이었다. 일본은 스마트폰 사용자보다 일반폰 사용자가 많았다. 이해진 CSO는 일반폰 사용자도 라인 서비스를 쉽게 이용할 수 있게 만들었다. 일본 사용자들은 아기자기한 이모티콘에 환장한다. 그는 또 일본 사용자들의 구미에 맞게 라인을 디자인하라고 주문했다. 서비스 경쟁에 승부처가 있다고 본 셈이다. 카카오톡보다 더 친절하고 더 편리한 서비스를 제공하려고 했다.

철두철미한 추격자 전략이었던 셈이다. 후발 주자라는 약점이 있는 국내 시장보다 일본 시장을 먼저 공략했다. 카카오톡이 부족한 부분을 간파해서 더 많은 인력과 자본을 투자해서 더 많은 서비스를 제공했다. 모방하되 한층 더 업그레이된 모방품을 내놓는 방식이다. 전형적인 패스트 팔로어 전략이다. 이런 전략이 가능했던 건 NHN이기 때문이었다. NHN은 인력과 자본을 겸비하고 있다. 네이버는 사실상 한국 인터넷 포털 시장을 지배하고 있다. 소규모 조직에서 출발한 카카오톡과는 체급이 다르다. 일단 된다 싶은 기술이나 서비스가 발견되면 목표 지향적으로 몰두하기 쉽다. 인력과 자본을 집중투하할 수 있어서다.

사실 NHN의 이런 빠른 추격자 전략까지도 모방이다. 지구상에서 가장 빠른 추격자는 삼성이다. 삼성은 막강한 자금력과 뛰어난 인력을 갖추고 조용히 목표가 나타나기를 기다린다. 누군가 새로운 혁신을 만들어내고 그 혁신의 결과가 돈이 된다고 판단되면 모든 자원을 집중한다. 시장을 장악해버린다. 삼성의 빠른 추격자 전략은 애플까지도 당황하게 만들 만큼 무시무시하다. NHN은 그런 삼성의 전략을 재해석했다. 카카오톡이라는 혁신 서비스가 나왔을 때 NHN은 소셜과 모바일 모두에서 밀리고 있었다. NHN은 일본에서 서비스 추격 전략으로 역전을 시도했다. 보란 듯이 성공했다. NHN은 분명 라인으로 성공했다. 그러나 아쉽다. 혁신에 실패한 거인의 작은 성공이었다. 삼성전자와 똑같이 추격자로서의 한계를 보여줬다. 잘했지만 잘하기만 한 건 아니었단 얘기다.

사실 이해진 CSO가 성공한 더 큰 진짜 이유는 따로 있을 수 있다. 이제는 거대해진 NHN의 장단점을 예리하게 간파했기 때문이다. NHN은 혁신 기술 기업이 되기엔 대기업화돼버렸다. 이렇게 거대해진 조직이 혁신성을 되찾기보단 거대한 조직으로서의 힘을 활용할 수 있도록 하는 게 정답일 수 있었다.

2005년 1월 5일이었다. NHN재팬 홈페이지엔 이런 안내문이 떴다. "언제나 네이버를 찾아주셔서 감사합니다. 애용해주셨던 네이버 검색 서비스는 정말로 외람되오나 2005년 1월 31일을 기해서 서비스가 종료됩니다."

NHN은 패인을 분석했다. 패인 분석을 위한 태스크포스팀을 이끈 장본인이 이해진 CSO였다.

당시에 NHN은 일본 인터넷 사용자들의 니즈를 제대로 파악하지 못했다. 한국에선 주무기였던 지식검색도 일본 무대에선 통하지 않았다. 이해진 CSO는 NHN의 CEO 자리를 내놓은 뒤론 사외 활동뿐만 아니라 사내 활동도 잘 안 한다. 점심도 혼자 먹는 일이 많을 정도다. 대신 혼자 데이터와 씨름하고 궁리해서 답을 낸다. 하지만 이해진 CSO는 NHN의 이사회 의장이다. 그가 내놓는 답이 NHN 안에선 정답이란 얘기다.

이해진 CSO가 이끈 태스크포스팀이 NHN재팬뿐만 아니라 NHN이라는 기업의 업태와 장단점까지 분석하게 됐던 건 자연스러운 일이었다. 그 사이에 큰 변화도 일어났다. NHN의 한 축을 담당했던 한게임 쪽 경영진이 잇달아 회사를 떠났다. NHN은 네이버와 한게임이 결합된 회사다. 네이버 쪽 경영진은 NHN을 서비스 혁신형 기업으로 본다. 한게임 쪽 경영진은 NHN을 기술 혁신형 기업으로 본다. 기술 혁신형 기업은 개발자의 창의력을 중시한다. 때론 무모한 기획을 밀어붙일 때도 있다. 큰 조직보단 작은 조직을 선호한다. 서비스 혁신형 기업은 구성원의 근무 자세를 강조하기 마련이다. 쏟아지는 사용자의 요구에 따라 매일 조금씩 서비스를 개량해야 한다. 자연히 인력도 많이 필요하다. 네이버 쪽 경영진을 중심으로 회사가 정리되면서 이해진 CSO는 NHN의 정체성은 서비스 기업이라고 좀 더 분명하게 정의할 수 있게 됐다. 2010년 1월의 사내 강연은 이해진 CSO의 오랜 성찰의 결론을 사내에 알리는 자리였다. 그 자리에서 이해진 CSO는 이런 말을 했다. "혁신은 창의성이 문제가 아니라 규율이 필요하다고 봅니다. 혁신을 하려면 해외 사례 보고 트렌드 찾아보는 게 아니라 내가 하는 일을 딱 붙잡고 있어야 합니다. 인터넷은 자유로운 곳이라는 얘기를 합니다만 인터넷 회사도 회사입니다."

NHN이 서비스 회사로 거듭난 날이었다. 라인의 성공은 이해진 CSO의 이른바 서비스 NHN론이 맺은 결실이다. 또한 한계다.

NHN을 믿어도 될까

4년 전이었다. 'NHN을 믿어도 될까?' 그때 딱 그렇게 생각했다. 그는 웹2.0 시대를 대표했던 IT벤처의 개발 팀장이다. "한 번이라도 NHN과 일해본 개발자라면 같은 생각들이었을 겁니다. NHN과 일해서 돈을 번 벤처가 별로 없다는 건 다 아는 사실이었으니까요."

2010년 신년 벽두부터 NHN은 개방을 화두로 던졌다. 개발자들을 모아놓고 작은 모임을 열었다. 네이버 소셜앱 미니 컨퍼런스라고 이름 붙였다. 애플과 구글과 페이스북이 흔히 여는 개발자 회의였다. 애플리케이션 생태계란 것도 거창해 보이지만 다 이런 간단한 만남에서 잉태된 결실이다. 그런데 2010년 1월 14일 분당 본사 그린팩토리에서 열렸던 NHN의 첫 개발자 회의는 협력식이라기보단 탐색전에 더 가까웠다. 개발 팀장은 익명을 전제로 증언했다. “다들 네이버니까 가본 겁니다. 다들 네이버니까 덥석 믿지를 못했던 겁니다.”

NHN은 2,200만 개가 넘는 블로그와 700만 개가 넘는 카페에 300만 회원을 확보한 SNS 미투데이를 갖고 있다. NHN의 영토는 크고 비옥하다. 인터넷에서 서비스 장사를 해보려는 개발자라면 NHN의 땅을 붙여 먹는 게 유리하다. NHN도 부르기만 하면 개발자들이 구름 같이 몰려올 거라고 여겼다. 빗나갔다. NHN에 대한 불신이 시장에 팽배했다. 컨퍼런스에 참여했던 다른 개발자도 말한다. “네이버는 이런저런 서비스를 갖고 있다는 자랑이 대부분이었지 듣고 싶은 개발 도구 공유나 개발 비용 분담 같은 얘기는 구체적이지 않았죠. 그냥 대학생 세 명 정도가 모여서 작은 애플리케이션 게임 하나 정도를 만들어서 용돈을 좀 벌겠다고 생각한다면 모르겠어요. 같이 비즈니스를 하자는 태도는 아니라고 느꼈습니다.”

또 다른 개발자가 덧붙인다. “NHN은 우리 같은 개발자들을 통해서 자신들의 서비스를 보완할 생각만 합니다. NHN과 함께 일해보면 빌붙어서 살고 있다고 느끼게 되는 경우가 많습니다.”

NHN은 활짝 열린 벤처 기업으로 출발했다. 이질적인 네이버컴과 한게임이 합병할 수 있었던 것도 제 몫만 챙기지 않는 개방형 기업이었기 때문에 가능했다. 2005년 무렵까지도 그랬다. 당시만 해도 NHN은 단순한 검색 회사라기보단 여전히 검색 회사와 게임 회사가 동거하는 기업이었다. 매출만 봐도 그랬다. 네이버라는 포털이 검색 광고로 급성장하고 있었고 지식in 서비스가 유명하긴 했지만 한게임의 매출도 견고했다.

검색과 게임이라는 힘의 균형은 검색 광고의 매출이 급성장하면서 틀어지기 시작했다. 2003년엔 검색 광고 매출이 한게임 매출을 넘어섰다. 2005년 한게임의 매출은 전체 매출의 20퍼센트까지 위축됐다. 엔씨소프트나 넥슨에 밀려서 한게임이 대박을 터뜨리지 못한 탓도 있었다. 검색 광고 매출이 워낙 폭발적으로 늘어난 게 더 큰 이유였다. 검색 광고 매출은 2003년 418억 원에서 2004년 856억 원으로 늘었고 2005년엔 1,732억 원까지 증가했다. 정확히 매년 두 배씩는 셈이다.

이런 변화는 NHN의 색깔을 싹 바꿔버렸다. 게임은 기술이면서 창작이다. 검색은 기술이면서 서비스다. 한게임을 중심으로 회사가 돌아가던 시절엔 NHN은 창작하는 기술 회사에 가까웠다. 자연히 개방적이었다. 한게임 출신 인재들이 특히나 자유분방했다. 그들은 NHN을 개방적이고 진취적인 회사로 이끌고 싶어했다. 김범수, 천양현, 문태식, 남궁훈 같은 한게임 쪽 NHN 창업자들은 회사 안에서도 가장 탈조직적인 인물로 꼽혔다. 그러나 캐시카우가 한게임에서 검색 광고로 바뀌면서 NHN의 역량은 검색과 서비스와 영업에 집중되기 시작했다. 결정적인 갈림길이 있었다. 검색 기술에만 집중하던 네이버가 이메일과 커뮤니티 서비스를 시작한 일이다. 당시로선 앞서가는 다음과 야후와 프리챌을 추격하자니 어쩔 수가 없었다. 그러나 그 결정으로 NHN의 항로는 기술 기업에서 서비스 기업으로 영원히 바뀌어버렸다. 갖가지 서비스를 유지하자니 회사 인력은 갈수록 늘어만 갔고 그 인력을 유지하자니 보수적인 인력 관리 체계를 갖출 수밖에 없었다. 2010년 NHN의 전체 인력은 3,000명 선까지 불어났다. NHN의 인사 업무는 삼성그룹 인사실 출신이 맡았다.

서비스는 NHN한텐 양날의 칼이었다. 흔히 NHN이 검색 광고 시장을 연 것처럼 얘기한다. 네이버가 2001년 5월 키워드 검색 광고를 처음 시작한 건 사실이다. 하지만 당시 검색 광고는 노출 방식이나 영업 방식 모두 맹아적인 수준이었다. 그런데도 네이버가 지금처럼 검색 광고 시장의 선두에 설 수 있었던 건 야후가 만든 검색 광고 회사 오버추어의 방식을 받아들이면서부터였다. NHN은 2004년 7월 오버추어와 제휴했다. 오버추어가 특허를 갖고 있는 검색 광고 영업 방식을 활용할 수 있게 됐다. NHN 역시 2004년 12월에 클릭초이스 방식이란 걸 선보였지만 당시로선 별 지지를 얻지 못했다.

유독 NHN이 다른 포털들을 제치고 오버추어의 방식으로 떼돈을 벌 수 있었던 건 NHN의 온갖 서비스 덕분이었다. 네이버 검색이 편리한 건 네이버가 일일이 검색 결과를 데이터베이스화하기 때문이다. 수공예 검색이라고 할 수 있다. 게으른 소비자들은 이런 검색 방식에 중독됐다. 게다가 메일과 블로그와 카페까지 갖춰놓아 사용자들이 네이버를 먼저 찾았고 검색 수를 늘릴 수 있었다. NHN은 검색 기술이 아니라 서비스 영업으로 돈을 벌었단 얘기다. 처음엔 창업자들조차 탐탁지 않게 여겼던 서비스가 NHN의 핵심 역량이 돼버렸다.

2006년 구글이 한국에 진출했을 때 네이버가 제일 먼저 한 대응은 네이버 서비스의 폐쇄성을 강화한 일이었다. 구글 검색으론 네이버 지식in이 검색되지 않도록 제한했다. 네이버로선 지식in 같은 핵심 역량을 거저 내줄 순 없었다. 이해진 CSO는 평소에 "지식의 보편화를 위해 네이버를 만들었다" 고 말했다. 이미 네이버는 지식의 사유화를 지향할 수밖에 없는 폐쇄적인 기업이 돼 있었다. 기술은 개방할 수 있다. 기술은 나눌수록 커지기 때문이다. 구글이 안드로이드를 공개한 것도 그래서였다. 덕분에 구글은 애플을 제치고 스마트폰 시장의 최강자가 될 수 있었다. 서비스는 공개할 수 없다. 서비스는 독점적이지 않으면 차별화가 안 되기 때문이다. 서비스 기업으로서 NHN은 폐쇄적이 될 수밖에 없었다.

NHN 관계자는 말한다. "종종 왜 구글처럼 안드로이드를 못 만들었느냐는 비난을 듣습니다. 구글과 NHN은 크기가 다른 회사입니다. NHN은 구글을 상대로 생존하기에도 벅찬 싸움을 벌여왔습니다."

어쩌면 크기가 아니라 생각의 차이였는지도 모른다. 구글은 개방적 기술기업을 꿈꾼다. NHN은 폐쇄적 서비스 기업을 지향한다. NHN은 창업 10년 만에 가장 개방적인 기업에서 가장 폐쇄적인 기업으로 탈바꿈했다.

벤처 문화가 사라진 NHN

"NHN은 원래 분수 같은 개방적인 회사였습니다. 50개가 넘는 회사의 연합체 같은 조직이었습니다. 서로 두서없이 생각을 공유하고 얘기를 펼쳐갔습니다. 분명 2005년 무렵까지만 해도 NHN 안에는 벤처의 문화가 살아 있었습니다."

익명을 요구한 NHN의 전 임원은 푸념한다. 그는 NHN 본사와 해외 사업

부서에서 오래 일하다가 퇴사했다. "교과서적인 경영자의 눈엔 당시의 NHN이 비효율적인 조직이었을지 모릅니다. 하지만 분명 그때의 NHN은 무척이나 열린 회사였어요. 이런저런 아이디어들이 터져나왔고 외부 업체들과의 교류도 활발했습니다."

NHN의 전 임원은 비판한다. "지금의 NHN을 생각하면 상상하기 어렵죠. 지금의 NHN은 위계가 확실한 수직적 삼각형 조직입니다."

NHN은 검색과 게임을 소재로 한 기술 회사에서, 게임 중심 회사가 됐다가, 검색 회사가 됐고, 결국 서비스 회사로 정착됐다. NHN의 역대 CEO도 그런 변천 과정을 설명해준다. 이해진 CSO와 김범수 대표의 공동 대표제였다가, 김범수 대표의 단독 대표 체제로 바뀌었다가, 다시 기자 출신인 최휘영 대표가 나섰고, 결국 판사 출신인 김상헌 대표가 이끌고 있다. 현재 NHN의 상임 이사는 이해진 CSO, 김상헌 대표, 이준호 COO, 황인준 CFO, 최휘영 NHN비즈니스플랫폼NBP 대표이사 5인 체제다. 최휘영 NBP 대표는 기자 출신으로 2년 여 동안 NHN의 대표를 맡았었다. 황인준 CFO는 삼성전자와 삼성증권에서 근무한 금융 전문가다. 이준호 COO는 CAO와 CTO를 두루 거쳤다. 김상헌 대표는 판사 출신이다. 이해진 CSO는 유일하게 남아 있는 NHN의 창업 주역이다. 한게임 출신들은 없다. 기술 전문가도 이해진 CSO와 이준호 COO뿐이다.

결국 다 사람의 변화다. 기술 회사는 자유분방하다. 개방적이다. 무엇보다 중요한 건 창의력이기 때문이다. 엔씨소프트나 넥슨이 그런 경우다. 마찬가지로 기술 회사 특유의 비효율성이 문제가 된다. 엔씨소프트는 리니지2에서 아이온으로 넘어올 때까지 6년이 걸렸다. 그동안 엔씨소프트의 주가는 답보 상태를 벗어나지 못했다. 넥슨도 마찬가지다. 카트라이더 이후 대박이 없어서 시장의 걱정거리가 되고 있다. 하지만 기술 회사는 한 방이 있다. 엔씨소프트는 2008년 아이온을 출시한 뒤로 주가가 폭등했고 NHN에 이어 매출 1조 원 클럽에 가입했다. 구글도 안드로이드로 스마트폰 시장을 석권했다. NHN의 전 임원은 말한다. "예전엔 결실을 맺을지도 알 수 없는 수많은 프로젝트들이 난립했었어요. 대부분 아무런 성과도 내지 못했지만 그중에서 일부는 참신했죠. NHN은 그런 회사였습니다. 그 무렵 온갖 인재들도 다 흡수했습니다. 게임 개발자들부터 언론사 기자들까지 색다른 생각을 가진 인재들이라면 누구나 환영이었다. 게임으로 번 돈을 온갖 신기술들에 쏟아부었어요."

하지만 토끼는 거북이를 이길 수 없었다. 2009년 NHN의 전체 매출 1조 3,574억 원 가운데 검색 광고 매출은 51퍼센트인 6,926억 원에 달했다. 검색 광고와 서비스를 통해 꾸준히 쌓아올린 성과였다. 결국 토끼 같은 한게임 출신들이 하나둘 NHN의 해외 지사로 흩어지기 시작했다. 2007년 1월 김범수 대표가 NHN USA의 대표를 맡았다. 천양현 대표가 NHN재팬을 맡았고 남궁훈 대표가 김범수 대표의 뒤를 이어 NHN USA를 책임지게 됐다. 한게임 출신들은 그렇게 해외 지사로 발령받았다가 또 하나둘 NHN을 떠났다. 김범수 대표는 2007년 9월 사임했다. 그렇다고 검색 기술 부문 인재들이 오래 자리를 지킨 것도 아니었다. 김정호 전 한게임 대표는 검색 쪽 창업 멤버의 좌장 격이었다. 검색과 게임의 균형추 역할을 했다. 김범수 대표가 떠난 한게임의 빈자리를 김정호 대표가 메운 것도 그런 인연 때문이었다. 하지만 김정호 전 대표도 NHN을 떠났다. 오승환 전 NHN서비스 대표, 김희숙 전 신사업부문장, 권혁일 이사도 회사를 떠났다. 김정호 전 대표는 아예 NHN 지분도 모두 매각해버렸다. 그들 역시 서비스와 영업보단 창조와 혁신에 더 관심이 많은 인재였다.

남은 이는 두 사람뿐이었다. 이해진 의장은 최고전략책임자인 CSO를 맡으면서 NHN의 두뇌로 확고하게 자리 잡았다. 그리고 이준호 COO가 있었다. 그는 네이버 검색 엔진의 실질적인 설계자다. 하지만 창업 멤버로 NHN에 참여하진 않았다. 서울대학교 컴퓨터공학과 84학번으로 이해진 CSO보다 2년 선배다. 카이스트 선배도 된다. 2005년 7월 CTO로 NHN에 본격 합류했다. 그가 NHN의 실세로 부상한 건 최고서비스책임자인 CAO를 맡으면서부터였다. Chief Advisory Officer를 줄인 CAO는 다른 회사에는 없는 직책이다. 2007년 CAO를 맡으면서 NHN의 경영 문화를 앞장서서 혁신하기 시작했다.

NHN의 전 임원은 설명한다. "CAO는 무서운 자리입니다. 경영 혁신이란 이름으로 인사 이동과 조직 재편을 마음껏 할 수 있는 위치입니다. 이때부터 사실상 이준호 CAO가 NHN 경영의 중심에 서게 됩니다. 밖으로야 최휘영 대표가 있었지만 기자 출신으로 대외 업무를 맡았던 거고 내치는 이준호 CAO의 몫이었죠."

또 설명한다. "이준호 COO는 눈에 보이지 않으면 없는 거라고 말합니다. 가장 실리적이고 효율적으로 조직을 운영하는 경영인입니다. 이때부터 NHN의 기업 조직은 수직적인 삼각형 구조로 바뀝니다. 매출이 가장 중요한 지표가 됩니다. 개방보단 폐쇄를 강조하게 되고 독점적인 힘을 활용하기 시작합니다."

NHN이 벤처 기업들 사이에서 위협적인 공룡으로 인식되기 시작한 것도 2007년 무렵부터였다. NHN에 대한 불신이 싹트기 시작했다. 류한석 기술문화

연구소 소장은 말한다. "NHN은 대외적으론 일하기 좋은 기업으로 알려져 있지만 내부적으론 사내 파워 게임이 엄청난 기업입니다. 일단 네이버와 한게임이라는 이질적인 두 인맥이 합쳐진 구조여서였습니다."

또 있었다. "NHN의 조직 문화가 한국적인 닫힌 문화로 바뀌는 과정에서 크고 작은 알력 싸움이 일어났던 거죠. 어쩌면 NHN이 한국 사회에 적응해가는 과정이었겠지만 NHN마저 그렇게 되어가는 슬픈 과정이었죠."

이제 NHN 안에서 이준호 COO와 이해진 CSO는 구글 창업자들에 비유된다. NHN의 세르게이 브린과 래리 페이지로 불린다. 이해진 CSO가 미래 전략을 고민하는 자리에 있다면 이준호 COO는 실질적인 NHN호의 조타수다. 기나긴 싸움의 승자가 가려졌다.

기술 기업에서 서비스 기업으로

NHN이 대외적으로도 폐쇄적인 기업이란 비난을 받으면서 언론의 십자 포화를 맞았던 시기가 있었다. 2007년부터 2008년 사이였다. 국회의원까지 나서서 NHN 때리기에 앞장섰다. 사실 언론이 NHN을 공격했던 건 NHN이 검색 접속을 독점하면서 광고 수익을 나눠주지 않아서였다. 그 결과 조선, 중앙, 동아일보는 NHN에 더 이상 뉴스를 제공하지 않게 됐다. 포털 사이트에게 뉴스는 접속자 수를 높이는 핵심 동력이다. NHN 관계자는 "뉴스 부분이 포털의 심장"이라고까지 표현한다. 결국 NHN은 사용자가 뉴스 검색을 하면 해당 언론사의 홈페이지로 이동하게 만들었다. 네이버 홈페이지로만 집중됐던 접속을 언론사들한테 나눠준 셈이었다. 언론사들은 반겼다. 접속자 수가 많아진 만큼 광고주들한테 광고 영업을 더 적극적으로 할 수 있었다. NHN 때리기는 잠잠해졌다. NHN이 그렇게 할 수 있었던 건 역시 풍족한 검색 광고 매출 덕분이었다. 언론사는 검색 포털이 아니다. 검색 광고 수익은 포털만의 몫이다. 철이 지나간 배너 광고 일부만 언론사한테 양보한 셈이었다.

하지만 진짜 독점은 다른 곳에서 진행되고 있었다. NHN은 인수합병 전략으로 경쟁자들을 시장에서 퇴출시켰다. 2006년 6월 첫눈을 인수합병했다. 이준호 당시 CTO가 주도한 거래였다. 첫눈은 한국의 구글이 될 걸로 기대를 모았던 검색 기술 기업이었다. 하지만 첫눈은 아직 서비스도 제대로 시작하기 전에 NHN에 350억 원에 팔렸다. 매출이 0원인 업체를 350억 원에 사들인 셈이었다. NHN이 첫눈을 위협적으로 여긴 이유는 첫눈이 구글식 검색 기술을 한국화하는 데 성공했기 때문이었다.

구글과 네이버 검색의 차이는 웹 기반이냐 내부 콘텐츠 기반이냐에서 갈린다. 구글은 키워드 단어가 많이 들어간 검색 결과를 무작위로 보여준다. 네이버보다 덜 일목요연할지 모르지만 더 많은 정보를 얻을 수 있다. 검색 기업들이 포털까지 겸하면서 국내 검색 기술 경쟁은 데이터베이스 독점 경쟁으로 변질됐다. 첫눈이 검색 엔진 시장을 포기한 것도 네이버가 데이터베이스를 개방하지 않는 한 발전된 검색 엔진이 있어도 무용지물이기 때문이었다. 이준호 당시 CTO는 "검색은 종합예술"이라고 묘사했다. 그러나 국내 검색 엔진 기술은 종합예술이 아니라 가내수공업으로 전락해 있었다.

네이버는 검색조차 폐쇄적이란 얘기다. 하지만 NHN은 네이버식 검색을 포기하기 어렵다. 애초에 이해진 CSO와 이준호 COO가 네이버 검색 엔진을 개발했을 땐 한국어로 된 디지털 정보가 많지 않았다. 그래서 네이버는 데이터베이스를 스스로 확장하는 방식을 선택했다. 두산백과사전을 모두 디지털화한 것도 그런 순수한 노력의 일환이었다. 지식in은 그런 네이버한테 사용자들이 공짜로 제공한 선물쯤 됐다. 결국 네이버의 검색 데이터베이스는 어마어마하게 확장됐다. 하지만 네이버는 다른 검색 엔진에는 지식in을 공개하지 않았다. 사실 지식in은 네이버만의 사유물은 아니다. 한국 네티즌들이 모두 함께 만들어낸 지식의 보고다. 네이버는 제 것이라고 했다.

60여 명의 첫눈 기술자들은 NHN 기술개발팀에 합류했다. 하지만 NHN은 그 기술로 국내 검색 시장을 혁신할 생각은 하지 않았다. 첫눈의 검색 기술을 네이버의 해외 진출에 활용한다는 게 명분이었다. 그러나 네이버 검색의 해외 진출은 2001년 실패한 뒤로 10년 가까이 일단 멈춤 상태다. 국내 시장에선 데이터베이스 싸움으로 야후를 제쳤지만 일본 시장에선 기술력에서 야후와 구글한테 밀리고 있는 게 현실이다. 그래서 네이버 재팬은 일단 소리 소문 없이 서비스를 시작했다. 첫눈은 그렇게 녹아버렸다.

IT 업계의 관계자는 말한다. "NHN은 검색부터 블로그와 메일과 SNS와 이젠 소셜커머스 시장까지 모두 발을 뻗쳤지요. 구글은 서비스 기업이 아니라 기술 기업을 지향했기 때문에 안드로이드 같은 OS를 개발할 수 있었습니다. 반면에 NHN은 서비스 시장을 확장하는 데만 열을 올린 탓에 새로운 기술에는 관심을 갖지 않았어요."

덧붙인다. "해외 웹 서비스 업체들 만나면 한국을 비웃습니다. 포털이 진공청소기도 아니고, 말단에서 작은 창업 기업의 몫까지 빼먹고 있다는 거죠. 그뿐인가요. 스마트폰 시장으로 재편되니까 이제 그 시장에 무임승차를 하려고 합니다. 와이파이망을 깔고 스마트폰을 개발한 사람들은 따로 있는데 이제 포털이 소셜 흐름도 가져가겠다고 하는 거죠. 구글은 안드로이드를 만드는 공헌을 했습니다. 네이버는 무엇을 했습니까. 생태계를 만들어주기는커녕 생태계 파괴만 일삼았죠."

이제 NHN은 생태계의 포식자다. 익명을 요구한 벤처 기업 대표는 말한다. "NHN이 모바일 게임 시장에 무료 게임을 뿌려댈 거란 얘기도 나오면서 시장에 대한 위협이 아닌가도 싶었어요. NHN이 들어올 테니까 혼자 할 생각 같은 건 하지 말고 빨리 이쪽으로 붙으라는 거죠."

라인을 성공시키고 난 뒤 플랫폼 전략으로 확대하면서도 비슷한 모습을 보이고 있다. 카카오톡의 애니팡 같은 소셜 게임이 대박을 내자 NHN도 가세하고 있다. 정작 NHN은 개방보단 선택적 제휴를 추구한다. NHN의 전 임원은 말한다. "모바일 게임 시장의 50퍼센트를 장악하겠다고 공약하는 것부터가 우리가 알던 NHN이 아닌 겁니다. 50퍼센트를 장악하겠다 같은 얘기는 보수적인 대기업들이나 하던 얘기 아닌가요. 숫자를 들이대고 물량 공세를 하겠다고 얘기하는 건 경영적으론 효과적일지 몰라도 에코 시스템을 고민하는 열린 회사는 하지 않는 얘깁니다. 구글과 페이스북이 시장점유율 얘기하는 거 보셨습니까."

NHN이 재미없는 회사가 된 건 개방성을 잃고 폐쇄적인 기업이 된 탓이다. 폐쇄적인 기업이어서 공성보단 수성을 했기 때문이다. NHN의 성장세가 주춤해진 건 포털에서 소셜로 기술의 대세가 변화한 탓이다. 스마트폰을 이용해서 트위터나 페이스북 같은 서비스에 접속하는 빈도가 늘어나면서 상대적으로 포털의 영향력이 감퇴했다. 그 흐름 앞에서 NHN은 주춤주춤했다. NHN 관계자는 말한다. "NHN이 포털에서 소셜로 가는 기술의 흐름을 몰랐던 게 아닙니다. 클라우드 서비스를 맨 먼저 준비한 것도 NHN입니다. 2008년부터 조직을 신설하고 투자를 했기 때문에 N드라이브라는 서비스를 론칭할 수 있었던 겁니다."

사실 삼성전자나 LG전자도 스마트폰으로 가는 흐름을 몰랐던 게 아니었다. 단지 변화를 바라지 않았을 뿐이었다. NHN도 같았다. NHN으로선 포털에서 소셜로 가는 흐름이 달가울 리가 없다. 포털 중심의 웹 생태계에서 NHN은 이미 모든 걸 장악했다. 소비자는 무조건 네이버부터 접속하고 보는 습관을 갖고 있다. 하지만 개인화되고 모바일 중심인 소셜 서비스가 성장하면 소비자는 포털을 거치지 않고 자신이 원하는 서비스를 직접 이용하게 된다. 포털은 일개 애플리케이션 공급자로 전락할 수도 있다.

사실 NHN은 이런 세계적인 기술 흐름에서 한국 시장을 고립시키는 데 성공한 적이 있다. 류한석 기술문화연구소 소장은 말한다. "NHN은 한국에서 웹 2.0의 흐름이 비켜가게 만든 장본인입니다. 웹2.0이란 결국 일방향 서비스에서 쌍방향 서비스로 변화하는 겁니다. 포털의 페이지 내용도 소비자들이 원하는 방식으로 편집하는 거죠. 하지만 그렇게 시장이 바뀌면 포털은 다른 서비스 제공자들한테 자기 안마당을 내줘야 합니다. 그래서 NHN은 웹2.0의 바람을 지연작전으로 와해시켜버렸습니다. NHN은 웹2.0 개발자 회의를 개최한다고 해놓고 차일피일 미뤘고 약속했던 것도 대부분 지키지 않았습니다. 그렇게 개발자들을 지치게 만들었고 소비자들이 웹2.0 흐름에 무관심하게 유도했습니다."

개발자들이 NHN의 정책을 불신하는 진짜 이유다. 경험했기 때문이다.

반면에 미국과 일본은 웹2.0의 흐름을 타고 빠르게 산업 구조를 재편시켜 나갔다. 미국의 페이스북과 마이스페이스와 트위터는 모두 정보가 기업에서 사용자로만 흐르는 게 아니라 사용자에서 사용자로 확장되는 웹2.0 서비스들이다. 일본에서도 믹시와 니코니코동화 같은 기업들이 시장을 선도하고 있다. 모두가 개방형 쌍방향 서비스들이다. 하지만 NHN은 국내 시장만 지켜내면서 꿈쩍도 하지 않았다. IT 업계 관계자는 말한다. "비판받아 마땅한 선택이었습니다. 국내 시장을 장악했으면 당연히 해외 시장의 흐름을 국내로 흡수하면서 해외 기술들과 겨뤘어야 하는 건데 국내 매출 신장에 안주한 나머지 오히려 기술 퇴행을 야기한 거죠."

한국의 조직 문화를 답습하다

NHN의 전 임원은 혀를 찬다. "이미 NHN 안엔 멀리 미래를 보려는 인물이 많지 않습니다. 그러다가 갑자기 변화를 맞이하게 된 거죠. 그건 스마트폰 혁명으로 시작된 겁니다. 스마트폰은 PC에서 모바일로 흐름이 바뀌게 만들었죠. 기술의 플랫폼 자체가 달라지니까 NHN으로서도 대응하지 않을 수 없게 됐던 겁니다."

비판한다. "게다가 애플의 애플리케이션 생태계가 공론화되면서 구글과 페이스북이 육성한 개발자 생태계 역시 기술 시장의 화두가 됐죠. 무엇보다 네이트가 먼저 소셜앱 생태계를 만들고 나서니까 NHN 역시 어쩔 수가 없었던 겁니다."

구글과 페이스북은 판을 키울 줄 안다. NHN은 판을 독식할 생각만 한다. NHN은 더 이상 새로운 생각을 하는 기업이 아니다. 삼성전자처럼 막강한 독점력을 활용해서 빨리 따라잡을 궁리를 할 뿐이다. 변화에 등 떠밀리듯 대응한다. 오히려 변화를 거부하고 혁신을 방해한다. NHN의 전 임원은 말한다. "개방적인 어떤 새로운 아이디어든 그건 이해진 CSO의 전략단하고 얘기하란 말만 듣기 일쑤죠. 경영컨설팅 회사의 경력 직원들이 대거 합류하면서 인수합병에만 능한 회사가 됐습니다."

네이버는 제2의 삼성이다. 관리의 네이버다. 삼성조차 벗어나려고 그토록 몸부림치는 그 구태다.

NHN은 원래 대단히 개방적인 기업으로 출발했다. NHN의 전 임원은 말한다. "이해진 의장과 엔씨소프트의 송재경 전 개발 총괄 부사장과 넥슨의 김정주 전 대표가 모두 서울대학교 컴퓨터공학과 86학번 동기인 건 잘 알려진 사실이죠. 카이스트 시절 룸메이트들이었던 것도요. 하지만 잘 안 알려진 사실이 하나 있어요. 세 사람이 카이스트에 입학했을 땐 카이스트가 대전으로 내려간 지 얼마 안 됐을 때입니다. 교수님들은 아직 서울에 있었죠. 이공계 연구실은 군대 조직입니다. 철저하게 한 가지만 생각하는 기술자를 만들어버리죠. 그런데 그 세 사람은 그런 수직 상하 구조에서 벗어나 있었어요. 그래서 세 사람은 기숙사에서 통닭이나 뜯어먹으면서 잡다한 상상을 할 수 있었던 겁니다. 시대를 바꾼 혁신이 태어난 건 그런 자유로운 환경이 있어야만 가능해요. 세 사람한테도 한국 경제에도 행운이었죠."

그러나 이제 NHN은 개방적인 기업이 아니다. 창업자조차 규율을 강조할 정도다. 급기야 삼성전자의 단점만 모방했단 얘기도 나온다. 지금은 웹이 처음 등장하면서 시장 지배적 사업자가 결정되던 2000년대 초반 같은 격변기다. NHN 역시 위기를 읽고는 있었다. 네이버me와 네이버톡 같은 개인화된 소셜 서비스를 만들어서 대응하고 있다. 10년 전 NHN이 처음 한게임과 네이버를 만들었을 때만 해도 돈이 안 되는 일에도 도전하곤 했다.

NHN은 많이도 입사하지만 많이도 그만두는 기업 가운데 하나다. IT 벤처의 특징이라지만 NHN은 이미 벤처의 테를 벗은 지 오래됐다. 익명을 요구한 NHN의 관계자는 말한다. "NHN은 밖에서 보면 개방적인 기업인 것처럼 보입니다. 하지만 실제로 안에 들어가보면 기대했던 것과는 상당한 격차를 느끼기 마련입니다. 그건 아마 누구나 겪는 일 같아요. 사내 정치가 아주 복잡하게 얽혀 있지요. 관료주의도 있고요. 게다가 아주 자주 조직 개편을 하기 때문에 몇 년 일하다 보면 아주 냉정한 회사란 걸 알게 됩니다. 조직 개편으로 사람을 자르기 때문에 그전에 나가버리는 경우도 비일비재하죠."

삼성전자는 NHN 출신 인재들을 대거 영입했다. 거꾸로 NHN도 삼성전자 출신들을 대거 등용하고 있다. NHN은 삼성SDS의 사내 벤처에서 출발한 회사다. 하지만 삼성과는 다른 조직을 지향했다. 삼성SDS 출신인 김범수 대표는 삼성SDS의 문화를 지독하게도 싫어하는 사람 가운데 하나였다. 김범수 대표는 2006년 무렵 NHN을 나왔다. 나중에 "NHN이 삼성SDS 같은 거대 조직이 돼가는 게 체질적으로 맞지 않았다"고 말한 적이 있다. 삼성전자와 NHN이 인재를 혼용할 수 있는 건 서로의 장점을 닮아가려는 노력 때문이지만 한편으론 어차피 비슷한 조직 문화를 갖고 있기 때문이다. 류한석 기술문화연구소장은 말한다. "어쩌면 NHN은 한국 경제 구조에 가장 잘 적응해낸 건지도 모릅니다. 시작은 분명히 남달랐지만, 한국 경제 안에서 생존하려면 독점적이어야 하고, 폐쇄적이야 하고, 톱다운 의사 결정 구조를 가져야 하며, 경쟁적이어야 합니다. 그렇게 한국의 조직 문화는 신선했던 NHN조차도 천편일률적으로 만들 만큼 강력한 거죠."

NHN의 전 임원은 말한다. "NHN이 폐쇄적인 기업 문화를 갖게 되고 결국 창의성을 잃은 공룡이 돼버린 건 벤처 신화를 만들었던 80년대 학번 벤처 세대의 보수화에서 원인을 찾아야 할 겁니다. 삼성은 오히려 젊은 조직으로 변화해야 한다고 주장하는 반면에 NHN은 위기 관리 능력을 키우는 쪽으로 치중해온 게 사실입니다. NHN은 더 이상 혁신을 이끌 수 있는 회사가 아닙니다. 구글과 NHN의 가장 큰 차이는 이념입니다. 구글한텐 자신들이 꿈꾸는 세상이 있습니다. 모든 운영의 근간이 되는 OS는 그런 꿈을 가진 조직만이 시도하는 혁신입니다. NHN한텐 그런 꿈이 없습니다. OS를 시도하지 않는 이유입니다. 돈이 있고 없고 기술의 유무와 상관 없습니다."

"최고에 만족하지 마라." 구글의 경영 이념 가운데 하나다. NHN은, 최고에 만족했다. 예전 분당 SK C&C 사옥 시절 김범수 대표의 책상 한 쪽에는 이런 문구가 붙어 있었다. "좋은 기업을 넘어 위대한 기업으로."

NHN은 리틀 삼성

2012년 초 이해진 CSO는 임직원들 앞에서 이런 말을 했다. "우리는 대기업이 아니다. 초심으로 돌아가야 한다."

NHN의 직원 수는 3,000명을 넘어섰다. 관료화가 일어날 수밖에 없는 수준이다. 모바일과 소셜 분야에서 밀리고 있다곤 하지만 실적만 보면 NHN은 탄탄하다. 2011년 매출은 2조 원을 넘어섰다. 2010년에 비해 19.9퍼센트나 늘어난 2조 1,474억 원이었다. 영업이익은 5.1퍼센트가 늘어난 6,204억 원이었다. 2012년 4분기 영업이익도 1,670억 원에 이를 걸로 전망된다. 전년 동기 대비 10.9퍼센트 늘어난 수치다. 그런데도 NHN의 분위기는 삼엄하기 짝이 없다.

이해진 CSO가 조직에 불어넣은 위기 의식 탓이었다. 이해진 CSO는 일본에선 오히려 모바일 서비스 혁신을 주도했다. 어쩌면 커져버린 한국 조직보다 이제 막 시작한 일본 조직이 혁신을 추구하기에 더 적합했다. 정작 한국에서 NHN은 모바일 변화를 가로막는 장애물이다. 같은 NHN인데 일본과 한국에서의 입장과 위상이 정반대란 말이다. 결국 원인은 한국에서 NHN이 정체돼 있기 때문이다. 대기업 같아져버린 조직 구조가 이유일 수 있다. 급변하는 IT 생태계에서 조직이 딱딱하게 굳어져버리는 것만큼 심각한 위기도 없다. 심지어 이해진 CSO는 사내 강연에서 근태까지 챙긴 걸로 알려졌다. "10시에 출근하도록 한 건 야근자가 많기 때문인데 요새는 그런 것도 아닌 거 같습니다."

결국 요즘 NHN에선 부쩍 야근이 많아졌다. 저녁 통근 버스까지 연장 운행되는 판국이다. 이해진 CSO의 혁신론과 일맥상통하는 일들이다. 이해진 CSO는 서비스 혁신은 창의성보단 규율에 달려 있다고 말했다. 기술 혁신은 어쩌면 지금의 NHN에선 불가능하다. 기술 혁신 기업이 못 된다면 NHN이 살 길은 서비스 혁신 기업뿐이다.

그동안 이해진 CSO는 NHN은 김상헌 대표한테 맡기고 NBP는 최휘영 대표한테 일임하는 전문 경영인 체제를 유지해왔다. 이준호 COO와 황인준 CFO로 이어지는 실무 경영진의 실권도 막강했다. 자신은 한계에 다다른 내수 시장을 벗어나기 위해 일본 시장을 몰두했다. 물론 NHN의 어떤 서비스도 이해진 CSO를 거치지 않고는 시장에 나올 수 없다. 일본 시장 개척에 앞장서고 있었다고 해도 변함없는 막후 실력자였단 얘기다. 그가 라인으로 무대에 올랐다.

결과는 성공했다. 의문은 남는다. 한국의 NHN은 창업자조차 우려할 만큼 혁신성을 잃어버렸다. 여전히 국내 인터넷 시장의 최강자지만 변신을 하기엔 비대한 조직이 돼버렸다. NHN은 여전히 젊은 조직이다. 오히려 나이가 많으면 밀려날까 봐 우려하게 되는 문화다. 여느 직장의 허리가 NHN에선 머리다. 그만큼 진급도 빠르고 도태도 빠르다. 다들 그걸 두려워한다. 그렇게 조직이 관료화된다. 젊은 조직의 관료화다. 소셜과 모바일의 흐름을 놓친 건 어쩌면 그래서다. 역설이다. 한국 시장에선 오히려 웹의 최강자 NHN이 모바일 패러다임 전환을 틈탄 도전자들의 공세에 맞서는 모양새다. 모바일과 소셜이라는 인터넷 시장 변화에 제때 대처하지 못했다. 모바일 메신저 분야에선 카카오톡에 선수를 빼앗겼고 소셜네트워크서비스 분야에선 트위터와 페이스북의 위세에 눌려 있다. 강점인 검색 서비스 분야에선 여전히 최강자지만 모바일 검색에선 구글한테 추격을 허용하고 있다. 여러모로 야후 재팬과 판박이다. 창업자는 본사에서 떨어진 별동부대를 직접 이끌고 일본으로 건너갔다. 한국과 일본에 라인을 그었다. 라인은 NHN이 이룬 소셜과 모바일의 최대 치적이다. 동시에 NHN의 한계를 보여주는 증거일 수도 있다.

2010년 1월 이해진 CSO는 연두 사내 강연에서 이렇게 말했다. "우리가 하고 있는 건 서비스입니다. 서비스는 사용자에게 딱 붙어서 해야 하는 겁니다. 사용자가 무엇을 원하는지를 잘 느끼고 잘해주면 무지 강한 회사죠. 사용자가 뭘 원하는지를 잘 아는 경영진이 있는 회사는 안전한 회사고 다른 모든 장점이 있어도 사용자가 뭘 원하는지 잘 모르는 경영진이 있는 회사라면 아주 위험한 회사입니다. 소비자가 무엇을 원하는지 잘 아는 회사는 결코 망하지 않습니다. 이것이 10여 동안 이 사업을 하면서 제가 내린 나름의 결론입니다."

이해진 CSO는 덧붙였다. "서비스의 혁신은 WHAT이 문제가 아닙니다. 혁신의 90퍼센트는 HOW에 대한 혁신입니다. 내가 전에 했던 일을 전보다 낫게 하는 방법을 찾아내는 사람이 혁신가인 겁니다. 인터넷의 앞선 트렌드를 아는 건 필요하지 않습니다. 내가 맡고 있는 일에서 소비자의 니즈를 확실하게 파악하고 어떻게 하면 그것에 부합할 수 있을까 치열하게 고민하고 실행하는 것에서 회사의 승부가 납니다."

이해진 CSO는 일본 시장 공략에 자신의 서비스 혁신 방법론을 똑부러지게 활용했다. 모바일 메신저 서비스라는 WHAT을 처음 만든 건 카카오톡이었다. 이해진 CSO와 함께 NHN을 창업했던 김범수 대표가 만든 것이다. 일본 시장에 맞게 모바일 메신저 서비스를 개량한 건 이해진 CSO였다. 일본 소비자가 필요한 건 일반폰에서도 작동하고 스티커와 이모티콘을 쉽게 사용할 수 있는 모바일 메신저였다. 적어도 이해진 CSO는 라인을 통해 NHN이 안전한 회사라는 사실을 증명한 셈이다. 이제 무지 강한 회사로 거듭나기만 하면 된다. 돈은 굴러들어오게 돼 있다. 하지만 국내 최대 IT 기업한테 기대되는 혁신은 HOW만이 아니다. WHAT이다. 2013년, NHN은 모바일 자회사 가칭 NHN모바일을 설립한다고 밝혔다. 내부 인력 200여 명이 NHN모바일로 전진 배치된다. 돈이 되는 모바일 서비스는 무엇이든 진출하고 장악할 태세다. 거대 포털 플랫폼이 이처럼 특정 서비스 시장에 집중하는 걸 버티컬 플랫폼 전략이라고 한다. 이미 NHN은 40가지가 넘는 모바일 서비스 앱을 출시했다. NHN의 움직임에 대해 벌써부터 논란이 일고 있다. 시장 지배적 사업자인 NHN에 대한 규제가 필요하다는 입장과 그나마 국내 시장을 지키려면 NHN을 키워야 한다는 주장이 상충한다. 재벌을 둘러싼 오랜 논쟁이 NHN을 놓고도 재현되고 있는 셈이다.

NHN은 재미있는 기업이었다. 검색과 게임이 유기적으로 공존하면서 기술 혁신을 주도했다. 검색 광고 시장을 개척하면서 기하급수적인 성장을 했다. 옛날 얘기다. NHN은 재미 없는 기업이 됐다. 검색과 게임은 암투를 벌였다. 기술 기업 대신 서비스 기업이 됐다. 포털에서 소셜로 시장 흐름이 변하면서 검색 광고 매출도 주춤하다. NHN은 10년 만에 가장 개방적인 기업에서 가장 폐쇄적인 회사로 탈바꿈했다. 한때 기술 혁신 기업이 될 걸로 기대를 한몸에 받았던 NHN은 서비스 추격자가 됐다. 리틀 삼성이 됐다.

신세계

윤리로 무너지는 윤리 기업

정용진 신세계그룹 부회장이 직접 나선 모양이었다. 문제의 노트에는 이렇게 적혀 있었다. "2011년 5월 2일. 수수료 D&D 20.5퍼센트 피자 5퍼센트 확정.(정 부회장님)"

D&D는 신세계SVN의 베이커리 브랜드 데이앤데이의 약자다. 피자는 신세계SVN이 운영하고 있는 브랜드인 슈퍼프라임 피자를 뜻한다. 데이앤데이와 슈퍼프라임 피자는 신세계그룹의 대형마트인 이마트에 입점해 있다. 소비자들이 흔히 이마트 빵집과 이마트 피자라고 부르는 업체들이다. 이마트와 신세계SVN은 둘 다 신세계그룹의 계열사다. 그렇다고 한 회사는 아니다. 뿌리는 같아도 엄연히 별개의 회사다. 게다가 이마트는 상장사다. 신세계SVN은 비상장사다. 신세계SVN 역시 데이앤데이 빵과 슈퍼프라임 피자를 이마트에 팔려면 다른 업체

들처럼 일정한 수수료를 내야 한단 의미다. 보통 다른 대형마트에 입점해 있는 빵집의 판매 수수료율은 25퍼센트 정도 된다. 피자는 10퍼센트 내외다. 그런데 노트에 따르면 2011년 5월 2일 정용진 부회장이 직접 신세계그룹 사장단 회의에서 데이앤데이와 피자의 수수료를 각각 20.5퍼센트와 5퍼센트로 결정한 정황을 확인할 수 있다. 통상적인 수수료율보다 빵집은 5퍼센트 가까이 낮고 피자는 절반 정도다.

명백한 공정거래법 위반이다. 공정거래법 23조 7항은 "부당하게 특수 관계인 또는 다른 회사에 대하여 가지급금, 대여금, 인력, 부동산, 유가증권, 상품, 용역, 무체재산권(지적재산권) 등을 제공하거나 현저히 유리한 조건으로 거래하여 특수 관계인 또는 다른 회사를 지원하는 행위"를 불공정 거래 행위로 판단해 제재하고 있다. 한 그룹의 계열사끼리라도 회사 대 회사인 만큼 부당한 지원을 할 수 없도록 한 조항이다. 짜고 치는 고스톱을 막겠다는 게 이유다. 담임 선생님이 몇몇 아이들만 예뻐하면서 시험 점수를 높여주면 결국 아이들은 시험 공부를 열심히 안 하게 된다. 공부를 열심히 해봐야 1등 하는 애들은 따로 있기 때문이다. 공정한 경쟁이 이루어지지 않으면 시장의 열기가 사라진다. 성장이 어려워진다. 게다가 한국은 대기업 집단이 유난히 많다. 기업 집단끼리 짜고 치면 바깥의 경쟁자들은 쉽게 도태된다. 이마트처럼 소비 유통 시장을 장악한 거대한 기업일수록 더 민감하다. 이마트엔 수많은 입점 업체가 있다. 다들 이마트에 모여드는 소비자한테 물건을 팔기 위해 이마트에 납품을 한 경우다. 그런데 이마트가 신세계그룹 계열사라며 신세계SVN에만 특별히 판매 수수료를 낮춰주면 사실상 경쟁 납품 업체들은 발도 붙일 수 없게 된다. 정용진 부회장이 딱 그런 짓을 저질렀다.

사실 이런 공정거래법 위반을 피할 수 있는 방법이 있다. 신세계SVN을 거치지 않고 이마트가 직접 빵집과 피자집을 경영하면 된다. 이마트는 이미 다양한 자체 브랜드PL 제품을 진열해놓고 있다. 우유부터 육류까지 다양하다. 물론 이마트에 납품하는 경쟁 납품 업체 입장에선 불편할 수도 있다. 아무래도 PL 제품들이 더 잘 팔리도록 진열할 공산이 크기 때문이다. 팔이 안으로 굽는다는 심리다. 그래도 불법은 아니다. 또, 납품 업체의 제품이 더 싸고 좋다면 이마트 역시 마다하기는 어렵다. 무작정 PL 제품만 밀 수도 없단 얘기다. 수수료 장사이기 때문이다. 그런데 신세계는 구태여 신세계SVN을 만들어서 빵집과 피자집을 따로 운영했다. 신세계SVN은 정유경 신세계 부사장이 지분 40퍼센트를 보유한 비상장 회사다. 정유경 부사장은 정용진 부회장의 여동생이고 이명희 신세계 회장의 딸이다. 오너 일가의 회사란 얘기다. 신세계SVN이 돈을 벌면 그 돈의 40퍼센트는 이론상 고스란히 정유경 부사장한테 돌아간다. 이마트가 돈을 많이 벌면 오너 일가한테도 돈이 가지만 상당액은 주주 몫이 된다. 상장회사라서다. 오너 일가 입장에선 이마트가 돈을 많이 버는 것도 중요하지만 신세계SVN이 돈을 많이 버는 게 더 좋다. 이익을 독점할 수 있어서다. 빵집과 피자집 같은 알짜 매장을 구태여 이마트가 신세계SVN한테 맡겨서 경영한 이유다. 실제로 신세계SVN은 낮은 수수료 덕분에 2009년부터 2012년까지 62억 1,700만 원의 부당 이익을 챙겼다. 그리고 정유경 부사장은 비상장사인 신세계SVN의 배당액으로만 12억 원을 챙겨갔다.

신세계SVN의 인스토어 베이커리 시장점유율은 54.9퍼센트나 증가했다.

피자 사업 역시 출시 2년 만에 피자 업계 4위로 올라섰다. 사실 이마트에서 피자를 출시했을 때부터 논란이 컸던 게 사실이다. 영세 자영업자들이 몰려 있는 업종이 피자집이기 때문이었다. 이마트는 값싼 피자를 내놓아서 피자 업계를 교란시켰다. 정작 이마트는 과도한 대기업 때리기라며 반발했다. 소비자들 역시 이마트 피자의 싼 가격에 홀딱 반해버렸다. 그런데 실제로 이마트 피자로 돈을 번 건 신세계 오너 일가였다. 그것도 부당 내부 지원이란 편법을 활용해서 이익을 극대화했다. 그 사이에 경쟁 프렌차이즈의 점포 수는 200여 개나 줄어들었다. 200여 명의 프렌차이즈 사장과 가족이 거리로 나앉았단 얘기다. 2011년만 해도 신세계SVN의 매출은 2010년 대비 514.3퍼센트 증가해서 833억 원을 기록할 때 동네 피자 가게의 매출은 34퍼센트나 감소한 걸로 나타났다. 동네 상권을 파괴해서 기업의 이익을 극대화하고 결국 그 이익을 소수의 오너 일가가 독점한 셈이었다. 경제적 독재자들이 다수한테 돌아갈 이익을 독점하는 현상이 명백하게 자행된 경우였다.

로열패밀리의 사익 추구

2012년 10월 3일이었다. 공정거래위원회는 부당 내부 거래를 통해 신세계SVN을 밀어줘서 부당 이익을 챙겼다며 신세계와 이마트와 에브리데이리테일에 시정 명령과 함께 40억 6,100만 원의 과징금을 부과했다. 신세계SVN의 내부 거래 비율은 93.2퍼센트에 달한다. 공정거래위원회는 이례적으로 부당 내부 거래를 증빙할 구체적인 증거까지도 공개했다. 2009년 신세계SVN의 베이커리 사업 매출이 급격하게 떨어지자 신세계 경영지원실이 나서서 그룹 차원에서 지원하기로 한 정황까지 공개했다. 신세계 고위 임원이 2010년 경영진 회의에서 직접 부당 지원을 지시한 사실을 말해주는 노트도 공개했다. 이렇게 쓰여 있었다. "사장단 회의 시 허 실장님 지시 사항. 베이커리 지원할 것. 회의 후 재차 당부. 최 대표님 놀라시며 몰랐다 하심. 푸드도 베이커리 빵 매입토록 하심. 이마트 점장 회의 시에도 지원 강조."

최 대표는 최병렬 이마트 대표다. 허 실장은 허인철 신세계그룹 경영지원실장이다. 결국 고위급 경영진에서 조직적으로 밀어주기를 했단 뜻이다. 이 과정에서 애초에 정용진 부회장이 지시했던 수수료율보다 훨씬 낮은 수수료율이 적용됐다. 당초 정용진 부회장이 5퍼센트로 지시했던 피자 수수료율은 결국 1퍼센트까지 낮아졌다.

이게 전부가 아니었다. 이마트뿐만 아니라 신세계백화점도 부당 지원에 동참했다. 신세계백화점은 신세계SVN과 조선호텔의 델리 브랜드인 베끼아에누보의 판매 수수료율을 15퍼센트까지 낮췄다. 다른 브랜드의 평균 수수료율은 25.4퍼센트 정도다. 결과적으로 신세계SVN은 12억 8,300만 원의 부당 이익을 챙겼다. 공정거래위원회가 이례적으로 고위 임원의 지시 사항이 담긴 노트까지 공개한 데는 이유가 있었다. 국내 유통 과정은 고차 방정식이라고 할 만큼 복잡하다. 부당 이익과 밀어주기가 정황으로 포착돼도 명백한 증거를 잡기가 어렵다. 문제는 명백한 증거가 나오지 않으면 행정소송을 당할 가능성이 높다는 데 있다. 공정거래법은 "현저하게 유리한 조건으로 밀어주기를 하는 경우"라고 규정하고 있는데 어느 정도가 현저한지도 논란거리일 수밖에 없다. 밀어줬다는 걸 증명하기도 어려운데 얼마나 밀어줬는지도 밝혀야 한단 얘기다. 이렇게까지 증거를 내놓았는데도 신세계그룹 측은 강하게 반발하고 있다.

신세계그룹은 2012년 9월 정유경 부사장이 갖고 있던 신세계SVN의 지분을 전량 매각하기로 결정했다. 부랴부랴 꼬리 자르기에 나선 꼴이다. 그런데 그 방법에도 맹점이 있었다. 결국 2012년 10월 22일 신세계그룹은 정유경 부사장이 보유했던 지분 80만 주를 63억 8,080만 원에 사들여서 소각하기로 했다고 공시했다. 지분을 사들여 소각하면 감자가 된다. 결과적으로 신세계SVN의 주식수는 200만 주에서 120만 주로 줄어들고 자본금 역시 100억 원에서 60억 원으로 쪼그라들게 됐다. 결과적으로 이 거래를 통해 신세계SVN의 기업 규모는 줄어들고 신세계그룹은 불필요하게 60억 원을 들여서 계열사 주식을 사들여서 감자를 했다. 반면에 정유경 부사장은 63억여 원이라는 주식 거래 수익을 거둔 셈이 됐다. 신세계그룹의 부당 지원으로 신세계SVN은 지난 수 년 동안 폭발적으로 성장했다. 비상장 회사라 장내 거래는 없지만 주식 가치가 상승한 건 당연했다. 결국 신세계 오너 일가는 기업을 이용한 부당 지원으로 부당 이익을 취한 다음 그걸 독점하고 마지막엔 주식까지 팔아서 이익을 남긴 셈이 된다.

사실 정유경 부회장은 신세계SVN 경영에 별다른 전문성도 없다. 미국에서 디자인을 전공했고 신세계SVN이 설립된 뒤에도 베이커리 매출이 마이너스 7.2퍼센트를 기록하면서 경영 실적도 부진했다. 결국 오빠인 정용진 신세계 부회장과 신세계그룹의 조직적인 도움을 받으면서 수억 원의 이익을 앉아서 챙길 수 있었다. 공정위 관계자는 말했다. "소속 그룹의 전국적인 유통망에 손쉽게 입점해 판매 수수료까지 특혜를 받는 땅 짚고 헤엄치기식 영업 관행입니다. 특수 관계인인 정유경 부사장을 합리적인 경영상의 고려 없이 총수 일가의 딸이라는 이유로 부당 지원하는 등 총수 일가의 사익 추구 문제가 심각합니다."

무엇보다 신세계는 이번 일로 대기업 집단의 부당 지원 행위로 총수 일가의 사익 추구가 적발된 첫 번째 사례가 됐다. 공정위 관계자는 말했다. "이번 조치는 대기업 집단 소속 회사가 총수 일가 및 계열 회사가 대부분의 지분을 보유하고 있는 비상장 계열사의 베이커리와 피자, 델리 사업을 판매 수수료율 과소 책정 방식으로 부당 지원함으로써 총수 일가의 사익 추구에 이용된 행위를 적발하여 제재한 첫 번째 사례입니다." 공정거래위원회가 신세계그룹에 40억 원 규모의 과징금을 내린 이유다. 이른바 로열패밀리의 사익 추구가 도마 위에 오른 셈이 됐다. 정말 신세계를 연 꼴이다.

문제가 있다. 사실 이건 신세계그룹의 문제만이 아니다. 신세계 총수 일가의 문제다. 정용진 부회장과 정유경 부사장에 대한 혐의도 있단 얘기다. 이마트는 상장 회사인데 정용진 부회장은 신세계SVN을 위해 수수료를 무단으로 낮춰줬다. 결국 이마트가 더 받았어야 하는 이익을 포기했다. 그 이익은 신세계SVN한테 돌아갔다. 한 기업 CEO가 기업에 손실을 끼치거나 해를 입히거나 경쟁 회사한테 유리한 결정을 하면 배임이 된다. 이사회가 들고 일어나고 주주들이 반발할 수밖에 없다. 이 경우가 딱 그렇다.

이미 경제개혁연대가 문제를 삼았다. 경제개혁연대는 공정거래위원회가 신세계그룹에 대해서만 시정 명령을 내리고 과징금 처분을 한 걸 지적했다. 2012년 10월 23일엔 정용진 부회장과 신세계와 이마트 임원 3명을 특정경제범죄가중처벌 등에 관한 법률 위반 혐의로 서울중앙지검에 고발했다. 경제개혁연대는 밝혔다. "신세계SVN은 이명희 회장의 딸 정유경 신세계 부사장이 지분 40퍼센트를 보유했던 비상장회사로서 그룹 차원의 지원 행위로 2011년 매출이 전년 대비 54.1퍼센트나 증가했다. 문제는 이것이 경영 판단에 따른 것이 아니라 총수 일가의 지시에 따라 그룹 경영지원실이 조직적으로 개입한 불법 행위라는 사실이다. 결국 신세계와 이마트 경영진은 총수 일가의 이익을 위해 계열사를 부당 지원했고 그만큼 회사에 손해를 가져오게 됐다. 회사에 손해가 될 것임을 알고도 총수 일가의 이익에 충성한 명백한 배임 행위다."

경제정의실천연대(경실련)도 나섰다. "재벌 총수의 이같은 계열사 부당 내부 지원은 현재 재벌이 경제민주화라는 시대적 요구에 아랑곳하지 않고 여전히 탐욕적 행태를 드러낸 것에 다름없다. 나아가 재벌의 이익이라면 불법을 서슴치 않는 파렴치한 모습을 보임은 물론 중소 서민의 골목 상권을 침해하는 횡포라 하지 않을 수 없다."

무엇보다 경실련은 부당 내부 거래의 결과가 경영권 편법 승계로 이어진다고 지적했다. "재벌들은 작은 친인척 계열사를 만든 후 부당 내부 거래나 지원성 거래 등으로 이 기업을 단시일 내에 대기업으로 키워나간다. 이에 따라 지원을 받은 계열사의 주가는 급등하고 친인척 주주들은 단시일에 엄청난 이익을 누리게 되었다. 이는 다른 계열사의 소액 주주들에게로 가야 할 이익을 편취하면서 주주들의 이익을 침해함은 물론 재벌 총수의 2세에 대한 편법 상속 또는 증여의 수단으로 악용되고 있다."

현실은 더 심각하다. 신세계SVN은 말하자면 이마트에 빵과 피자를 납품하는 회사다. 정유경 부회장이 지분을 팔면서 오너 회사도 아니게 됐다. 공정거래 위원회의 시정 조치에 따라 수수료율도 예전보다 비싸게 물게 됐다. 결국 신세계SVN은 내부 거래가 절대적인 회사다. 그런데 신세계의 도움을 받을 수 없게 됐다. 결국 경쟁력 없는 회사로 전락할 수밖에 없게 됐다. 그러나 이미 정유경 부사장은 최고 가치로 신세계SVN의 지분을 팔았다. 회사 가치가 떨어져도 손해 볼 게 없단 얘기다. 지난 몇 년 동안 골목 피자집을 고사시키는 등 온갖 사회적 부작용을 일으킨 뒤 손을 턴 셈이다. 먹튀다.

신세계는 윤리 경영을 강조해왔다. 지난 10년 동안 신세계가 고속 성장할 수 있었던 배경도 윤리 경영에 있단 해석이 많았다. 유통은 장난이 끼어들 여지가 많은 산업이다. 특정 업체를 입점시킬 때 뒷돈 거래가 무성할 수밖에 없다. 설날이나 추석 때만 되면 백화점 점장의 책상 위엔 입점 업체들의 선물이 수북하게 쌓이곤 했다. 결국 그런 뒷돈은 고객한테 부담으로 돌아간다. 신세계는 그걸 뿌리 뽑겠다면서 윤리 경영을 강조했다. 정용진 부회장이 가장 강조했던 것도 윤리 경영이었다. 신세계 명함엔 윤리 경영이라는 글귀가 쓰여 있을 정도다. 직원 개개인의 청렴성을 극도로 강조해왔다. 실제로 그런 유통 개혁이 신세계의 성장에 긍정적인 요인으로 작용했던 게 사실이다. 정작 정용진 부회장과 오너 일가가 스스로 비윤리적이었던 셈이다. 직원들 호주머니로 들어가는 뒷돈을 감시하고 자기 호주머니로 들어가는 돈은 챙겼던 셈이다. 그게 신세계의 윤리 경영이었다. 신세계SVN 사건은 신세계 유통 10년의 구조가 한계에 다다랐던 걸 보여주는 것일 수도 있다. 고속 성장이 도덕적 해이로 이어진 셈이다. 신세계의 위기다.

윤리 경영은 신세계의 원동력

1970년대까지만 해도 신세계백화점 명동 본점은 한국 유통의 상징이었다. 일제 강점기 시절에 미쓰고시백화점 경성 지점이었던 신세계 명동 본점은 한국 땅에 세워진 최초의 백화점이었다. 해방 이후에도 신세계 본점은 파리의 갤러리 라파예트나 런던의 헤롯처럼 서울의 명물이 됐다. 그때까지만 해도 삼성그룹의 계열사였던 신세계는 명동 본점 덕분에 한국 유통의 대명사가 될 수 있었다. 하지만 1979년 롯데백화점 소공점이 문을 열면서부터 세상이 바뀌었다. 신세계의 박찬영 홍보담당 상무는 말한다. "1970년대까지만 해도 신세계 명동 본점은 국내 최고의 백화점이었습니다. 하지만 롯데백화점 소공동 본점이 오픈하면서 신세계는 이내 유통업계 1위 자리를 롯데한테 넘겨줘야 했어요. 나중엔 후발 주자인 현대백화점에 2위 자리마저 내주는 수모를 겪었죠."

신세계가 중흥의 기틀을 마련한 건 1993년 삼성그룹에서 계열분리되고 대형마트 사업에 진출하면서부터였다. 미국과 유럽에선 진작에 대형마트 사업이 급성장하고 있었다. 월마트는 유통업의 신화였다. 그러나 한국 시장에 도입하기엔 아직 시기상조란 말들이 많았다. 그때까지만 해도 백화점에선 선물을 사고 생필품은 집 앞 슈퍼나 장터에서 산다는 게 보편적인 소비의 원칙이었다. 신세계는 1993년 11월 서울 창동에 첫 번째 이마트를 개장했다. 비슷한 시기에 삼성에서 계열분리된 CJ그룹 역시 대형마트 진출을 고민하고 있었다. CJ는 신세계가 대형마트 사업에 뛰어든다는 소식을 듣고 방향을 틀었다. 삼성가 장자로서 고모님에 대한 예의였다.

이마트는 분명 시대를 미리 읽은 비즈니스였다. 한국은 1988년 서울올림픽 이후 소비 팽창기에 접어들고 있었다. 저축을 독려하던 사회 분위기는 소비가 미덕인 세상으로 바뀌었다. 시중에 돈이 넘쳐나기 시작했다. 유통업이 발달할 절호의 기회였다. 그러나 할인 매장 시장을 선도하기엔 아직 노하우가 부족했다. 소비자는 아직 대형마트를 생소하게 여겼다. 설상가상으로 1996년 한국 유통 시장이 전면 개방됐다. 1998년 월마트가 한국에 진출했다. 까르푸도 한국 시장을 두드렸다. 미국과 유럽 시장을 석권한 글로벌 유통 업체들은 새로운 투자 시장을 찾았고 그게 한국이었다.

외환위기가 치명타였다. 팽창하던 소비는 빠르게 움츠러들었다. 신세계는 애지중지하던 창고형 할인점인 프라이스클럽을 포기해야 했다. 신세계백화점과 이마트와 프라이스클럽으로 유통 사업을 수직 계열화하려던 전략은 잠시 멈춤이 불가피했다. 아직 이마트는 월마트나 까르푸 같은 해외 대형 유통사들의 틈바구니에서 힘겨운 싸움을 벌이고 있었다. 절대 강자인 롯데의 벽은 높았다. 1999년 신세계의 CEO로 취임한 구학서 대표는 2004년 『문화일보』와의 인터뷰에서 프라이스클럽을 매각하던 과정을 술회했다. "외환위기 직후 미국 코스트코와 시애틀과 도쿄와 서울을 오가며 다섯 차례나 협상을 가졌습니다. 코스트코 측은 우리의 절박한 입장을 십분 활용해서 벼랑 끝 협상 전략으로 나왔습니다. 도쿄 협상 때는 너무 화가 나 협상장을 박차고 나갔습니다. 때마침 비가 주룩주룩 내리고 있었는데, 어찌나 처량하던지."

신세계는 이를 악물었다. 구학서 대표는 1999년 12월 윤리 경영을 선포한다. 신세계그룹 관계자는 말한다. "신세계 윤리 경영은 오늘의 신세계가 있게 해준 원동력입니다."

10년이 지난 지금도 윤리 경영은 신세계의 핵심 경영 철학이다. 신세계 직원들의 명함엔 '신세계 페이로 하겠습니다'란 문구가 쓰여져 있다. 유통 업체와 협력사의 사이는 갑과 을의 관계가 되기 쉽다. 좋은 물건이 있다면 유통 업체들이 서로 확보하려고 경쟁하게 되지만 대형 유통 업체들이 늘어나면서 물건의 종류로 차별화하긴 어렵게 됐다. 거꾸로 대형마트에 물건을 납품하지 않으면 물건이 아예 팔리지 않는 상황이 돼버렸다. 이때 유통 업체가 무리한 가격으로 납품할 걸 종용하거나 향응을 제공받고 질 낮은 상품을 들여오면 결국 피해는 소비자한테 돌아가게 된다. 제조업체는 더 싼 가격에 물건을 만들어야 하기 때문에 원가 절감에만 골몰하게 된다. 질 낮은 상품이 진열되면 결국 할인점에 대한 인식만 나빠진다. 윤리 경영은 결국 유통 업체와 납품 업체와 소비자가 모두 사는 길이다.

하지만 10년 전 윤리 경영이 처음 도입됐을 때만 해도 회사 안의 반발이 만만치가 않았다. 때만 되면 납품 업체들에서 보내주는 값비싼 선물은 백화점과 이마트 구매 담당자들의 호주머니로 흘러 들어갔다. 구학서 대표는 기업윤리실천사무국을 설치했다. 단속도 하고 제보도 받았다. 납품 업체에서 접대를 받은 구매 담당자는 이유를 막론하고 무조건 퇴사시켰다. 신세계는 안팎으로 내실을 다졌다. 21세기 신세계의 경영 이념이 된 윤리 경영은 품질로 다른 할인점들과 차별화하겠다는 전략이었다. 윤리 경영이 도입되기 직전인 1999년에 백화점과 이마트를 포함해서 신세계의 매출액은 3조 463억 원이었다. 윤리 경영이 안착됐다고 평가받던 2004년 신세계의 매출액은 10조 원을 넘어섰다. 이마트는 눈부시게 달라졌다. 소비자들은 좋은 물건을 더 친절하게 팔고 있는 이마트를 더 자주 찾았다. 또 프라이스클럽을 매각한 자금 1,300억 원을 종잣돈으로 전국에 이마트 점포를 공격적으로 늘려갔다. 그렇게 신세계는 1980년대 유통의 주도권을 롯데한테 맥없이 빼앗겼던 수모를 되갚아줬다. 1970년대의 영화를 완전히 되찾았다. 원동력은 윤리 경영이었다.

성장 강박증에 상생을 버리다

2006년 월마트 인수는 신세계 성장의 큰 분수령이었다. 2006년 신세계가 매출 면에서 롯데를 처음 앞지를 수 있었던 건 월마트를 인수한 덕분이었다. 그러나 무엇보다 대형마트을 발명한 월마트의 한국 지분을 인수한다는 건 손익을 따지기에 앞서서 상징적인 일이었다. 그런데 신세계의 월마트 인수는 싱거울 만큼 쉽게 풀렸다. 월마트는 마찬가지로 한국 시장 철수를 준비하고 있었던 까르푸와 대조됐다. 까르푸는 계속 언론 플레이를 하면서 몸값을 올리려고 애를 썼다. 반대로 월마트는 월마트의 점포를 온전히 운영해줄 회사를 찾았다. 2005년 계약을 맺을 무렵 조전희 월마트 한국지사장은 언론과의 인터뷰에서 말했다. "월마트는 윤리적인 기업입니다. 좋은 물건을 싼 가격에 소비자한테 서비스해준다는 게 월마트의 경영 정신입니다."

월마트의 정신은 분명 신세계 윤리 경영과 일맥상통했다. 신세계 홍보팀 황종순 과장과 윤창호 주임은 이구동성으로 말한다. "월마트의 관심은 두 가지였어요. 지역에서 월마트를 찾던 고객들에게 계속해서 좋은 물건을 제공해줄 수 있는 회사냐, 월마트 직원들의 고용을 승계해줄 것이냐. 윤리 경영을 추구해온 신세계를 처음부터 낙점할 수밖에 없었어요."

월마트의 실패와 이마트의 성공은 서로 거울을 마주 보는 것처럼 정반대였다. 2005년 월마트 전국 16개 매장에서 발생한 매출액은 7,287억 원이었다. 이미 대형마트 시장에선 5위로 처져 있었다. 이유는 분명했다. 품질 경쟁보단 가격 경쟁에 치중했던 게 패인이었다. 근본적으론 미국식 유통 문화를 한국 시장에 그대로 이식하려고 했던 게 문제였다. 전 세계적인 유명세에도 불구하고 한국 소비자한텐 월마트가 생소했다. 전국 16개 월마트 가운데 서울 매장은 역삼점 단 하나뿐이었다. 익명을 요구한 유통 업계 관계자는 말한다. "월마트는 인지도도 떨어지고 품질에 대한 기대도 낮았던 탓에 싸구려 물건을 파는 곳처럼 비춰졌던 게 문제였어요. 게다가 미국이 한국 지사에 지시를 하는 체계이다 보니까 소비 유행이 변화할 때 도통 대처하질 못했지요. 그냥 내버려두다시피 했어요. 한국 소비자들은 까다로워요. 그걸 세심하게 살피지 못하면 금세 떠나가버리죠. 월마트도 그렇고 까르푸 역시 그걸 간과했던 게 실수죠."

2006년 5월 22일 한국 시장 철수를 선언하면서 월마트 경영진은 기자회견장에서 이런 고백을 했다. "이번 월마트의 결정은 한국 시장의 환경상 월마트가 지향하는 수준의 성장을 달성하기 어렵다고 판단했기 때문입니다."

반대로 이마트는 한국 시장의 환경에 가장 잘 적응했고 심지어 선도했다. 이마트는 1998년 3월부터 산지 직거래 방식으로 각종 먹을거리를 들여오고 있다. 중간 유통을 최소화한 덕분에 가격도 싸졌고 질 좋은 물건을 먼저 확보할 수도 있게 됐다. 단지 물건을 늘어놓는 것만이 다가 아니었다. 좋은 물건을 찾으러 나가야 했다. 2008년 이마트의 산지 직거래 물량은 1조 2,000억 원어치가 넘는다. 윤리 경영과 품질 경영은 이마트의 힘이다.

2004년 부산 해운대 센텀시티 부지 경매도 또 다른 분수령이었다. 신세계는 센텀시티점 부지 경매에 단독 입찰했다. 주요 유통사들이 거의 모두 입찰에 응하기로 돼 있었다. 그런데 경쟁사들은 1차 입찰에서 유찰될 걸로 여겼던 반면에 신세계는 마감 5분 전에 1,200억 원을 써넣었다. 단독 낙찰됐다. 황종순 과장은 말한다. "극적인 승리였던 거 같아요. 다들 어떤 정보가 있었는지 처음엔 유찰될 거라고 확신했다더군요. 덕분에 신세계가 막판 역전을 한 셈이죠."

월마트 인수는 이마트 성장의 촉매가 됐고 부산 센텀시티 확보는 신세계백화점 성장의 동력이 됐다. 실제로 신세계백화점 센텀시티점은 2009년 신세계 유통업을 이끄는 주요 동력원이 됐다. 신세계그룹 매출에서 백화점이 차지하는 비중은 5분의 1 수준이다. 백화점 매출이 5분의 3으로 많은 롯데와는 정반대다. 신세계 센텀시티점은 롯데의 백화점 부문에 내민 깔끔한 도전장이다. 그렇게 신세계는 호황에도 불황에도 돈을 버는 기업이 됐다. 1993년 처음 이마트 유통업에 진출하고, 1999년 프라이스클럽을 매각하고, 2006년에 월마트를 인수하고, 2009년에 신세계 센텀시티점을 개장하면서, 신세계는 신세계를 열게 됐다. 분명 신세계의 전성기였다.

모든 면에서 1등을 하겠다는 신세계의 투철한 자존심은 신세계를 성장시키는 힘이었다. 이마트의 목표는 전국 전 지역 상권에서 매출 1위다. 실제로 그런 목표는 달성되고 있다. 120여 개 이마트 매장 대부분이 지역 상권을 지배하

다시피 하고 있다. 신세계 정용진 부회장은 독일 뒤셀도르프에서 기자들과 만나서 이렇게 말했다. "독일의 메트로나 프랑스의 까르푸 같은 해외 유수의 유통 기업들은 상황과 상권에 맞춰 4개에서 많게는 7개의 업태를 가지고 있는 반면 우리는 이마트 한 가지가 전부입니다. 한 가지 업태로는 소비자의 욕구를 충족시킬 수 없습니다. 10년 전에는 대형마트란 개념 자체도 생소했어요. 그런 상태에서 급작스레 점원을 거의 두지 않는 창고형 매장이 들어섰기 때문에 국내 소비자들이 낯설어했어요. 이제는 국내 소비자들도 대형마트에 익숙해진 만큼 가격 경쟁력이 보다 높은 창고형 매장의 성공 가능성이 있다고 생각합니다."

1999년 프라이스클럽을 매각한 지 10년 만에 신세계가 다시 창고형 할인매장에 도전하겠다고 선언한 셈이었다. 한국 유통의 모든 분야를 신세계가 선도하겠다는 뜻이다.

그게 과욕인 줄은 그땐 몰랐다. 신세계는 소형 이마트 사업에도 진출하겠다고 나섰다. 그건 동네 골목 상권을 노린단 뜻이었다. 성장의 한계를 보여주는 징후였다. 당시엔 몰랐다. 소형 이마트는 슈퍼슈퍼마켓SSM이다. 동네 슈퍼마켓을 운영하는 서민들의 생계를 위협한다는 점에서 유통 업계의 뜨거운 감자다. 대형마트는 재래시장을 흔들어놓았다. 대형마트의 전체 매출이 두 배 가까이 증가할 때 재래시장은 반토막이 났다. 이제 슈퍼슈퍼마켓 때문에 골목 상권도 대형 유통 업체들의 사정거리 안에 들어서게 됐다. SSM비상대책위원회는 슈퍼슈퍼마켓이 반경 13킬로미터의 골목 상권에 파급 효과를 미치며 인근 소형 마켓의 매출은 50퍼센트 넘게 줄어드는 걸로 보고 있다. 신세계조차 슈퍼슈퍼마켓의 파급력만큼은 인정한다.

함정이었다. 신세계는 골목 상권 논쟁의 중심에 서면서 여론의 저항에 부딪혔다. 결국 주말 강제 휴무라는 행정적 견제를 자초하게 됐다. 신세계 입장에선 골목 상권까지 확보하려다가 오히려 강제 휴무라는 혹을 붙인 격이었다. 지난 10년 동안 이어온 성장에 대한 강박증이 낳은 결과였다. 성장과 확장만 거듭한 기업이 그걸 멈추기란 불가능했다. 누군가 강제로 견제해야 했다. 상생을 고민하지 않은 탓에 성장 강박을 버리지 못했다.

결국 대형마트와 중소 상인들은 2012년 10월 23일 상생 모델에 합의했다. 대형마트와 슈퍼슈퍼마켓이 자발적으로 월 2회 휴무하고 신규 매장 출점도 지역 중소 상인들과 합의한다는 내용이었다. 유통산업발전협의회를 발족시켜서 상생에 합의하도록 했다. 숱한 여론의 질타와 행정적 견제 끝에 나온 결론이었다. 그러나 신세계 같은 대형 유통 기업이 성장이나 탐욕을 포기했단 뜻은 아니었다. 대형마트나 슈퍼슈퍼마켓의 성장 자체가 한계에 부딪혔기 때문이었다. 여론을 악화시키면서 부스러기 시장까지 침투해봐야 먹을 게 별로 없었다. 이미 유통의 다음 화두는 복합유통센터인 몰로 옮겨가고 있었다. 신세계를 열기 위한 선택만은 아니었다.

신세계의 윤리가 땅에 떨어지다

현재 한국 유통 시장의 성장이 한계에 다다랐던 점엔 유통 전문가들 사이에서도 이론이 별로 없다. 박민석 삼성경제연구소 연구원은 말한다. “지난 10년 동안 대형 할인 매장을 중심으로 한국 유통 산업은 팽창기를 거쳐 왔습니다. 소비 증가와 시장의 유동성 증가에 국내 유통 업체들의 공격적인 마케팅까지 겹치면서 빠르게 성장했죠. 하지만 이미 국내 유통 시장은 포화 상태에 접어들고 있습니다. 대기업들의 슈퍼슈퍼마켓 진출이 대표적인 예인데요. 성장이 둔화된 한국 시장에서 어떻게 새로운 수익원을 찾아낼 것이냐가 과제입니다."

신세계는 그 답을 국내뿐만 아니라 해외에서 찾았다. 신세계는 1990년대부터 이미 중국 시장에 진출했다. 1997년 2월 중국 상하이에 이마트 1호점을 개장했다. 그러나 한동안 신세계의 중국 사업은 지지부진했다. 2004년부터 신세계는 다시 중국 사업에 힘을 보태기 시작했다. 국내 영업이 궤도에 오른 시점이었다. 2005년에 상하이 2호점을 개장했다. 2006년까지 모두 5개 이마트를 추가했다. 2008년엔 베이징을 중심으로 8개 이마트를 세웠다. 명실공히 중국 이마트 네트워크가 생기는 셈이었다. 그러나 이마트의 중국 진출은 기대만큼 성과를 올리지 못했다. 너무 늦었다. 결국 2011년 초 이마트 중국 매장 가운데 처음으로 매장 폐쇄 사례가 등장했다. 상하이 자딩구에 있는 이마트 차오안점이었다. 차오안점 개장 당시 정용진 부회장까지 직접 상하이를 찾아서 기자회견을 열었다. 그만큼 전략 요충지였다. 이마트는 중국에선 이마이더易買得라고 불린다. 쉽게 사고 얻는다는 한자식 조어다. 그러나 이름처럼 쉽진 않다. 이마트는 중국 현지에선 아직도 한국 제품 전문 매장이란 인식이 강하다. 좋은 상권은 이미 상당히 선점당했다. 그나마도 중국 경기가 2011년 이후 꺾여버리면서 경쟁 유통 업체들도 속속 사업을 접는 분위기다.

지난 10년 동안 신세계는 시대의 흐름에 올라탄 기업이었다. 시장과 기업은 앞서거니 뒤서거니 성장했다. 소비 확대와 신용카드 사용 증가와 명품 시장 활성화 같은 환경적인 요인들도 많았다. 앞으로 10년은 신세계가 시장을 이끌어야 한다. 윤리 경영과 환경 경영과 상생 경영와 해외 경영이 신세계가 내민 카드다. 어떤 건 지난 10년 동안의 성공 전략이고 다른 건 미래 전략이다.

딱 2009년까지가 신세계의 전성기였다. 그때를 변곡점으로 신세계는 유통의 한계에서 비대해지는 모습을 보이고 말았다. 골목 상권 진출을 시도했고 이마트 피자로 골목 피자를 고사시켰다. 그러면서 결국 스스로의 윤리 경영마저 무너뜨리고 말았다. 그 모습이 신세계가 전성기를 맞이했던 2009년부터 시작됐다는 건 의미심장하다. 사실 국내에선 롯데야말로 신세계의 골칫덩이다. 양쪽 모두 좁고 식어가는 내수 시장에서 사사건건 사활을 건 싸움을 벌이고 있다. 유통 업계에선 한동안 엎치락뒤치락했던 롯데와 신세계의 격차가 앞으론 더 벌어질 거라고 본다. 롯데의 식욕이 왕성하기 때문이다. 신동빈 롯데그룹 회장의 인수합병 전략 탓이다. 지난 수 년 동안 꾸준히 전개된 인수합병의 결실들을 거둬들일 수확기에 접어들었기 때문이다. 2002년부터 2010년까지 신동빈 회장이 인수한 기업만 19개에 이른다. 금융위기가 롯데그룹이 기업 쇼핑을 나서는 촉매제가 됐다. 처음처럼을 만드는 두산주류BG 같은 알짜 회사가 싼 값에 매물로 나왔다. 신동빈 회장은 5,000억 원에 인수했다. 재계에선 롯데쇼핑과 이마트의 유통 매출 격차뿐만 아니라 롯데그룹과 신세계그룹의 위상 차이도 더 커질 거라고 관측한다. 롯데그룹은 신동빈 회장의 공격 경영 덕분에 재계 서열 5위를 굳혔다. 신세계그룹은 22위다.

“롯데가 국내 최고 유통 업체임은 분명하지만 의사결정 시스템에 있어서는 밀리지 않았나 싶습니다. 신세계는 이 땅을 살 거냐 말 거냐 하는 데 있어 우왕좌왕하지 않고 한두 시간 만에 결정이 끝났습니다." 2009년 5월 정용진 신세계 부회장은 독일 뒤셀도르프에서 기자들과 만난 자리에서 이렇게 말했다. 암스테르담에서 열리는 세계자체브랜드박람회에 참석하러 가는 길이었다. 정용진 부회장은 신세계가 롯데가 먼저 탐냈던 경기도 파주 일대 아울렛 부지를 선점할 수 있었던 건 신속한 의사결정 덕분이었다고 설명했다. 신세계와 롯데가 유통 라이벌인 건 천하가 다 아는 사실이다. 하지만 라이벌 기업의 CEO가 경쟁사의 약점을 공개적으로 성토한 건 이례적인 일이었다.

하지만 2010년 4분기에 신세계는 롯데한테 한 방 얻어맞고 만다. 롯데마트가 내놓은 통큰치킨 열풍은 1년 내내 이마트가 지속했던 상시 할인 정책을 무색하게 만들었다. 통큰치킨은 단명했다. 영세 치킨 사업자와 프렌차이즈 업자들의 반발이 워낙 거셌다. 연말 대목 시즌을 앞두고 펼쳐진 통큰치킨 논쟁은 롯데마트에 대한 소비자들의 인식을 바꿔놓았다. 통 크게 싸다는 인식이 확산되면서 롯데마트로 소비자가 몰리는 효과가 생겨났다. 신세계의 영업이익이 4분기에 기대 이하로 나빴던 건 한 편으론 통 큰 롯데의 전략 때문이었다. 결국 롯데 역시 이런 밀어붙이기 전략 탓에 중소 상인과 여론의 발반을 샀다. 유통의 위기였다.

2010년은 승승장구했던 2009년에 비하면 정용진 부회장과 신세계한텐 아쉬운 한 해였다. 야심 차게 시작한 온라인 쇼핑몰에선 34억 원의 영업적자가 났다. 한상화 동양종금증권 연구원은 말한다. "신세계는 작년 상반기까지는 가격할인 정책으로 인한 수익성 둔화를 이마트의 점포 효율성 개선으로 상쇄해왔습니다. 하지만 하반기 이마트 쇼핑몰의 영업적자가 확대되면서 수익성 하락으로 직결됐습니다."

2009년의 업적을 바탕으로 정용진 부회장은 대표이사가 됐다. 정용진 부회장은 소문난 트위터리안이다. 2010년 10월 29일엔 문용식 전 나우콤 대표와 슈퍼슈퍼마켓에 관해 논쟁도 벌였다. 신세계유통산업연구소까지 끼어들면서 언론 지상에 오르내릴 정도로 큰 파장을 불러일으켰다. 그때 정용진 부회장은 유통의 왕자였다. 이른바 셀러브리티가 돼가고 있었다. 2009년 신세계가 전성기를 맞이했던 건 사실 정용진 부회장의 업적 쌓기 측면도 있었다.

정용진 부회장은 허인철 부사장을 중용하고 있다. 허인철 부사장은 신세계그룹의 중추인 경영지원실의 실장을 맡아왔다. 허인철 부사장은 2012년 연말 인사에서 이마트 대표이사로 승진했다. 정용진 부회장과 핫라인이 연결돼 있는 건 물론이다. 허인철 신임 이마트 대표는 8년 동안 정용진 부회장과 경영지원실에서 손발을 맞췄다. 경영지원실의 개발담당 임영록 상무와 재무담당 조경우 상무와 윤명규 기업윤리실천사무국장과 한채양 기획관리담당 상무 역시 신세계의 핵심 인재들이라고 할 수 있다. 허인철 대표는 삼성물산 출신이다. 신세계 계열사 사장 가운데에도 삼성 출신이 상당수다. 모두 2009년 정용진 부회장 체제가 확립되면서 전면에 부상한 인물들이다.

정용진 부회장은 그룹 승계를 끝냈지만 악재가 잇따르고 있다. 손발이 맞는 자기 사람들로 조각까지도 마무리했다. 삼성그룹 이재용 부회장이나 현대차그룹 정의선 부회장이 아직 자기 사람이나 자기 색깔을 드러내지 않는 것과는 대조적이다. 유통산업의 특성대로 필요하면 얼마든지 속도를 낸 결과다. 무엇보다 앞으로 다가올지도 모르는 내수 침체기에 대응하기 위해선 오너 리더십은 필수적이다.

신세계나 라이벌 롯데나 모두 같은 곳을 보고 있는 것도 문제다. 대형마트의 포화 상태를 복합유통센터로 돌파하려고 한다. 홍콩이나 싱가폴에 있는 몰을 도입하려고 한다. 벌써부터 부지 선점 경쟁이 치열하다. 결국 신세계는 강남고속버스터미널 센트럴시티 건물을 1조 원에 사들였다. 자금 규모에선 신세계가 롯데의 적수가 못 된다. 정용진 체제에선 최대의 빅딜이다. 결국 이 딜의 성패가 신세계의 명운을 가를 수 있다. 1조 원 대부분을 금융 차입으로 해결했기 때문이다. 신세계 측에선 금융 비용이 크지 않다고 설명하고 있지만 국내 내수경기가 부진하고 소비가 위축되는 상황에서 대규모 몰링 사업의 성공을 장담하기 어렵다. 유통업은 성장의 수순과 침체의 행로가 이미 정해져 있다. 속도를 늦출 순 있어도 다른 길을 가긴 어렵다. 신세계의 고민이다.

결국 유통업은 부동산 선점 경쟁이다. 1990년대부터 이마트가 해왔던 게 바로 부동산 부지 매입이었다. 국내 부동산 경기가 하강할수록 신세계그룹의 보유 자산 가치도 내려갈 수밖에 없다. 경기가 위축되면 내수산업의 한계도 드러난다. 중국 진출이 기대만 못한 데다 중국 경기도 위축되면서 내우 외환일 수밖에 없다.

"경제학자 로자 룩셈부르크는 말했습니다. 유통은 자본주의의 종말이라고요." 『88만원 세대』를 쓴 경제학자 우석훈 박사는 말한다. 로자 룩셈부르크는 생산하지 않고 가치만 덧붙이는 유통이 산업을 지배할 때 자본주의가 붕괴될 거라는 예언을 했다. 실제로 20세기 후반부터 21세기 초반까지 비슷한 일들이 벌어졌다. 미국에선 월마트가 GM을 누르고 『포춘』 선정 500대 기업의 최정상에 올랐다. 금융업이 제조업을 누르고 미국 경제의 근간이 됐다. 덕분에 미국 경제는 금융위기를 맞아 쓰러져버렸다. 반면에 한국 경제가 금융위기를 견뎌낸 건 탄탄한 제조업 기반 덕분이었다. 우석훈 박사는 말한다. "어쩌면 한국 경제 역시 유통 중심으로 재편되고 있단 점에서 위기를 맞이하고 있는지도 모릅니다. 무엇보다 거대 재벌가에서 유통의 끝단까지 장악하면서 내수 시장의 활기가 줄어들고 있다는 것도 문제일 거 같습니다."

신세계는 윤리 경영으로 자칫 왜곡되기 쉬운 유통 거래를 투명화하는 데 일조했다. 지금도 신세계 페이라고 불리는 클린 경영 문화는 신세계 경영의 근간이다. 그러나 이제 그 윤리가 무너지기 시작했다. 가장 정상에서부터 말이다. 신세계가 정용진 체제로 진입한 지 2년여 만에 신세계의 윤리가 땅에 떨어졌다. 이마트는 노조 설립을 조직적으로 방해했다는 의심까지 받고 있다. 결국 질주하던 정용진 부회장은 신세계와 이마트의 등기이사직에서 사퇴했다. 성공이 윤리에서 시작됐듯 실패도 윤리에서 시작됐다.

하이트

영원한 1등은 없다

"너희들은 다들 도둑놈들이야."

술자리에 찬물을 끼얹는 소리였다. 하이트 맥주와 진로 소주를 섞어서 폭탄주를 마시려던 하이트와 진로의 임원들은 순간 얼어붙어버렸다. 하이트그룹이 진로를 인수하고 가졌던 첫 번째 회식 자리였다. 맥주 회사가 소주 회사를 인수한 사례여서 세간의 관심이 컸다. 게다가 하이트는 맥주 시장의 1등이었고 진로는 소주 회사의 1등이었다. 두 회사 모두 맥주 시장과 소주 시장에서 시장점유율이 50퍼센트가 넘었다. 업계에서도 하이트와 진로가 합쳐서 정말 폭탄 같은 공룡 주류 기업이 탄생했다며 긴장했다.

게다가 하이트는 영남의 맹주이고 진로는 수도권의 왕자였다. 주류 시장은 지역별로 분화돼 있다. 마침내 전국구 주류 패자가 등장한 셈이었다. 공정거래위원회가 하이트와 진로의 결합을 승인하는 데 한참이나 시간이 걸린 것도 그래서였다. 독점 우려 탓이었다. 공정거래위원회는 맥주 시장과 소주 시장은 별개라면서 하이트의 손을 들어줬다. 오비맥주 같은 하이트의 경쟁자들은 대놓고 공정거래위원회의 결정에 반발했다. 생존의 위협을 느껴서였다. 지역권에 강한 하이트의 영업 조직과 수도권에 강한 진로의 영업 조직이 제대로 시너지만 발휘하면 장차 누구도 도전장을 내밀지 못할 터였다. 오비맥주는 전통적으로 수도권에서 강하다. 하이트와 진로의 영업 시너지를 누구보다도 두려워할 수밖에 없었다. 게다가 오비맥주는 10년 넘게 하이트한테 밀리고 있었다. 이젠 수도권이란 최후의 보루까지 내줄 판이었다. 하이트는 진로를 인수하면서 주류 업계 천하일통을 눈앞에 두게 됐다. 그렇게 주류 업계의 판도를 뒤바꿔놓을 엄청난 기업 결합이 마무리되고 나서 처음 가진 술자리였다. 하이트와 진로가 함께한 자리답게 과연 폭탄주가 돌았다. 자연스럽게 맥주와 소주가 하나로 뭉쳐지는 듯했다. 그런데 갑자기 한쪽에서 폭탄 발언이 나왔다. "진로, 너희들은 다들 도둑놈들이야."

박문덕 하이트그룹 회장이었다. 최고경영자의 말 한마디에 모두가 말문을 닫고 말았다. 진로 측 임원들은 가시방석에 앉은 기분이었다. 박문덕 회장은 하이트그룹 안에선 카리스마 경영의 대명사다. 그럴 수밖에 없다. 1991년 박문덕 회장이 하이트의 최고경영자로 취임했을 때만 해도 하이트의 시장점유율은 20퍼센트에도 못 미쳤다. 그땐 하이트도 아니었다. 조선맥주였다. 박문덕 회장은 박경복 조선맥주 창업주의 차남이다. 박문덕 회장이 박경복 창업주의 장남이자 자신의 형인 박문효 현 하이트산업 회장을 제치고 조선맥주 사장 자리에 오른 것도 역전극이었다. 박문덕 회장의 역전극은 여기에서 끝나지 않았다. 천연 암반수를 활용한 깨끗한 맥주라는 간판을 내걸고 신제품 하이트를 출시해서 돌풍을 일으켰다. 마침내 하면발효 맥주의 전성기가 시작되고 있었다. 소비자들의 입맛이 무겁고 묵직한 상면발효 맥주에서 가볍고 상쾌한 하면발효 맥주로 이동하고 있었다. 박문덕 회장은 그걸 놓치지 않았다.

때마침 선두 오비맥주가 실수를 했다. 1991년 3월 오비맥주를 생산하는 두산그룹의 계열사 두산전자가 낙동강에 페놀 폐수를 무단 방류하는 사건이 일어났다. 두산 제품 불매 운동이 벌어졌다. 사실 두산전자와 오비맥주는 별 상관이 없었다. 박문덕 회장은 그걸 놓치지 않았다. 낙동강을 더럽힌 오비맥주와는 달리 맑고 깨끗한 맥주라는 이미지를 강조하면서 시장점유율을 넓혀 갔다. 지금까지도 하이트의 아성이라고 알려져 있는 부산·경남 지역에서 교두보를 마련한 것도 그 무렵이었다. 부산·경남은 낙동강을 상수원으로 쓰는 지역이다. 결국 하이트는 오비맥주를 누르고 시장점유율 1위에 올라섰다. 조선맥주는 회사 이름도 하이트맥주로 바꿨다. 박문덕 회장은 꼴찌가 1등을 이긴 신화적 인물이 됐다. 그 뒤로 15년 동안 하이트는 맥주 업계 부동의 최강자였다. 박문덕 회장이 하이트그룹 안에서 미치는 영향력이 막강할 수밖에 없다.

그런 박문덕 회장이 내던진 한마디였다. 그걸로 끝이었다. 안 그래도 하이트는 점령군이고 진로는 피인수 기업이었다. 사실 그날 술자리는 그런 심리적 격차를 줄여보려고 마련한 자리였다. 오히려 어느 쪽이 승자이고 어느 쪽이 패자인지가 분명해지고 말았다. 술자리에 있었던 고위 임원은 전한다. "최고경영자의 시각을 확인할 수 있었죠. 그날 이후로 하이트와 진로의 관계는 명백해졌습니다. 하이트 인력들은 이상하리만치 고압적이 됐고 진로 인력들은 부정적이고 소극적으로 변해버렸죠. 수평적인 관계는커녕 소통조차 잘 되지 않았습니다."

하이트와 진로의 영업망이 합쳐지면 전국구 최강의 영업 조직이 탄생할 거라고 기대했지만 결과는 딴판이 됐다. 두 조직은 사사건건 반목했다. 시너지가 나올 리 만무했다. 원래 하이트와 진로는 따로 있었을 땐 주류 영업에선 둘째 가라면 서러운 기업들이었다. 하이트는 대역전을 펼친 신화적 영업 조직이라는 자부심으로 똘똘 뭉쳐 있었다. 진로는 외환위기로 무너지다시피 했지만 그 수렁에서 살아남았다는 자부심이 있었다. 진로는 외환위기로 진로그룹이 무너지면서 법정관리 상태에 빠졌다. 2003년 1월 상장폐지되면서 기로에 섰지만 진로의 제품력과 영업력이 지닌 생명력은 끈질겼다. 결국 주인 없는 법정관리 상태에서도 시장점유율은 오히려 상승세를 탔다. 결과적으로 하이트가 군침을 흘릴 만한 기업으로 거듭날 수 있었다. 진로는 피인수 기업이었지만 패자는 아니었단 얘기다. 박문덕 회장의 한마디는 진로의 자존심을 짓밟아버렸다.

사연이 있었다. 주류 영업에는 고질적인 병폐가 있다. 밀어내기와 뒷거래 관행이다. 1990년대까지만 해도 그런 관행이 만연했다. 진로라고 예외는 아니었다. 외환위기 때까지만 해도 진로 역시 뒷거래에서 자유롭지 못했다. 술자리에 있었던 하이트그룹의 전직 고위 임원은 말한다. "그런 게 있었죠. 하지만 없어진 지 오래였어요. 진로는 나름대로 살아남기 위해서 뼈를 깎는 고통을 감내해왔습니다. 스스로 뒷거래도 하지 않고 밀어내기도 근절해왔죠. 살아남기 위해서 스스로를 힘겹게 바꿔온 조직이었던 겁니다. 결국 하이트라고 하는 1등 기업에 인수돼서 이제 한번 달려보자 싶었던 상황에서 최고경영자가 그 옛날 얘기를 끄집어내서 비난을 했던 거죠."

진로 입장에선 억울한 노릇이었다. 하이트 측이나 최고경영자 입장에선 경고일 수도 있었다. 하이트는 최고의 조직이다. 진로도 하이트의 문화에 적응해야 한다는 메시지였다. 정작 그 메시지는 왜곡돼서 전달되고 말았다. 그날 자리에 없었던 진로 측 인력들한테도 술자리에서의 일화는 빠르게 전파됐다. 2005년 일이다.

2005년 7월 하이트가 진로를 인수하고 진로를 떠난 인력만 줄잡아 100명이 넘는다. 모두 경쟁 회사나 다른 회사로 이적했다. 경쟁 회사에서 탐을 낼 만한 고급 인력이었단 뜻이다. 그들은 하이트나 진로의 영업 비결과 비밀을 누구보다 잘 알고 있었다. 진로 측 인력만 회사를 떠난 게 아니었다. 인수합병통이 예상보다 오래 지속되면서 하이트 측 인력도 지쳐가긴 마찬가지였다. 밖에 나가서 영업을 해야 할 시기에 안에서 정치를 해야 하는 상황은 소모적이었다. 사람이 빠져나가자 조직력도 약해졌다. 1990년대까지 한국 역사상 최강의 영업 조직이라고 자타가 공인했던 하이트는 어느새 허약한 공룡이 돼버렸다. 밖에선 잘 몰랐다. 안에선 이미 위기 의식은 있었다. 아무도 나서지 않았을 뿐이었다.

그렇게 몇 년 동안은 하이트의 시대는 계속됐다. 워낙 막강한 시장점유율을 장악한 조직이라서 공든 탑이 무너지는 데도 수 년이 걸렸다. 그동안은 하이트 안에서도 무사안일할 수 있었다. 사실 주류 시장은 땅따먹기 시장이다. 소수의 생산자가 시장을 독점하고 있기 때문에 한쪽이 못하더라도 상대방이 잘하지 못하면 시장점유율 판도가 달라지지 않는다. 제3자가 새로운 경쟁자로 끼어드는 일도 드물다. 맥주 시장에선 하이트의 경쟁자인 오비맥주의 영업력이 되살아난다거나 새로운 제3의 맥주 브랜드가 등장하지 않는 한 판도가 달라지진 않는단 뜻이다. 소주 시장에선 진로의 경쟁자인 처음처럼이 공격 경영에 나서지 않는 한 우려할 일은 없다. 만일 이런 일들이 한꺼번에 벌어진다면 하이트한텐 퍼펙트 스톰이 될 터였다. 그러나 그런 퍼펙트 스톰이 일어날 확률은 블랙 스완이 나타날 가능성만큼이나 낮았다. 적어도 대다수 시장 전문가들과 하이트그룹은 그렇게 믿었다. 2012년까진 그랬다.

하이트를 쫓기 시작한 오비

2010년 2월이었다. 장인수 오비맥주 사장은 주주들 앞에서 배수진을 치고 있었다. "6개월만 주세요."

그때 장인수 사장은 영업총괄 본부장이었다. 오비맥주에 합류한 지는 한 달도 채 안 되던 무렵이었다. 장인수 당시 본부장은 오비맥주에 합류하자마자 아차 싶었다. "후회가 많이 되더군요. 바깥에서 보던 것보다 영업력이 많이 망가져 있었어요. 이대로 가선 아무것도 안 되겠다 싶었습니다."

승부수를 띄웠다. "재고부터 줄여야 한다고 봤어요. 맥주 맛은 신선도가 생명입니다. 도매상에 재고를 쌓아놓게 되면 소비자들이 사 마실 때쯤이면 제 맛이 나지 않게 됩니다."

당장 재고를 줄이자면 단기적으론 매출이 줄어들 수밖에 없었다. 장인수 사장은 말한다. "영업력을 강화하겠다고 영업본부장을 뽑아왔는데 오자마자 매출이 줄어들게 생긴 거죠. 저로서도 부담이었고 저를 뽑은 주주들도 부담이었습니다. 그래서 제가 주주들한테 6개월만 달라고 했어요. 결과에 대한 책임도 지겠다고 했죠. 제 나름은 배수진을 친 거죠."

2010년 2월부터 4월까지 동안 시중 도매상에 쌓여 있던 오비맥주의 재고량은 절반 이하로 줄었다. 당연히 오비맥주의 시장점유율도 하락세로 돌아섰다. 1위 하이트맥주와의 격차도 더 크게 벌어졌다. 맥주 시장은 하이트와 오비의 양강 구도다. 어느 한쪽의 시장점유율이 떨어지면 그만큼 상대방한테 영업 이익이 돌아가는 구조다. 어떤 영업 본부장도 선뜻 재고를 줄여서 맥주 맛을 살리자는 제안을 할 수 없던 이유다. 맥주 회사는 매일, 매달, 매 분기, 매년 영업 실적을 분석한다. 하루하루가 실적 전쟁이다. 한번 실적이 나빠지면 만회할 수 있을지도 장담할 수 없다.

장인수 사장은 30년 동안 영업을 해왔다. 영업 조직의 습성을 누구보다 잘 알고 있다. 어느 영업 조직이나 월말쯤 되면 실적을 올리려고 억지로 도매상에 물건을 떠넘긴다. 소매상이나 소비자한텐 언제 판매될지도 모르는 제품들이다. 영업 직원 입장에선 일단 공장에서 도매점에 물건을 넘겼으니 실적으로 잡힌다. 그렇게 도매 단계에서 물건을 쌓아놓으면 결국 소비자는 한 달 넘게 묵힌 맥주를 마시게 된다. 장인수 사장은 설명한다. "누구나 알고는 있습니다. 가장 맛있는 맥주는 공장에서 막 만들어진 제품이란 걸 말이죠. 맥주 맛은 그만큼 신선도에 따라 크게 좌우됩니다. 오비맥주의 영업 방식은 맥주 맛을 망치는 거였어요. 공장에서 출하돼서 소비자들이 마실 때까지 한참이 걸리곤 했으니까요. 그런 건 영업 실적을 위한 영업일 뿐 소비자들을 위한 영업이라고 할 수 없죠. 오비맥주 맛에 대한 소비자들의 신뢰를 잃게 만들어서 결국엔 시장점유율을 떨어뜨리는 결과를 낳았습니다."

당장 밀어내기 악습은 끊어냈다지만 남은 과제가 있었다. 도매상들이었다. 오비맥주는 10년 넘게 외국계 회사의 계열사였다. 1998년 두산그룹이 오비맥주를 벨기에 주류 회사 인베브에 매각하면서 외국물을 먹기 시작했다. 그때부터 오비맥주에선 외국 용어가 일상화되기 시작했다. 인베브의 문화가 흘러들면서 오비맥주 안에선 묘한 영어 숭배 문화가 생겨났다. 영어를 잘 써야 승진한다는 고정관념이었고 영어를 잘 쓰는 사람이 우월하다는 선입견이었다. 오비맥주 내부에선 잘 알지 못했지만 이런 문화는 오비맥주와 시장 사이에 벽을 쌓았다. 장인수 사장은 말한다. "밖에서 봤을 때 오비맥주에 대한 시장의 인식은 알아 먹을 수 없는 용어를 쓰는 조직이란 거였습니다."

장인수 사장은 천 명이 넘는 도매점 사장들의 전화번호를 다 갖고 있을 만큼 현장 장악력이 강한 영업통이다. 그가 도매상한테서 전해들은 오비맥주에 대한 인식은 한마디로 부정적이었다.

유통 혁신으로 오비맥주의 맛을 되찾아왔다면 이제부턴 영업망을 재건해야 했다. 영업 혁신이었다. 일단 도매점 사장들부터 만나봐야 했다. 전국의 도매점 사장들을 한자리에 모은 행사를 열었다. 오비맥주 관계자는 말한다. "그때 도매점 사장들이 다들 참석했어요. 그런데 하나같이 하는 얘기가 똑같았어요. 오비맥주 행사만이었으면 안 왔다. 장인수 본부장이 행사를 연다길래 장 본부장 얼굴 봐서 왔다는 거였죠."

그만큼 오비맥주와 대리점주들 사이엔 높다란 벽이 있었다. 장인수 사장은 그 벽이 우선 영어 용어에서 비롯됐다고 봤다. “대리점 사장들 얘기를 들어보면 오비맥주 영업 직원들은 현장에 와서 알아먹을 수 없는 소리만 하더란 거죠. 뭘 물어보려고 해도 나이 지긋한 사장들이 묻기도 뭐하고. 그러다 보니 자꾸만 안 만나게 되고 자연히 영업력은 떨어지고.”

장인수 사장은 오비맥주로 오기 전에 조건을 내걸었다. “영어 안 쓴다”는 거였다. 본인이 영어를 안 쓰는 게 문제가 아니었다. 조직 전체가 영어 중심 사고에서 벗어나야 했다. 현장에서 영어 용어를 함부로 쓰지 못하게 했다. 한국 식당을 코리안 레스토랑이라며 KR이라는 영어 약어로 부르는 짓을 못하게 했다. 대리점주들과 똑같은 언어를 쓰게 만들었다.

혁신엔 반발이 따르기 마련이다. 당장 영어 용어를 고쳐 쓰는 것도 쉽지가 않았다. 회의를 줄이고 직원들을 바깥으로 내보내는 것도 낯선 풍경이었다. 그렇다고 회초리를 들고 감시를 할 수도 없는 노릇이었다. 장인수 사장은 회사 분위기부터 바꿔야 한다고 봤다. “오비맥주에 와서 가장 놀란 게 2등이 1등한테 쫓기고 있더란 점이었습니다.”

진취적이지가 않았다. 1등을 추격하기보단 2등을 고수하는 데 급급했다. 국내 맥주 시장이 1등과 2등의 독과점 시장이 아니었다면 진작에 무너졌을 수도 있었다. 그렇게 물러터진 조직를 변화시키려고 우선 자신감부터 불어넣었다. 그렇게 도매점의 신뢰를 회복했다.

밀어내기를 금지하자 영업 직원들이 당황하기 시작했다. 월말에 실적을 위해 밀어내기를 하던 관행을 끊고 오히려 월초에 판매를 늘리자 적응들을 못했다. 점차 맥주 맛이 살아나면서 맥주 판매가 호조를 띄자 영업 직원들도 신이 나기 시작했다. 3개월 만에 오비맥주는 맛을 되찾았다. 주력 제품인 카스의 판매가 늘어나기 시작했다. 곧바로 대목인 여름이었다. 맥주는 여름 술이다. 6월부터 8월까지 3개월 동안의 매출이 전체 매출에서 절대적이다. 하이트와 오비 두 회사의 승부도 여름에 결판이 난다.

맛을 되찾는 오비맥주로 소비자들이 몰리기 시작했다. 1,400여 명에 이르는 대리점 사장들도 오비맥주를 밀어줬다. 여름이 되자 판매가 늘어나기 시작했다. 내친 김에 소매점과 거리 영업까지 강화했다. 이제까지 오비맥주는 맥주를 도매상에 넘겨주면 그만이었다. 소매점이나 소비자들이 어떻게 마시는지는 상관하지 않았다. 오비맥주는 홍보팀과 소매 마케팅을 강화하면서 소비자와도 직접 소통하기 시작했다.

조직 안에 자신감이 피어나기 시작했다. 거리에 나가면 오비맥주의 주력 상품인 카스와 오비골든라거의 광고가 번뜩였다. 새삼 오비맥주를 아는 소비자도 늘어나기 시작했다. 오비맥주는 1980년대만 해도 간판 맥주 회사로 모르는 사람이 없을 정도였다. 어느새 오비는 옛 이름이 됐다. 오비맥주란 회사를 모르거나 오비맥주에서 카스를 만든다는 걸 모르는 경우마저 많았다. 직원들이 점점 오비맥주라는 이름에 자신감을 갖기 시작했다.

맥주 맛을 바꾼 오비맥주는 맥주 파는 법을 바꿔서 결국 승기를 잡았다. 오비맥주는 2011년 15년 만에 하이트맥주를 점유율 면에서 앞섰다. 하이트맥주는 점유율을 지켜내기 위해 안간힘을 썼다. 결국 억지로 격차를 다시 벌렸지만 2012년 들어서면서 다시 역전을 허용했다. 장인수 사장은 말한다. "시장점유율이란 원래 엎치락뒤치락하게 돼 있습니다. 중요한 건 시장점유율이 아닙니다. 조직력이고 영업력이나 품질력이죠. 오비맥주는 그동안 언론에서 역전 얘기를 할 때도 크게 반응하지 않았습니다. 아직 충분히 준비됐다고 여기지 않았기 때문이었죠. 이젠 자신감이 생겼습니다."

오비맥주는 2012년 상반기에 하이트맥주를 누르고 다시 한 번 역전을 했다. 격차는 더 벌어지고 있다. 카스와 오비골든라거와 산토리 더 프리미엄 몰츠가 각각의 시장에서 모두 선두를 달리고 있다. 1980년대를 풍미했던 오비맥주의 완벽한 귀환이었다.

오비맥주는 2011년 사상 처음으로 매출 1조 원을 돌파했다. 2011년 3월 오비맥주의 시장점유율이 처음으로 하이트맥주를 추월했다. 1994년 이후 처음 있는 일이었다. 한국주류산업협회에 따르면 오비맥주의 점유율은 2007년 이후 꾸준히 늘어나서 2012년 1분기엔 53.8퍼센트를 기록했다. 하이트는 계속 줄어들어서 46.2퍼센트에 머물렀다. 전세가 역전됐다. 장인수 사장은 말한다. "카스가 선두 탈환의 선봉이라면 오비골든라거는 전세 역전을 위한 마지막 히든 카드입니다. 두 제품은 오비맥주의 양대 축입니다."

2등이 1등을 역전하는 경우는 이따금씩 있다. 1등이었던 기업이 2등으로 밀렸다가 재역전하는 경우는 드물다. 오비맥주는 여세를 몰아서 강세 지역인

수도권 지역을 벗어나서 호남과 영남 공략에 나서고 있다. 얼마 전엔 하이트맥주의 본토라고 할 수 있는 부산 사직구장과 대구 구장에서 100퍼센트 카스 맥주만 팔도록 계약했다. 오비맥주의 남도 침공이라고들 부른다. 자신감을 되찾은 오비맥주의 전력이 드러난 현장이다. 오비맥주가 돌아왔다. 오래 걸렸지만 더욱 강해졌다.

장인수 사장은 오비맥주에 오기 전엔 오비맥주 상황을 잘 알지 못했다. 사실 오비맥주로 옮길 생각도 별로 없었다. 어렵게 마음을 먹고 오비맥주로 옮겼을 땐 극약 처방이 필요하단 걸 알았다.

"이대로 해서 1년 동안 자리만 지키나 6개월 동안 해볼 만큼 해보고 안 되면 그만두나 매한가지겠구나 싶었어요." 오비맥주 안에선 당시 장인수 사장의 결단을 생즉사 사즉생이라고들 말한다. 장인수 사장은 더 이상 자리에 연연하지 않고 영업력 회생에 매달렸다.

장인수 사장이 바로 진로 사람이다. 스스로는 순수한 고졸이라며 순고 출신으로 부르는 고졸 출신이다. 1980년 진로 공채로 영업 일을 시작했다. 진로가 하이트에 인수되면서 하이트그룹에 합류했다. 하이트주조 · 주정의 대표이사로 일했다. 이때도 이미 고졸 신화였다. 사실 장인수 사장은 오비맥주의 부사장 겸 영업 본부장으로 옮길 이유가 없었다. 장인수 사장은 말한다. "나이도 있어서 이제 회사를 옮길 필요가 별로 없었어요. 이 나이에 돈 때문에 옮길 것도 아니었죠."

장인수 사장은 하이트가 놓친 인재다. 결국 하이트에 일격을 가했다. 하이트의 원죄였다.

우왕좌왕하다 1등을 놓친 하이트

진로의 인재가 오비에서 대역전극을 준비하고 있던 그 시기에 하이트맥주는 여전히 내부 혼란을 수습하지 못하고 있었다. 하이트와 진로의 수평적 결합과 베테랑 임원과 젊은 신진 사이의 수직적 결합도 모두 쉽지 않았다. 대표적인 사례가 맥스와 드라이피니시d의 카니벌라이제이션, 즉 제품 간 잠식 현상이다.

오비맥주 역시 겪었던 문제다. 카스라고 하는 새로운 브랜드와 오비라고 하는 오래된 브랜드 사이의 교통 정리를 하는 데 수년이 걸렸다. 사실 카스와 오비는 단순히 브랜드가 아니었다. 오비로 대표되는 오래된 오비 인력과 카스로 대표되는 새로운 신진 인력 사이의 힘겨루기였다. 오비맥주는 그 힘의 균형을 찾아냈다. 오비를 오비골든라거로 새단장해서 전통적인 오비 인력들의 자존심을 지키면서 카스라고 하는 새로운 시장을 개척했다. 반면에 하이트의 경우엔 맥스와 드라이피니시d의 균형을 찾아내지 못했다. 이미 시장엔 하이트라고 하는 히트 상품이 존재하는 상황이었다. 맥스는 사실 하이트 프리미엄이라고 하는 100퍼센트 순수 보리 맥주 시장을 겨냥한 상품이었다. 문제는 마케팅의 실책이었다. 프리미엄이라는 브랜드가 붙으면서 소비자는 하이트 프리미엄을 하이트의 상위 개념으로 인식했다. 하이트 시장을 갉아먹었다.

절대적인 시장점유율을 가진 회사였던 탓에 어느 정도 자사 제품끼리의 경쟁은 피할 수 없었다. 하이트는 그걸 견뎌내지 못했다. 1등의 함정이었다. 결국 하이트는 하이트 프리미엄을 포기했다. 하이트를 위협하는 어떤 대상도 용납하지 못하는 상황이었다. 1등 상품을 지닌 1등 기업에서 자주 나타나는 현상이다.

예를 들어 게임 업계에선 엔씨소프트에서도 비슷한 일이 벌어졌다. 리니지라는 막강한 상품 탓에 다른 부서가 위축되고 오히려 리니지 부서가 다른 부서와 반목하는 현상이 빚어졌다. 결국 리니지를 버리지 못해서 다른 창의력 있는 신상품의 출시가 저해됐다. 하이트 프리미엄은 이름을 프라임으로 바꿨다가 결국 맥스로 정착됐다. 맥스는 경쟁력 있는 상품이었다. 하지만 하이트는 곧 드라이피니시d라는 신제품을 내놓았다.

시장점유율이 떨어지고 있었다. 과거에 실패했던 제품에 매달려 있을 수 없다는 조급함이 맥스를 밀어냈다. 그러나 드라이피니시d의 시장점유율은 좀처럼 높아지지 않았다. 이 무렵 하이트와 진로에선 괜찮은 인력이 대거 이직하고 만다. 술에 취한 채 선배들을 찾아가서 하소연하는 직원들도 늘었다. 그만큼 답답했단 얘기다.

이런 조급증의 원인은 역시 진로 인수의 후유증에 있었다. 하이트그룹은 2009년 진로를 재상장했다. 2003년 상장폐지되고 6년 만이었다. 상징적인 성취였다. 하이트그룹이 진로를 정상화한 걸 만천하에 보여줄 수 있었다. 진로 인수에 들어간 비용을 되찾을 수 있는 방책이었다. 그러나 실속은 없었다. 2009년 진로가 재상장되면서 형성된 공모가는 4만 1,000원이었다. 하이트가 진로를 인수하면서 재무적 투자자들한테 보장해준 가격은 6만 원 언저리였다. 재무적 투자자들한테 약속한 공모가보다 턱없이 낮았다. 그렇다고 재상장을 안 할 수도 없었다. 차입금 부담을 더 이상 감당할 수는 없었기 때문이다.

재무적 부담은 마케팅의 허점으로 작용한다. 영업력이 약화되면서 시장점유율이 떨어지자 신제품을 출시해도 과녁을 꿰뚫지 못하게 됐다. 2010년 드라

이피니시d를 출시했지만 점유율은 2퍼센트에 그쳤다. 인력 유출과 재무적 조급증이 하이트의 장점을 갉아먹은 셈이다.

딱 정확하게 오비맥주에서 장인수 사장을 영입해서 밀어내기를 근절하고 카스의 맛을 되살리는 배수진을 치던 무렵이었다. 사실 장인수 사장이 단기적인 시장점유율 하락을 불사할 수 있었던 것도 하이트가 맥스를 갑자기 포기하고 드라이피니시d로 옮겨가면서 혼란을 겪고 있단 걸 알아서였다. 맥주 시장은 경쟁자들끼리 땅따먹기를 하는 시장이다. 상대방이 못할 때가 기회다. 1990년대 초반 하이트가 오비한테 역전할 수 있었던 것도 오비맥주의 실책 때문이다. 마찬가지였다. 오비맥주가 그렇게 전열을 정비할 시간을 벌어준 건 하이트의 내부 실책 덕분이었다.

하이트는 바깥에서 태풍이 몰아치고 있는데도 전열 정비에 바빴다. 2011년 4월 8일 하이트그룹은 하이트맥주와 진로를 합병했다. 수순이긴 했다. 2005년 하이트는 진로를 인수할 때 압도적인 시장점유율을 바탕으로 한 불공정 거래를 하지 못하도록 공정위의 조건부 제재를 받았다. 영업 인력과 부서를 별도로 운영해야 했고 가격 인상이나 거래에서도 제약에 따랐다. 5년 약정이었다. 2011년 그 제약이 풀리자마자 하이트는 진로를 통합해서 하이트진로가 됐다. 공동 마케팅을 시작했다. 문제는 그 사이에 하이트와 진로의 결합은 1 더하기 1 이상이 아니라 이하가 됐단 점이었다. 이미 진로의 주요 인력은 상당수 빠져나갔다. 영업 조직 합병은 물리적 결합 이상이기 어려웠다. 시장도 그 사실을 알고 있었다. 오히려 합병이 발표되자마자 주가는 떨어졌다. 하이트진로그룹은 "내수 시장 정체와 주류 업체 간 마케팅 경쟁에서 살아남기 위해 다양한 제품 공급 역량을 높여야 한다"면서 "맥주와 소주의 대표 업체 간 합병으로 차별화된 제품과 고객 서비스를 제공해 기업 가치를 극대화할 수 있다"라고 밝혔다. 그러나 그런 시너지가 당장 가시화될 거라고 믿는 사람은 별로 없었다.

오너 리스크가 근본 문제

2012년 7월이었다. 하이트진로그룹은 서울 서초구 서초동 본사 사옥을 1,340억 원에 군인공제회 계열 엠플러스자산운용에 매각했다. 대신 임대료를 내고 사용하는 세일즈 앤 리스백 방식이었다. 단기 차입금 때문이었다. 진로를 인수하면서 보유 현금이 줄어버린 데다 주력인 맥주 시장에서도 시장점유율이 예전만 못했다. 실적 부진과 부채 부담이 겹친 게 원흉이었다. 15년 만에 맥주 시장의 1등 자리를 오비맥주한테 내준 건 급소를 얻어맞은 격이었다. 오비맥주의 시장점유율은 60퍼센트에 접근하고 있다. 하이트의 전성기 시절 점유율이다. 반면에 하이트의 시장점유율은 50퍼센트 아래로 떨어져서 이젠 40퍼센트 선을 위협받고 있다. 진로가 장악하다시피 했던 소주 시장에서도 경쟁이 치열해졌다. 두산에서 처음처럼을 인수한 롯데주류의 공세가 만만치가 않기 때문이다. 롯데그룹은 하이트그룹보다 크고 강하다. 현금 보유량 면에선 국내 최강이다. 롯데주류의 물량 공세로 진로도 고전할 수밖에 없게 됐다. 결국 하이트진로그룹은 사옥을 매각해서 재무 구조를 개선해야 했다.

내부 체력도 약해진 상황이다. 하이트홀딩스의 재무 구조에서 부채 비율이

150퍼센트를 넘어선 지가 오래다. 불과 수 분기 만에 부채 비율이 두 배 가까이 증가했다. 채무는 증가하고 실적은 미비해서다. 진로와 하이트맥주 역시 부채 비율이 높다. 하이트홀딩스의 부채 비율은 부담스러운 수준이다. 자칫 공정거래법에 저촉될 수 있다. 공정거래법에 따르면 하이트홀딩스 같은 지주사는 부채 규모가 자본 총액의 두 배를 넘을 수 없다. 하이트홀딩스는 상당액의 이자 비용을 감당하고 있다. 차입금 규모가 크기 때문이다. 한때 차입금 규모가 전체 자산의 40퍼센트를 넘은 적도 있다. 결국 하이트진로그룹은 부동산을 유동화하는 선택을 할 수밖에 없었다.

설상가상이었다. 2011년 말엔 오너 일가에 대한 편법 증여 논란까지 불거졌다. 박문덕 회장한텐 박태영과 박재홍 두 아들이 있다. 2008년 박문덕 회장은 하이트그룹의 계열사 하이스코트의 주식 전부를 두 아들이 지분 100퍼센트를 수유하고 있었던 서영이앤티에 증여한다. 그런데 박문덕 회장의 장남인 박태영 씨가 서영이앤티의 지분 73퍼센트를 취득한 시기는 그가 영국에서 유학을 하던 시기였다. 둘째 아들 박재홍 씨도 27퍼센트의 지분을 취득한다. 20대이던 시기였다. 그런 다음 박문덕 회장이 하이스코트의 주식 전부를 서영이앤티에 증여한 거였다. 그런데 하이스코트는 하이트그룹의 핵심 회사인 하이트맥주의 2대 주주였다. 1대 주주인 박문덕 회장이 하이스코트의 지분을 모두 서영이앤티에 증여하자 결과적으로 서영이앤티가 하이트그룹의 2대 주주가 됐다. 결국엔 박태영 씨와 박재홍 씨가 2대 주주가 된 격이었다.

이 과정에서 세금은 서영이앤티가 냈다. 하이스코트에서 서영이앤티로 주식이 증여된 셈이었기 때문이다. 그러나 국세청은 사실상 서영이앤티가 박문덕 회장의 두 아들이 소유한 회사란 사실을 들어서 두 아들한테도 각각 242억 원과 85억 원의 증여세를 부과했다. 두 형제는 서영이앤티가 증여세 307억 원을 납부했기 때문에 이중과세라는 입장이었다. 결국 행정소송까지 냈다.

사실 하이트그룹의 후계 구도는 2008년 하이트맥주가 지주회사인 하이트홀딩스와 하이트맥주로 나눠질 때부터 구체화되고 있었다. 하이트홀딩스 주식이 의도적으로 서영이앤티로 흘러가도록 여러 차례의 주식 증여와 주식 스와프가 이루어졌다. 구체적으론 하이스코트에서 인적 분할된 삼진인베스트가 하이트홀딩스 지분을 취득하고 삼진인베스트가 다시 서영이앤티와 합병하는 과정을 거쳤다.

서영이앤티는 맥주 냉각기를 제조하는 회사다. 맥주집마다 구비돼 있는 대형 냉장고가 서영이앤티에서 만드는 제품이다. 맥주의 유통 부문인 셈이다. 현대차의 글로비스나 삼성전자의 삼성SDS쯤 된다. 그룹 내부의 유통망 안에서 발생하는 이익을 독점할 수 있는 길목에 있단 뜻이다. 서영이앤티의 매출은 2007년엔 142억 원 수준이었다. 2008년에 갑자기 623억 원으로 급증했다. 그 뒤로 2009년 852억 원으로 늘었다. 전형적인 일감 몰아주기였다.

2007년부터 2010년까지 서영이앤티의 거래 내역만 살펴봐도 알 수 있다. 98퍼센트 이상의 거래가 하이트진로그룹을 통해 이루어져왔다. 그런데 서영이앤티의 내부 거래가 급증하고 매출과 영업이익도 늘어나던 시기는 정확하게 박문덕 회장의 두 아들이 서영이앤티 주식을 소유한 시기와 일치한다. 서영이앤티가 하이트 오너 일가의 사금고란 비판을 받고 있는 이유다. 2012년을 기준으로 서영이앤티의 내부 거래 규모는 줄어들지 않고 있다. 외부 비판에도 불구하

고 밀어붙이고 있는 모양새다. 3세 승계의 중요한 주춧돌이기 때문이다. 그 사이에 하이트의 맥주 시장점유율은 꾸준히 하락했다.

국세청과 공정거래위원회가 서영이앤티를 문제 삼고 있는 부분도 이 지점이다. 내부 거래를 통한 부의 편취와 증여세를 회사의 계열사가 대신 내주게 만드는 편법 증여의 정황이 명백하기 때문이다. 그런데도 하이트 오너 가문은 국세청을 상대로 행정소송을 냈다. 이것 역시 악수였단 평가가 많다. 주류 업계는 국세청과는 불가분의 관계다. 주세야말로 주요한 국세 수입원인데다 주류 사업 자체가 국세청의 허가제 사업이기 때문이다. 국세청과 대립각을 세워서 좋을 게 없단 뜻이다. 그런데도 하이트 오너가는 행정소송으로 맞불을 놓았다. 이중과세에 맞서겠다는 명분은 있었다. 사실상 하이트란 기업 입장에선 오너 리스크였다. 앞으로 국세청의 눈치를 봐야 할 곳은 하이트이기 때문이다.

하이트는 역전당하는 명수

2012년 12월 하이트진로그룹 안에선 거대한 인사 태풍이 불었다. 박문덕 회장의 장남인 박태영 상무가 하이트진로그룹의 경영관리실 총괄 임원으로 선임됐다. 본격적인 3세 경영의 신호탄이란 분석이 많았다. 박태영 상무는 그동안 착실하게 경영 수업을 받아왔다. 영국 런던 메트로폴리탄대학교를 졸업했다. 경영컨설팅 회사인 엔플렉폼에서 2년 동안 일했다. 엔플렉폼은 하이트와 진로의 기업 합병을 자문했다. 지분 증여도 끝낸 상태다. 서영이엔티를 통해 하이트홀딩스의 지분 27.66퍼센트를 좌우한다.

동시에 하이트진로그룹은 대대적인 인적 쇄신을 단행했다. 이미 마케팅과 홍보 담당자로는 40대 임원 시대를 연 상태였다. 하이트는 지난 1년여 동안 점유율 하락을 명분 삼아서 대대적인 인적 쇄신을 계속해왔다. 지난해 이미 이장규 하이트맥주 대표이사 부회장과 윤종웅 진로 사장과 하진홍 하이트맥주 생산부문 사장을 퇴진시켰다. 모두 하이트 전성기를 이끈 역전의 용사다. 60대 사장단이 물러나면서 대신 그 자리를 신진이 채웠다.

3세 경영 승계를 최우선 순위로 놓고 있기 때문에 가능했던 인사다. 점유율 하락이 명분이었지만 사실 점유율을 회복시키려면 시장을 잘 아는 전문가가 더 시급한 상황이었다. 주류 영업은 혁신의 분야가 아니다. 기본의 분야다. 경험의 분야다. 오비맥주가 점유율을 역전시킬 수 있던 것도 맥주 맛을 되찾아오고 대리점과 밀착 영업을 하는 기본으로 돌아갔기 때문이었다. 맥주 제조사에서 아이폰을 만들 일은 없다. 기적과도 같은 천상의 맥주 맛으로 한 방에 역전하는 일도 없다. 어느 나라나 맥주 시장이 소수 과점 시장인 건 맥주 맛의 격차는 존재하지만 절대적이지 않기 때문이다. 다양한 맥주 맛을 원하게 되더라도 주류 맥주 시장의 경쟁은 소수끼리의 땅따먹기일 수밖에 없다. 그렇다면 영업력이 중요해진다. 영업은 스킨십이다. 세월이고 인연이다.

하이트는 3세 경영을 위한 물갈이를 통해 스스로 인적 기억상실증에 빠져버렸다. 이미 하이트와 진로의 화학적 결합이 실패하면서 상당수 인력이 빠져나간 상태에서 다시 한 번 맨파워를 잃어버렸다. 사실상 박태영 상무로의 권력 이동을 잘 알고 있는 상황에선 기업 조직 안에서도 줄타기와 눈치 보기가 만연할 수밖에 없다. 누구도 하이트 점유율 하락을 앞장서서 막아보려고 하지 않는단 얘기다. 하이트는 내부 조직의 불확실성을 키워서 외부 변화에 대한 조직의 적응력을 잃고 말았다.

하이트진로그룹은 여전히 인적 쇄신과 내부 교통 정리에만 몰두하고 있다. 하이트진로음료의 신임 대표로 선임된 강영자 사장은 박태영 상무와 함께 엔플렛폼 출신이다. 결국엔 2012년 10월 27일 하이트진로의 영업을 총괄했던 이남수 사장이 물러났다. 부사장 체제로 운영하기로 했다. 역시 영업 부진이 원인이다. 이남수 사장은 장인수 오비맥주 사장과 함께 주류 업계에선 양대 영업맨으로 통해온 인물이다. 행정고시 출신으로 1989년 진로 부장으로 입사해서 하이트 합병과 함께 하이트그룹에 합류했다. 또 한 사람의 진로 인재인 셈이다.

이남수 사장은 5개월 전에 사실상 하이트맥주의 구원투수로 등판했다. 어쩌면 2010년의 장인수 사장과 주어진 상황이 똑같았다. 장인수 사장은 1년 뒤에 물러나나 6개월 뒤에 물러나나 똑같다면서 밀어내기 근절이라는 배수진을 쳤다. 중요한 건 오비맥주를 인수한 KKR 이사진이 장인수 사장의 배수진을 납득하고 용인했단 점이었다. 반면에 이남수 사장한텐 그런 기회조차 주어지지 않았다. 제대로 된 승부조차 하지 못하고 물러나게 됐다. 하이트 측에선 그룹 내부에선 60세 정년이 일반적이기 때문에 본인이 후배들한테 길을 열어주는 차원에서 용퇴한 것이란 해명을 내놓았지만 이남수 사장이 취임 5개월 만에 퇴임한 사실을 제대로 해석해주지 못하는 게 사실이다.

하이트그룹 안에선 이제 구조 조정에 대한 두려움마저 나타나고 있다. 박문덕 회장이 최근 열린 임원 회의에서 하이트와 진로가 합병하면서 조직이 지나치게 비대해졌다는 의중을 내비친 게 밖으로 새나갔다.

결국 하이트의 인사에 대한 내외부의 우려가 커지게 됐다. 전통적인 영업맨을 배제하고 마케팅 출신의 신규 인력이 대거 합류했지만 정작 시장과의 스킨십이 부족하기 때문이다. 3세 인맥이 제자리를 잡고 시너지를 내려면 시간이 더 필요한데도 신구 인력의 조화를 고려한 인사는 사라지고 있다. 점유율 하락을 부채질하는 요인이다.

주류 시장은 점유율을 1퍼센트 높이려면 마케팅 비용을 300억 원 이상은 써야 한다는 게 정설로 굳어져 있을 만큼 힘든 시장이다. 이제 오비맥주와 하이트의 시장점유율 격차는 많게는 5퍼센트 이상으로 벌어졌다. 산술적으로도 1,500억 원 이상의 마케팅 비용을 써야 한단 계산이 나온다. 재역전이 쉽지만은 않단 뜻이다. 15년 전 하이트가 오비를 밀어낼 수 있었던 데에는 오비의 패착이 결정적이었다. 15년 만에 하이트가 오비와 똑같은 패착을 하고 있다. 1등과 2등의 승부는 건곤일척이다. 1등이 실수하지 않는 한 2등은 이기기 어렵다. 절치부심하며 오래 참고 인내해야 한다. 오비가 그랬다. 이젠 어쩌면 하이트 차례다.

하이트는 역전의 명수였다. 박문덕 회장 역시 역전의 명수였다. 그러나 이제 하이트는 역전당하는 명수가 됐다. 기업 경영과 시장 실적에서 모두 정상에서 밀려났다. 이유는 내부에 있다. 진로를 합병한 게 패착이 아니다. 진로를 합병한 다음이 문제였다. 영원한 1등은 없다.

삼성

자신을 넘지 못하는 거인

앤디 루빈은 동료 두 명과 함께였다. 회의실은 거대했다. 20여 명 정도의 삼성전자 임원이 도열해 있었다. 임원들은 본부장이 입장하자 일사불란하게 착석했다. 본부장이 신호를 보냈다. 시작하란 뜻이었다. 앤디 루빈은 프레젠테이션을 시작했다. 프레젠테이션이 끝나자 삼성전자 모바일사업본부의 본부장은 너털웃음을 터뜨리고 앤디 루빈에게 말했다. "당신 회사는 8명이 일하고 있구먼. 그런데 우리는 당신의 계획만큼 야심 찬 일도 아닌 업무에 2,000명이나 일하고 있는 기업이라오."

앤디 루빈은 회상했다. "그건 결코 칭찬이 아니었다."

2004년의 일이다. 앤디 루빈은 지금은 누구나 다 아는 안드로이드폰의 아버지다. 그때만 해도 이름 없는 벤처 기업 안드로이드의 CEO였다. 앤디 루빈은 자비로 한국을 찾았고 억지로 삼성전자와의 미팅 기회를 잡았다. 삼성전자는 안드로이드에 아무런 관심이 없었다. 그때 휴대전화 시장의 쟁점은 소프트웨어가 아니라 하드웨어였다. 노키아가 보급형 저가폰으로 시장을 석권하자 모토로라가 파격적인 디자인폰으로 돌풍을 일으키던 시기였다. 삼성전자는 노키아의 비용 절감과 모토로라의 창의적 디자인을 추격하려고 안간힘을 쓰고 있었다. 돈도 안 되는 무료 모바일 OS에 눈길을 줄 시간 따윈 없었다. 게다가 앤디 루빈이 제시한 OS의 개념은 통신 시장의 비즈니스 틀을 뒤흔드는 파격이었다. 통신사업자와 휴대전화 제조사는 신사협정을 맺고 있었다. 양쪽 모두한테 이익이 되는 콘텐츠만 단말기를 통해 유통될 수 있도록 제약했다. 앤디 루빈은 자비로 또 억지로 삼성전자를 떠나야 했다.

2010년 6월 8일이었다. 삼성전자가 갤럭시S를 첫선을 보이는 날이었다. 앤디 루빈 구글 수석 부사장은 삼성전자의 VVIP였다. 안드로이드의 아버지 앤디 루빈이 한국의 일개 안드로이드 스마트폰 제조사인 삼성전자를 찾는다는 사실부터가 대단한 뉴스거리 취급을 받았다. 앤디 루빈의 등장 자체가 삼성전자 본사에서 열린 갤럭시S 출시 행사의 하이라이트였다. 이유가 있었다. 안드로이드 OS는 무료 오픈소스 프로그램이다. 누구나 능력만 되면 안드로이드폰을 자유롭게 만들 수 있단 뜻이다. 실제로 대만의 중소기업 HTC와 한국의 중견 기업 팬택 계열이 모두 안드로이드폰을 만들고 있었다. 삼성전자도 여러 안드로이드폰 제조사 가운데 하나일 뿐이었다. 사실 삼성전자로서는 받아들이기 힘든 뼈아픈 현실이었다. 불과 6년 전만 해도 앤디 루빈은 삼성전자한테 안드로이드폰을 만들어달라고 통사정을 했다. 이젠 처지가 뒤바뀌었다. 어느새 휴대전화 시장의 주도권은 구글과 구글이 2005년에 인수한 작은 벤처 기업 안드로이드로 넘어간 상황이었다. 파죽지세로 밀고 들어오는 애플을 견제하려면 구글과 손을 잡는 수밖에 없었다. 자체적으로 OS를 개발하긴 너무 늦어버렸다. 2004년에 앤디 루빈을 천대하지 않았다면 시간을 벌었을 수 있었다. 이제 한국의 1등 기업 삼성전자는 구글과 안드로이드한테 머리를 조아려야 했다. 삼성전자는 애써 의미를 부여했다. “앤디 루빈이 특정 기업의 안드로이드폰 출시 행사에 참석하는 건 처음 있는 일이다. 그러니까 삼성전자는 여타 안드로이드폰 제조사들과는 격이 다르다.”

그나마 삼성이 자존심을 세울 수 있는 유일한 변명이었다.

삼성, 스마트폰 혁명을 뒤쫓다

2010년 6월 8일은 애플이 아이폰4를 발표한 날이기도 했다. 스티브 잡스는 미국 샌프란시스코 모비콘센터에서 열린 월드와이드개발자컨퍼런스에서 아이폰4를 공개했다. 아이폰4는 혁신적인 제품이었다. 아이폰의 완성형이라고까지 할 수 있었다. 스티브 잡스가 아이폰을 처음 공개한 건 2007년 1월 맥월드 엑스포를 통해서였다. 그때만 해도 애플이 아이폰으로 휴대전화 시장을 뒤집어놓을 거라고 예측한 사람은 많지 않았다. 휴대전화는 노키아나 모토로라나 삼성전자가 만드는 제품이었다. 애플은 신제품이나 신기술을 내놓은 게 아니라 새로운 경기 규칙을 내놓았다. 아이폰은 휴대전화를 휴대용 컴퓨팅 단말기로 격상시켰다. 개념 자체를 바꿔버렸다. 결국 2010년쯤엔 모든 게 달라져 있었다. 애플이 신제품을 발표할 때마다 모바일 시장 전체가 들썩거릴 지경이었다. 아이폰3와 아이폰3GS는 스마트폰 혁명을 가져왔다. 한국에서도 예외가 아니었다. 아이폰3로 한국에서도 휴대전화 시장의 중심축은 스마트폰 시장으로 옮겨가버렸다. 아이폰3는 경쟁사들보다 적어도 2년은 앞선 제품이었다. 경쟁사들이 허겁지겁 내놓은 대응 제품만 봐도 알 수 있었다. 삼성전자는 옴니아를 내놓았다. 참패했다. 느리고 둔했다. 삼성전자는 오히려 아이폰을 들여온 KT한테 화풀이를 했다. 통신사와 제조사의 신사협정을 깨고 스마트폰을 들여온 게 반칙이란 논리였다.

애플은 아이폰4로 스마트폰 시장을 천하일통해버릴 참이었다. 말하자면 2010년 6월 8일은 삼성전자를 비롯한 휴대전화 제조사들한텐 낙동강 전투였다. 낙동강 전선이 뚫리면 끝장이었다. 아닌 게 아니라 아이폰4는 아이폰의 완성체였다. 아이폰3가 아이폰의 소프트웨어적 기능을 극대화했다면 아이폰4는 아이폰의 하드웨어적 기능의 극대화였다. 프레젠테이션을 위해 무대에 오른 스티브 잡스는 30분 동안이나 아이패드 얘기만 하면서 뜸을 들였다. 그러곤 이렇게 말했다. "이제부터 아이폰4를 소개하겠습니다. 아이폰4는 얇습니다. 이제까지 나온 스마트폰 가운데 가장 얇습니다."

그 뒤로도 잡스는 아이폰4의 하드웨어적 혁신을 설명하느라 바빴다. 레티나 디스플레이와 길어진 배터리 수명 같은 걸 강조했다.

자연스러운 혁신 전략이었다. 많은 혁신 기업들이 홀짝수 혁신 전략을 응용한다. 대표적인 기업이 인텔이다. 인텔은 반도체 메모리칩의 속도와 기능을 혁신하면서 한 차례는 설계를 혁신하고 다른 차례엔 그 설계를 진화시킨다. 서로 다른 반도체 연구소에서 전혀 다른 반도체를 설계해서 내부 경쟁을 벌인다. 폭스바겐도 마찬가지다. 폭스바겐의 대표적인 대중차인 골프의 경우엔 홀수 세대 차에선 혁신을 하고 짝수 세대 차에선 진화시킨다. 진화란 결국 혁신한 결과물을 안정화하고 대중화하는 과정이다. 모두가 아이폰4를 두려워한 이유였다. 아이폰4는 아이폰3 혁신의 진화형이 될 터였다. 그렇게 아이폰은 대적할 수 없는 완전체가 될 터였다.

삼성전자는 갤럭시S에 사활을 걸었다. 삼성전자가 갤럭시S 발표를 아이폰4의 발표 날과 같은 날로 잡은 건 이순신의 배수진이나 다름없었다. 삼성전자 안에서 갤럭시S는 이순신폰이라고 불리고 있었다. 전략은 있었다. 이미 애플이 아이폰4에서 하드웨어 진화에 치중할 거란 사실은 예측이 가능했다. 애플의 혁신 경로를 추격하면 짐작할 수 있었다. 애플이 이제까지 혁신한 건 기술이 아니라 개념이다. 애플의 하드웨어적 기술은 대부분 다른 기술을 모방한 것이거나 아웃소싱해온 것들이었다. 애플 혁신의 핵심은 말하자면 터치스크린 기술 혁신에 있는 게 아니라 스크린을 터치해서 다양한 콘텐츠를 활용하게 만든다는 개념 혁신에 있었다. 아이폰의 주요 부품을 삼성전자가 공급하고 있어서 삼성전자 역시도 그 사실을 누구보다 잘 알고 있었다. 애플이 무엇을 구매하는지 알면 다음 전략도 파악할 수 있었다. 애플의 다음 단계가 하드웨어 진화라면 삼성전자도 승부수를 던질 만했다. 혁신 단계에선 애플을 추격하는 게 불가능했다. 진화 단계라면 가능했다. 하드웨어 진화에선 삼성전자가 오히려 애플보다 유리했다. 애플은 모든 부품을 아웃소싱해야 하지만 삼성전자는 디스플레이부터 반도체 칩까지 모든 걸 내부에서 조달하는 게 가능했다. 그만큼 개량 속도도 빠르고 호환성도 클 수밖에 없었다.

사실 구글의 안드로이드 OS는 애플보다 불안정한 게 흠이었다. 모든 하드웨어 단말기에서 돌아갈 수 있기 때문에 그만큼 기능과 성능이 들쭉날쭉이었다. 정갈하게 다듬어서 버그를 줄인 미니멀한 애플의 소프트웨어 체계와는 차이가 컸다. 게다가 애플이 오랜 시간 공들인 앱스토어 생태계와 비교해서 안드로이드 생태계는 불안정했다. 애플은 직접 선별한 양질의 앱만 시장에 공개해서 앱스토어의 수질을 관리한 반면에 안드로이드 생태계는 부실한 앱도 많았다. 모두가 안드로이드폰과 앱을 만들 수 있게 만들어서 양적 팽창을 이뤘지만 질적 저하를 피할 수 없었다. 애플의 앱스토어가 백화점이라면 안드로이드의 앱스토어는 저잣거리였다. 결국 구글에서도 자신들이 주도권을 쥔 소프트웨어 혁신에서 하드웨어 혁신으로 바통을 넘겨줄 수밖에 없었다. 스마트폰을 100퍼센트 활용하는 헤비 유저 대신 스마트폰이라는 유행을 추종하는 소비자를 주워 담기에도 하드웨어 혁신 전략이 주효할 수 있었다. 앤디 루빈이 갤럭시S 출시 행사장을 찾은 이유였다. 안드로이드 진영에선 삼성전자가 제일 큰 제조사인 건 틀림없었다. 그렇게 구글과 삼성의 배꼽이 맞았다.

구글의 전략은 1980년대 애플과 마이크로소프트의 경쟁 구도를 옮겨온 거였다. PC 시장을 먼저 연 건 애플이었다. 그때도 아이폰 때처럼 하드웨어인 PC에 소프트웨어인 OS까지 수직적으로 결합한 형태였다. 정작 PC 시장의 승자는 마이크로소프트였다. 마이크로소프트는 구글처럼 어떤 하드웨어 회사가 만든 컴퓨터에서도 돌아갈 수 있는 OS를 개발했다. 그게 MS-DOS와 윈도우였다. 그걸 들고 당시엔 컴퓨터 제조사였던 IBM과 연대했다. 그렇게 마이크로소프트-IBM의 시대가 시작됐다. 1980년대의 마이크로소프트가 2010년대의 구글이다. 1980년대의 IBM이 2010년대의 삼성전자다. 당시에 마이크로소프트가 IBM을 찾아갔던 건 가장 독보적인 하드웨어 기술력을 가진 데다 시장점유율도 높았기 때문이었다. 앤디 루빈이 2004년 삼성전자를 찾아간 것과 똑같은 이유였다. 2010년 앤디 루빈과 구글이 여러 안드로이드폰 제조사를 제쳐두고 갤럭시S 출시 행사에 직접 참석한 것도 마찬가지였다. 구글도 자신들이 구상한 설계대로 하드웨어를 구현해줄 제조사가 필요했다. 브랜드 가치도 높으면 좋았다. 게다가 그때는 애플에서 촉발한 PC 혁신이 다시 하드웨어 경쟁으로 옮겨가는 판국이었다. 스티브 잡스와 애플은 PC라는 새로운 시장을 만들어냈다. 정작 시장의 경쟁은 호환성과 대중성과 경제성으로 좁혀지기 마련이었다. 혁신에서 진화로 이동하고 있었단 얘기다. 애플처럼 혁신을 위해 하드웨어와 소프트웨어를 수직계열화한 기업은 시장에서의 최종 경쟁에선 이기기 어렵다. 가격을 인하하거나 호환성을 높이려면 혁신성이 줄어들기 때문이다. 이번에도 역사는 되풀이되려 하고 있었다. 애플의 역할은 다시 애플이 맡았다. 마이크로소프트-IBM 연합군의 역할은 구글-삼성이 맡았다. 1980년대와 달리 IT 제조업의 중심이 한국을 비롯한 극동아시아로 옮겨온 이유가 컸다. 미국 경제는 제조업을 버리고 금융 서비스업으로 이동했다. 세계 경제의 지형도가 삼성한테 기회를 준 셈이었다.

2010년 6월 8일은 삼성전자와 구글이 애플에 대한 대대적인 반격을 시작한 날이었다. 양쪽 모두의 이해관계와 맞아떨어졌고 기술 혁신의 흐름도 구글-삼성 연합군 쪽으로 움직이고 있었다. 삼성전자는 스스로 1980년대의 IBM이 되고

자 했다. 그 수밖에 없었다. 막강한 하드웨어 기술력으로 안드로이드 진영에서 가장 휴대전화를 잘 만드는 회사가 돼야 살아남을 수 있었다. 당시 신종균 삼성전자 무선사업부 사장은 말했다. "갤럭시S는 슈퍼 아몰레드, 슈퍼 디자인, 슈퍼 앱을 갖춘 휴대폰입니다."

슈퍼 하드웨어로 승부하겠단 뜻이었다. 구글은 안드로이드 OS의 약점을 보완할 필요가 있었다. 안드로이드 진영한테도 간판 제조사가 필요했다. 대만의 HTC 같은 회사는 발 빠르긴 해도 간판 브랜드가 되긴 어려웠다. 노키아는 자체 OS인 심비안에 대한 미련과 고집을 꺾지 않고 있었다. 모토로라는 지나치게 빨리 시장점유율이 하락하고 있었다. 재빨리 고개를 숙이고 들어온 삼성전자가 제격이었다. 기술력과 부품력을 모두 갖추고 있었다. 애플이 하드웨어 진화 단계로 접어들었다면 승산이 있었다. 비로소 추격이 가능해진 셈이기 때문이었다. 한편으론 기술 개념 혁신은 끝났단 뜻이었다. 애플이 혁신 속도를 늦췄을 때 마침내 사정권 안에 들어간 셈이었다. 세상에서 가장 빠른 추격자의 사정거리 안에 들었다는 것부터가 애플한텐 불리한 게임일 수밖에 없었다.

2010년 6월 8일 게임의 규칙이 바뀌었다. 삼성전자는 빠르게 애플을 따라잡기 시작했다. 사실 그건 어느 정도는 예견된 수순이었다. 기술 혁신 역사에서 수없이 거듭된 맥락이었다. 앞서가던 혁신자가 속도를 늦추고 진화자가 더 많은 뒤늦은 소비자들을 거둬들이는 현상 말이다. 구글도 거들었다. 구글의 앤디 루빈은 여러 인터뷰에서 삼성전자의 갤럭시S야말로 최고의 하드웨어라고 선전했다. 앤디 루빈은 당시 인터뷰에서 이렇게 말했다. "이제 휴대전화 히트 상품의 공식은 얇고 쿨해야 하며 뛰어난 기능과 성능을 갖고 있어야 한다는 점이다.

갤럭시S는 그런 히트 상품의 요소를 두루 갖췄다."

팬택 계열의 디자인 책임자는 이런 말을 했었다. "휴대폰 경쟁은 결국 디자인 경쟁으로 옮겨가기 마련입니다. 기능적 혁신이 끝나면 결국 형태의 경쟁으로 옮겨가기 때문입니다."

형태는 기능을 닮는다고 했다. 스마트폰이 네모반듯해진 이유다. 기능 혁신이 끝나면 이제 형태의 경쟁이 시작된다. 진화의 시기다.

반면에 2010년 6월 8일은 폭풍 같았던 스마트폰 혁신의 종말이었다. 애플이 주도한 화려한 혁신의 시대는 끝나 혁신자는 길을 비켜주고 진화자가 부각될 수밖에 없었다. 기술 혁신은 혁신과 진화가 번갈아가면서 나타난다. 인텔과 폭스바겐이 내부에서 혁신과 진화를 추진하고 있다면 스마트폰 시장에선 애플과 안드로이드 진영인 구글과 삼성전자가 혁신과 진화를 나눠 맡고 있을 뿐이다. 필연적인 과정이다. 진화는 대부분 혁신의 결과물을 좀 더 다듬고 대중화하는 쪽으로 나타나기 마련이다. 하드웨어적 완성도를 높이는 게 대표적이다. 삼성전자가 해낼 수 있는 몫이었다. 결과적으론 소비자는 진화 단계에서 더 많은 소비를 하기 마련이다. 대부분의 소비자는 혁신에 둔감하거나 저항감을 느끼기 때문이다. 아이폰의 소비자가 여전히 시장에서 얼리 어댑터로 통하는 이유다. 반면에 뒤늦게 도착하는 소비자를 받아줄 제품이 필요하다. 더 대중적이기 때문에 더 많은 시장점유율을 확보하기 마련이다. 결국 최종적인 승자처럼 보인다. 더 많은 영토를 차지하기 때문이다. 삼성은 그 흐름에 그야말로 가까스로 올라탔다. 많은 기업이 기차를 놓치고 낙오했다. 2010년 6월 8일은 인천상륙작전으로 전세 역전이 시작된 날이었다.

오너 체제의 한계

"저는 오늘 삼성 회장직에서 물러나기로 했습니다. 아직 갈 길이 멀고 할 일도 많아 아쉬움이 크지만 지난날의 허물은 모두 제가 떠안고 가겠습니다."

2008년 4월 22일 오전 11시 이건희 삼성그룹 회장은 퇴진 성명을 읽어내려갔다. "삼성 가족 여러분. 20년 전 저는 삼성이 초일류 기업으로 인정받는 날 모든 영광과 결실은 여러분의 것이라고 약속했습니다. 그 약속을 지키지 못하게 되어 정말 미안합니다. 국민 여러분께 간곡히 호소합니다. 오늘날의 삼성이 있기까지는 무엇보다 국민 여러분과 사회의 도움이 컸습니다. 앞으로 더 아끼고 도와주셔서 삼성을 세계 일류 기업으로 키워주시기 바랍니다."

이학수 전략기획실장이 삼성그룹의 쇄신안을 발표하기 시작했다. "전략기획실은 해체하기로 했습니다. 전략기획실의 이학수 부회장과 김인주 사장은 잔무 처리가 끝난 후 일체의 직을 사임하고 경영 일선에서 물러납니다."

기자회견 장소인 태평로 삼성 본관 국제회의실이 크게 술렁였다. 이건희 회장은 물러나도 이건희 체제는 남겨질 거라 여겼다. 비자금 문제로 악화된 여론을 달래려는 고육책 정도로 생각했다. 지난 20년 동안 삼성을 초일류 기업으로 이끌어온 이건희 체제가 마지막을 선언하고 있었다. 회장과 그룹 전략기획실과 계열사로 이어지는 삼성의 삼각편대 경영은 선대 이병철 회장이 삼성그룹 비서실을 꾸리면서부터 가꾸어온 경영 방식이었다. 이건희 회장은 비서실을 전략기획실로 키웠다. 삼각편대 경영을 통해 삼성그룹을 일사불란하게 지휘했다. 이건희 회장은 늘 자신의 뜻을 주변과 조직에 전파하는 방식을 고민했다. 그룹 회장으로 취임한 직후엔 이런 말을 자주 했다. "하나의 조직이 하나의 뜻으로 이어지는 방식은 무엇인가."

이건희 회장이 물러나도 삼각편대 경영만 있다면 이건희 회장은 상왕이었다. 마음만 먹으면 경영 일선으로 복귀할 수도 있었다. 이건희 회장은 완전한 퇴장을 선택했다. 그날 이건희의 삼성은 멈췄다.

이건희 회장이 물러난 건 이건희 회장과 삼성이 자초한 결과였다. 역설적으로 한국 사회가 너무 완벽한 삼성공화국이 돼버린 탓이었다. 국가 경제에서 삼성그룹이 차지하는 비중이 커지고 삼성의 정치적, 경제적 영향력이 불어나면서 사회적 견제가 시작됐다. 삼성그룹은 한국 국내 GDP의 20퍼센트, 수출의 20퍼센트, 시가총액의 20퍼센트, 세금의 10퍼센트를 차지하고 있다. 삼성전자는 전체 그룹 매출의 60퍼센트, 순이익의 90퍼센트를 차지한다. 삼성공화국이며 공화국의 수도는 삼성전자였다. 결정적인 사건들이 잇따랐다. 2005년 7월 X파일 사건이 터졌다. 1997년 이학수 삼성그룹 구조조정본부장과 홍석현 중앙일보 회장이 검찰 고위 간부들한테 뇌물을 제공할 걸 논의하는 감청록이었다. 국정원의 전신인 안기부의 도청팀이 비밀 감청한 내용은 삼성의 도덕성에 치명타를 가했다. 이건희 회장까지 연루된 걸로 세간에 알려지면서 삼성은 사익을 위해 금품을 살포하는 이익집단으로 낙인찍혔다. 정관계와 경제계에 미치는 삼성의 영향력이 어느 정도인지를 놓고 논쟁이 벌어졌다. 삼성은 금융산업의 구조 개선에 관한 법률 때문에 또다시 도마에 올랐다. 금산분리법은 삼성의 지배 구조에 관한 격론을 낳았다. 금산분리법 24조엔 대기업 집단 안에서 금융 계열사가 비금융 계열사 지분을 5퍼센트 이상 취득할 경우에는 금융 당국의 사전 승인을 거치도록 하고 있었다. 2004년 6월 참여정부는 금산분리법 24조에 저촉되는 기업들을 조사했고 삼성이 여기에 걸려들었다. 삼성그룹의 지배 구조는 삼성에버랜드와 삼성생명과 삼성전자와 삼성카드와 다시 삼성에버랜드로 이어지는 순환출자 구조다. 삼성생명은 삼성카드의 지분 7.3퍼센트를 갖고 있고 삼성카드는 삼성에버랜드의 지분 25.6퍼센트를 갖고 있다. 모두 금산분리법 24조 위반이다. 금산분리법 24조는 이건희 회장의 삼성그룹 지배 형식에 치명적인 위협이 될 수 있었다. 삼성그룹은 그룹으로 존재하는 것만으로 위법이 된다는 얘기였다. 삼성그룹이 국가 경제에 얼마나 큰 기여를 하고 있느냐는 논리는 오히려 역효과만 낳았다.

2007년 10월 29일 삼성그룹 구조조정본부 법무팀장을 지낸 김용철 변호사는 삼성그룹이 차명 계좌로 비자금 50억 원을 숨겨놓고 있다고 폭로했다. 불에 기름을 붓는 꼴이었다. 김용철 변호사는 천주교 정의구현사제단을 통해 잇따라 양심선언을 했다. 정관계에 걸친 삼성의 360도 로비가 이건희 회장의 지시로 진행됐다. 이건희 회장이 만든 로비 지침서가 있다. 정관계와 언론계에 삼성 장학생이 있다.

결국 2008년 1월 10일 삼성 특검이 출범한다. 1월 14일엔 이건희 회장의 집무실과 이학수 부회장의 자택이 압수 수색을 당했다. 2월 28일엔 이재용 상무가 불려가고 4월 4일엔 이건희 회장마저 소환되었다. 4월 11일엔 이 회장이 다시 조사받았다. 삼성그룹의 핵심 경영진은 모두 특검에서 조사를 받았다. 한국 사회 안에선 대기업의 역할에 대한 국민적 합의가 없었다. 이건희의 삼성 역시 사회적 정도 경영에서 벗어났다.

사실 이건희 체제의 퇴진은 삼성이란 기업한텐 위기이자 기회였다. 이건희 회장은 경영의 수완가였지만 분명 과거의 인물이었다. 혁신 경제의 상징이 될 수는 없는 인물이었다. 어쩌면 이때야말로 삼성이 이건희를 넘어설 수도 있었다. 이건희 회장은 분명 통찰력 있는 경영인이었다. 그는 반도체 산업은 시간 산업이라고 정의했다. 시계는 패션업이었다. 가전은 조립양산업이고 카드업은 술장사라고 했다. 백화점은 유통업이 아니라 부동산업이라고 했다. 이건희 회장은 사업의 본질이 업태를 통찰하는 데 있다고 봤다. 그 본질에 따라 경영을 했고 성공했다. 이 회장만 그랬던 게 아니다. 사업적인 성공을 거둔 경영인들 모두 산업의 본질을 남들과 다르게 통찰했던 인물이었다. 빌 게이츠는 컴퓨터 산업의 본질은 하드웨어가 아니라 소프트웨어에 있다는 걸 통찰했다. IBM이 PC를 파는 데 열중할 때 빌 게이츠는 PC의 OS를 장악했고 결국 마이크로소프트 OS를 기반으로 소프트웨어 시장을 지배하게 됐다. 스티브 잡스는 MP3 플레이어의 본질은 음악 유통에 있으며 휴대전화의 본질은 음성 통화가 아니라 다양한 애플리케이션 프로그램을 소비자가 자유롭게 개발하고 공유할 수 있는 환경을 제공하는 데 있다고 봤고 적중했다. 아이팟과 아이폰을 파는 건 그다음 일이었다.

그런데 이건희 회장한텐 빌 게이츠나 스티브 잡스와는 조금 다른 한계가 있었다. 두 사람은 무에서 유를 창조했다. 이 회장은 유에서 더 큰 유를 창조해야 했던 후계자였다. 그래서 이건희 회장이 맨 먼저 고민한 업의 특성은 그룹의 총수란 무엇을 하는 자리인가였다. 선대 이병철 회장은 시계추 같은 경영인이었다. 이건희 회장은 하루 종일 사색에 잠겼다가 48시간 동안 잠만 잔 적도 있다. 삼성의 영빈관이라 불리는 승지원은 빌 게이츠의 자택을 참조해서 개조했다. 세상의 모든 정보와 지식을 한눈에 볼 수 있도록 설계됐다. 그 안에 있으면 세상과 동떨어지지 않으면서도 자기만의 생각을 거듭할 수 있다. 재벌 회장이라는 직업의 업태를 출퇴근을 하거나 결제를 하는 일이 아니라 생각을 하는 일이라고 본 셈이다. 이건희 회장은 말했다. "경영은 하나의 종합예술입니다. 사장이 무능하면 그 기업은 망한다고 해도 틀림이 없을 정도로 경영자의 역할이 막중합니다. 그러나 의욕과 권한만 갖고는 안 됩니다. 종합예술가에 비유될 정도의 자질과 능력을 갖춰야 합니다." 또한 이건희 회장은 총수의 업태를 가업을 지키는 데 최종 목표가 있다고 봤다. 그는 삼성가의 후계자였다.

"반드시 한 명당 한 대의 무선단말기를 가지는 시대가 옵니다. 전화기를 중시해야 합니다." 1990년대 초 휴대전화 사업 강화를 지시하면서 이건희 회장이 했던 말이다. 이미 세계 경제는 20세기식 산업 경제에서 21세기식 지식 경제로 넘어가고 있었다. 지식 경제의 골간은 질과 기술과 인간이었다. 전자 제품 산업에서 질과 기술과 인간을 하나로 묶을 수 있는 제품은 휴대전화였다. 이건희 회장은 말했다. "양과 질의 비중은 1대 99도 안 된다. 0대 100이다. 10대 90이나 1대 99로 파악한다면 이것이 언젠가는 5대 5로 간다. 한쪽을 0으로 만들지 않는 한 절대로 안 된다."

그는 삼성과 같은 거대한 조직이 질 경영을 한다는 게 얼마나 어려운 일인지 통찰하고 있었다. 조직은 성과를 중시하고 성과는 질보단 양으로 평가받기 마련이란 걸 알고 있었다. 그래서 말로만 질을 강조한다고 질이 좋아지는 게 아니었다. 1995년 3월 9일 구미에서 이건희 회장은 휴대전화 15만 대를 모두 회수해서 불태워버렸다. 50억 원어치였다.

하지만 이건희 회장은 휴대전화 산업의 업태를 제조업으로 이해했다. 1970년대와 1980년대 산업화 시대를 거친 기업인으로서 1990년대와 2000년대의 지식 경제를 예견하긴 했지만 21세기 디지털 경제의 본질까지 꿰뚫진 못했다. 대량생산과 대량소비라는 산업 경제 시대의 패러다임을 기초로 지식 경제 시대에 선두 자리에 서려고 했다. 삼성 애니콜은 튼튼하고 편리하지만 새롭진 않다. 변화를 선도하는 휴대전화는 아니다. 변화는 스티브 잡스의 아이폰이 선도했다. 스티브 잡스가 보기에 휴대전화는 기계가 아니라 콘텐츠를 모아놓는 주머니 같은 존재였다. 기계 덩어리 자체는 의미가 없었다. 삼성이라는 큰 조직의 한계일 수도 있었다. 삼성이라는 거대 조직한테 휴대전화가 제조업이 아니라면 조직은 너무 비대하고 비효율적일 수밖에 없었다. 이건희 회장 같은 탁월한 선구자한테 삼성이란 조직은 때론 사고를 제약하는 한계였다. 이건희 회장은 가업을 물려받았다. 태생적으로 창조적 경영보단 수성적 경영을 할 수밖에 없었다. 그는 삼성의 천재면서 삼성에 갇힌 천재였다.

그런 이건희 회장과 이건희 체제의 퇴진은 삼성이란 기업 조직이 다음 세대를 준비할 수 있는 기회가 될 수 있었다. 이건희 회장은 슈퍼급 인재를 통한 천재 경영을 강조해왔다. 정작 삼성이 입사 과정에서 활용하는 SSAT(삼성직무적성검사)는 창의적 천재를 걸러낸다. 정규분포곡선에서 상위 일부와 하위 일부를 걸러내서 머리는 비상하지만 생각은 범상한 인재만 입사시킨다. 삼성 조직은 창의적 아이디어를 묵살한다. 이건희 회장이 퇴진하면서 삼성은 일종의 내부적 변화 위기를 맞았다. 한국 사회가 삼성에 변화를 요구하고 있었다.

그러나 하필 그때 애플 쇼크가 터졌다. 미처 삼성이 변화하기도 전에 너무 일찍 위기가 찾아왔다. 2004년 삼성전자는 스스로 혁신자가 될 수 있었다. 앤디 루빈이 청바지를 입은 채 청색 수트를 차려입은 삼성전자 임원들을 만나려고 한국을 찾았을 때 말이다. 정작 삼성전자는 혁신을 알아보지 못했다. 혁신을 한 적도 없고 혁신을 할 뜻도 없었기 때문이다. 그건 삼성전자의 실패였다. 삼성전자는 진화자가 될 기회마저 놓치진 않았다. 삼성전자는 기술 혁신이 끝나갈 때 애플의 바통을 이어받아서 기술을 대중화했다. 어쩌면 삼성전자한텐 더 어울리는 길이었다. 사실 삼성전자라는 거대한 조직한텐 유일한 길이었다. 애플이 혁신 조직으로서 유지되기 위해 하드웨어와 소프트웨어의 수직 계열화를 이뤄왔다면 삼성전자는 진화 조직이 되기 위해 부품과 제조를 수직 계열화해왔다. 외부에서 혁신이 일어났을 때 누구보다 빨리 그 혁신을 대중화할 수 있는 구조다. 혁신은 눈 밝고 귀 밝은 애플의 몫이었다다면 삼성전자한텐 단지 외부의 혁신을 누구보다 먼저 알아챌 수 있는 코가 있으면 됐다. 혁신의 냄새를 맡을 수 있는 코 말이다. 2004년 삼성전자의 코는 막혀 있었다. 이건희 회장의 삼성은 그럴 수밖에 없었다. 정작 변화를 시도해보기도 전에 2010년이 찾아왔다. 삼성전자는 누구보다도 빠른 손과 발로 혁신을 추격해야 하는 처지가 됐다. 한국 사회 역시 삼성이 과거 모델로 회귀하는 걸 용인해버리고 말았다.

이건희라는 해법을 다시 꺼내든 삼성

2010년 3월 이건희 회장은 삼성전자 회장으로 경영 일선에 복귀했다. 단순한 오너의 복귀가 아니었다. 삼성이 다시 이건희라는 해법을 꺼내들었단 뜻이었다. 이건희 회장이 미래를 삼성을 통해서만 봤다면 삼성 역시 미래를 이건희라는 잣대를 통해서만 봤다. 그 잣대가 너무 커져서 한국 사회 전체의 눈을 가릴 정도가 됐다. 삼성전자는 결코 혁신자가 될 수는 없는 조직이다. 이건희 체제란 결국 진화자의 길이었다. 속도에 의한 추격자 전략이 재가동되기 시작했다. 이건희 회장은 복귀하자마자 삼성전자 수원 사업장을 방문했다. 세상 어떤 스마트폰보다 강력한 스마트폰을 만들어달라고 주문했다. 이건희 회장이 부재했던 2008년부터 2010년까진 삼성전자가 애플한테 밀리면서 휴대전화 시장점유율이 추락하던 시기였다. 해법을 찾지 못해서 우왕좌왕했다.

역전의 발판이 된 갤럭시S는 2010년 6월에 발표됐다. 사실상 이건희 회장이 복귀하고 처음 내놓은 작품인 셈이었다. 오너 중심의 일사불란한 속도전에 능한 삼성전자의 장기가 드러난 셈이었다. 거꾸로 그런 속도는 제왕적 오너가 있어야 가능하단 뜻도 됐다. 실제로 갤럭시S는 불과 6개월 만에 개발됐다. 옴니아와 갤럭시A 같은 앞선 실패작들을 추스릴 시간조차 없었다. 사실상 아이폰4가 발매되기 전에 완성돼야 한다는 점 때문에 촌각을 다투는 속도전이 돼버렸다. 대신 삼성전자는 갤럭시S 개발에 전사적 역량을 쏟아부을 수 있었다.

이건 이건희식 반도체 혁신 전략이 고스란히 휴대전화에도 적용된 결과였다. 이건희식 반도체 혁신 전략은 결국 대규모 투자와 속도전을 거듭하는 방식이다. 목표는 정해져 있다. 경로를 개척하거나 모색할 이유가 없다. 전형적인 추격자 전략인 셈이다. 이건희 회장이 영화감독 스티븐 스필버그를 만났을 때의 일화는 유명하다. 당시만 해도 소니가 전 세계 IT 산업의 정상에 서 있었다.

소니는 하드웨어와 소프트웨어를 수직 통합하는 작업을 추진하고 있었다. 소니를 추격하던 삼성전자는 역시 소니처럼 할리우드 스튜디오 인수를 고려하고 있었다. 마침 스필버그가 드림웍스라는 새로운 메이저 스튜디오를 만들어서 투자자들을 끌어들이고 있었다. 이건희 회장과 스필버그는 저녁을 함께했다. 삼성전자 임원들도 함께였다. 결과는 절망적이었다. 이건희 회장 일행은 영화감독 앞에서 끊임없이 반도체 얘기만 거듭했다. 그들한테 중요한 건 스스로 목표를 찾아내는 창의적 사고가 아니라 이미 결정된 목표에 매진하는 근면성과 집중력이었다. 스필버그와 이건희 회장의 만남은 아무런 성과 없이 끝났다.

삼성전자가 처음에 스마트폰 대응에서 해맸던 건 그런 반도체적 사고방식이 지배하고 있었기 때문이었다. 삼성전자의 수뇌부는 여전히 1990년대부터 반도체 신화를 이룩했던 인물들로 채워져 있었다. 속도전의 명수들이었다. 옴니아와 갤럭시A는 그래서 실패했다. 이건희 회장 역시 반도체 신화의 주역이었다. 차이가 있었다. 등판 시기가 달랐다. 기술 혁신기가 끝나고 기술 진화기가 열릴 때는 다시금 하드웨어 추격전이 가능했다. 이건희 회장은 그때 수직적 부품 결합을 통한 추격전을 개시했다.

또 다른 결단이 하나 있었다. 구글과의 전략적 제휴였다. 일본의 휴대전화 기업들이나 노키아와의 결정적인 차이점이다. 노키아나 일본 기업들은 과거의 시장점유율을 지키려고 들거나 결단이 늦어지면서 구글한테 안방을 내주는 결정을 미뤘다. 반면에 삼성전자는 기꺼이 구글의 하드웨어 제조사가 되는 길을 선택했다. 오너의 결단 없이는 불가능한 일이었다. 주주들의 지배를 받는 기업들은 그런 극단적인 선택을 할 수가 없었다. 그건 소프트웨어를 포기하는 길이었기 때문이다. 삼성전자 역시 한동안은 다양한 경로를 모색했다. 바다 OS를 만들어서 자기만의 경로를 추구해본 적도 있었다. 실패했다. 애플과 같은 혁신자가 아니었기 때문이다. 남은 길은 구글처럼 보편적 OS 진영의 맏형이 되는 길뿐이었다. 그 결단을 내린 건 삼성전자뿐이었다. 그 결단도 결국 이건희 회장 체제에서만 가능한 일이었다. 삼성전자란 조직은 스스로는 마지막 결단을 내릴 수가 없었다. 삼성전자는 결국 이건희 회장 체제로 회귀했다.

하지만 이것 역시 추격자 전략의 일환이었다. 삼성전자보다 피처폰 시장에서 앞서가던 노키아와 모토로라는 애플한테 안방을 내주기엔 더 많은 기득권을 확보하고 있었다. 블랙베리를 만드는 RIM도 마찬가지였다. 세 회사 모두 자체적인 OS 개발을 어느 정도 추진하고 있었다. 구글의 안드로이드를 받아들여서 단순 제조 하청 업체가 되기보단 시장 주도권을 놓고 한판 붙어보는 쪽을 선택하는 게 옳았다. 반면 삼성전자는 소프트웨어 쪽으론 전무한 상황이었다. 게다가 모토로라나 RIM과 달리 소프트웨어 쪽을 버릴 수 있는 구조였다. 바다 OS에 들인 투자금을 잘라내버릴 수 있었던 건 수직적 오너 경영의 장점일 수 있었다. 속도는 불필요한 것을 버리는 데서 나온다.

결국 삼성전자는 이건희식 방식으로 승리했다. 이건희식이란 경영학자 짐 콜린스가 광적인 규율이라고 미화했던 톱다운식 경영 전략이다. 위기엔 분명 승산이 있는 방식일 수 있었다. 결과도 그렇게 나왔다. 2012년 10월 26일 삼성전자는 3분기 실적을 발표했다. 매출은 52조 1,800억 원이었다. 영업이익은 8조 1,200억 원이었다. 이번에도 사상 최대였다. 역시 사상 최대였던 2분기엔 매출은 47조 원이었고 영업이익은 6조 7,000억 원이었다. 불과 3개월 만에 분기 매출이 50조 원을 돌파했고 영업이익은 8조 원을 넘어섰다. 삼성전자는 분명 상승세였다. 애플과 대비됐다. 애플은 하락세였다. 애플의 3분기 매출은 359억 7,000만 달러였고 영업이익은 82억 달러였다. 원화로 따지면 매출은 39조 5,000억 원이었고 영업이익은 9조 원이었다. 시장 기대치에 미치지 못했다. 삼성전자는 매출에선 이미 애플을 앞섰다. 영업이익에서도 애플을 거의 따라잡았다. 스마트폰 시장점유율에선 삼성전자가 진작부터 압도적이다. 삼성전자는 3분기에만 5,690만 대를 팔아서 35.2퍼센트의 시장점유율을 기록했다. 애플은 2,690만 대를 팔아서 16.6퍼센트를 기록했다. 시장점유율만 따지면 더블 스코어다. 삼성전자는 절대 강자였던 노키아도 제쳤다. 전 세계 휴대전화 시장점유율 1위에 올라섰다. 삼성전자는 시장에선 애플을 이겼다.

삼성전자는 여론 싸움에서도 애플을 이겼다. 먼저 법정 시비를 건 쪽은 애플이었다. 애플은 2011년 4월 15일 캘리포니아 북부 지방법원에 고소장을 제출했다. 삼성전자가 애플의 디자인 특허를 침해했다는 게 골자였다. 처음엔 해프닝으로 끝날 줄 알았다. 삼성전자와 애플은 경쟁자면서 협력사였기 때문이다. 삼성전자는 2011년 4월 21일 서울중앙지방법원에 애플을 고소했다. 애플이 삼성전자의 통신 특허를 침해했다는 내용이었다. 애플의 디자인 특허와 삼성전자의 통신 특허가 맞붙은 형국이었다. 애플은 독일과 네덜란드와 영국으로 특허 소송 전선을 확대해나갔다. 삼성전자 역시 3G 통신 특허로 애플에 반격을 가하기 시작했다. 애플은 퀄컴 모뎀칩을 사용해서 삼성전자의 통신 특허를 피해간 아이폰4S를 출시했다. 2012년으로 접어들면서 양측의 소송전은 폭로전으로 변질됐다. 양측은 각국에서 판매 중지 가처분 신청을 남발했다. 2012년 7월 18일 애플은 자신들이 2002년부터 아이패드를 개발하고 있었다는 증거 사진을 제출했다. 아이패드의 고유성을 인정받으려는 의도였다. 삼성전자는 애플의 디자인 역시 소니를 베낀 것이라는 주장을 폈다. 미국 법원은 애플의 손을 들어줬다. 아무도 애플의 승리라고 여기진 않았다.

혁신자와 진화자 사이의 싸움은 그저 낭비였다. 삼성전자는 끝내 법정에서도 애플을 이겼다. 2012년 10월 25일 애플은 영국 애플 공식 홈페이지에 사과문을 게재했다. 영국 법원의 판결 때문이었다. 영국 런던 법원은 2012년 10월 18일 삼성전자가 애플의 디자인 특허를 침해하지 않았다면서 애플한테 사과문 게재를 요구했다. 삼성전자의 갤럭시탭이 애플의 아이패드 디자인 특허를 침해하지 않았다는 내용을 담아야 했다. 사실 영국 법원은 2012년 7월 1심 판결에서 같은 내용의 사과문을 게재하라고 요구했다. 애플은 항소했고 사과문 게재도 유예됐다. 2012년 10월 18일 항소심에서도 애플이 졌다. 결국 애플은 자사 홈페이지와 일간지에 사과문을 실었다. 꼼수를 부렸다. 애플은 "영국 법원은 삼성이 애플의 디자인을 침해하지 않았다는 판결을 내렸지만 다른 법원의 판결을 종합해보면 삼성은 고의로 인기 많은 아이패드 디자인을 베낀 것으로 보인다"라고 썼다. 또 "독일 법원은 같은 특허에 대해 애플의 손을 들어줬다"라며 "미국 법원도 삼성전자의 특허 침해를 인정했고 10억 달러가 넘는 배상액을 인정했다"라고 적었다. 사과문이 사과문이 아니었다. 그렇게 강짜를 부려봐도 모두가 알고 있었다. 애플은 이미 진 거였다. 그건 광적인 추격자 전략과 혁신의 한계가 빚어낸 진흙탕 싸움이었다.

2012년 9월이었다. 앤디 루빈이 다시 한 번 한국을 찾았다. 2년 만이었다.

이번에는 삼성전자의 특정 제품에 대한 응원 차원이 아니었다. 애플의 공세에 대한 전략적 대응 차원이었다. 이유가 있었다. 애플이 구글과 삼성전자를 특허 소송으로 견제하고 있었다. 이미 삼성전자는 구글의 핵심적인 전략적 파트너가 돼 있었다. 8년 전 서로 홀대했고 2년 전엔 격세지감이었던 관계는 2012년엔 평등한 눈높이로 변해 있었다.

삼성은 대단한 추격자일 뿐

삼성전자는 불타는 승강장에서 살아남았다. 짐 콜린스는 『위대한 기업은 다 어디로 갔을까』에서 실패하는 기업의 5단계를 설명했다. 성공에서 자만심이 생겨나는 단계, 원칙 없이 더 많은 욕심을 내는 단계, 위험과 위기 가능성을 부정하는 단계, 구원을 찾아헤매는 단계, 유명무실해지거나 생명이 끝나는 단계였다. 삼성전자는 이 모든 단계를 다 겪었다. 앤디 루빈의 제안을 무시했고, 스마트폰 시장을 무시한 채 피처폰 시장에 머물려고 했다. 최지성 삼성그룹 미래전략실장이 직접 "스마트폰은 일부 마니아들한테만 국한된 현상"이라고 말한 적이 있다. 구원을 찾아헤매는 단계도 겪었다. 옴니아와 갤럭시A 같은 실패작들을 양산하던 시기였다. 하지만 마지막 단계에서 극적으로 불타는 승강장을 벗어났다.

비결은 구도였다. 삼성전자는 애플의 혁신과 구글의 진화라는 흐름에서 하드웨어 제조사로서의 구도를 선점했다. 부품 산업을 수직 계열화한 삼성전자의 장점을 활용한 측면도 컸다. 하지만 더 중요한 건 슘페터가 말한 것처럼 "끊임없이 몰아치는 창조적 파괴의 돌풍" 앞에서 혁신가가 되기보단 진화자가 되고자 하는 포지셔닝에서 추격이 가능했다. 삼성전자가 지금과 같은 비대한 조직 형태를 유지하는 이유다. 사실 그건 한국 경제의 구조와도 깊은 연관이 있다.

애플은 미국 경제의 혁신성을 대표하는 기업이지만 실제로 미국의 고용율에는 큰 관련이 없다. 제조는 대만의 폭스콘이 중국 공장에서 대행한다. 부품은 전 세계에서 수급한다. 미국 안에선 인력도 고용하지 않고 자본재도 수입하지 않는다. 애플은 오직 디자인할 뿐이다. 그만큼 부가가치가 높고 영업이익률도 높을 수밖에 없다. 삼성전자는 그럴 수 없다. 한국 경제에서 삼성전자가 차지하는 비중이 갈수록 커져왔기 때문이다. 삼성전자가 설비 투자와 고용을 늘려주지 않으면 한국 경제는 주저앉게 된다.

삼성전자의 비대함은 한국 경제의 구조를 모방한 측면이 있다. 제왕적 오너가 속도를 높이라고 채찍질하는 구조 역시 한국 경제의 성질을 모방했다. 한국 경제는 혁신 경제와는 거리가 멀다. 특정 대기업에 너무 많은 전후방 제조업체가 매달려 있고 국민 경제와 고용률까지 영향을 받는다. 혁신은 실패를 동반한다. 실패하지 않으면서 성장하고 동시에 대규모 제조업을 통한 고용과 투자를 창출하려면 수직 계열화를 통한 빠른 추격자 전략 이외에는 정답이 없다. 세계 경제에서 미국이 혁신을 전담하고 일본이 원자재 같은 자본재를 생산하고 한국이 완제품을 조립하는 구조가 완성돼 있단 뜻이다.

문제는 한국의 다른 기업들 역시 삼성전자와 같은 구도를 구상하고 있단 점이다. 삼성전자의 성공 전략을 추격하는 기업이 늘어나면서 한국 경제 전체의 혁신성이 줄어들고 있다. 게다가 삼성전자는 한국 경제의 모방이지만 삼성전자의 성공이 한국 경제의 성공은 아니다. 삼성전자가 성공한다고 해도 한국 경제 전체로 혜택이 골고루 나눠지는 건 아니란 얘기다. 국가 경제는 개인과 기업과 정부 부문으로 나뉜다. 기업의 성공이 개인과 정부로 나눠지는 게 아니라 잉여 이익이 끊임없이 기업 안으로 유보되는 구도가 반복된다. 삼성전자가 빠른 추격자 전략을 쓸 수 있었던 이유 역시 대규모로 축적된 잉여 자본을 한 곳에 집중할 수 있었기 때문이다. 이것이 주주의 배당금이나 종업원의 임금으로 나가게 되면 빠른 추격은 불가능해지기 때문이다. 삼성의 실패이자 한국 기업 문화의 실패이자 한국 경제의 실패다.

정작 삼성전자는 안드로이드폰을 만들어서 큰돈을 벌었지만 한국의 구글 앱스토어 생태계는 일천한 상황이다. 한국은 전 세계를 대표하는 안드로이드폰 제조업체를 갖고 있지만 국내 소프트웨어 생태계를 육성하려는 배려는 전혀 없었단 얘기다. 이건 삼성공화국의 축소판이나 다름 없다. 삼성은 성장하지만 한국은 가난한 상황이 앱 생태계에서도 반복되고 있단 뜻이다. 삼성전자는 이제 구글의 가장 중요한 파트너가 됐다. 분기 순이익은 8조 원을 넘어섰다. 정작 그건 삼성만의 승리일 뿐이다.

삼성은 한때 소니의 추격자였다. 소니가 몰락하자 다시 애플을 겨냥하고 있다. 소니가 몰락한 건 오만 탓이 컸다. 워크맨 신화로 애플의 아이팟 신화 못지않은 결실을 맺고부턴 전진하지 못하고 배회만 했다. 조직의 중심 컨트롤 타워를 없애고 계열사 간 자율 경영을 시작했다. 소니는 표준 독점을 추구했다. 자신들이 만들면 표준이 되고 시장을 지배할 수 있다고 여겼다. MP3 기술이 대표적이다. 애플은 아이팟으로 MP3를 보편화하면서 소니의 ATRAC 기술을 퇴출시켰다. ATRAC 방식은 MP3보다 분명 음질이 뛰어났지만 불편했다. 기술 진화와 시장 진화는 꼭 함께 가진 않는다. 삼성은 소니의 실패에서도 추월의 실마리를 얻었다. 이건희 체제의 복귀는 소니의 반면교사였다. 이젠 삼성은 애플을 추격하고 있다. 삼성의 방식은 현대차한테도 영향을 주고 있다. 현대차 역시 실패한 토요타 대신 폭스바겐을 새로운 추격 대상으로 삼고 있다. 정작 추격의 끝엔 스스로 경로를 창조하는 수밖에 없다. 영원히 추격자일 수는 없단 얘기다. 이건희 체제는 경로 창조에는 적합하지 않다. 삼성 안에서도 현대차 안에서도 품질팀의 입김은 절대적이다. 두 회사 모두 품질 경영으로 승리했다고 믿기 때문이다. 이건희 경영의 요체다. 품질 관리의 실패는 용서받지 못한다. 새로운 걸 시도하는 게 불가능해진단 뜻이다. 그렇게 삼성의 성공은 한국의 기업 문화 전체를 한 방향으로만 몰아가고 있다.

사실 애플은 끊임없이 혁신자가 되려 하고 삼성은 끊임없이 진화자가 되려고 한다. 혁신자는 시장을 열고 선점하지만 결국 대중 시장은 진화자의 몫이다. 혁신자는 매출보단 영업이익을 중시한다. 진화자는 영업이익도 중요하지만 매출이 중요하다. 애플은 IT 업계의 끊임없는 파괴자였다. 음악 시장에선 소니를 몰락시켰고 휴대전화 시장에선 노키아를 밀어냈다. 1등을 밀어낸 건 애플이었는데 정작 1등 자리에 올라선 건 삼성이었다. 삼성은 어쩌면 처음부터 늘 애플을 추격해왔다. IT 시장에서 혁신을 추격한다는 건 애플을 추종한단 뜻이다.

삼성의 추격자 전략은 내부 구성원들한텐 소모적 지옥이 된다. 외부 변화에 민감하게 반응하면서 수시로 대응 전략을 세워야 하기 때문이다. 온갖 대응 전략 탓에 자체 상품 전략은 증발해버린다. 삼성전자 직원들은 그렇게 증발해버린 상품 기획서를 '서류똥'이라고 자조적으로 부른다. 추격자가 시장 혁신이 불가능한 미시적인 이유다.

혁신은 삼성의 반대말

노키아와 핀란드의 실패는 삼성전자와 한국의 실패를 비춰주는 거울이다. 노키아의 실적이 악화되면서 핀란드 경제 전체가 몰락하고 있다. 사실 노키아 역시 삼성전자처럼 구도에 의해 성공한 기업이었다. 핀란드는 노동집약적인 제조업을 일으킬 만큼 인구 밀도가 높은 나라가 아니다. 결국 남은 길은 휴대전화 제조업 같은 IT 산업에서 기술집약적 성장을 이룩하는 길뿐이었다. 단순한 농기구 제조업체였던 노키아가 휴대전화 제조사로 변신한 배경이었다. 한국 경제는 노동집약적이면서 기술집약적이다. 그렇다고 미국처럼 혁신 경제를 만들어내고 실패를 감당해낼 만큼 규모가 큰 것도 아니고, 그렇다고 기술 경제로만 갈 만큼 국가 고용에 무관하지도 않다. 노키아는 자신들이 그린 구도가 무너지자 빠르게 몰락했다. 삼성전자는 구글의 스마트폰 제조사로서의 구도를 그리고 있다. 그러나 구글은 이미 모토로라를 인수해서 휴대전화 제조사로서의 기술력을 습득하고 있다. 삼성전자는 혁신할 수 없지만 구글은 혁신할 수 있다.

스마트TV라는 다음 전장에서도 삼성전자는 추격자 전략을 활용할 수밖에 없다. 구글은 얼마 전부터 순간 검색 기능을 추가했다. 검색창에 지정만 하면 검색 결과가 자동으로 나타나는 기능이다. 이건 스마트TV용이다. 컴퓨터에선 엔터를 쳐서 입력하지만 TV에선 자판이 없기 때문에 그러기 어렵다. 결국 검색어만 입력하면 자동으로 검색되는 방식으로 진화한 셈이다. 여기에 음성 검색까지 덧붙여지고 있다. 집 안에서 가장 큰 가전제품이자 가장 좋은 위치를 차지하게 되는 TV에서도 혁신이 준비되고 있단 얘기다.

애플도 이미 다음 혁신을 준비하고 있다. 팀 쿡은 진화형 CEO다. 스티브 잡스처럼 혁신형 CEO의 뒤를 받칠 수 있는 인물이었다. 팀 쿡 시대에 애플이 삼성전자를 특허 소송으로 공격하는 데는 이유가 있다. 스스로 다음 혁신을 추진할 시간을 벌기 위해서다. 진화의 시기에 진화자가 너무 빨리 그리고 광범위하게 대중적 시장을 포섭하면 혁신의 추진력이 줄어든다. 어쩌면 애플의 다음 혁신형 CEO는 조너선 아이브 디자인 최고책임자가 될 공산이 크다. 이미 애플은 하드웨어만 총괄하던 아이브를 소프트웨어까지 총괄하고 디자인하는 책임자로 임명했다. 후계 구도는 분명해지고 있다. 아이브는 잡스가 자신을 제외하면 가장 많은 권한을 갖고 있다고 했던 인물이다. 애플은 1인 경영을 통해 혁신의 속도를 내는 반면에 삼성전자는 1인 경영을 통해 진화의 속도를 내는 기업이다.

결국 관건은 애플과 구글이 만들어낼 다음 혁신의 폭풍 속에서 다음 진화의 시기까지 삼성전자가 견뎌낼 수 있느냐다. 삼성전자는 혁신 조직이 아니라 진화 조직이기 때문이다. IT 산업은 혁신가들이 폭풍 같은 혁신으로 진화자들을 집어삼키고 그 폭풍에서 견뎌낸 진화자들이 혁신가들을 밀어내고 시장을 차지하는 싸움을 영원히 반복한다.

다음 혁신의 폭풍이 다가올 때 삼성전자는 또 한 번 흔들릴 공산이 크다. 삼성이 여전히 이건희 패러다임에 갇혀 있기 때문이다. 다시 한 번 성공했고 결국 소니가 그랬던 것처럼 그런 성공 신화에서 벗어날 수 없다. 언제까지 구글-삼성 연합군이 유지될지도 알 수 없다. 구글은 이미 모토로라를 통해 하드웨어 제조 기반을 확보했다. 지금 삼성전자가 필요하지 않으로도 삼성전자가 필요하진 않단 얘기다. 마이크로소프트-IBM 연합군이 그랬다. 마이크로소프트는 IBM을 발판으로 윈도우 OS를 시장 지배적 운영체제로 만든 다음 IBM을 버렸다. IBM은 그 뒤로 피나는 노력 끝에 서비스 솔루션 기업으로 변신해서 살아남을 수 있었다. 삼성전자의 미래가 될 수도 있다. 그렇다고 그때까지 혁신 기업이 될 수도 없다. 그건 삼성전자와는 어울리지 않는 길이기 때문이다.

2012년 11월 1일은 삼성전자 창립 43주년이 되는 날이었다. 이날 삼성전자는 새로운 질적 성장 전략을 발표했다. 이제 삼성이라는 브랜드에 대한 기대를 높이는 쪽으로 발전해나가겠단 뜻이었다. 애플처럼 혁신성을 강조해서 소비자의 충성도를 높이겠다고 강조했다. 실제로 삼성전자는 인터브랜드가 발표한 글로벌 브랜드100에서 처음으로 상위 10위권에 들었다. 그러나 누구도 삼성전자가 애플처럼 퍼스트 무버가 될 거라고 여기진 않았다. 그건 이건희의 삼성전자가 그리는 구도가 아니기 때문이다.

2007년 스티브 잡스는 애플 컴퓨터 주식회사에서 컴퓨터 주식회사라는 이름을 빼버렸다. 그냥 애플이 됐다. 결정적인 개념 혁신이었다. 이제 애플은 무엇이든 창조하고 혁신할 수 있는 기업이 됐다. 삼성전자는 여전히 전자 제조업체다. 애플은 그냥 애플이다. 역전은 2010년 6월 8일에 시작됐다. 혁신도 그날 끝났다. 삼성전자가 변화할 수 있었던 기회도 그날 사라졌다. 삼성은 이겼다. 삼성은 자기 자신만큼은 아직 이기지 못했다.

소유의 실패

구본무 LG그룹 회장은 말했다. "포기하지 말고 길게 보세요. 더 투자하고 더 연구하세요. 성공할 수 있습니다. 다시 시작하세요."

2001년 11월이었다. LG그룹은 2차 전지 사업을 포기할 작정이었다. LG화학은 1996년부터 리튬이온전지를 개발하기 시작했다. 일단 3년 만인 1999년 양산 체제부터 갖추긴 했다. 시장성까지 갖추진 못했다. 전 세계 2차 전지 시장은 이미 니켈수소전지를 앞세운 일본 업체들이 석권한 상태였다. LG화학의 2차 전지 시장 진출은 무모한 도전이었다. LG그룹 최고경영진 사이에서도 격론이 벌어졌다. 2001년은 아직 외환위기의 후유증이 가시기 전이었다. LG그룹은 외환위기 탓에 LG반도체를 빼앗기다시피 했다. 또다시 반도체만큼이나 천문학적인 투자가 필요한 사업에 손을 대는 게 부담스러울 수밖에 없었다. 2차 전지 사업은 벌써 적자가 눈덩이처럼 불어나고 있었다. 사업 포기를 검토해야 한다는 LG그룹 최고경영진의 주장은 누가 들어도 합리적이었다. 반면에 사업을 계속해야 한다는 구본무 회장의 주장은 누가 봐도 비합리적이었다. 경영진들 앞에서 뚜렷한 수치나 근거를 든 것도 아니었다. 구본무 회장은 이렇게 말했을 뿐이었다.
"여기에 우리의 미래가 있습니다."

2011년 4월 6일 LG화학 오창테크노파크에서 이명박 대통령까지 참석한 대규모 축하 행사가 열렸다. LG화학의 세계 최대 자동차 배터리 공장 완공을 기념하는 자리였다. 전기차와 하이브리드 자동차에 쓰이는 리튬이온전지 시장의 규모는 2015년이면 16조 원 규모에 이를 전망이다. LG화학의 2015년 매출 목표는 일단 4조 원이다. 그것만으로도 LG화학은 세계 시장의 4분의 1을 석권하게 된다. 그 자리에서 김반석 LG화학 부회장은 밝혔다. "사실 2015년 매출의 80퍼센트 정도는 이미 주문을 받아놓은 상태입니다."

LG화학은 GM, 볼보, 창안자동차, 현대, 르노, 포드와 자동차용 2차 전지 공급 계약을 맺은 상태였다. 4조 원 매출 목표를 초과 달성하는 것도 얼마든지 가능하단 얘기다. 2010년 LG화학은 5억 8,600만 개의 2차 전지 셀을 생산했다. 선발 업체인 일본 산요를 바짝 추격하고 있다. 사업 포기까지 고려했던 2차 전지 사업은 10년 만에 LG그룹의 효자 상품이 됐다. 2차 전지는 2000년대 삼성전자의 반도체가 그랬던 것처럼 2010년대 한국 경제를 견인할 대표적인 수출 상품이 될 전망이다. 미래가 왔다. LG그룹 총수 구본무 회장의 비합리적인 경영이 없었다면, 오지 않았을 미래다.

2003년 말이었다. LG카드 사태가 불거졌다. 마구잡이로 카드를 남발하다

가 유동성 위기에 빠졌다. LG카드는 자본금 6,000억 원을 바탕으로 금융 기관에서 30조 원이나 빌려다 썼다. LG카드가 부도 처리되면 시중 은행까지 줄초상 날 판이었다. 산업은행을 비롯한 LG카드 채권단은 결국 빌려줬던 돈을 투자금 형태로 출자 전환했다. 이자 놀이 좀 하려다가 아예 물려버린 꼴이었다. 산업은행이 출자 전환한 자금 규모만 1조 원이 넘었다. 산업은행은 국책은행이다. 국민 세금으로 투자한다. LG카드를 살리는 데 혈세가 투여된 셈이었다. LG카드는 구본무 LG그룹 회장이 유달리 아끼던 회사였다. LG그룹은 그때도 지금처럼 삼성그룹과 치열한 1등 경쟁을 벌이고 있었다. LG카드는 당시만 해도 삼성을 앞서고 있던 유일한 LG 계열사였다. 구본무 회장은 사장단 회의에서 LG카드를 공공연하게 칭찬하곤 했다. 2001년 8월 LG그룹 글로벌 CEO 전략회의에서였다. 구본무 회장은 말했다. "LG전자 김쌍수 백색가전 담당 사장과 LG카드 이헌출 사장을 본받으세요. 사장이 1등 하겠다는 마음을 먹고 직원들을 독려해서 으쌰으쌰 일하니까 1등 하지 않습니까."

LG카드 사태는 복합적인 실패 사례였다. 외환위기 이후 내수 부진을 만회하려던 김대중 정부의 서민 금융 정책도 큰 원인이었다. 하지만 LG카드가 자기자본의 수십 배에 이르는 부채를 머금은 부실 덩어리로 부풀어오르는 데는 LG그룹 구본무 총수의 비합리적인 1등 욕심도 큰 역할을 했다. 당시 LG그룹 관계자는 LG에 불었던 1등 바람을 이렇게 묘사했다. "회장님도 1등이 얼마나 좋은 것인지를 LG전자 백색가전과 LG카드에서 느꼈기 때문입니다. 2등짜리 사업을 몇 개나 갖고 있는 것보다 1등짜리 하나 갖고 있는 게 훨씬 낫다는 생각이 들었을 거죠."

그러나 LG카드가 무너지고 있을 때 그 자리에 1등 총수는 없었다. 1등으로 사라져버렸다. 구본무 회장은 LG카드의 지분 15.88퍼센트를 갖고 있었다. 최대 주주였다. 그렇지만 나머지 84.12퍼센트의 지분이 남의 돈인 것도 사실이었다. 그런데도 구본무 회장은 LG카드에 대해 비합리적인 경영 권능을 누렸다. 정작 LG카드가 다 망해가자 구본무 회장은 딱 자기 지분 정도만 책임을 졌다. 합리적인 위기 대응이었다. 어두운 과거다. LG그룹의 총수 구본무 회장의 비합리적인 경영이 없었다면, 없었을 과거다.

정부의 좋은 경찰 나쁜 경찰 놀이

2011년 1월 24일 이명박 대통령은 여의도 전국경제인연합회에서 26명의 대기업 회장과 간담회를 가졌다. 매년 설날과 추석 무렵이면 열리는 명절 하례식이었다. 청와대로 회장단을 부르지 않고 대통령이 직접 전국경제인연합회를 찾았다는 게 이례적이었다. 비즈니스 프렌들리의 단면이라고들 했다. 프렌들리한 단면은 또 있었다. 26명 재벌 총수들은 이름표를 달지 않았다. 대통령은 이렇게 말한 걸로 전해졌다. "다 아는 사람들을 만나는데 딱딱하게 명찰이 무슨 필요가 있습니까. 권위적으로 보일 수 있으니 편안하고 부드러운 분위기에서 만나겠습니다."

하례식 자리에선 내내 웃음소리와 덕담이 이어졌다. 그럴 만도 했다. 2011년은 벽두부터 휘황찬란한 2010년 대기업 실적 발표로 장식됐다. 삼성전자는

2010년 매출이 154조 원을 넘어섰고, 영업이익은 17조 원, 순이익은 16조 원을 돌파했다고 발표했다. 현대차는 매출 37조 원, 영업이익 3조 원, 순이익 5조 원이었다. 기아차 역시 순이익이 2조 원을 넘어섰다. 대한항공도 매출 11조 원, 영업이익 1조 원을 기록했다. 현대중공업의 순이익은 3조 원이었다. 사상 최대, 또 사상 최고였다. 2010년은 분명 한국 대기업들한텐 단군 이래 최대 호황기였다.

그 자리에서 재벌 총수들도 한 보따리씩 선물 꾸러미를 풀어놓았다. 전국경제인연합회는 대통령 앞에서 국내 30대 재벌이 2011년에 113조 원을 투자하고 12만 명을 새로 고용할 계획이라고 발표했다. 30대 재벌은 2010년엔 100조 8,000억 원을 투자했다. 1년 만에 투자 규모를 12퍼센트 넘게 늘리겠단 공약이었다. 2011년에 12만 명을 추가로 고용하면 30대 재벌 종사자는 모두 102만 명에 달할 참이었다. 2009년엔 90만 명이었다. 재벌 월급쟁이 100만 명 시대가 열리는 셈이었다. 삼성그룹의 2011년 투자와 채용 규모만 해도 획기적이었다. 총투자액은 43조 원에 달했다. 30대 재벌 투자 규모의 절반 가까이였다. 신규 채용 규모는 2만 5,000명이었다.

이명박 대통령도 선물을 준비했다. 대기업들이 수도권에 연구개발 센터를 지을 수 있도록 규제를 풀어주겠다고 약조했다. 정부의 지역 균형 발전 정책 탓에 연구개발 센터가 지방으로 분산되면서 서울을 떠나기 싫어하는 고급 인력을 확보하는 데 어려움을 겪어온 게 사실이었다. 주거니 받거니, 누이 좋고 매부 좋고, 정부 좋고 기업 좋고였다. 대통령과 재벌 총수들의 신년 하례식은 지난 3년 동안 이어져온 정부와 재벌 간 상생 협력의 절정이었다. 마지막이었다. 이명박 정부는 기업 정책에서 온탕과 냉탕을 극단적으로 오갔다. 당근과 채찍을 썼다.

패착이었다. 기업에 자율성을 부여한 결과 한국 사회는 기업 사회로 진화했고 재벌에 대한 경제력 집중도 강화됐다. 참여정부 시절의 패착을 거꾸로 한 셈이다. 참여정부는 출범 초기엔 기업 권력을 견제했지만 집권 후반기엔 친기업 정책으로 전환했다. 냉탕에서 온탕으로 간 셈이다. 결국 두 정부 모두 기업 사회로 진화하는 한국의 흐름을 막지 못했다.

이명박 정부의 냉탕화는 백용호 청와대 정책실장에서 시작됐다. 익명을 요구한 대기업 전략실 관계자는 말한다. "2010년 7월 백용호 정책실장이 내정되면서 변화 기류가 감지되기 시작했습니다. 대기업 전략실 관계자들이라면 다들 느꼈을 겁니다. 백용호 실장이 누굽니까. 우선 경제학자죠. 경영학과 교수들이야 친기업적인 인사들이지만 경제학과 교수들은 사고방식부터가 달라요. 사안을 기업보단 정부나 국가 차원에서 고민하는 분들이죠. 게다가 공정거래위원장과 국세청장을 거친 인물입니다. 두 조직 모두 기업들한텐 함흥차사 같은 기관이죠. 마인드가 다른 사람이다 이 말씀입니다. 아마 대기업 전략실 담당자라면 누구나 한 번쯤 백용호 실장과의 사내 인맥 정도는 점검해봤을 겁니다."

백용호 실장은 전임자인 윤진식 실장과는 정반대의 인물이었다. 윤진식 실장은 재경부 출신 관료였다. 산업자원부 장관을 지냈다. 친기업적인 관료가 거치는 자리다. 이명박 청와대의 정책실장으로 임명되기 직전에는 서울산업대학교 총장과 한국투자금융지주 회장을 거쳤다. 시장에 몸담았던 관료란 얘기다. 윤진식 실장의 존재 자체가 비즈니스 프렌들리였다. 같은 자리에 정반대의 인사를 할 때부터 이미 변화는 예고되고 있었다.

이명박 대통령의 2010년 광복절 경축사가 신호탄이 됐다. 대통령은 갑자기

공정사회론을 들고 나왔다. 대통령은 말했다. "공정사회에서는 승자가 독식하지 않습니다."

대기업 전략실 관계자는 말한다. "하지만 이때만 해도 공정사회가 대기업 때리기가 될 거라고는 생각하지 못했습니다. 백용호 정책실장의 구상이라는 건 알 수 있었죠. 공정거래위원장 출신이 공정을 화두로 내세우는 건 어찌 보면 당연했으니까요."

하지만 이명박 대통령의 발언 강도는 점점 수위를 더해갔다. 대통령이 중소기업 관련 행사에 모습을 드러내는 일이 잦아진 것도 2010년 하반기부터였다. 2010년 9월 13일 열린 대중소기업 동반 성장을 위한 조찬간담회에선 이렇게 발언했다. "인식을 바꿔서 기업 문화를 바꿔봅시다. 아무리 총수가 그렇게 생각해도 기업 문화가 바뀌지 않으면 안 됩니다. 대기업 때문에 중소기업이 안 되는 것도 사실입니다."

사실 이때만 해도 대통령의 발언은 대기업을 겨냥하고 있었어도 총수는 사정권 밖에 두고 있었다. 불과 9개월 만에 발언 수위는 임계점에 이르렀다. 2011년 5월 6일 중소기업인 초청 행사에서 대통령은 말했다. "대기업 문화가 바뀌어야 한다는 것은 대기업 총수의 문화가 바뀌어야 한다는 얘깁니다."

청와대는 180도 바뀐 정책 기조의 선봉장을 대통령 직속 외곽 조직에서 찾았다. 미래기획위원회와 동반성장위원회였다. 청와대는 한 발 빠져 있는 그림이었다. 백용호 정책실장이 뒤에서 전략을 짜고 곽승준 미래기획위원장과 정운찬 동반성장위원장이 앞장서서 전투를 벌이는 구도였다. 곽승준 위원장과 정운찬 위원장 역시 경제학자들이다. 건국대 경제학과 최정표 교수는 말한다. "기업과 시장 중심 사고를 하기 마련인 경영학과 교수들과 달리 경제학과 교수들은 자본주의 체제 전체의 오류를 수정할 방법을 고민하는 사람들입니다. 정부가 시장을 견제할 방법이나 기업을 견제할 합리적인 방법을 찾는 데 골몰하곤 하지요. 시장을 해치지 않고 오류를 수정하려면 결국 공정성이란 가치에 기대게 됩니다."

이명박 정부 하반기의 정책 변화는 어쩌면 경제학자의 반란이라고 불러야 할지도 모른다. 익명을 요구한 전 고위 관료는 우려했다. "차라리 윤진식 정책실장이 있을 때가 조율이 더 잘 됐을 겁니다. 윤진식 실장은 관료 출신이니까요. 반면에 백용호 실장은 학자 출신이잖아요. 저항이 만만치가 않을 겁니다. 정운찬, 곽승준 카드는 그런 점에서도 고육책이었을 겁니다."

먼저 정운찬 전 총리가 전장에 섰다. 정운찬 위원장은 2011년 1월 『요미우리신문』과의 인터뷰에서 이렇게 말했다. "대기업의 광범위한 사업 확장으로 중소기업의 경영 여건이 악화돼 대·중소기업 간 갈등이 생기고, 이로 인해 산업의 전반적인 효율성이 떨어진 것도 사실입니다. 중소기업이 경쟁력을 발휘할 수 있는 분야를 정해 대기업과의 합리적인 역할 분담을 유도할 필요가 있다고 봅니다."

2004년 폐지된 중소기업 적합 업종 지정 제도를 부활시키겠다는 얘기였다. "대기업이 지금보다 1~2퍼센트만 양보하는 모습을 보이면 대·중소기업 간 상생, 동반 성장이 더욱 쉬워질 것이라고 믿습니다."

이 발언은 곧바로 이익공유제로 이어졌다. 정운찬 위원장이 이익공유제를 주장하고 나서자 당장 재계가 발칵 뒤집혔다. 이건희 삼성전자 회장마저 "사회

주의 용어인지, 공산주의 용어인지……"라며 노골적인 불만을 드러냈다. 아랑곳없었다. 2011년 5월 21일 플라자호텔에서 열린 21세기경영인클럽 초청 조찬간담회에서 정운찬 위원장은 말했다. "이익공유제는 판매수입공유제와 순이익공유제와 목표 초과이익공유제 같은 다양한 형태의 구체적인 실행 모델들을 그 밑에 아우를 수 있습니다." 사실상 맞불을 놓는 발언이었다.

곽승준 미래기획위원장까지 가세했다. 곽승준 위원장은 2011년 4월 26일 소공동 롯데호텔에서 열린 제3차 미래와 금융 정책토론회에서 폭탄 선언을 했다. "국민연금 적립액이 지난해 말 이미 324조 원입니다. 2043년이면 2,500조 원으로 증가하게 됩니다. 공적 연기금의 적극적인 주주권 행사가 본격적으로 검토돼야 할 시점입니다."

곽승준 위원장은 일부러 삼성전자까지 거명했다. "삼성전자는 국민연금의 보유 지분이 이건희 회장보다 많습니다. 하지만 경영진에 대한 견제와 경영 투명성을 높이기 위한 노력이 제대로 안 됐습니다."

포스코와 KT도 언급했다. "포스코와 KT처럼 오너십이 부족한 대기업도 방만한 사업 확장으로 주주 가치가 침해되지 않도록 감시와 견제가 필요합니다."

정운찬 위원장의 이익공유제 발언 때보다 더 발칵 뒤집혔다. 이익은 나누면 그만이지만 이건 결국 경영권을 나누자는 얘기였다. 조동근 명지대학교 경제학과 교수는 이렇게 비판했다. "국민연금 의결권 행사는 공정사회론으로 시작된 대기업 길들이기의 정치적 파생 상품일 수 있습니다. 그 기저에는 다수를 이루는 중소기업과 소액 주주의 이해를 반영하려는 인기 영합의 그림자가 짙게 드리워져 있습니다. 충분한 정책 함량을 갖췄다고 보기는 어렵습니다."

정작 이명박 대통령은 딴소리를 했다. 대통령은 2011년 5월 3일 열린 경제5단체장과의 오찬 회동에서 말했다. "대기업과 중소기업이 서로 상대를 존중하는 문화가 형성돼야 합니다. 법이나 제도로 강제한다고 되는 건 아니고 기업들이 자율적으로 하는 게 좋다고 봅니다."

이미 청와대는 정운찬 위원장의 이익공유제 주장과 곽승준 위원장의 국민연금 의결권 행사 발언 직후 짜맞춘 듯 선을 그은 처지였다. 2011년 4월 26일 곽승준 위원장의 연기금 자본주의 발언이 있은 직후만 해도 그랬다. 김희정 청와대 대변인은 말했다. "평소 학자로서 소신을 발표한 것으로 알고 있습니다. 논의 과정을 더 거쳐봐야 합니다."

익명을 요구한 대기업 전략실 관계자는 말한다. "그때부터 이미 짜인 각본대로라는 인상을 받았습니다. 제작은 대통령, 연출은 백용호 정책실장, 주연은 정운찬 위원장과 곽승준 위원장이 맡는 큰 그림이었단 거죠. 대기업들 입장에선 좋은 경찰, 나쁜 경찰 놀이처럼 보입니다. 대통령은 대기업을 달래는 좋은 경찰이죠. 정운찬 위원장과 곽승준 위원장은 대기업을 때리는 나쁜 경찰입니다. 실제 밑그림을 그린 백용호 실장은 절대 전면에 나서지 않죠."

덧붙인다. "여기까지는 대충 그림이 그려집니다. 끝까지 모르겠다 싶은 건, 현 정부가 어디까지 보고 있느냐 거죠. 대기업을 상대로 벌이는 정부의 좋은 경찰 나쁜 경찰 방식이 단순히 내년 총선이나 대선을 염두엔 둔 국면 전환용 카드인 건지, 아니면 역대 정권들이 그랬던 것처럼 대기업을 압박해서 뭔가 협조를 이끌어내려는 건지, 아니면 이참에 대기업을 중심으로 짜여진 한국의 기업 환경을 뿌리째 뒤흔들어볼 참인 건지, 그걸 모르겠습니다."

파행적 2중 구조

"쇼죠." 최정표 교수는 말한다. "정작 시끄럽기만 하지 청와대나 내각이 앞장선 정식 정부 정책도 아니지 않습니까. 곽승준 위원장이 주장한 연기금 의결권만 해도 그래요. 의결권을 행사하면 구체적으로 뭘 할지에 대해서는 얘기가 없어요."

최정표 교수는 지난 20여 년 간 정부의 재벌 정책을 모두 연구했다. 국민연금은 한 해 동안 주총에서 모두 130여 건의 반대표를 던진 적도 있다. 관철된 건 단 한 건뿐이다. 용두사미다. 거꾸로 기업을 압박하는 수단처럼 포장된 연기금 의결권 행사가 정부를 옭아매는 기업의 족쇄가 될 수 있다. 박경서 고려대학교 경영학과 교수는 연기금 주주권 행사를 찬성하는 입장이다. 논리는 친기업적이다. "연금 주주권이 활성화된다면 기업의 제품 가격을 내리라는 등의 정부 정책은 더 이상 먹혀들 수 없습니다. 정부의 지시에 따르다가 기업 가치에 손상이 온다면 경영자가 주주의 배임 소송에 직면할 것이기 때문입니다. 이걸 핑계로 기업 경영자는 정부의 경영 개입에 대해 노라고 할 수 있는 거죠."

이건희 회장이 국민연금 의결권 행사를 환영한다는 입장을 밝혀서 진의 해석이 분분했다. 그 무렵 곽승준 위원장과 삼성은 물밑에서 상당한 입장 조율을 해왔던 걸로 알려졌다. 이런 부분을 짚었을 수도 있다.

최정표 교수는 지적한다. "그것보다 이익공유제니 연기금 의결권 행사 같은 주장들이 왜 나왔는지 따져봐야 합니다. 요즘 재벌들의 문어발식 확장이 도를 넘은 분위기죠. 외환위기 직전에 재벌들이 보여줬던 모습이죠. 특정 계열사에 재벌 일감을 몰아줘서 부의 편법 증여까지 버젓이 하고 있죠."

최 교수는 잘라 말한다. "출자총액제한제도가 폐지됐기 때문입니다."

이명박 정부는 집권하자마자 출자총액제한제도부터 폐지시켰다. 인수위원회 시절부터 폐지를 기정사실화했다. 2009년 폐지가 확정됐다. 출자총액제한제도는 30대 대기업이 새로운 자회사를 설립할 수 없게 만든 조항이었다. 이명박 정부는 지주회사 규제도 없앴다. 최정표 교수는 지적한다. "패전 직전 일본 재벌도 지주회사 제도 덕분에 그렇게까지 덩치를 불릴 수 있었습니다. 지금 한국 재벌들이 걷고 있는 길입니다."

소수 재벌이 수십 개의 계열사를 거느리고 핵심 산업을 독차지하고 나머지 중소기업은 가내수공업에 머물러야 했던 양극화된 일본 경제를 파행적 2중 구조라고 부른다. 경제학자 C. A. 마이어스는 총수 일가에 의해 지배됐던 재벌 체제를 가족군주 체제라고 정의했다. 지주회사 규제가 없고 출자총액에 제한이 없어서 가능했다. 지금의 한국 재벌과 다를 바 없다.

삼성, LG, 롯데, 현대중공업, GS 같은 10대 재벌의 계열사는 2008년 405개에서 2010년 617개로 200개가 넘게 늘었다. 재벌들은 출자총액제한제도 때문에 신규 투자를 할 수 없고 자연히 고용도 늘릴 수 없다고 호소해왔다. 실제로 출자총액제한제도가 사라지자마자 공격적인 신규 투자에 나서기 시작했다. 명분도 있었다. 2010년대는 신수종 사업의 시대가 될 참이었다. 2010년 12월 삼성전자는 메디슨 인수전에서 승리했다. 삼성은 헬스케어 사업을 미래 신성장 동력으로 보고 있었다. 출자총액제한제도가 있었다면 메디슨을 인수한다는 건 꿈도 꿀 수 없었다. 전국경제인연합회의 관계자는 말한다. "출자총액제한제도를 폐지한 덕분에 대규모 투자금이 들어가는 신수종 사업에 공격적으로 투자하면서

한국 경제가 미래를 준비할 수 있는 길이 열린 겁니다."

반대로 미래 시장마저 신생 기업 대신 기존 재벌들의 몫으로 돌아간 셈일 수도 있다. 태양전지 원재료인 폴리실리콘의 경우는 재벌들이 너도나도 뛰어들면서 벌써 공급 과잉 상황에 빠져버렸다. 폴리실리콘은 1만 톤 규모의 공장을 짓는 데 8,000억 원이 넘게 드는 분야다. 외환위기 역시 자동차나 조선 같은 되는 분야에 대한 재벌들의 과당 경쟁으로 점화됐다.

진짜 문제는 따로 있다. 통계청에 따르면 주요 재벌의 일자리는 지난 5년 동안 별로 늘어나질 않은 걸로 나타났다. 삼성전자는 2007년 8만 6,000명을 고용했다. 2010년에는 9만 5,000명을 고용했다. 계열사는 20개 가까이 늘어나는 동안 고용은 고작 1만 명 남짓 늘어났다. LG전자의 고용 인원은 같은 기간 4,000명 불어났을 뿐이다. 고용 없는 성장이었다. 10대 재벌들이 계열사 늘리기에 들인 돈도 정작 자기 돈이 아니었다. 10대 재벌의 부채 규모는 2008년 424조 원에서 2011년 1분기 현재 629억 원으로 200조 원이 넘게 증가했다. 10대 대기업의 현금성 자산은 줄잡아도 50조 원이 넘는다. 그런데도 대기업들은 은행 부채로 투자에 나선 셈이다. 결국 예금자의 돈이고 국민의 호주머니 돈이었다. 부채 증가 폭은 롯데그룹이 가장 컸다. 2008년에 비해 90퍼센트가 넘게 늘어났다. 삼성전자는 부채 규모에서도 1등이었다. 2008년 173조 원이었던 채무 규모는 2011년 1분기 현재 230조 원으로 폭증했다. 반면에 10대 재벌 상장사의 현금 유보율은 2007년 789퍼센트에서 2010년 1,219퍼센트까지 증가했다. 이명박 정부는 출자총액제도의 빗장을 풀어주면 대기업들의 투자가 늘어나서 고용이 증대될 거라고 호언했다. 정작 재벌은 자기 돈을 아껴두고 남의 돈으로 투자하면서도 일

자리는 늘리지 않았다.

김상조 한성대 교수는 비판했다. "재벌들이 부채를 바탕으로 규모를 늘리는 도덕적 해이에 빠진 게 아닌가 의심됩니다. 미국이나 영국 같은 나라들은 금융위기를 교훈 삼아서 오히려 부채를 줄이고 있는데 유독 한국만 빚으로 기업을 확장하는 선택을 하고 있습니다."

사실 저리 대출로 사업을 하려는 건 기업의 속성일 수 있다. 문제는 김상조 교수가 지적한 도덕적 해이다. 10대 재벌이 보유한 부동산 총액도 2011년 들어서면서 60조 원을 넘어선 걸로 나타났다. 재벌닷컴에 따르면 삼성그룹이 보유한 부동산의 공시지가는 13조 원을 넘어선 걸로 나타났다. LG그룹 역시 5조 원 규모였다. 1980년대 말에 불기 시작한 부동산 광풍은 대기업들이 비업무용 부동산을 사재기하면서 증폭된 측면이 컸다. 유사한 일이 재현될 조짐을 보이고 있다. 재벌닷컴은 10대 그룹이 보유한 공시지가가 이명박 정부가 출범하고 3년 만에 두 배 이상 올랐다고 분석했다. 롯데그룹 역시 14조 원 가까운 규모의 부동산을 보유하고 있는 걸로 조사됐다. 롯데그룹은 이명박 정부 비즈니스 프렌들리 정책의 직접적인 수혜자다. 제2롯데월드 인허가를 받아냈다. 숙원 사업을 이뤄냈을 뿐만 아니라 잠실 부동산 개발 이익까지 얻었다.

가장 심각한 문제는 따로 있다. 일감 몰아주기다. 구본무 LG그룹 회장의 6촌 동생인 구본호 범한판토스 대주주는 매년 200억 원대 배당금을 챙겨서 돈방석에 앉았다. 범한판토스는 LG그룹의 물류를 책임지는 회사다. 매출의 60퍼센트는 LG전자와 LG화학에서 거둬들인다. 대기업에는 반드시 총수 일가가 사유한 비상장 계열사가 있다. 이 비상장 계열사는 외부 거래보단 대기업 집단의 내

부 거래를 통해서만 천문학적인 이윤을 거두고 있다. 이재용 사장과 이서현 부사장이 소유한 삼성SDS, 구본준 LG전자 사장의 아들 구형모 씨가 지분 100퍼센트를 소유한 지훙, 이명희 신세계 회장의 딸 정유경 사장이 지분 40퍼센트를 보유한 조선호텔베이커리, 이명박 대통령의 사돈 조석래 효성그룹 회장의 세 아들 조현준, 조현문, 조현상 씨가 모두 14.3퍼센트씩 똑같이 지분을 나눠 가진 노틸러스효성, 강덕수 STX그룹 회장의 자녀 강정연, 강경림 씨가 각각 25퍼센트씩 지분을 보유한 STX건설이 대표적이다. 식음료업체 롯데후레쉬델리카의 롯데그룹 내부 매출 비중은 97.5퍼센트에 달한다. 삼성SDS는 36.7퍼센트다. STX건설 역시 75.6퍼센트다. 지훙은 26퍼센트다. 금융자동화기기를 제조하는 노틸러스효성의 내부 매출은 35.4퍼센트다.

최정표 교수는 말한다. "출자총액제한제가 폐지되자 재벌이 맨 먼저 한 일이 총수가 지분 100퍼센트를 갖는 계열사를 만든 다음 기업 집단 내부 거래로 부를 쌓는 일이었습니다. 대기업 집단으로의 경제력 집중만으로도 골치가 아픈데 대기업 집단 안에서도 소수의 대주주 일가한테만 다시 경제력이 집중되는 악순환 고리가 만들어진 겁니다. 결국 이 돈은 장차 대기업 경영권 승계의 탄환으로 쓰이게 되는 거죠."

최정표 교수는 다시 묻는다. "결국 이 모든 문제들은 왜 시작된 걸까요. 이명박 정부가 출자총액제한제도를 없애버리면서 비롯된 것들 아닌가요."

2011년 5월 17일 전국소상공인단체연합회는 서울청소년수련관 3층에서 MRO 비상대책위원회 결성 기자간담회를 열었다. MRO란 대기업의 소모성 자재 구매 대행 사업을 말한다. 공구부터 베어링 같은 자질구레한 소모품을 구매 대행하는 사업이다. 전형적인 소상공인 분야다. 하지만 재벌들은 비용 절감이 목적이라면서 자사 기업 집단 안에 자재 구매를 대행하는 계열사를 설립하기 시작했다. 사실 비용 절감이 아니라 이윤 독점이 목적이었다. MRO 시장 규모는 2001년 4조 원에서 2007년에는 20조 원으로 7년 만에 다섯 배가 껑충 뛰었다. LG그룹의 MRO 계열사인 LG서브원은 2010년에만 2조 5,000억 원의 매출을 기록했다. 삼성아이마켓코리아도 마찬가지다. 매출이 1조 5,000억 원이었다. 전형적인 일감 몰아주기다. 기자 간담회 자리에서 최승재 소상공인연합회 사무총장은 말했다. "대기업들의 시장 진출로 소상공인들이 피해를 호소한 지 수년이 지났습니다. 하지만 도무지 해결의 실마리가 보이지 않아서 이렇게 거리로 나서게 됐습니다. 이제는 실력 행사를 통해 생존권을 지켜야 하는 상황입니다."

이쯤 되면 패전 직전 일본에서 벌어졌던 파행적 2중 구조와 판박이다. 애초에 출자총액제한제도를 폐지한 건 대기업들이 미래 산업에 진출할 길을 열어준다는 취지였다. 하지만 정작 진출한 분야는 물류, 전산, 구매 대행, 건설 같은 자기 거래 시장이었다. 수십 개 계열사의 사옥을 짓고 전산 장비를 설치하고 물건을 실어나르고 휴지통을 사는 일을 새로운 시장이라고 주장했단 얘기다. 그렇다고 대기업들이 신수종 사업을 등한시했단 얘기는 아니다. 대기업들은 분명 공격적인 투자를 했다. 구분이 필요하다. 위험천만한 신규 투자를 한 건 대기업이었다. 구멍가게 장사도 함께한 건 재벌이다. 구체적으론 대기업을 여럿 거느린 총수 일가다. 대기업은 MRO 사업에 진출하지 않아도 이윤이 나고 할 일도 많다. MRO는 아웃소싱을 하지 않는 게 큰 기업한테 더 효율적이다. MRO처럼 기업 집단 내부 거래를 독점하는 구멍가게 계열사의 대주주는 예외 없이 재벌

총수의 직계존속이다. 한화그룹의 전산 자회사인 한화S&C는 김승연 한화그룹 회장의 세 아들인 김동관, 김동선, 김동원 형제가 지분 100퍼센트를 보유하고 있다. 2010년 매출은 5,000억 원이 넘는다. 역시 매출의 61.5퍼센트를 한화그룹 안에서 거둬들이고 있다.

최정표 교수는 말한다. "출자총액제한제도가 오염되기 시작한 건 계열사 확대를 막겠다는 애초 취지에서 벗어나서 소유 지배 구조 문제로 규제 폭이 확장됐을 때였습니다."

대기업에 대한 규제 장치가 재벌 총수 일가에 대한 규제 장치와 뒤섞이면서 혼탁해졌단 설명이다. 마찬가지다. 출자총액제한제도 폐지 효과를 오염시키고 있는 것도 계열사 확대 과정에서 끼어드는 재벌 총수 일가의 사리사욕이다. 그리고 재벌에 대한 비판이 일어날 때마다 대기업의 자유로운 사업 확장이라는 논리로 맞선다. 애초에 대기업과 재벌을 분리 규제하지 못한 게 문제란 얘기다. 삼성전자와 삼성그룹은 다르다. 삼성전자는 2010년대를 선도할 신수종 사업 진출을 위해 계열사를 늘릴 필요가 있다. 메디슨을 인수해야 헬스케어 사업에 진출할 수 있다. 삼성그룹은 다르다. 삼성아이마켓코리아나 삼성SDS는 재벌이 재벌 구조를 유지하기 위해 필요한 자금원이 될 뿐이다. 대기업은 기업이고 재벌은 개인이다. 기업은 키우고 개인은 다룰 수 있어야 한다.

최정표 교수는 말한다. "재벌들은 기회 있을 때마다 출자총액제한제도의 폐지를 줄기차게 요구해왔습니다. 대기업 성장에 방해가 된다는 논리를 내세웠지만 실제론 재벌 치부에 방해가 돼서였죠."

김상조 교수는 기업집단법을 제정하자고 주장한다. 기업집단법은 사실상 개인으로 남아 있는 재벌을 기업이라는 실체가 있는 조직으로 만들자는 얘기다. 삼성그룹의 두뇌 역할을 하는 미래전략실 소속 지원들은 대부분 월급은 계열사에서 받는다. 명목상으로 계열사 소속이기 때문이다. 미래전략실은 실체가 없는 조직이란 얘기다. 실체가 없기 때문에 결정에 대한 책임도 지지 않는다. 이런 실체가 없는 조직을 통해 실체가 없는 재벌이 삼성전자 같은 대기업을 움직인다. 출자총액제한제도는 애초에 대기업 규제책이었다. 반면에 재벌 규제책은 마련되지 못한 채 나중에 출자총액제한제도에 정책 목표를 덧붙이는 식으로 땜질을 하면서 대기업 규제책 자체가 오염됐다. 지금은 대기업의 투자 활성화가 필요한 상황이다. 하지만 빗장을 하나 열었으면 다른 빗장 하나는 걸어야 한다. 이명박 정부의 행보도 결국 대기업과 재벌을 구분하는 투 트랙 방식이다. 각종 검찰 조사와 연기금 의결권 행사로는 재벌을 압박하고 동반 성장 정책으론 대기업을 압박하는 식이다. 비판의 여지는 있다. 출자총액제한제도나 기업집단법 같은 법으로 해결하면 될 문제다. 재벌을 직접 건드리지 못하니까 꺼내든 미봉책이었다.

재벌의 경제력 집중을 용인한 정부

2011년 4월 11일 개정 상법이 국회 본회의를 전격 통과했다. 개정 상법은 이명박 정부가 2008년 10월에 발의한 내용이다. 국회를 통과한 최종안에는 결국 상법 398조에 자기 거래 승인 대상을 확대하고 상법 397조 2항에 회사 기회 유용

금지 조항을 신설했다. 기존 상법에서는 등기 이사가 CEO로 돼 있는 기업과 거래할 때는 이사회의 결의를 얻도록 돼 있었다. 개정 상법은 훨씬 강화됐다. 등기 이사의 배우자나 자녀가 CEO로 있는 회사, 배우자나 자녀가 10퍼센트 이상의 주식을 보유한 회사와의 거래에선 이사회 결의를 반드시 얻도록 규정했다. 또 회사 기회 유용 금지 조항에 따라 대주주나 CEO의 가족은 앞으로 이사회 승인 없이 기업의 사업 기회를 이용할 수 없게 됐다. 삼성SDS나 노틸러스효성이나 한화S&C나 STX건설이나 롯데후레쉬델리카나 범한판토스 같은 기회 유용 사례가 생겨날 여지를 틀어막은 셈이다. 사실 출자총액제한제도를 폐지하면서 예상됐던 문제들을 예방하려고 마련한 규제가 개정 상법인 셈이다. 개정 상법이 겨냥하고 있는 건 대기업이 아니라 재벌이다. 하지만 너무 늦게 도입됐다. 이미 재벌의 사업 기회 유용은 유용될 만큼 유용됐다. 퍼질 만큼 퍼졌다. 아예 관행화된 상태다.

사실 이명박 정부가 출자총액제한제도를 풀어버리자 이 정부 들어서 기업 상속을 못하면 바보라는 소리까지 나왔을 정도였다. 기업 상속의 방법이란 게 결국 비상장 계열사를 세워서 일감 몰아주기로 부를 세습한 다음 그 돈으로 기업 집단의 경영권까지 세습하는 거였다. 뒤늦게 개정 상법으로 차단에 나선 셈이다. 개정 상법은 곽승준 위원장의 국민연금 의결권 행사와 한 짝이다. 개정 상법은 범한판토스 같은 회사와 LG전자가 거래하려면 이사회의 승인을 얻도록 규정하고 있다. LG전자에 국민연금 이사가 있어서 반대한다면 가장 큰 골칫거리인 일감 몰아주기를 견제할 수도 있다. 정유사나 통신사에 대한 가격 인하 압박도 정부가 애호하는 정책 수단이다. 윤증현 전 기획재정부 장관이나 임태희 대통령 실장, 김대기 청와대 경제수석, 김동수 공정거래위원장, 김석동 금융위원회 위원장, 최중경 지식경제부 장관이 모두 기획재정부 출신이다. 모두 금융 관치에 익숙한 관료들이다. 이명박 정부가 물가 인하를 기업 압박으로 해결하려는 해법을 찾게 된 배경일 수 있다. 금융 관치처럼 산업 관치도 가능하다고 보기 때문이다. 이것도 개정 상법과 닮은꼴이다. 크게는 다 풀어준 다음 각개전투로 때려잡아서 문제를 해결하겠단 전략이다.

재벌을 다루는 이명박 정부 정책 방향이 도무지 신뢰를 얻지 못했던 이유다. 재계의 저항도 거셌다. 황인학 한국경제연구원 선임연구위원은 이렇게 비판했다. "이사와 주요 주주의 직계존비속까지 규제 대상에 포함시킨 것은 모든 국민은 자신의 행위가 아닌 친족의 행위로 인하여 불이익한 처분을 받지 아니한다는 헌법 제13조의 연좌제 금지 원칙과 달라서 위헌 소지마저 있습니다."

거센 반발에 마모되다 보면 개정 상법이든 이익공유제든 연기금 의결권 행사든 용두사미로 끝날 수 있다. 최정표 교수는 말한다. "역사상 재벌 정책이 가장 강했던 때는 역설적으로 노태우 정부 시절이었어요."

아직 정부의 힘이 막강하던 권위주의 정권 시절인데다 민주화 훈풍까지 불어서 재벌 규제가 제대로 작동할 수 있었다. 이명박 정부는 결코 누릴 수 없는 호사였다. 이명박 정부는 출자총액제한제도나 지주회사법 규제 같은 법적 장치를 해제시킨 뒤 정부와 기업이 이전투구를 벌이는 방식을 선택했다. 스스로 무기를 내려놓고 맨 주먹으로 싸우기를 선택했다. 자승자박이다.

이명박 정부는 일단 2011년 6월 12일 옛 한나라당에 재벌의 일감 몰아주기 과세안을 골자로 하는 상속증여세법 개정안을 제출하겠다는 입장을 전달했다.

이익공유제와 연기금 의결권이 외곽 때리기 정도였다면 과세안은 정밀 타격쯤 됐다. 이미 2011년 3월 31일 대통령 주재로 2차 공정사회 추진회의가 열렸을 때 논의됐던 사안이다. 일감 몰아주기 과세 TF도 결성됐다. 일감 몰아주기 과세안은 대기업 계열사에 일감을 대량으로 몰아줘서 과다 이익을 챙겼을 경우 과세를 추진하는 방안이 골자다. 심지어 물량 몰아주기를 통해 계열사 주식 가치가 올라갔을 경우 주식 가치 증가분에 대해서도 과세하는 방안까지 담고 있다. 최태원 SK그룹 회장은 SK C&C가 상장되면서 3조 원의 시세 차익을 얻은 적이 있다. SK C&C의 내부 거래 비중은 60퍼센트가 넘는다. 이명박 정부의 일감 몰아주기 과세안이 구체화됐다면 재벌이 막대한 시세 차익을 챙기는 일 자체가 불가능해졌을 것이다. 맨 먼저 삼성SDS가 정조준 대상이었다. SK C&C처럼 그룹 전산 업무를 담당하는 회사인데다 비상장 법인이기 때문이다. 삼성SDS의 내부 거래 규모 역시 60퍼센트가 넘는다.

하지만 이명박 정부가 벌이는 자승자박 싸움은 승산이 없을 거라는 비관론도 깊었다. 결국 그 비관론은 현실이 됐다. 이명박 정부는 국민 여론 앞에서 보여주기식 대기업 견제를 하면서 실제론 재벌에 대한 경제력 집중을 용인했다. 그럴 수밖에 없었다. 이명박 정부가 대기업 CEO 출신이라서가 아니다. 한국 경제의 성장 구조를 여전히 대기업의 성공에서 찾았기 때문이다. 심지어 자유기업원은 18대 국회의원에 대한 친시장성을 평가하는 보고서를 발표한 적이 있다. 기업 천국인 미국에선 흔한 일이지만 한국에선 권위주의 정권 시절 안기부나 보안사가 하던 일이다. 대기업 집단은 이미 정치인의 이념 성향을 상시 감시할 만큼 막강해졌다. 권혁철 자유기업원 시장경제실장은 이런 분석을 내놓았다.

"안보 등을 제외하고 경제 이념만을 놓고 보면 우리나라엔 보수 정당이 없다고 할 수 있습니다."

유종일 한국개발연구원 국제정책대학원 교수는 정리했다. "정부가 기업의 상속에 대해 정당한 과세를 한다는 일관된 자세를 보였어야 했어요. 초창기 기업 프렌들리로 다 풀어주고 나서 이제 일감 몰아주기 등을 과세하겠다고 합니다. 일회성 기 싸움으로는 정부가 성과를 얻기 힘들어요. 이명박 대통령이 레임덕에 들어가서 재벌과의 전쟁에서 이길 수 없을 겁니다."

송희영 『조선일보』 논설주간은 이렇게 갈파했다. "5년짜리 권력과 재벌 간의 싸움은 지금부터다. 한쪽은 유통기한이 채 2년 남지 않은 유한권력이고 다른 쪽은 대를 이어 세습하는 무한권력이다. 어느 정권도 재벌 길들이기에 성공한 적이 없다."

2012년 4월 총선으로 19대 국회가 등장했지만 상황은 별반 나아지지 않았다. 기업의 의회 포섭은 현재 진행형이다.

이명박 정부는 사실상 고환율 정책을 통해 대기업들의 수익을 올려줬다. 최근 일본 아베 정부의 정책과 같은 맥락이다. 고스란히 가계 부문과 정부 부문의 부담이 됐다. 이젠 저환율 기조다. 올 것이 왔다. 동반 성장 같은 구호나 연기금 자본주의 같은 공갈보다 이익을 빼앗길 때 기업은 정부를 두려워하게 된다. 재벌들은 이미 정부의 동반 성장 정책에 적극적으로 장단을 맞추고 있다. 하지만 다른 해석도 있다. 익명을 요구한 대기업 관계자는 말한다. "삼성전자라면 순익 1,000억 원 정도는 가볍게 합법적 조정이 가능합니다. 회계 기준에 따라 늘고 주는 게 순익이니까요. 그런 삼성전자가 왜 1분기에 갑자기 절반 뚝 잘린 영

업이익 수치를 발표했을까요. 정부에 대한 시위라고 보는 편이 맞을 겁니다."

실제로 2010년 1분기 환율은 달러당 1,144원이었다. 2011년 1분기 환율은 달러당 1,120원이었다. 24원 차이였단 얘기다. 반면에 삼성전자의 영업이익은 2조 원이 넘게 줄어들었다.

치킨게임이다. 한국 경제의 수출 대기업에 대한 의존도는 43.64퍼센트에 달한다. 일본은 10.71퍼센트다. 수출 대기업의 실적이 곧 한국 경제의 GDP로 직결된단 얘기다. 경제성장률에 목을 맬 수밖에 없는 정부로선 수출 기업의 실적에 목을 맬 수밖에 없는 구조다. 이미 한국 경제는 저성장 국면이 접어든 지 오랜데도 집권 정부는 늘 성장률 수치에 목을 매기 때문이다. 이명박 정부 역시 7퍼센트 경제성장률을 공약하면서 정권을 잡았다. 정부 스스로 기업에 얽매이게 되는 이유다. 그러나 아무리 경제성장률이 높아도 국민을 위한 고용이나 수익과 직결되지 않는다면 그건 정부 입장에서도 실체 없는 성장에 불과하다. 정치적 이득이 없기 때문이다.

정부 입장에선 때려서라도 재벌과 대기업한테서 얻을 건 얻어야 한다.

기업의 도움 없이는 정부는 아무것도 할 수 없다

사실 수출 대기업에 의존하는 경제 구조에서 기업의 이익을 확산시키는 문제는 모든 집권 정부의 숙제였다. 노무현 정부는 기업을 쥐었다 폈고, 이명박 정부는 기업을 펴줬다가 쥐고 있다. 어느 쪽도 정답은 아니었다. 일본 경제 저널리스트

인 미쓰하시 다카아키는 『부자 삼성 가난한 한국』에서 이렇게 썼다. "이명박 대통령의 원화 약세 정책은 확실히 대기업 수출에 막대한 효과를 불렀다. 이를 통해 세계 경제학사에 드물 정도로 한국의 글로벌 기업은 급신장했다. 그러나 글로벌 시장에서 계속 승리해야 한다고 강요당하고 있는 한국의 대기업은 그리 쉽게 한국 국민들에게 과실을 나누어줄 수가 없다."

김종석 홍익대 경제학과 교수는 주장했다. "정부가 친기업 친시장 고환율 정책으로 대기업을 도와주었는데 대기업들이 투자와 일자리 창출로 보답하지 않은 것을 괘씸하고 섭섭하게 생각한다면 기업의 본질을 모르는 순진한 정부입니다. 정부와 기업의 관계는 그렇게 주고받는 관계도 아니고 또 그래서도 안 됩니다. 기업은 정부가 만든 제도와 기업 환경에 적응하면서 돈을 벌기 위해 노력하는 조직일 뿐입니다. 정부는 제도를 통해 기업의 행동 변화를 유도해서 정책 목표를 달성하는 것이 원칙이죠."

레임덕에 빠진 이명박 정부한텐 뼈아픈 충고였다.

한국 사회는 이미 기업 사회로 접어들었다. 기업을 키우고 기업을 다루는 게 정치의 핵심이 됐다. 기업의 도움 없이는 아무것도 할 수 없는 나라가 됐다. 기업 문화는 한국 사회를 뿌리 째 바꿔놓았다. 김동춘 성공회대 교수는 썼다. "오늘날 사회가 기업 논리로 재조직되면서 인류가 수천 년간 공유해온 도덕의 개념까지 바꿔놓고 있다."

김난도 서울대 소비자학과 교수도 주장했다. "지난 10여 년간 한국 사회의 변화에 관심을 가진 학자들은 기업 혁명에 주목하고 있습니다. 기업 혁명이 가져온 우리 사회의 큰 변화 중 하나는 깨끗한 사회로의 진입입니다. 기업 혁명은

또 사회 곳곳에 능력 위주, 실력 위주의 인재 선발 방식을 확산시켰습니다. 물론 기업 혁명이 드리우는 그림자 또한 무시해선 안 됩니다. 경쟁력과 효율성에 대한 지나친 강조는 때로 공공 의식의 실종으로 이어져 사회를 더욱 각박하게 만듭니다."

덧붙였다. "문제는 기업 혁명으로 힘과 영역이 위축된 정치가 이런 문제들을 제대로 해결해줄 수 있는가에 있습니다."

이명박 정부가 벌였던 싸움은 비즈니스 프렌들리냐 기업 때리기냐의 문제가 아니다. 한국이란 기업 사회를 앞으로 어떻게 끌고 갈지의 문제였다.

LG화학과 LG카드의 사례처럼 대기업과 재벌은 샴쌍둥이처럼 양면성을 지닌 존재다. 한국 경제의 미래 먹을거리를 앞장서 수색하는 위험 부담을 안기도 하지만 서민 경제를 파탄에 몰아넣고도 먼저 발을 빼는 파렴치한 형태도 동시에 보인다. 그때마다 재벌들은 대기업의 성공 신화 뒤에 치부를 숨겨왔다. 재벌 총수들은 대기업의 이윤만 독점한 게 아니라 성공 신화까지 독점한 셈이다.

일본 기업 혼다의 사장은 일본 언론과의 인터뷰에서 이런 말을 한 적이 있다. "기업의 목적은 이윤을 창출해서 국가에 세금을 많이 납부하는 것입니다."

한국에선 대기업들이 줄기차게 법인세 인하를 요구하고 있다. 한국에서 기업의 목적은 단지 자기 이익 실현일 뿐이다. 일본 와세다대학교 후카가와 유키고 교수는 썼다. "통화 위기 이후 선택과 집중으로 한국 기업은 극적으로 성공했다. 하지만 성공한 기업이 위대한 기업은 아니다."

한국인들은 이제 이서현 제일모직 부사장의 지분 관계나 세금 납부뿐만 아니라, 그녀가 2010년 2월 호암 이병철 회장 탄생 100주년 기념식에서 입고 나타난 코트의 상표와 가격에도 관심을 갖는다. 재벌은 개인이지만 공인이 돼버렸단 뜻이다. 정작 재벌은 공공의 책임은 거부한 채 시장의 권리만 요구하고 있다. 재벌의 공공 의식 실종은 정치의 개입을 불렀다. 이명박 정부의 결자해지가 그런 격변과 갈등의 증상이다.

한국 사회는 기업 사회다. 대기업의 성공은 재벌을 낳았고 한국 경제의 신화로 맺혔다. 기업을 키우고 대기업을 다루고 재벌을 상대하는 게 현실 정치의 핵심이다. 재벌의 도움 없이는 정부도 아무것도 할 수 없다.

경제민주화는 어디로?

박근혜 대통령은 스스로를 "중기대통령"이라고 부른다. 당선되고 맨 처음 방문한 경제 단체도 전국경제인연합회가 아니라 중소기업중앙회였다. 2012년 12월 26일 중소기업중앙회를 방문한 자리에선 "이제는 중소기업이 우리 경제의 조연이 아니라 주연으로 거듭나도록 꼭 만들겠다"고 말했다. 대기업 프랜들리가 중심 기조였던 이명박 정부의 기업 정책 기조와는 다르게 가겠다는 얘기다.

박근혜 대통령은 그 자리에서 여러 가지 신호를 시장에 보냈다. "그동안 대기업 수출에 의존하는 외끌이 경제 성장이었다면 이제는 대기업과 중소기업이 함께 수출과 내수를 이끌어가는 쌍끌이 경제로 만들겠습니다. 정부 지원을 대기업 중심에서 중소기업 중심으로 재편하고 중소기업이 새로운 일자리를 창출하는 데 중심이 되도록 지원하겠습니다." 덧붙였다. "중소기업 대통령이 되겠

다고 해서 가장 먼저 여기에 왔습니다. 9988이면 다 아니겠습니까.” 9988은 전체 기업 가운데 중소기업이 99퍼센트이며 전체 고용자 가운데 중소기업 종사자가 88퍼센트란 의미다.

박근혜 대통령은 반면에 전국경제인연합회를 방문해선 쓴소리를 쏟아냈다. “대기업으로 성장하기까지 많은 국민의 뒷받침과 희생이 있었고 국가 지원도 많았기 때문에 국민 기업의 성격도 크다고 생각합니다. 대기업들의 경영 목표가 회사의 이윤 극대화에 머물러서는 안 되고 공동체 전체와의 상생을 추구해야 합니다.” 이날 대기업 간담회에는 허창수 전경련 회장을 비롯해서 정몽구 현대자동차 회장, 최태원 SK그룹 회장, 구본부 LG그룹 회장, 신동빈 롯데그룹 부회장, 조양호 대한항공 회장, 박용만 두산그룹 회장, 정준양 포스코 회장, 강덕수 STX 회장이 참석했다. 이건희 삼성전자 회장은 불참한 대신 이수빈 삼성생명 회장이 대신 자리했다.

이것만 보면 기업들 입장에선 하루아침에 세상에 바뀐 셈이다. 이명박 정부 5년 내내 경제 정책의 기본 원리는 시종일관 트리클 다운 이펙트(낙수 효과)였다. 대기업이 성장해야 나머지 경제 부분도 동반 성장할 수 있다는 논리였다. 노무현 정부 시절의 경제 정책에 대한 반발도 있었다. 참여정부 시절은 대기업 회장들이 하나같이 고초를 겪은 시기였다. 법정 앞에 서야 했던 정몽구 회장과 최태원 회장은 물론이고 이건희 회장조차 끝내 자리에서 물러났다. 대기업들은 정부의 반기업 정책이 한국 경제의 발목을 잡고 있다고 아우성쳤다. 이명박 정부는 그런 대기업들의 요구가 반영된 정권이었다. 당연히 대기업 프렌들리로 갈 수밖에 없었다. 처음엔 프렌들리한 듯했다.

하지만 정부는 정부고 기업은 기업이었다. 정부의 목표와 기업의 목적은 다르단 얘기다. 정부는 대기업을 성장시켜서 한국 경제 전체를 견인하려고 했다. 기업은 일단 정부 정책의 수혜를 받아서 성장한 건 좋았지만 정작 사회적 역할에는 소극적이었다.

박근혜 정부의 기업 정책은 그런 정반합의 흐름 속에 있다. 이명박 정부의 대기업 정책은 실패했다. 다양한 정치 도구와 정책 도구를 동원했지만 대기업이 이익을 사회와 공유하는 시스템을 만드는 건 어려운 일이었다. 오히려 대기업에 대한 경제력 집중 현상만 초래했을 뿐이었다. 박근혜 정부가 그런 대기업 중심 정책 대신에 중소기업 중심의 경제 성장 모델로 전환한 건 당연한 일이었다.

박근혜 정부는 금융도 버렸다. 인수위 업무보고 과정에서도 금융위원회와 한국은행은 홀대를 받았다. 정책 우선은 중소기업에 치중됐다. 금융감독원을 분할하는 방안도 구체화되고 있다. 금융감독원을 금융소비자원과 분리하는 2원 감독 체제는 앞선 정권에서도 오랫동안 논의된 방안이다. 정작 금융 산업의 성장을 촉진한다는 명분 앞에서 무력화되곤 했다. 금융소비자원은 자연히 금융업에 대한 규제 강화로 이어질 공산이 크다.

사실 금융은 노무현 정부와 이명박 정부의 기업 정책을 교란시킨 주범이다. 외환위기를 거치면서 월가 금융업의 막강한 힘을 경험한 경제 관료들은 한국 금융을 육성시킨다는 그림을 그렸다. 대기업과 제조업 위주의 경제 성장 정책에는 한계가 왔다고 봤기 때문이었다. 서비스업 육성 정책으로 전환했고 자연스럽게 금융이 화두로 떠올랐다. 전 세계적인 흐름이었다. 영미 금융자본주의는 전 세계를 지배하는 듯했다. 2008년 미국발 금융위기와 2010년 유럽발 재

정위기가 모든 걸 바꿔놓았다. 금융은 만능이 아니었다. 오히려 금융은 온갖 부작용을 낳았다. 한국에서도 거대 금융 지주를 육성한다는 명분 아래 각종 규제를 철폐했다. 결과적으론 1,000조 원 가까운 가계 부채만 양산했을 뿐이었다. 금융은 거품을 만들어내고 결국 가계와 기업을 병들게 만들 뿐이었다. 박근혜 정부는 일단 인수위 단계에선 금융에 대한 기대를 접고 금융 관료들을 견제하는 흐름으로 가고 있다. 대기업 정책과 금융 정책에서 전환이 이루어지고 있단 뜻이다.

결국 박근혜 정부가 그리는 한국 경제 구조는 독일식에 가까워지고 있다. 제조업 중심의 경제 성장 모델로 회귀하고 있다. 동시에 대기업보단 강소기업이 바탕이 된 형태가 된다. 금융은 1차적으론 제조업의 지원군 역할을 충실히 하고 자체적인 부가 가치 창출은 2차적 목표가 된다. 금융이 앞장서는 영미식 모델에서 탈피하는 그림이다.

창조 경제는 어디로?

사실 한국 경제는 1979년 10 · 26사태로 박정희 정권이 붕괴된 뒤 극적인 궤도 수정을 거쳤다. 그때까지 한국 경제는 제조업 중심의 수출 경제 모델이었다. 대기업 위주였지만 당시의 대기업은 지금의 삼성전자나 현대자동차 같은 글로벌 기업이 아니었다. 정부는 기업을 충분히 견제할 수 있었다. 1980년대 전두환 정권으로 권력이 이동하면서 경제 흐름도 제조업 중심에서 인플레이션을 용인하고 제조업보단 서비스업과 소비업을 육성하는 방향으로 전개됐다. 흔히 3S라고 불리는 소비 지향 정책도 이때 나왔다. 박정희 정권보다 체제 기반이 약했던 전두환 신군부는 강남을 중심으로 한 중산층한테 경제 성장의 과실을 나눠줘서 불만을 달래야 했다. 민주주의를 요구하는 중산층을 달래자면 결국 돈을 나눠주어야 했다. 그 방식은 부동산이나 주식 시장 같은 자산 시장의 인플레이션을 용인하는 방식일 수밖에 없었다. 한국에서 주식시장이 제대로 자리를 잡고 부동산 거품이 정부의 대규모 아파트 신도시 공급 정책이라는 호재를 타고 커질 수 있었던 데에는 이런 흐름이 있었다.

1987년 직선제 개헌 이후에도 이런 흐름은 계속됐다. 오히려 가속화됐다. 정당성을 지닌 민주 정부는 오히려 군부 정권보다 대중적 일희일비에 더 취약했다. 자산 거품을 키워가는 과정에서 나타난 게 교육열이었다. 돈이 생긴 중산층과 서민층은 자식을 대학교에 보내려고 들었고 자연히 대학 학비는 올라갔다. 자연히 대학 졸업생들은 제조업체보단 다양한 서비스업체에 취업하려고 했다. 대졸자들이 선택하는 제조업체란 오직 대기업뿐이었다. 중소기업 인력난과 대기업 취업 전쟁은 그렇게 만들어졌다. 한국 정치가 1987년 체제로 유지돼왔듯이 한국 경제 역시 1980년대 체제로 30년 넘게 이어오고 있다.

박근혜 정부가 대기업과 금융 중심의 경제 성장 모델을 버리고 실제로 중소기업 중심 정책을 추진한다면 사실상 1970년대 이후 이어진 경제 성장 모델에서 탈피하게 된다. 어쩌면 박정희 정권이 붕괴되지 않았다면 가게 됐을지도 모르는 경제 성장 모델을 선택하게 되는 셈이다. 박근혜 대통령 당선인과 돈독한 관계인 걸로 알려져 있는 메르켈 총리가 이끄는 독일 모델은 인구와 기술력

과 교육을 통한 노동력 재분배가 결합돼야 가능한 그림이다. 미래창조과학부를 초석으로 하는 융합 창조 경제도 중요한 그림이다. 한국은 이미 일본식 노령화 사회로 빠르게 접어들고 있다. 중소기업을 키우고 싶어도 양질의 청년 노동력을 얻기가 어려울 수 있다. 한국 경제 모델은 단순화하자면 일본 중소기업에서 부품을 사다가 한국 대기업이 조립해서 수출하는 모델이다. 중소기업이 성장하면 일본에서 수입하는 중간재가 줄어들고 대일 무역 적자가 해소되고 결국 GDP 상승으로 이어질 수 있다. 문제는 한국의 중소기업한텐 아직 그만한 기술력이 없단 사실이다. 여전한 교육열을 낮추는 것도 숙제다. 여전히 대학 진학률은 높고 계층 상승의 욕망도 강하다. 억지로 교육 수준을 낮추는 건 높이는 것보다도 어렵다. 독일처럼 마이스터고를 졸업한 기술자가 더 대접받는 사회를 만드는 게 말처럼 쉬운 일이 아니란 얘기다. 당장 지방 중소기업 청년 기술자는 결혼 시장에서도 외면받는 게 현실이다.

지난 대선 과정에선 분명 경제민주화가 쟁점이었다. 이명박 정부의 과오에 대한 결자해지 차원에서도 대기업 정책은 꼭 짚고 넘어가야 할 문제였기 때문이다. 박근혜 대통령의 기업 정책은 대선 과정에선 김종인 당시 국민행복추진위원장의 존재로 함축됐다. 김종인 위원장은 1987년 개헌 당시 헌법 119조 2항에 경제민주화 조항을 포함시킨 장본인이다. 김종인 위원장은 경제민주화를 올해 대선의 주요 어젠다로 부각시켰다. 덕분에 박근혜 캠프는 다른 캠프에 비해 일찍 경제민주화 어젠다를 선점할 수 있었다.

중소기업과 제조업 중심으로 경제의 무게중심을 이동시킨다고 해도 대기업을 어떻게 다룰 것인지는 여전한 숙제다. 대기업이 차지한 공간을 어느 정도는 비워둬야 중소 제조업체들이 숨 쉴 공간이 늘어나기 때문이다. 대선 과정에서 공약으로 드러난 박근혜 정부의 기업 정책은 개혁보단 견제에 무게를 두고 있다. 대기업과 재벌 집단에 경제력이 집중되고 있는 건 사실이지만 그걸 규제를 통해 구조 변경을 강요하기보단 대기업의 불공정 행위에 대해 민형사상 책임을 묻는 방향이다. 재벌 총수의 불법 행위에 대한 처벌 수위는 대단히 높은 편이다. 대기업 총수의 사면을 제한하고 횡령과 배임에 대해선 집행유예를 방지하기로 했다. 공정거래법을 위반할 경우 손해액의 최대 10배를 배상하기로 했다. 일감 몰아주기 관행에 대해서도 정기 실태 조사와 직권 조사로 감시하고 위법성이 뚜렷하면 형사 고발 조치까지 하는 방안을 내놓았다. 기존 법 테두리 안에서 행정력과 사법력을 강화하는 방향이다.

반면에 대기업의 지배 구조 자체를 흔들 수 있는 법안에 대해선 신중했다. 출자총액제한제도 부활에는 반대하고 있고 계열분리명령제 같은 강제력 있는 법안 도입에도 조심스러웠다. 재벌 지배 구조 개선에 대해서도 경제력 남용을 방지하는 쪽에 더 무게를 두고 있다. 지주회사 규제 역시 고려하지 않고 순환 출자 부분에 대해선 신규 출자는 금지하지만 기존 출자에 대해선 의결권 제한을 검토하고 있다. 금산분리 강화에 대해서도 구체적인 입장이 아직 없다.

대기업과 재벌에 대한 경제력 집중 현상을 해결 과제로 보고 있지만 구조 개혁보단 경제력 오남용 방지와 견제에 방점을 찍고 있는 셈이다. 당시 김종인 위원장은 “재벌 개혁이란 단어도 그다지 적절하지 않다고 본다”며 “재벌 집단의 탐욕을 규제해야 하지만 재벌 개혁이란 단어를 사용하면 매력적일 순 있어도 본질을 흐릴 수 있다”고 설명했었다. 지금도 박근혜 정부는 기존 공정거래법

과 사법 체계를 활용해서 경제민주화 문제를 해결한다는 입장이다. 대선 당시에도 김종인 위원장은 "경제민주화는 사회적 요구인 만큼 사법부 역시 앞으로는 변화된 판결 결과를 내놓게 될 것"이라며 구조적 개혁보단 기존 법 테두리 안에서의 견제와 균형을 강조했다.

반면에 문재인 캠프의 기업 정책의 간판은 순환출자 금지 공약이었다. 문재인 캠프는 신규 출자를 금지할 뿐만 아니라 기존 출자 역시 3년 안에 해소하게 만드는 강력한 규제책을 내놓았다. 이걸 이행하지 않으면 의결권을 제한하고 이행 강제금을 부과하겠다는 구상이었다. 박근혜 캠프가 기존 출자에 대해선 입장을 유보했고 안철수 캠프가 재벌개혁위원회를 통해 단계적 해법을 제시한 것과 달리 가장 직설적이다. 금산분리와 지주회사 규제 부분에 대해선 이명박 정부 이전 수준으로 환원한다는 게 골자였다. 이명박 정부 들어서 완화된 규제를 다시 강화하겠다는 얘기였다. 출자총액제한제도 역시 부활시키겠다는 입장이었다. 공약만 놓고 보면 대기업 입장에선 박근혜가 승리하면서 한시름 놓게 된 셈이다.

문재인 캠프 역시 중소기업 정책에 방점을 찍긴 마찬가지였다. 대기업을 규제해서 시장의 틈새를 만들고 그 안에서 중소기업을 육성하겠다는 게 큰 그림이었다. 사실 이건 안철수 캠프 쪽도 별반 다르지 않았다. 안철수 캠프는 중소기업이 중견 기업으로 성장할 수 있도록 금융과 세제 지원을 강화하겠다고 밝혔다. 한국 기업 생태계의 99퍼센트를 차지하는 중소기업은 현재 혁신과 구조조정이 필요한 상황이다. 성장성이 높은 기업은 중견 기업으로 키우고 새로운 기업이 등장할 수 있도록 구조 조정도 병행하면서 사회안전망과 복지를 확대해서 일자리를 보장한다는 단계적 해법이다. 일단 대기업만 성장하면 나머지도 성장한다는 식의 트리클 다운 이펙트에선 벗어나 있다. 어떤 면에서 박근혜 당선인이 제시한 중소기업 정책 가운데 상당수가 안철수 캠프의 정책과 닮아 있다. 당색은 달랐지만 경제에 대한 진단과 해법은 유사하단 뜻이다.

대선 과정에서도 경제 전문가들은 이런 농담 섞인 낙관론을 펼쳤다. "세 명의 대선 주자들이 모두 경제민주화를 핵심 공약으로 내걸었으니 결국 경제민주화가 이루어지겠습니다." 정작 어떤 대선 주자가 승리해도 경제민주화가 이루어지지 않을 거라는 믿음이 오히려 더 크다. 정강정책이나 정치 세력의 지지도에 달린 문제가 아니기 때문이다. 진용은 갖췄다. 정책도 있다. 명분도 챙겼다. 앞선 정부에서도 모두 다 있었지만 기업 사회에서 벗어나는 데 실패했다. 기업과 힘의 균형을 찾지 못하고 좌초했다. "권력은 시장으로 넘어갔다"며 항복했다. 결국 대기업의 성공과 재벌의 실패를 구분하지 못해서 생긴 문제들이다. 결국 대기업까지 실패하면 왜곡된 재벌 구조만 남게 된다. 어쩌면 다음 정권에서 겪게 될지도 모를 일들이다. 핀란드가 반면교사다. GDP의 20퍼센트를 차지했던 노키아가 몰락하면서 핀란드 경제 전체가 흔들리고 있다. 뒤늦게 핀란드는 대기업과 중소기업의 균형 발전을 고민한다지만 한번 굳어진 경제 구조를 뒤바꾸긴 어렵다. 삼성전자와 현대자동차의 승승장구는 내외적 요인이 겹친 결과다. 언제까지나 대기업이 한국 경제를 먹여 살리긴 어렵다. 이번 정부에서 대기업 구조가 흔들리면 오히려 대기업들은 경제민주화 탓을 할 공산이 크다. 박근혜 정부의 숙제다. 정치가 실패하면 경제도 실패한다.

경영의 실패

최지성 미래전략실장이 삼성전자의 사령탑을 맡고 있던 때였다. 최지성 사장은 말했다. "삼성전자의 하드웨어는 어느 휴대전화보다 우수합니다. 다만 애플리케이션을 다운로드할 수 있는 시스템 구축이 늦었는데, 이제 새로운 경쟁 시스템에 적응하는 시간이 필요합니다."

스페인 바르셀로나에서 열린 MWC 2010에서 기자들과 만난 자리에서였다. 라스베이거스에서 열렸던 국제전자제품박람회CES에선 스마트폰 늑장 대응에 대한 질문을 받고 좀 더 직설적인 대답도 했었다. "뼈아프게 반성하고 있고 대책을 만들어가고 있습니다."

더 뼈아픈 진실이 있다. 최지성 사장은 정보통신총괄 사장으로 일하던 2008년 바르셀로나의 같은 자리 같은 행사장에서 삼성 휴대전화의 6대 카테고리 전략을 야심 차게 발표했다. 휴대전화 시장을 스타일, 비즈니스, 인포테인먼트, 멀티미디어, 커넥티드, 베이직 커뮤니케이션의 여섯 가지 분포로 구분한 전략이었다. 최지성 사장은 여섯 가지 세부 시장에 맞는 각기 다른 휴대전화를 만들어서 전체 시장을 모두 장악하겠다고 선언했다. 단지 그러자면 한 가지가 확실해야 했다. 고객의 요구가 여섯 가지 분포 가운데 어느 하나에 늘 들어맞아야 했다.

소비자들은 삼성전자의 여섯 개 분포에 갇혀 있기보단 휴대전화로 더 큰 세상과 만나고 싶어 했다. 애플이 아이폰으로 증명했다. 2008년 이미 아이폰이 나와 있었다. RIM의 블랙베리도 있었다. 시장점유율은 아직 미비했지만 성장 잠재력이 크다는 건 누구나 알고 있었다. 삼성전자도 모르진 않았다. 2000년대 초반부터 이미 팜 OS를 기반으로 한 이런저런 컨버전스 휴대전화를 만지작거리고 있었다. 2006년 11월엔 디럭스 MITs란 걸 선보였다. 기능 면에선 그땐 아직 세상에 나오지도 않았던 아이폰을 이미 능가하고 있었다. MITs는 Mobile Intelligent Terminal by SAMSUNG의 약자다. 이미 휴대전화 기능뿐만 아니라 와이브로와 와이파이 같은 무선 인터넷 통신까지 모두 지원하고 있었다. 삼성 휴대전화 신화의 산증인인 당시 이기태 삼성전자 사장은 디럭스 MITs를 두고 "모바일 컨버전스 시대에 가장 적합한 디지털 기기"라며 "디럭스 MITs는 진정한 유비쿼터스 네트워크 시대를 가져올 것"이라고 자신했었다.

정말 그럴 뻔했다. 디럭스 MITs가 나오자마자 성질 급한 소비자들은 미츠라는 애칭까지 달아주면서 인터넷에 카페를 개설하고 스스로 사용법을 익혀나가려는 움직임을 보였다. 아이폰에 사용자들이 중독성을 보이며 스스로 애플리

케이션을 만들어다 바치는 것과 비슷한 현상이 일어날 참이었다. 하지만 삼성전자는 정작 이런 변화에 초연했다. 결과적으로 삼성전자는 미츠를 만들었지만 자신들이 무엇을 창조했는지 알지 못했다. 기술이 있었지만 기술을 활용할 상상력이 없었다. 이듬해 시사주간지 『타임』은 2007년 최고의 발명품으로 애플의 아이폰을 선정했다. 아이폰은 스마트폰의 시대를 열었다. 미츠는 잊혀졌다.

여전히 추격해야 하는 처지

현대자동차그룹의 관계자는 말했다. "하이브리드란 말 그대로 화석 연료 엔진과 전기차의 중간 단계 아닙니까. 결국엔 전기차로 시장이 넘어갈 거라면 우린 전기차로 직진할 작정입니다."

토요타가 하이브리드 양산 차량인 프리우스를 출시한 직후였다. 녹색 성장은 자동차뿐만 아니라 전 세계 제조업의 지상 과제가 돼가고 있었다. 그때만 해도 녹색 자동차의 주력 엔진이 토요타가 주도해온 하이브리드가 될지 무주공산인 전기차가 될지 아니면 BMW가 꽉 잡고 있는 수소 연소 자동차가 될지 불확실했다. 저마다 백가쟁명할 뿐이었다. 토요타와 카레이싱을 벌여온 현대자동차그룹은 정말 전기 자동차로 곧장 갈 것처럼 굴었다.

"아닙니다. 전기차는 배터리 성능의 한계 때문에 장기적으로도 도심 주행용에 머무를 가능성이 높고, 현재의 엔진 자동차와 같은 장거리 주행용은 결국 수소 연료 전기차가 맡게 될 것으로 보입니다." 이현순 당시 현대자동차 연구개발 총괄 부회장이 어느 전기차 학술대회에서 한 말이다. 삼성전자 휴대전화 기술 혁신의 중심에 이기태 전 부회장이 있다면 현대차 기술 혁신의 견인차는 이현순 부회장이다. 이 부회장의 한마디로 현대자동차그룹의 방향은 자명해진 것처럼 보였다. 수소 연료 전기차였다.

그것도 아니었다. 하이브리드는 과도기 상품이 아니라 적어도 한 세대를 풍미할 기술이란 게 점차 분명해졌다. JP모건은 2018년이면 하이브리드가 1,000만 대 가까이 팔릴 걸로 예측했다. 전 세계 자동차 시장의 10퍼센트에 달한다. 하이브리드 시장을 선도하고 있는 건 당연히 토요타와 혼다다. 이미 토요타는 전 세계 하이브리드 시장의 80퍼센트를 장악했다. 프리우스 단일 모델이 하이브리드 시장에서 차지하는 점유율도 50퍼센트가 넘는다. 기술 연마를 거듭한 덕택에 프리우스는 이미 3세대 하이브리드까지 진화했다. 혼다의 인사이트도 만만치가 않다. 일본 내수 시장에선 프리우스와 일진일퇴하고 있다.

현대자동차그룹도 부랴부랴 하이브리드 차종을 내놓았다. 현대차의 아반떼 LPi 하이브리드와 기아차의 포르테 하이브리드 LPi였다. 하지만 두 차종 모두 판매가 영 신통치 않았다. 처음엔 정부가 하이브리드에 보조금을 줄지도 모른다는 소문이 돌면서 소비자들이 구매를 늦추고 있다는 분석이 지배적이었다.

진짜 문제는 소비자 만족도였다. 아반떼 하이브리드의 경우 현대자동차그룹이 공인한 연비는 리터당 17.8킬로미터였지만 소비자들의 체감 연비는 태부족한 걸로 나타났다. 아반테 LPi 하이브리드는 세계 최초로 가솔린 대신 LPG를 연료로 한다. LPG 활용도를 높이려는 정부 정책과 가솔린에 비해 값이 싼 LPG로 체감 연비를 높이려는 현대차의 이해관계가 맞아떨어진 결과다. 하지만 시

장은 둘의 이해를 배반했다. LPG 가격이 팍 올라버린 탓이다.

기술의 한계이고 전략의 실패였다. 현대차는 2003년 세계 최초로 LPG를 사용하는 분사형 엔진인 LPi 엔진을 개발했다. 현대차가 LPi 엔진을 하이브리드와 접목하기로 한 건 그때만 해도 한국 사람들이 연료비가 싼 LPG 차량을 사랑한다는 점에서 착안한 전략이었다. 하지만 근본적으론 토요타에 몇 세대나 뒤진 하이브리드 경쟁에서 내수 시장을 지키자는 작전이었다. 연비 경쟁에선 앞선 토요타를 따라잡을 수 없다. 하지만 한국 시장에선 LPG 차량이 인기니까 값싼 LPG와 하이브리드를 접붙이면 토요타에 못 미치는 연비를 만회할 수 있을 거라는 계산이었다. LPG는 현대자동차그룹의 주요 수출 시장인 북미나 유럽 시장에선 보편적인 자동차 연료가 아니다. 아반테 LPi 하이브리드는 애초부터 수출용이 아니란 뜻이다. 프리우스를 막을 방패였다. 아반테 LPi 하이브리드는 친환경 시장을 뒤늦게 읽은 현대자동차그룹의 고육지책이었던 셈이다.

현대자동차그룹도 삼성전자와 비슷한 실수를 한 꼴이다. 제조업에선 주기적으로 아키텍처 전환기가 찾아온다. 제품의 틀을 이루는 아키텍처가 바뀌면 필요한 핵심 역량이 다 달라진다. 아키텍처 전환을 선도하거나 따라잡지 못하면 쓸모없는 재주꾼으로 전락할 수 있다. 그게 삼성전자한텐 스마트폰이었고 현대자동차그룹한텐 하이브리드 자동차였다. 두 회사 모두 처음엔 어떤 식으로든 변화를 거부하려고 들었다. 동시에 변화에서 너무 뒤처지진 않으려고 눈치를 봤다. 현대자동차그룹은 하이브리드로의 아키텍처 전환을 회피해보려고 했다. 당연했다. 현대자동차그룹은 연소 엔진 분야에선 이미 토요타나 GM을 따라잡았거나 앞질렀다. 2,000억 원이나 되는 개발비를 들인 세타II 엔진의 성능은

혼다의 VTEC 엔진이나 토요타의 VVT 엔진을 능가한다. 현대자동차그룹은 세타II 엔진을 장착한 소나타와 제네시스로 토요타의 캠리와 렉서스와 맞짱을 뜰 참이었다. 현대차 입장에선 하이브리드는 토요타가 파놓은 함정이었다. 아직 표준 기술이 될지도 알 수 없고 시장점유율도 낮은 하이브리드에 역량을 집중하느라 본 게임에 쏟을 자원을 낭비해선 안 됐다. 1990년대 말 알파 엔진을 개발하고 연료 분사 방식에서 토요타를 따라잡는 데까지 10년이 걸렸다. 이제 와서 게임의 법칙이 바뀌는 게 달갑지가 않았다. 하지만 하이브리드는 녹색 자동차의 표준 기술로 자리 잡을 분위기다. 싫든 좋든 현대차는 연료 분사 엔진에서 그랬던 것처럼 하이브리드에서도 토요타를 추격해야 하는 처지다.

시대의 요구에 둔감한 한국 기업

삼성전자와 현대자동차그룹의 사례는 전형적인 포트폴리오 배분을 통한 캐치업 전략의 시행착오다. 포트폴리오 방식이란 간단히 말하자면 계란을 한 바구니에 담지 않는 전략이다. 연료 분사 방식과 하이브리드와 전기차와 수소 연료 자동차 같은 여러 기술들을 조금씩 다 건드린다. 좀 더 역량을 집중하는 기술은 있다. 하지만 올인하진 않는다. 그러다가 어느 기술이 표준이 된다 싶으면 그때 가진 자원을 다 쏟아붓는다. 해당 기술을 처음 개발한 1등을 순식간에 추월해버린다. 이른바 패스트 팔로어 전략이다. 안전하지만 소극적이다. 어디로 갈지 몰라서 시종일관 눈치를 보는 전략이기 때문이다. 또 한국처럼 오너가 지배하는

대기업 구조에서만 가능하다. 단기간에 선택된 역량에 자원을 쏟으려면 대기업처럼 총알이 충분하고 의사 결정 구조가 단순해야 한다.

삼성전자는 전 세계가 공인하는 패스트 팔로어 전략의 1인자다. 반도체에서 휴대전화에서 디스플레이에서 삼성전자는 발 빠른 2등이었다. 익명을 요구한 삼성전자의 관계자는 말한다. "맨 먼저 시장에 도착한다고 해서 맨 나중에 웃는 건 아닙니다."

삼성전자가 차례로 일본의 IT 기업들을 거꾸러뜨린 건 완전 쇼트트랙 경기의 한 장면이다. 쇼트트랙의 캐치업보다 더 전광석화 같은 캐치업을 연출했다.

삼성전자가 소니를 앞지른 지는 몇 년 됐다. 하지만 삼성전자는 패스트 팔로어 전략을 버리지 않았다. 뉴욕 맨해튼 타임스퀘어에서 삼성전자의 3D LED TV 선포식이 열렸을 때였다. 3D 영화 〈아바타〉를 전 세계적으로 흥행시키면서 3D 혁명의 기수처럼 각인된 제임스 카메론 감독과 윤부근 당시 삼성전자 영상디스플레이사업부 사장이 무대에 섰다. 카메론 감독은 말했다. "10년 후 3D TV가 모든 사람에게 필수품이 됐을 때 오늘 이 순간을 미래가 시작됐다는 바로 그 순간으로 기억하게 될 겁니다."

소니나 LG디스플레이 입장에선 억장이 무너질 소리였다. 저마다 3D TV는 자신들이 세계 최초라고 선언한 참이었기 때문이다.

사실 누가 먼저인지는 중요하지 않다. 소비자가 누가 먼저라고 생각하느냐가 중요하다. 삼성전자가 큰돈을 들여서 타임스퀘어에서 쇼를 한 것도 그래서다. 디스플레이 분야에서 소니는 이미 삼성전자와 LG디스플레이의 양강 구도에 밀린 지 오래다. 소니는 삼성전자의 경쟁자보단 협력자가 되기로 결심했다.

LG는 달랐다. 2000년대 들어서 디스플레이 분야는 삼성과 LG의 자존심 싸움장이었다.

디스플레이는 반도체와 마찬가지로 치킨게임 판이다. 소비자와 맞대면하는 휴대전화나 자동차와 달라서 전형적인 B2B 산업인 디스플레이와 반도체에선 오직 무한 기술 개발 속도전만 있을 뿐이다. LCD 패널 제조 라인을 하나 만들려면 돈은 1조 원이 기본이고 시간은 2년이 꼬박 걸린다. 기술 개발의 세대교체를 누가 먼저 해내느냐에 매출과 순익이 갈린다. 삼성전자의 관계자는 말한다. "디스플레이나 반도체는 경영진의 빠른 판단이 무엇보다 중요해요. 기술 개발에 일단 투자를 결단하면 되돌릴 수도 멈출 수도 없으니까요."

설비투자를 함부로 했다간 그대로 무너질 수도 있다. 일단 세대교체에 성공하면 한동안은 무주공산을 호령하지만 경쟁 업체들이 뒤따라오면 이내 가격이 폭락한다. 그럼 또다시 다음 세대 경쟁이다. 자칫 투자를 잘못하면 정말 끝장난다. 그래서 치킨게임이다. LG와 삼성은 이런 치킨게임을 2010년 10세대 LCD에 이르기까지 10년 넘게 계속해왔다. 양쪽 다 투자 여력이 있어서 가능했다. 일본 경기 침체의 직격탄을 맞은 소니는 그만한 투자 여력이 없었다. 대신 생각해낸 게 3D였다. 하지만 삼성전자는 제임스 카메론과 함께한 타임스퀘어 3D 쇼를 통해 한 방에 소비자의 인식을 바꿔놓았다. 삼성전자의 패스트 팔로어 전략은 입신의 경지다.

하지만 휴대전화에선 이런 영악한 추격자 전략이 생각처럼 통하질 않았다. 추격자 방식은 반도체나 디스플레이에선 효과적이다. 하지만 휴대전화는 소비자라는 시장의 말단과 유기적으로 소통해야 하는 소비재다. 초창기만 해도 삼성

전자는 휴대전화 역시 기술 혁신 속도를 높이는 추격자 방식으로 석권할 수 있었다. LG전자도 다르지 않았다. 휴대전화에 카메라를 달고 외부 LCD를 달고 다시 LCD를 OLED로 바꿔 달았다. 주렁주렁 달아놓는 하드웨어 혁신이 삼성전자의 휴대전화 경쟁 방식이었다. 소비자는 그저 소비만 할 뿐이었다. 시장의 지배적 공급자가 된 뒤론 삼성전자는 소비자들의 필요까지도 유도할 수 있게 됐다.

소비자는 어느새 휴대전화를 수동적으로 소비만 하는 게 아니라 능동적으로 자신이 원하는 휴대전화를 갖고 싶어 하기 시작했다. 아이폰은 소비자의 숫자만큼 N개의 휴대전화가 가능한 세상을 열었다. 소비자와의 유기적인 소통이 없이는 불가능한 일이었다. 삼성도 뒤늦게 앱스토어를 통해 소비자들이 직접 삼성 휴대전화의 콘텐츠에 참여할 수 있는 길을 열었다. 외양간 고치는 일이었다. 안철수 교수는 이렇게 분석했다. "한국의 수직적 비즈니스 방식과 해외의 수평적 비즈니스 방식이 충돌한 사례라고 할 수 있습니다."

당시만 해도 최지성 사장의 공식적인 발언과 달리 삼성전자의 내부자들은 여전히 스마트폰 시장에서 애플에 밀렸다고 쉽게 인정하지 않았다. 삼성전자 관계자는 말한다. "스마트폰 시장에서 삼성전자가 애플에 밀렸다는 언론의 보도는 나이브한 구석이 있어요. MITs만 봐도 알 수 있잖아요. 스마트폰 시장에 대한 대비를 오래전부터 해왔습니다. 이미 모바일 플랫폼인 바다를 만들었고요. 우린 이미 다 알고 있고 준비해왔어요."

다른 삼성전자 관계자도 말한다. "삼성은 늘 시장을 성숙시키는 기업이었어요. 기술 선도 기업이라기보단 늘 새로운 시장을 창출하는 기업이었죠."

어쩌면 일리 있는 이야기였다. 결국 스마트폰 시장에서도 매출을 일으키고 시장을 키우는 건 삼성전자의 몫이 될 거란 뜻이었다. 캐치업과 패스트 팔로어로 이어지는 삼성의 성공 전략에 대한 확신에서 나오는 이야기다. LG전자는 당시만 해도 당분간 스마트폰을 출시하지 않겠다고 공언했다. LG까지 달려들어서 스마트폰 붐에 기름을 부을 이유가 없다는 심중이었다.

경영학의 대가 짐 콜린스는 몰락하는 성공 기업은 다섯 단계를 거친다고 했다. 그 첫 번째 단계가 오만이다. 정보통신정책연구원 미래융합연구실의 김민식 책임연구원은 아이폰은 삼성전자의 명백한 실패였다는 입장이다. 크게는 추격형 경제의 한계를 드러낸 사건이라고 본다. “이미 3~4년 전부터 모바일 OS가 머지 않아 시장을 주도하게 될 거란 논의들이 깊게 있었습니다. 그런데도 대응하지 않은 건 이제까지의 전략이 잘 통해왔으니까 거기에 안주했었다는 증거죠.”

과학기술정책연구원의 송위진 연구위원은 삼성전자가 스마트폰의 실패를 내부적으로 쉽게 인정하지 않는 것이 더 큰 문제라고 말한다. “스마트폰은 한국기업들이 캐치업을 하다가 뒤통수를 맞은 경우입니다. 삼성전자의 경우엔 이미 MP3에서 비슷한 실패를 겪었어요. MP3라는 기술을 먼저 개발하긴 했는데 어떻게 활용할지를 몰랐잖아요. 결국 MP3 기술로 세상을 바꾼 건 애플이었지요.”

대림대학교 자동차공학과 김필수 교수는 비슷한 맥락에서 현대자동차그룹을 걱정한다. “토요타 리콜 사태는 정말 현대자동차그룹한텐 어마어마한 행운이었습니다. 토요타를 따라잡을 수 있는 절호의 기회였지요. 하지만 그냥 추격만 하면 안 됩니다. 현대차는 토요타를 추격하며 성장했어요. 토요타와 똑같은 품질 결함 문제가 발생할 소지가 없지 않아요. 이제 토요타의 방식을 개량해야 합니다. 하이브리드를 따라잡고 토요타의 품질에 구멍을 낸 부분을 현대차

는 찾아서 개선해야 합니다."

하지만 김필수 교수는 현대자동차그룹의 미래를 많이 걱정한다. "당시 토요타 사태의 본질은 결국 토요타가 소비자들의 소리에 귀를 닫아서 일어난 일이었습니다. 현대차도 걱정이 됩니다. 지난 몇 년 동안 현대차는 특히 국내 소비자들에 대한 배려가 없었어요. YF소나타나 투싼ix의 리콜이 등 떠밀리듯 이루어진 것만 봐도 알 수 있어요. 소비자들이 무엇을 원하는지 듣지 않았단 겁니다." 결국 현대자동차그룹도 연비 오류 문제로 미국 소비자들한테 원성을 샀다.

다 같은 얘기다. 삼성전자는 스마트폰을 원하는 소비자의 요구를 듣지 못했다. 현대자동차그룹은 하이브리드로의 변화에 둔감했고 소비자들과 척을 졌다.

혁신보다는 이익이 우선

"재경본부 때문이지요." 익명을 요구한 현대자동차그룹의 관계자는 말한다. "매출 위주의 경영을 하게 되는 건 회사의 의사결정에 재경 부서가 미치는 영향이 크기 때문입니다."

삼성전자의 관계자도 비슷한 얘기를 좀 다르게 말한다. "삼성전자한테 중요한 건 기술 선도가 아니라 매출 실현입니다. 기업은 이익을 내는 집단 아닌가요."

한국적 기업 풍토에서 애플은 기업이라기보단 모험가 집단에 가깝다. 아이팟과 아이폰과 아이패드까지 애플은 올인 전략을 거듭해왔다. 기술 혁신이 기업의 사명인 양 군다. 한국 기업들의 목적은 혁신이 아니다. 이익이다. 당연히 기업 안에서 들고 나는 돈을 관리하는 재경 부서의 입김이 세질 수밖에 없다. 현대자동차그룹은 기술 혁신에 대한 집념이 아주 강한 기업이다. R&D 투자 규모가 매출액의 5퍼센트가 넘는다. 그런데도 내부에선 혁신보단 이익이 우선이라고 느끼고 있다.

현대차가 북미 시장에 진출하면서 내놓았던 파격적인 10년 10만 마일 보증 약속은 당시 경영진의 우려를 낳았다. 무리한 약속이란 거였다. 그때 정몽구 회장은 말했다. "고장 없고 결함 없는 차를 만들면 될 것 아닌가."

1995년 구미에서 이건희 전 삼성그룹 회장은 애니콜 휴대전화 화형식을 가졌다. 18년이 지났지만 품질 개선을 통한 이익 실현이라는 논리는 삼성전자에선 금과옥조다.

문제는 품질이 이익으로 이어지는 인과 과정이다. 제조업에서 품질은 높이면서 이익도 극대화하려면 방법은 하나다. 공정을 극도로 효율화해서 불량률을 최소화한다. 원가를 절감해서 순익을 최대화한다. 이 과제를 가장 성공적으로 해결한 기업이 토요타였다. 창업자인 도요타 기이치로 회장은 린Lean 방식 공정을 생각해냈다. 저스트 인 타임JIT 공정이었다. 생산 라인 하나하나에 필요한 부품을 그때그때 공급해서 생산 효율성을 극대화하는 방식이다. 그러자면 생산 공장의 일정에 맞춰서 부품 업체가 항상 대기하고 있어야 한다. 원가 절감에까지 동참하려면 부품 업체는 납품가를 자의반 타의반 거듭 낮춰야 한다. 일본 인터넷신문 『마이뉴스재팬』의 와타나베 마사히로는 『토요타의 어둠』에서 이렇게 썼다. "토요타 자동차는 저스트 인 타임 방식, 즉 필요한 물품을 필요한 때에 필요한 만큼만 생산 라인에 투입하는 방식을 채택하고 있어서, 하청 기업들은 정

신적 여유를 누릴 수 없다. 또한 토요타 본사 정사원의 지위가 높아 하청업체 직원들이 그들의 명령에 따를 수밖에 없는 풍조가 만연해서 '파와하라(power harassment의 일본식 축약어로 힘 있는 상사의 괴롭힘을 뜻함)'를 당하는 일도 번번히 발생한다."

토요타 리콜 사태의 근본 원인은 여기에 있다. 김필수 교수는 잘라 말한다. "원가 절감을 무리하게 요구한 게 품질에 영향을 미친 거죠."

어쩌면 그 이상이다. 일본은 침몰해도 토요타는 망하지 않는다는 말이 있다. 일본 안에서 토요타의 존재감은 절대적이다. 토요타의 이름을 딴 도시가 있을 정도다. 협력 업체들이 토요타에 충성하는 게 일본에선 당연시된단 뜻이다. 반면에 미국에서 토요타는 이방인이다. 1983년 토요타와 GM이 50대 50으로 합작 설립한 누미 공장은 생산 거점이기에 앞서서 토요타가 미국의 친구란 사실을 뜻하는 상징물이었다. 토요타가 누미 공장을 폐쇄하자 미국인은 토요타의 치부를 들추는 데 인정을 두지 않았다. 마찬가지다. 일본의 부품 업체들이 토요타에 보이는 파와하라에 대한 충성을 토요타를 외국 기업으로 생각하는 미국 부품 업체들한테서 기대할 순 없었단 뜻이다. 이 말은 거꾸로 모두가 숭상하는 토요타웨이는 토요타에 대한 종업원과 협력 업체들의 절대적인 충성심과 희생 없이는 유지되기 어렵단 결론에 이르게 된다.

현대자동차그룹의 한 계열사도 부품 협력 업체에 부품 납품 단가를 일률적으로 6퍼센트씩 삭감하겠다고 한 적이 있다. 부품 업체들은 받아들일 수밖에 없었다. 한국에선 대기업과 중소기업의 관계란 으레 그런 것이기 때문이다. 서병문 주물공업협동조합 이사장은 『조선일보』와의 인터뷰에서 이렇게 말했다.

"현대차가 원자재 가격 인하를 이유로 납품 단가를 끊임없이 내렸지만 차량 가격을 내렸다는 이야기를 들은 적이 없습니다."

서병문 이사장은 정몽구 현대차 회장이 품질 관리를 위해 납품 단가를 인하하지 말라고 지시했다는 사례를 들며 덧붙였다. "정 회장이 과거에도 납품 단가 인하를 무리하게 추진하지 않겠다고 여러 차례 공언한 적이 있습니다. 하지만 팀별, 부문별 실적 관리 압력에 시달리는 대기업 구매 실무자들이 여전히 사생결단식으로 단가 인하 압력을 행사하고 있습니다."

김필수 교수는 우려한다. "이런 상황에선 토요타 같은 일이 현대차에도 일어나지 말란 법이 없습니다."

하지만 더 큰 문제는 당장의 품질이 아니라 문제를 인식하고도 개선하기 어려운 조직 문화다. 아래에서 위로 의견이 올라가고 논의되는 방식이 아니기 때문이다. 역시 캐치업 방식으로 성장한 기업의 한계다. 추격을 하자면 최고경영자의 명령이 아래로 내려오는 톱다운 방식이 가장 효율적이다. 빨리 싸게 따라잡아야 하기 때문이다. 익명을 요구한 현대자동차그룹의 관계자는 말한다. "정몽구 회장님의 강력한 카리스마가 회사의 거의 모든 의사 결정을 좌지우지합니다."

김필수 교수도 말한다. "흔히 정 회장님의 동물적 감각이 오늘의 현대차가 있게 만들었다고 하지요."

현대차만 의사결정 구조가 톱다운 방식인 게 아니다. 한국의 성공한 대기업 대다수가 톱다운 사고방식에 갇혀 있다. SK텔레콤도 자유롭지 못하다.

익명을 요구한 SK텔레콤의 전 임원은 말한다. "하루아침에 회사의 방침이

달라지고 신규 사업을 접었습니다. 최고 임원들의 결정이었다는 설명뿐이었죠. 확실한 캐시카우를 가진 기업은 신규 사업에서 성공하기 어렵습니다. 그만큼 절박하지 않기 때문에 푼돈이 아까워서 적극적으로 리스크를 안고 가지 않지요."

SK텔레콤은 엔터테인먼트 기업 iHQ에 500억 원 가량을 투자했다. 4년 동안 누적 적자만 200억 원이 넘었다. 애초엔 스타 콘텐츠를 저성장 상태에 빠진 이동통신 사업의 지렛대로 삼는다는 전략이었다. 통신 사업을 하려면 통신 공간을 채울 콘텐츠가 필요하다는 건 자명했다.

하지만 SK텔레콤이 선택한 방식은 무리한 수직 계열화였다. 콘텐츠의 생산까지도 SK텔레콤의 입맛에 맞게 관여하겠단 생각이었다. 전 임원은 비판한다. "그러다가 적자가 커지고 뜻대로 되지 않으니까 이제 와서 실무진의 얘기엔 귀를 닫고 갑자기 하던 거나 잘하자는 쪽으로 급선회를 해버린 겁니다. 메가박스 인수가 수포로 돌아간 거나 iHQ 매각 협상은 SK텔레콤이 사업 방향을 못 잡고 좌충우돌하는 상황이라고 보면 됩니다."

짐 콜린스는 실패하는 성공 기업이 흔들리는 두 번째 단계가 뚜렷한 원칙 없이 사업을 확장하는 것이고 네 번째 단계가 갑자기 보수적이 되면서 잘하던 거나 잘하자가 되는 것이라고 했다.

매출이라는 한 가지 기준에 갇히게 되면 변화를 따라잡지 못하는 건 물론이고 스스로가 혁신을 방해하는 장애물이 될 수도 있다. SK텔레콤 전 임원은 말한다. "SK텔레콤은 결국 아이폰을 놓쳤지요. 아이폰을 놓쳤을 뿐만 아니라 사실상 SK텔레콤이 스마트폰 시대를 몇 년이나 늦춰놓았지요. 스마트폰 시대가 되면 빼앗길 기득권이 아쉬워서 변화를 거부한 거죠."

한국 기업이 스마트폰을 만들지 못했고 앱스토어를 활용할 줄 몰랐고 3D TV는 만들어도 3D 콘텐츠는 만들지 못하는 건 기업의 생각이 매출이라는 틀 안에 갇혀 있기 때문이다.

LG경제연구원 이지평 수석연구위원은 지적한다. "일본의 경우엔 모노즈쿠리 전략에 매진했죠. 말하자면 장인 정신에 입각한 고품질 제조 능력을 극대화해서 고부가가치를 창출하겠단 거였죠. 기술 집약이란 결국 틀 안에 자신을 가두게 될지도 모르는 일입니다. 주변을 보지 않고 파고들기만 하니까요. 그런데도 일본은 기술 혁신을 극단으로 추구하면 혁신을 할 수 있다고 믿었던 겁니다."

일본이 전술적 기술 혁신에 매몰됐다면 미국은 주주 이익 극대화라는 대리인의 딜레마에 빠졌다. 한국은 회사의 이익 혹은 오너의 이익에 해당되는 매출 극대화라는 사고의 틀에 갇혀 있다. 이지평 수석연구위원은 덧붙인다. "오늘날 일본 기업이 한국 기업들한테 추월당한 건 전략의 부재 때문이었죠. 제2차 세계대전 당시 일본군은 전술 면에선 미군과 대등했지만 미군과 전쟁을 벌인다는 것 자체가 애당초에 전략적으론 실패였기 때문에 패전했습니다. 목표를 세우고 몰두하는 방식에만 매달리는 게 일본의 고질적인 병폐입니다. 한국 기업 역시 일본의 캐치업이라서 같은 한계를 보이고 있어요. 그나마 한국 기업은 오너 대기업 경영 체제라 일본 기업에 비하면 전략적으로 우위에 있지요. 그러나 오너 체제는 결과를 중시합니다. 결과는 매출이죠. 앞으로도 같은 방식이라면 한국도 저성장과 인구 감소에 따른 생산성 저하와 디플레이션을 경험하면서 15년 안에 국가의 자살이라는 극단적인 상황을 겪게 될지도 모릅니다."

수년 전 삼성전자를 찾은 MIT의 한 교수는 이런 말을 남겼다. "전 세계에

서 이렇게 많은 고급 두뇌들이 모여 있는 곳은 본 적이 없습니다. 이렇게 많은 고급 인재들이 단 하나의 생각만 하고 있는 것도 본 적이 없습니다."

포스트 캐치업은 어떻게?

삼성전자 윤종용 고문이 부회장으로 일하던 시절 입버릇처럼 하던 말이 있다. "아날로그 시대엔 숙련공의 기술이 절대적인 가치를 지녔을지 몰라도 디지털 시대엔 기술이란 건 칩 하나로 끝나는 겁니다. 장인의 기술은 캐치업이 너무 쉽게 가능합니다. 창의와 창조에서 승리해야 진정한 승리입니다."

이근 경제추격연구소 소장은 추격형 산업을 명시적 산업과 암묵적 산업으로 구분했다. 삼성전자나 LG디스플레이가 속한 전기전자산업은 명시적이다. 공식이나 도표로 표현될 수 있어서 기술 이전이 용이하단 뜻이다. 시간과 돈과 노력이 결부된다면 방법을 알기 때문에 후발 기업이 선발 기업을 따라잡는 게 가능해진다. 윤 고문이 지적한 것처럼 IT 기술은 칩 하나로 따라잡힌다. 이근 소장은 삼성전자와 마쓰시다를 비교하면서 삼성전자의 추격 유형을 수렴형 추격으로 구분했다. 현대자동차그룹은 선발 기업을 거의 따라갔지만 여전히 일정 격차가 있는 과소 추격형이다. 포스코는 아예 추격 후퇴형이다. 포스코는 신일본제철을 맹추격했지만 2000년대 들어서면서 오히려 격차가 벌어졌다. 이근 소장은 자동차나 철강 산업이 기술 이전이 어려운 암묵적 지식산업이기 때문이라고 분석했다.

이근 소장에 의해 추격 후퇴형으로 분류된 포스코는 산업에 따라선 이미 한국 기업들한테 캐치업이 더 이상은 만병통치약이 아니게 됐단 걸 보여준다.

익명을 요구한 포스코의 관계자는 말한다. "현재에 안주하려는 보수성 때문입니다." 포스코는 차세대 혁신 철강 기술인 파이넥스 공법을 개발했다. 15년 동안 매년 100억 원씩 꾸준히 쏟아부은 집념의 프로젝트였다. 현대자동차그룹에 이현순 부회장이 있고 삼성 휴대전화엔 이기태 전 사장과 삼성 반도체엔 황창규 전 사장이 있는 것처럼 포스코 기술 혁신에도 강창호 포스코 전 사장이 있었다. 강 사장은 철강 기술의 르네상스 시대였던 1990년대부터 포스코의 기술 혁신을 주도했다. 포스코의 혁신성은 모범 사례다.

하지만 오랜 시간 포스코에 몸담아온 관계자는 조금 다른 이야기를 들려준다. "기술 혁신성은 흠잡을 데가 없습니다. 단지 철강산업이라는 업의 폐쇄성이 보수성으로 작용하는 겁니다. 철강 하는 사람들은 다른 산업을 하기 어려워요. 철강산업은 겪어본 사람들은 알지만 마케팅도 필요 없는 순수한 B2B 산업입니다."

덧붙인다. "하지만 이미 철강산업은 전 세계적인 사양 산업 아닙니까. 미국에선 버린 산업 취급을 받은 지 오래죠. 일본도 마찬가지죠. 유럽의 철강산업은 거대한 인수합병으로 일단 위기의 예봉은 피했지만 안심할 순 없어요. 포스코 역시 그걸 모르진 않아요. 하지만 철강 이외의 영역에서 뭔가 수를 찾기를 몹시 꺼립니다."

일찍이 신세기이동통신으로 통신 사업에 뛰어들었다가 실패한 전례가 있긴 하다. 그 뒤로도 포스코는 늘 국내 인수합병 시장에서 VVIP 잠재 고객이었

다. 그러나 결과적으로 까다로운 고객이었을 뿐이었다.

포스코의 관계자는 설명한다. "포스코가 M&A에 소극적인 건 철강업 이외의 분야에 진출하길 꺼리기 때문입니다. 하지만 내부적으론 대규모 M&A를 진행해본 인수합병 전문가층이 두텁게 형성돼 있지 않아서입니다. 포스코는 박태준 회장 체제 이후 오직 철강 하나만 보고 달려온 기업입니다. 지금 최고 경영진은 대부분 신입 사원 시절부터 제철소에서 잔뼈가 굵은 인물들이지요. 포스코엔 비철강 계열사가 별로 없습니다. 포스코의 기술 혁신을 주도하고 있는 포스텍과 포스랩과 포항산업과학연구원RIST은 모두 철강에만 집중합니다. 융합 기술이나 신재생 에너지에 공을 들이기 시작했지만 아직 갈 길이 멀죠. 혁신 체제와 생산 체제와 경영 체제가 오직 철강뿐입니다. 수십 년 동안 조직의 화학적 물리적 변화도 없었어요. 신일본제철처럼 합병에 의해 탄생한 기업도 아닙니다. 당연히 비철강 산업에 대한 관심이 줄어들 수밖에 없습니다."

포스코가 대우인터내셔널에 관심을 보였던 것도 역시 철강 안에서 성장이라는 당면 과제를 해결하려는 노력이었다. 지금 포스코는 위기다. 내부적으로 구조 조정의 진통이 이어지고 있다. 글로벌 경기 침체의 영향이라지만 우량 기업의 대명사처럼 여겨져온 포스코로선 충격이다. 원인은 내수 경기 침체와 수출 시장 악화다. 하지만 근본적인 원인은 포스코가 안주해왔기 때문이다. 철강 산업은 국가 경제 성장에 발맞춰서 차근차근 성장하기 마련이다. 국내 수요가 증가하면 설비투자를 늘리게 되고 생산량이 늘고 매출이 늘고 이익도 는다. 수출보단 내수가 중요했다. 국내 수요를 충족시키고 남은 물량을 수출한다는 개념이었다. 내수 성장을 기대하기 어렵게 된 지금은 수출만이 살 길이다. 파이넥스 공법을 개발해서 원가를 낮추고 품질을 높이면 이익이 절로 생기던 시절은 지났다. 포스코도 먹을거리를 찾아야 할 때가 됐단 얘기다. 이미 중국산 저가 철강 제품의 공세가 장난이 아니다. 중국의 활황으로 반짝했던 철강 경기는 중국 철강산업이 본격적으로 추격해 들어오면서 흔들거렸다. 영업력의 화신인 종합상사 대우인터내셔널을 인수한 건 포스코의 절박한 필요 탓이다.

포스코가 그렇게 미적대는 사이에 세계 철강 시장은 더 빠르게 재편되고 있다. 2003년엔 일본의 NKK와 가와사키제철이 합병해서 JFE가 만들어졌다. 2006년엔 세계 1위 철강사인 인도의 미탈 스틸과 세계 2위 아르셀로가 합병해서 아르셀로미탈이 됐다. 27개 국가에서 61개 공장을 가동하며 세계 시장점유율 10퍼센트를 장악한 철강 거인이 탄생했다. 포스코는 장대한 철강산업 변화의 조류에서 한 켠으로 밀려나 있었다. 익명을 요구한 철강산업 관계자는 말한다. “철강산업이란 게 고집이 셉니다. 나라마다 저마다 기업 문화가 달라서 갈등을 빚기 쉽죠. 철강산업은 국가 기간 산업인 만큼 함부로 내주지도 않고요. 사실 아르셀로미탈마저도 나라마다 다른 공장 문화 때문에 화학적 결합은 잘 이루어지지 않고 있다고 해요.”

철강산업은 전 세계에 공장을 세우고 모듈화로 일관 공정을 착착 진행시킬 수 있는 자동차산업과 성격이 다르단 얘기다.

포스코는 신일본제철을 거의 따라잡기도 했다. 가열찬 기술 혁신을 통해서였다. 이제 두 회사는 서로 특허 공방전을 벌일 정도다. 포스코의 혁신 과정은 눈부실 정도다. 산학 협력과 장기적 기술 투자와 기술 인력 양성까지 교과서 수준이다. 하지만 따라잡기 직전에 시장의 판도가 달라져버렸다. 세계 철강 시장

은 쪼그라들고 있다. 살아남기 위해서 덩치들은 서로 어깨를 맞대고 합병을 해 버렸다. 정준양 회장과 최고경영진은 한때 토요타를 찾아서 토요타웨이를 배우겠다고 선언했다. 토요타웨이란 철저한 원가 절감을 통해 영업 이익률을 극대화하는 방식이다. 저성장의 위기에 빠진 기업이라면 처방받아봄 직한 방식이다. 외연 확대가 어려워진 기업한테 우황청심환이 될 수도 있다.

하지만 이근 소장의 분석처럼 철강업은 암묵적이다. 따라잡기만으론 경쟁자를 이길 수 없다. 이젠 추격을 그만둘 때가 됐단 뜻이다. 싫든 좋든 한국 기업들도 포스트 캐치업의 단계로 밀려들어와 버렸단 증좌다. 과학기술정책연구원의 송위진 연구위원은 말한다. "날짜 잡고 위기 만들고 밀어붙이는 캐치업 방식은 이제 포스코뿐만 아니라 한국 기업들 전반에 걸쳐서 한계에 다다른 게 분명합니다. 한편에선 따라잡지 못한다는 게 분명해졌고 한편에선 따라잡기에 매몰된 탓에 새로운 변화를 놓치고 있지 않습니까. 캐치업에서 포스트 캐치업으로 가야 한다는 당위만 얘기해선 안 됩니다. 이젠 어떻게 가야 할지를 얘기해야 할 때입니다."

경로혁신형 추격자

결과적으로 삼성전자는 애플과 스마트폰 시장을 양분하는 데 성공했다. 전체 휴대전화 시장점유율에선 노키아를 밀어내고 정상에 섰다. 현대자동차는 토요타와 일진일퇴하고 있다. 미국에서 토요타가 앞서면 유럽에선 현대차가 앞서는 식이다. 전 세계적인 경기 침체에도 불구하고 유럽과 미국에서 상종가를 구가하고 있다. 애플이 벌인 삼성과의 특허 전쟁도 무승부 내지는 애플의 판정패로 끝나가고 있다. 미국 시장에서만 일방적으로 애플한테 유리한 결론이 났을 뿐이다.

그러나 이게 승부의 끝이 아니다. 혁신 경쟁은 아직 끝나지 않았다. 여전히 한국 기업들은 추격자 전략에 머물러 있다. 삼성은 팀 쿡의 애플과 서로를 추격하느라 바쁘다. 마치 서로 선두로 나가지 않으려고 경쟁하는 사이 같다. 누구라도 먼저 선두로 나가면 당한다. 그렇게 발목을 잡으며 시장 전체의 혁신 속도를 늦춘다. 현대차도 마찬가지다. 이젠 토요타에서 폭스바겐으로 추격 대상을 바꿔 잡았을 뿐이다. 삼성전자가 전 세계 1등이라면 현대차는 아직 전 세계 톱 5다. 어쩌면 삼성전자가 하산할 때 현대차는 아직도 오르고 있을 수 있다. 그렇게 희비가 엇갈려도 결과는 비슷할 공산이 크다.

현대자동차그룹은 토요타웨이를 개량한 경로 혁신형 추격자로 분류된다. 따라가기로 멈추는 게 아니라 더 잘하기를 추가해왔단 얘기다. 토요타의 저스트 인 타임 방식을 모방해서 개량한 저스트 인 시퀀스 방식이 대표적이다. 토요타의 방식이 모듈화된 부품을 시간에 맞춰 완성차 공정에 제공하는 식이라면 현대차의 방식은 시간뿐만 아니라 순서까지 맞춘다. 간단히 말하자면 부품 업체가 완성차 공정의 속도에 맞춰서 자신들도 부품을 조립하는 방식이다. 토요타 방식만 해도 부품 업체한텐 쉴 틈을 주지 않는 구조다. 현대차 방식은 쉴 수도 없게 만들 수 있다. 익명을 요구한 현대차 협력 업체의 관계자는 되묻는다. "현대차의 저스트 인 시퀀스 방식은 사실상 현대차 완성차 공장과 부품 공장이

혼연일체가 되기를 주문하는 방식입니다. 한 몸 한뜻이 돼야 하지요. 하지만 현대차 직원의 성과급이 우리 업체 직원의 연봉보다 많은 상황에서 혼연일체가 되는 게 가능하겠어요?"

토요타 협력사 직원이 겪었던 결핍과 닮은꼴이다. 그렇다면 토요타의 문제를 현대차도 지니고 있을 수도 있다. 그렇다면 토요타와 같은 문제를 현대차도 겪지 말란 법이 없다. 김필수 교수는 말한다. "그러지 말기를 바랍니다. 가능성은 있지만 현대차라면 지금쯤 수많은 보고서를 올리면서 품질 진단을 내리고 있을 거라고 믿습니다." 익명을 요구한 현대자동차그룹의 관계자도 고개를 젓는다. "적어도 토요타 같은 실수를 하진 않을 거라고 봅니다."

중국 BYD의 왕촨푸 회장은 디트로이트 모터쇼에서 이렇게 말했다. "전기차 시장에서 1위가 되겠습니다. 2015년엔 중국 1위가 되겠습니다. 2025년엔 세계 1위 자동차 회사가 되겠습니다."

BYD가 추격하고 있는 기업이 현대자동차그룹이란 건 물어볼 필요도 없다. 아직 BYD의 연소 엔진 기술력은 현대차나 토요타에 비할 바가 못 된다. 하지만 중국 내수 시장은 2009년 1,360만 대 규모로 급성장하면서 미국을 능가하는 세계 최대 자동차 소비처가 됐다. 이걸 배경으로 하는 캐치업 방식이라면 추격 속도는 현대차가 토요타를 따라잡은 것보다 빠를 수도 있다. 아직은 비웃음을 살 뿐이다. 16년 전 현대차가 토요타를 따라잡겠다고 주장했을 때도 그랬다.

2013년 삼성전자와 LG디스플레이와 현대자동차그룹 모두 또다시 따라잡기와 따라잡히기의 무한 도전으로 끌려들어가고 있다. 이젠 쫓는 자와 쫓기는 자의 자리가 바뀌었을 뿐이다. 추격이라는 명제 안에 머물러 있으면 결국 언젠가는 따라잡히게 돼 있다. 일본 기업들이 한국 기업들한테 따라잡혔고 미국 기업들이 일본 기업들한테 따라잡혔듯 말이다. 저출산과 노동인구 감소와 성장률 저하는 어느 산업 국가나 피할 수 없는 암초다. 그런데도 한국 기업들은 값싸고 근면한 풍부한 노동력이 있고 매년 5퍼센트씩 GDP가 성장했던 과거의 패러다임 안에서만 작동하는 추격 전략을 믿고 있다. 삼성전자가 스마트폰에 대응하는 방식이나 LG디스플레이가 3D TV에 접근하는 방식이나 현대자동차그룹이 토요타에 도전하는 모양새는 여전히 포트폴리오형 캐치업 방식이다. 이지평 연구원은 잘라 말한다. "그러다 10년 안에 한국 경제의 체질이 달라지게 되면 한국 기업들은 그렇게 빨리 따라잡는 게 버거워진 자신을 발견하게 될 겁니다. 일본 기업이 그랬던 거처럼 더 이상 열심히 일하지 않는 젊은 세대를 탓할 수도 있겠지요. 일본은 그게 문제였어요. 변화를 받아들이지 않고 과거의 성공 전략에만 매달렸지요."

송위진 연구위원은 말한다. "포스트 캐치업을 논할 때 정말 중요한 건 포스트 캐치업도 캐치업 전략의 연장선상일 수 있다는 사실을 인식해야 한단 겁니다."

일본 기업의 결정적인 실수가 여기에 있었다. 일본은 1980년대 후반부터 포스트 캐치업에 대한 논의를 시작했다. 미국 기업들을 추월하고 G2 국가로 올라서면서 일본은 캐치업 방식에서 벗어나서 포스트 캐치업을 준비해야 한다는 고민을 했다. 그런데 포스트 캐치업의 내용은 결국 능가에 맞춰졌다. 추격과 추월 단계를 지난 다음은 능가라고 봤기 때문이다. 일본 정부가 1990년대 초부터 로봇이나 바이오 같은 분야를 국가 R&D 분야로 지정하고 정부와 기업이 협력

해서 기술 개발에 박차를 가한 것도 그런 맥락이었다. 송위진 연구위원은 설명한다. "20년이 지났지만 로봇과 바이오 기술은 아직 제조업 선도 기술이 아닙니다. 계획대로 됐으면 일본은 새로운 시장을 열어서 기존 캐치업 시장에서 빠져나왔어야 해요. 지금 일본은 한국 기업들한테 캐치업 시장에서 발목을 잡혀서 헤매고 있잖아요. 그때 잘못 선택했던 거죠. 그렇다면 다른 기술을 선택했으면 좋았겠느냐. 알 수 없죠. 중요한 건 일본이 포스트 캐치업의 어젠다 역시 캐치업 시대처럼 소수의 엘리트들이 선택하는 톱다운 방식으로 결정했다는 점입니다."

의사 결정의 생태계가 조성되지 않았기 때문에 탈캐치업을 부르짖었어도 캐치업일 수밖에 없었단 뜻이다. 이지평 연구원은 말한다. "지금 한국이 딱 일본이 1980년대와 1990년대에 겪었던 일을 겪고 있습니다. 그때 당시에 일본의 성숙된 경제 수준, 인구 감소 등을 고려하면 제조업의 경우 1990년대부터 이미 고도의 서비스 부가가치를 창조하는 전략으로 나아갔어야 해요. 하지만 일본 산업은 미국 애플이 아이팟을 성공시킨 것처럼 제조업과 서비스업의 결합 비즈니스로 진화하지 못했지요."

서비스업은 결국 밑에서 위로 가는 보텀업 방식으로 의견이 흐르는 생각의 생태계가 있어야 번성한다. 서비스는 제공되는 게 아니라 스스로 창출되고 나눠 갖는 것이기 때문이다. 콘텐츠든 자영업이든 애플리케이션이든 원리는 같다.

SK텔레콤이 콘텐츠 사업에서 실패한 이유는 아래로부터의 수평적인 사고가 부족했기 때문이다. 송위진 연구위원은 말한다. "점점 한국 기업한테도 천재 한 사람의 선택이 아니라 여러 사람이 머리를 맞대는 의사결정 구조가 요구되고 있어요. 거버넌스의 형태로 개개인이 각자 생각을 하면서 그것이 하나의 올바른 생각으로 전개돼 나가는 거죠."

김민식 책임연구원은 말한다. "기업 하나가 리드하거나 한 사람의 리더가 결정하는 방향은 한계가 있을 수밖에 없어요."

SK텔레콤은 콘텐츠를 수직 계열화하려고만 했지 콘텐츠 생태계를 조성하고 자유롭게 콘텐츠가 생성되고 성장하는 거버넌스 구조를 만들 마음은 없었다. 그런 구조는 비용 누수가 너무 많아 보였다. 송위진 연구위원은 냉담하게 지적한다. "한국에서 IT 벤처 붐이 수그러든 것도 모든 걸 하나의 중심에 수직 계열화하려는 문화 탓입니다. IT 벤처 붐에 자극받아서 기업들도 사내 벤처 제도를 만들었지만 역시나 톱다운 방식의 의사 결정 구조에서 벗어나지 못했지요. 한국 기업에선 그룹 브레인스토밍을 해도 여러 가지 의견이 나오는 게 아니라 결국엔 모두가 한 가지 생각만 하게 됩니다."

결국 SK그룹은 하이닉스를 인수하는 쪽을 선택했다. 반도체 추격에 들어간 셈이다. 포스트 캐치업 경영을 실현하지 못한 탓이 크다. 대신 천문학적인 자금을 쏟아부어야 했다. 마찬가지다. 탈추격 경영을 해내지 못하면 대신 기업엔 엄청난 비용 지불이 뒤따른다. 그렇다고 인수합병이 반드시 성공한단 보장도 없다.

한국에서 포스트 캐치업에 대한 논의가 시작된 건 2006년 정도부터다. 하지만 대다수 논문과 논의가 기술 능가에 초점이 맞춰져 있었다. 한국 기업한테 필요한 건 능가가 아니다. 초월이다. 기술 추격이라는 사고에서 벗어나서 전혀 다른 생각으로 이양해야 한다. 미국에서도 초월에 성공한 기업은 드물다. GM은 캐치업 안에서 맴돌다가 몰락했다. 마이크로소프트는 포스트 캐치업에서 멈

췄다. 애플과 구글만이 초월의 단계에 진입한 기업들이다.

한국은 작은 토요타 마을

"차세대 전지와 총합공조와 차세대 조명과 태양전지는 LG의 신성장 동력이다." LG그룹 구본무 회장은 "LG만의 차별화된 원천 기술 확보를 위해 모든 역량을 집중하라"라고 지시했다. 구 회장은 2010년대로 접어들면서 R&D를 유난히 강조해왔다. 창사 이래 최대 규모 투자를 반복해왔다.

LG는 갈 길을 정했다. 태양전지나 공기 순환을 조절하는 총체적 시스템인 총합공조나 차세대 조명이 정말 LG의 5년 뒤를 밝혀줄지는 아직 알 수 없다. 이미 설비투자로 10조 원을 넘게 지출하기로 한 이상 되돌릴 수도 없다. LG의 선택은 다분히 포스트 캐치업적인 차원이다. 지난 10년 동안 LCD나 휴대전화에서 따라잡기 경주를 해왔다. "이젠 아예 저만치 앞서가겠다. 생각하지도 못한 기술을 선점하고 특허로 방벽을 쌓아서 추격 자체를 불가능하게 만들겠다." 이런 얘기다. 하지만 한편으론 1990년대 초반 로봇을 개발하던 혼다와 닮은꼴이다. 특허는 쫓기는 자가 추격을 방해하는 장치다. 미국과 일본 기업들이 특허를 강화하고 삼성과 LG도 특허 전쟁에서 수성보단 공성으로 돌아서고 있는 건 추격 경제학의 당연한 귀결이다. 1990년대 일본 기업들도 기술을 선점하고 특허로 덫을 놓아서 아예 능가해버리겠다는 복심을 가졌다.

선택을 한 LG는 용감하다. 덕분에 럭키가 따를 가능성이 높다. 그나마 나머지 기업들은 그저 눈치만 보고 있다. 10대 기업들의 현금성 자산을 살펴보면 분명해진다. 10대 기업의 현금성 자산은 40조 원에 육박한다. 기업에 유동성이 너무 풍부하다는 건 좋은 게 아니다. 미래에 대한 기회비용을 잃고 있단 뜻이기 때문이다. 빨리 투자해서 미래를 사들여야 한다.

기업들이 눈치를 보는 건 역시 추격자 전략에 익숙해서다. 한국 기업들은 이웃 나라의 눈치를 볼 뿐만 아니라 동료 기업들의 눈치도 본다. 송위진 연구위원은 말한다. "한국 기업의 문제 해결 방식은 한국식 뻥축구에 비유할 수 있어요. 일단 뻥 차고 우루루 공을 쫓기 시작하는 거죠. 전형적인 캐치업 방식이죠."

아무도 먼저 공을 차지 않으면 어느 빈 공간을 지켜야 할지 모른다. 이러다가 미국과 일본 기업들이 기술을 선점하면 더 큰 비용을 들여서 특허 우회로를 찾고 따라잡는 건 잘한다.

하지만 그런 식의 따라잡기는 기업의 구성원들한텐 항상 과부하를 준다. 토요타 사태는 소비자 리콜의 형태로 나타나긴 했지만 그런 과부하가 안에서 터진 꼴이다. 철강 업계의 관계자는 귀뜸한다. "아시아연구소의 한 연구원이 갑자기 토요타가 위험하다고 하더군요. 무슨 소린가 했어요. 토요타류가 한창 서점가를 휩쓸고 있을 때였거든요. 아니라는 거죠. 시골 마을 같은 토요타 시에 눌러 앉아서 자기들 방식만 고집하는 보수적인 조직 문화라는 거였어요. 토요타에 대해 알고 있던 상식을 뒤집는 말이었죠. 결과적으로 그 말이 옳은 셈이었죠. 한국의 제조업 기업들도 토요타와 유사한 문제를 앓고 있을 가능성이 커요. 지금 당장은 곪지 않았더라도 내버려두면 터질 문제들이죠."

김필수 교수는 말한다. "토요타가 세계 1위 자동차 기업이 된 게 생산량 700

만 대를 돌파하면서부터였어요. 700만 대는 상징적인 숫자란 거죠. 현대차가 토요타를 따라잡겠다고 선언한 겁니다." 정몽구 회장은 2013년부터 양적 성장보단 질적 성장에 집중하겠다고 선언했다. 추격 속도를 조절하겠다는 뜻이다.

짐 콜린스는 성공 기업이 조심해야 하는 두 번째 함정이 공격적인 사업 확장이라고 했다.

지금처럼 캐치업 형태에 매몰돼 있으면 문제를 알 수도, 알아도 문제 삼을 수도, 고칠 수도 없다. 『토요타의 어둠』에서 저자 와타나베 마사히로는 지난 10년 동안 아무도 토요타에 대해 질문하지도 답하지도 않았던 게 토요타 문제를 키운 가장 큰 주범이라고 지적한다. "그야말로 광고라는 무기로 '입막음 비용'을 지불함으로써 거둬낸 성과라 하겠다."

마사히로는 토요타 시의 폐쇄적인 구조가 토요타 안에서 비판을 묵살하는 분위기로 이어진다고 봤다. "주위에는 온통 토요타그룹 사람들뿐이다. 그러므로 토요타의 모든 환경은 당연한 것으로 받아들여지고, 비판적인 분위기는 형성되기 어렵다."

또 그는 토요타 자동차를 퇴사한 사람을 탈북이라고 부른다고 전한다. 토요타가 북한만큼이나 닫힌 조직이란 뜻이다.

한국 기업 문화에서도 마찬가지다. 익명을 요구한 현대자동차그룹의 사원은 말한다. "5~6년 정도 지나면 70~80명 정도의 동기들 가운데 20명 정도가 그만두는 거 같아요. 몇 년 더 지나면 그만두는 사람이 더 늘어나죠. 그만두는 경우는 조직 문화를 받아들이지 못해서가 대부분이고요. 남는 경우는 안에서 자기 의견을 말하는 걸 아주 조심하게 되죠."

덧붙인다. "직원들은 3세 정의선 부회장에 대한 기대가 커요. 선별된 직원들을 모아서 아이디어 회의라는 걸 하는데 수평적인 소통이 가능한 사람처럼 느껴지거든요. 나를 따르라식에서 현대차의 문화도 조금씩 바뀌곤 있어요. 임원들이 인위적이든 자연적이든 세대교체가 되면서 수평적인 조직 문화가 서서히 퍼져나가고 있지요."

역시 익명을 요구한 삼성전자의 평사원은 말한다. "관계자란 말로 삼성전자의 이야기가 전해지는 기사를 볼 때마다 걱정이 됩니다. 누굴까. 이런 말을 함부로 했다가 걸려서 책임을 지게 되면 어떻게 하려나."

요즘도 한국 언론에선 한국 기업에 대한 칭찬 일색 기사가 넘쳐난다. 대기업에 대한 칭송이 넘친다. 아이폰 위기를 돌파한 삼성전자와 토요타와 경쟁하는 현대차한텐 적절한 칭찬일 수도 있다. 정작 한국 기업이 지닌 고질적인 경영 한계는 하나도 해결되지 않았다. 추격자 전략을 마지막까지 쥐어짰을 뿐이다. 자칫하면 한국이 작은 토요타 마을이 될 수도 있다. 비판은 없고 칭찬과 동의만 있는 기업 생태계에서 기업의 혁신에 가속도가 붙긴 어렵다. 소니가 디스플레이에서 두툼한 CRT 모니터가 얇은 LCD로 전환되는 걸 놓친 것이나 워크맨에서 아이팟으로의 전환을 읽지 못한 건 그때 소니가 1등이었기 때문이다. 다들 1등이라고 칭송해줬기 때문이다. 기업의 자만심은 개인의 자만심과 달리 감정적인 것이 아니다. 자만심의 생성 과정은 종합적인 것이며 조직적이다. 거품에 가깝다. 짐 콜린스가 말한 몰락하는 성공 기업의 첫 번째 단계인 오만은 그렇게 가랑비에 옷이 젖어들 듯 시작된다.

캐치업 국가의 한계

이명박 정부는 한때 지식경제부가 주도하는 R&D 혁신 전략을 가열하게 추진했다. 대형 성장 동력을 개발하는 게 목표였다. 소니가 넘지 못했던 아키텍처 전환을 정부와 기업이 힘을 합쳐서 해내보겠다는 전략이었다. 앞으로 7년 동안 10대 선도 산업에 3조 원을 투자한다는 계획이었다. 선도 사업 하나에 3,000억 원이 들어간다. 이미 10대 선도 사업으로 4세대 이동통신이나 한국형 원전이나 태양전지나 탄소섬유나 전기 자동차 같은 제품들이 거론됐다. 결국 흐지부지됐다. 탈추격을 못해서다.

LG디스플레이는 벼르고 벼르던 전자 종이를 시장에 선보인 적이 있다. 플렉서블 디스플레이는 LG디스플레이가 LCD 세대 경쟁을 하는 와중에도 꾸준히 준비해온 신성장 동력이었다. 하지만 LG의 전자 종이는 비슷한 시기에 발표된 애플의 아이패드에 비해 소비자의 관심을 끌지 못했다. 기술은 있지만 소비자와의 소통점을 찾지 못한 기술이었기 때문이다. 소비자들은 아직 전자 종이로 무얼 할지 알지 못한다. e북 시장에 적용되지 않을까 막연하게 생각할 뿐이다. 반대로 아이패드는 성패 여부를 놓고 일반인들까지 옥신각신한다. 아이패드는 콘텐츠라는 서비스 산업과 연계했기 때문이다. 수직적 기술 개발은 수평적 기술 확장을 결코 따라잡을 수 없다.

삼성전자와 LG전자도 결론은 알고 있다. 하지만 해법은 여전히 수직적이다. 삼성전자와 LG전자는 당장 소프트웨어 인력을 채용하느라 동분서주하고 있다. 하지만 소프트웨어는 기술 혁신처럼 개발하라는 목표를 준다고 해서 개발되는 게 아니다. 어쩌면 한국의 대기업 조직이 절대 할 수 없는 부분일 수도 있다. SK텔레콤의 전직 임원은 말한다. “대기업 조직이란 게 로드맵의 모든 지점에서 일관되게 권력을 행사하려는 경향이 있습니다. 사실 대기업은 핵심 역량만 갖고 자신한테서 멀어지는 역량은 상대방한테 권한을 이양할 줄 알아야 해요. 수평적인 협업이죠. 한국은 한 사람, 한 조직, 한 기업이 모든 권한을 다 휘두르려다 보니까 소프트웨어 생태계가 이루어지지 않는 겁니다.”

한국의 소프트웨어 전 세계 시장점유율은 고작 1.8퍼센트 정도다.

송위진 연구위원은 말한다. “역시 톱다운 방식이란 게 문제입니다. 소프트웨어 생태계를 만들어줘야 하는데 그걸 다 대기업이 수직 계열화하려고 하니까 창의성이 떨어지는 겁니다. 정부의 R&D 혁신 방향도 비슷해요. 정부나 기업만 앞장서지 여러 시민들이 참여하는 열린 구조가 아닙니다. 게다가 모두가 제조업 기반 기술이란 것도 문제죠. 위에서 과제를 던져주는 수직적인 방식을 고수하고 있는 데다가 서비스업이 제조업과 어떤 유기적인 관계를 맺을 수 있는지를 간과하고 있는 게 아닌가 싶어요.”

한국은 신기술 기반형 혁신 국가다. 송위진 연구위원은 말한다. “탈추격의 혁신 대상은 기술이 아니라 기술을 포함하는 사회적, 문화적 체계가 돼야 합니다. 전기 자동차가 활성화되려면 전기 자동차 기술만 개발하는 게 아니라 도로 규제부터 전기차 인력 양성과 전기차 지원책까지 복합적으로 고민해야 한다는 거죠. 전기차 문화를 만들어야 합니다. 마치 아이폰이 앱스토어로 애플의 문화를 만든 것과 같아요.”

박근혜 정부는 미래창조과학부를 신설했다. 융합을 통한 창조 혁신으로 방

향을 잡았다. 우선 정부 부처부터 융합했다. 초대 장관 후보였던 김종훈의 낙마는 한국형 융합의 한계를 보여준다. 단순히 정부 주도로 기술 몇 가지를 만들어서 기업한테 나눠주겠다는 식이어선 과거 패러다임에 갇힌 꼴일 뿐이다. 이미 정부는 혁신 속도에선 기업을 따라잡을 수 없다. 정부가 할 일은 앞장서는 게 아니라 방향을 잡는 일이다. 미래를 창조하기 위해선 혁신 기술이 아니라 혁신이 가능한 사회가 필요하다. 한국의 대기업들은 기술 추격으로 성장했다. 한국 사회가 추격 사회였기 때문이다. 한국의 기업들이 미래를 창조하려면 한국 사회가 먼저 달라져야 한다.

지금 한국의 모습은 20년 전 일본과 판박이다. 일본 기업이 그랬듯이 한국 기업도 두려워하는 걸 넘어서 실패를 거부한다. 부정한다. 결국 실패가 사라지면서 진정한 혁신의 가능성마저 닫혀버렸다.